UNSTUCK
언스틱

지은이 애덤 알터Adam Alter

뉴욕대학교 스턴경영대학원 마케팅 교수, 심리학과 겸임교수로 재직 중이다. 뉴사우스웨일스대학교 심리학과를 졸업하고 프린스턴대학교에서 우수 장학생으로 심리학 석사와 박사 학위를 받았다. 판단과 의사 결정, 사회 심리, 소비자 행동, 문화 심리, 정보 전달 능력과 메타 인지를 전문 연구 분야로 삼고 있다. 미국 MBA 전문지 《포이츠앤드퀀츠》가 뽑은 '세계 최고의 40세 이하 비즈니스스쿨 교수 40인'에 선정되었다. 지금까지 출간한 두 권의 저서 《멈추지 못하는 사람들》《만들어진 생각, 만들어진 행동》 모두 《뉴욕타임스》 베스트셀러에 올랐다. 《뉴욕타임스》《뉴요커》《워싱턴포스트》《애틀랜틱》《와이어드》《슬레이트》《허핑턴포스트》《파퓰러사이언스》 등에 글을 기고해왔으며 칸 국제광고제를 비롯해 구글, 마이크로소프트, 앤하이저부시, 프루덴셜, 피델러티 등 수십 개 기업과 전 세계 여러 디자인 회사와 광고 회사에 아이디어를 제공하고 있다.

UNSTUCK
언스턱

인생의 정체 구간을 돌파하는 힘

애덤 알터 지음 | 박선령 옮김

부·키

옮긴이 박선령

세종대학교 영어영문학과를 졸업하고 MBC방송문화원 영상번역과정을 수료했다. 현재 출판번역 에이전시 베네트랜스에서 전속 번역가로 활동 중이다. 옮긴 책으로는 《타이탄의 도구들》《지금 하지 않으면 언제 하겠는가》《마흔이 되기 전에》《업스트림》《하루 한 장 마음챙김 긍정 확언 필사집》《하루 한 장 마음챙김》《세상에서 가장 긴 행복 탐구 보고서》《똑똑하게 생존하기》《하버드 집중력 혁명》《작은 것의 힘》등이 있다.

언스턱

초판 1쇄 발행 2024년 6월 28일

지은이 애덤 알터 | 옮긴이 박선령 | 발행인 박윤우 | 편집 김송은 김유진 박영서 성한경 장미숙 | 마케팅 박서연 이건희 정미진 | 디자인 서혜진 이세연 | 저작권 백은영 유은지 | 경영지원 이지영 주진호 | 발행처 부키(주) | 출판신고 2012년 9월 27일 | 주소 서울시 마포구 양화로 125 경남관광빌딩 7층 | 전화 02-325-0846 | 팩스 02-325-0841 | 이메일 webmaster@bookie.co.kr | ISBN 979-11-93528-18-1 03190

만든 사람들
편집 박영서 | 디자인 이세연

내게 가장 큰 돌파구를 만들어준
사르, 샘, 이스에게 이 책을 바친다.

차례

추천의 말   8
이 책에 쏟아진 찬사   12

서문: 누구나 인생이 꽉 막힐 때가 있다   14

구원의 돌파구
: 고착이란 무엇인가   1부

1장   정체는 당연히 일어난다   41
2장   끈기 있게 계속 밀고 나가라   67
3장   나는 다르다는 함정에서 벗어나라   93

감정의 돌파구
: 불안하다면 불안해져라   2부

4장   강박에서 벗어나라   123
5장   준비하고 뛰어들어라   149
6장   제대로 실패하라   173

사고의 돌파구
: 생각의 고리를 끊어라

3부

7장   문제를 단순화하라   203

8장   직진하지 말고 우회하라   233

9장   외부의 목소리를 들어라   263

행동의 돌파구
: 습관부터 바꿔라

4부

10장 새로움을 추구하라   295

11장 운과 재능을 넘어서라   321

12장 중요한 것은 행동이다   347

감사의 말 370   미주 372

초연결과 세계화는 삶 속 관계뿐 아니라 새로운 시도의 가능성을 넓혀줍니다. 하지만 그 열린 기회가 더 많은 좌절과 어려움을 불러오기 마련입니다. 이 책은 "고군분투하는 것은 당신이 성공의 길로 나아가고 있다는 초기 신호"라 설명하며 지금 우리 각자가 겪는 위기가 곧 목표를 향한 필연적인 단계임을 깨닫게 합니다. 길어진 생애만큼이나 숱한 고착 상태를 겪을 핵개인들에게 일독을 권합니다.

_송길영 | 《시대예보: 핵개인의 시대》 저자, 마인드 마이너

우리는 대부분 삶에서 난관에 봉착한다. 직장에서든, 학교나 가정에서든, 재정적·지적·신체적 영역에서든 정체기를 맞이하고 좌절하기도 한다. 반면 성공하는 사람들은 모두 매끄럽게 성공한 듯 보이고 유독 자신에게만 어려움이 계속되는 느낌이 든다. 이에 스스로에게 운이나 재능 없음을 한탄하고 자책하기도 한다. 이 책은 정체나 고착은 성공으로 향하는 길에서 누구에게나 발생하는 자연스러운 현상이며, 반짝이는 성공 이면에는 수많은 좌절 경험이 존재함을 보여준다. 무엇보다 반가운 소식

은 90프로로 이상의 장애물은 극복 가능하다는 것이다. 물론 기존의 방법과 전략으로는 해결하기 어렵다. 이 책이 제시하는 감정적·정신적·행동적 도구들을 통해 독자들은 고착 상태에서 벗어나는 비결을 배울 수 있을 것이다. 살아간다는 것은 고착 상태와 싸우는 것이라 저자는 말하는데 나는 여기에 더하고 싶다. 성장이라는 것은 고착 상태를 하나씩 돌파하는 과정이다. 이 책을 읽으면서 고착 상태와 장애물을 오히려 환영하는 마음이 생겼다. 실험하고 돌파한다면 멋진 성장과 새로운 차원의 결과가 기다리고 있기 때문이다.

_신수정 | KT 전략·신사업 부문장, 《일의 격》《커넥팅》 저자

유튜브 채널을 운영하다보면, 때로는 내가 사람들에게 재미없는 존재가 된 것 같아 시무룩해지는 주간이 있다. 특히 요즘이 그렇다. 6년째 한 번도 줄어본 적 없던 구독자가 몇 주째 조금씩 빠지고, 조회수나 댓글도 눈에 띄게 적어졌다. 유튜브를 한 지는 더 오래됐는데, 경력만 늘고 감은 떨어지는 사람이 된 것 같아 마음이 쓰리다. 하지만 그나마 다행인 부분도 있다. 이제는 이와 같은 슬럼프가 새로운 방식이 필요하다는 신호임을 알기 때문이다. 하지만 대체 어떻게 해야 하는 걸까? 이럴 때마다 막막하기만 하다.

《언스틱》은 이처럼 고착 상태에 빠진 이들이 다시 일어나 앞으로 나아갈 수 있게 하는 다양한 방식들을 소개한다. 특히 초반부에 이러한 고착 상태가 모두가 마주하는 '삶의 지진'이라고 표현하는데, 나는 그 대목에서 큰 위로를 받았다. 그간 나의 슬럼프를 과도하게 중요히 여겼을 뿐, 슬럼프 자체가 특별한 일은 아니었던 것이다. 특히 매번 안고 살았던

불안과 위기는 오히려 예방책을 마련하는 데 필요한 직감으로 작용한다고 이 책은 말한다. 이 책을 통해 경험은 했지만 표현하지 못했던 여러 감정에 대해 이해하게 되면서 불안이 많이 줄어들었다. 특히 나는 항상 넓고 얕게 살아가는 것에 대한 걱정을 안고 있었는데, 오히려 그렇게 적당한 시야를 가져야 건강한 거리감을 유지할 수 있다는 말에 또다시 안도했다. 어쩜 지금과 같은 상황에 이토록 필요한 책을 만나게 된 건지 신기할 따름이다.

머리에 생각이 너무 많아 몸까지 무겁고, 늪 같은 슬럼프에 빠져 한 걸음도 떼지 못하고, 일이 안 풀려서 불안에 휩싸인 당신에게 이 책을 권한다. 고착 상태가 우리의 삶 도처에 만연한 지진이라는 것과, 이 지진이 우리를 따분한 일상으로부터 특별한 비일상으로 이끄는 전환점이라는 걸 깨닫게 된다면 더 이상 그 무엇도 두렵지 않을 것이다.

_이연 | 유튜브 크리에이터, 작가

일이 잘 풀리지 않아 마음이 답답하고 힘들 때 무엇이 큰 위로가 될까? 나만 이런 게 아니라는 것, 다들 겪는다는 것. 여기에 생각이 닿으면 깊은 숨이 쉬어지면서 한결 마음이 나아진다. 그런데 말이다. 우리가 살면서 겪는 일들이 꼭 실패나 성공으로 끝이 나던가. 그보다는 성공도 실패도 아닌 고착과 불확실성의 구간이 훨씬 자주, 길게 찾아오지 않던가. 더구나 정체 구간에 갇혀 있다보면 우울, 불안, 짜증, 분노 같은 감정이 먼저 반응한다. 하지만 뜨거운 감정은 우리를 해법으로 이끌지 않는다. 사는 내내 숱하게 찾아오는 이 고착과 정체의 과정을 어떤 관점과 태도로 대하고 돌파해야 할까? 나 역시 시시때때로 불확실성의 구간을 지나

오면서 이런 생각에 도달했다. '알면 통제력이 생긴다'라고. 저자 애덤 알터로부터 평소의 내 생각을 지지받는 것 같아 특히 반가웠는데 당신이 지금 이런 구간을 지나고 있다면 바로 이 책을 펼쳐 읽어보시라. 머잖아 고착의 과정으로부터 걸어 나오게 될 것이다.

_최인아 | 최인아책방 대표, 《내가 가진 것을 세상이 원하게 하라》 저자

이 책에 쏟아진 찬사

이 책은 건설적인 정보를 제공하는 동시에 우리 마음을 사로잡는 매우 특별한 책이다. 애덤 알터는 동기를 발견하고 창의성을 발휘하고 변화를 불러일으키는 과학적인 실천 방안을 자세히 설명한다. 혁신의 기운이 가라앉고 있다고 느낀다면 이 책이 추진력을 되찾기 위한 열쇠를 건네줄 것이다.

_애덤 그랜트, 펜실베니아대학교 와튼스쿨 조직심리학 교수, 《싱크 어게인》《오리지널스》《히든 포텐셜》 저자

과학적인 사실에 뿌리를 두고 수많은 사례를 동원해 이야기에 활력을 불어넣는 《언스턱》은 다양한 통찰을 안겨주면서 우리의 가장 큰 적인 관성을 해결하는 방법은 '바로 행동'이라고 주장한다.

_앤절라 더크워스, 펜실베니아대학교 심리학과 교수, 《그릿》 저자

인간 창의성의 원천을 파헤친 훌륭한 탐정 소설 같은 책이다. 끝내주게 마음에 든다.

_말콤 글래드웰, 저널리스트, 작가, 강연가, 《아웃라이어》《타인의 해석》 저자

애덤 알터는 연구 기반의 해결책과 진정한 통찰력을 결합시켰다. 이 책은 장애물을 돌파구로 바꾸도록 도와주는 유용한 가이드다.

_스콧 갤러웨이, 뉴욕대학교 스턴경영대학원 마케팅 교수, 《표류하는 세계》 저자

★ ★ ★

의미 있는 성취를 향해 전진하던 중 피할 수 없는 장애물을 만났을 때 이를 극복할 수 있도록 심층적인 연구를 바탕으로 작성한 설득력 있는 가이드다.
_칼 뉴포트, 조지타운대학교 컴퓨터공학과 교수, 《디지털 미니멀리즘》《딥 워크》《루틴의 힘》 저자

누구나 어느 시점엔가는 경력, 창의적인 프로젝트, 인간관계 등에서 수렁에 빠지게 된다. 《언스턱》은 이 수렁에서 '벗어나려고' 고군분투하는 개인의 모습을 선명하게 보여주면서 우리가 정체기에서 벗어나 전진하는 데 도움이 되는 안내서를 제공한다. 애덤 알터는 현존하는 최고의 과학 커뮤니케이터 중 한 명이다.
_데이비드 엡스타인, 저널리스트, 《늦깎이 천재들의 비밀》 저자

《언스턱》은 시의적절하게 등장한 중요하고 재미있고 실용적인 책이다. 알터는 기업 운영, 예술, 음악, 글쓰기, 운동, 우정, 인간관계 등 다양한 분야에서 맞닥뜨리는 난제를 혁신의 돌파구로 바꾸는 방법을 알려준다.
_애리애나 허핑턴, 사업가, 칼럼니스트, 《허핑턴포스트》 창립자

누구나 인생이 꽉 막힐 때가 있다

최고의 여배우도 수천 번 오디션에 떨어졌다

본명이 브리앤 디소니어스Brianne Desaulniers인 브리 라슨Brie Larson은 1989년 캘리포니아 새크라멘토에서 태어났다.[1] 그녀는 프랑스계 캐나다인 아버지와 미국인 어머니에게 홈스쿨링을 받았고 이집트학과 마술에 관심이 있었지만 실은 연기를 가장 하고 싶어 했다. 여섯 살 때 샌프란시스코의 아메리칸 컨서버토리 시어터American Conservatory Theater에 최연소 학생으로 등록했고, 3년 뒤 〈제이 레노의 투나잇 쇼The Tonight Show with Jay Leno〉의 촌극 코너에 출연했다. 이 짧은 출연을 통해 다른 역할도 주어졌는데, 찬조 출연으로 시작해 자주 등장하는 조연을 맡다가 마침내 인기 TV 프로그램의 주연까지 하게 되었다. 그녀의 TV 연기는 비평가들로부터 호평을 받았고, 나중에는 영화 연기, 감독, 각본가의 길로 이어졌다.

2015년 브리 라슨은 마침내 영화 〈룸Room〉에서 맡은 엄마 역할로 연기 부문 최고상인 아카데미 여우주연상을 수상한 일흔네 번째 여성이 되었다. 라슨은 오스카 외에도 70개가 넘는 연기상을 받았으며 마침내 마블Marvel의 블록버스터 영화 〈캡틴 마블Captain Marvel〉에서 주인공 역까지 얻게 되었다. 일찍이 일을 시작해 수십 개의 작은 단계를 거친 뒤 큰 성공을 거둔 라슨의 인생 궤적은 마치 동화 같다.

하지만 라슨의 경력을 이런 식으로 설명하는 것은 그녀가 수십 년간 겪은 좌절을 무시하는 처사다. 다른 많은 배우처럼 라슨도 돌파구를 찾기까지 오랫동안 정체기를 겪었다. 숱한 오디션 탈락으로 힘들어했고, 외모에 대한 걱정에 시달렸다. 그녀의 어머니는 이혼 후 할리우드와 가까운 곳에서 살기 위해 라슨과 그의 여동생 밀레인을 데리고 로스앤젤레스로 이사했다. "우리는 형편없는 원룸 아파트에 살았어요"라고 라슨은 회상했다. "낮에는 침대를 접어서 벽에 세워뒀고 옷은 한 명당 세 벌씩밖에 없었죠." 라슨은 광고나 TV 프로그램 등에서 배역을 따내기 위해 오디션을 수백 번씩 봤지만 계속 탈락했다.

라슨이 대부분의 일류 배우들과 다른 점은 자신의 고생을 투명하게 드러냈다는 것이다. 2020년 8월 13일에 그녀는 '오디션 스토리타임(파트 1)!'이라는 제목의 14분짜리 유튜브 동영상을 업로드했다.[2, 3] "내가 거쳐온 과정에 대해 조금 이야기해야겠다고 생각했어요." 라슨은 카메라를 향해 이렇게 말한다. "사람들은 항상 내 성공에만 집중하지만 그동안 얼마나 힘들었는지, 얼마나 많이 거절당했는지, 얼마나 수도 없이 일자리를 잃었는지 몰라요. 그래서 그 이야기를 해보면 재미있을 거라고 생각했어요."

이 동영상과 그 속편은 라슨이 일곱 살 때 광고 출연을 위해 참가한 첫 번째 오디션을 시작으로 20년간 겪은 실망을 기록했다. 그 역할을 원하는 다른 아이들이 빽빽하게 들어찬 비좁은 방에서 기다리던 라슨은 캐스팅 디렉터와 단 몇 초간의 만남 뒤에 거절당했다. 라슨은 자기가 연습해온 독백 대사를 해보라고 하지 않은 게 속상해서 울었다고 고백한다. "나중에 어떤 캐스팅 디렉터가 내 에이전트에게, 쟤는 너무 별로니까 다시는 어떤 오디션에도 데려오지 말라고 했어요. 에이전트는 그 말에 따랐고요." 그리고 라슨은 〈가십걸Gossip Girl〉 〈헝거 게임The Hunger Games〉 〈투모로우랜드Tomorrowland〉 〈스타워즈Star Wars〉 〈스마트 하우스Smart House〉 〈스파이 키즈Spy Kids〉 〈빅뱅 이론The Big Bang Theory〉 등 자기가 배역을 얻지 못한 영화와 TV 프로그램을 열거한다. 라슨은 웃으며 이 제목들을 하나씩 말하지만, 어느 순간에 일시 정지 버튼을 누르면 미세하게 고통스러워하는 표정이 보인다. 행복한 기억이 아니었던 것이다. 훗날 거둔 성공에도 불구하고 상처는 이런 식으로 계속 남아 있다.

'오디션 스토리타임(파트2)!'에서는 탈락한 오디션 수십 개를 줄줄이 말하면서 본격적으로 이야기를 이어간다. "최종 결선까지 간 적도 있어요. 〈주노Juno〉 〈13〉 〈브링크Brink〉 〈스마트 하우스〉 〈투모로우랜드〉 〈피치 퍼펙트Pitch Perfect〉 〈숲속으로Into the Woods〉 〈이유 있는 반항Youth in Revolt〉 〈피터팬Peter Pan〉 〈홀트 앤 캐치 파이어Halt and Catch Fire〉 〈빅뱅 이론〉 등등 말이에요. 아, 정말 슬픈 경험을 많이 했죠. 그래도 여전히 여기 서 있습니다." 라슨은 합격률이 별로였다고 인정하면서도 희망찬 말로 끝을 맺는다. "오디션을 보면 98~99퍼센트는 떨어졌어요. 이해가 안 될 수도 있지만 난 오디션을 수천 번이나 봤답니다."

라슨은 연기 분야에서 성공의 화신 같은 사람이다. 그녀는 상, 명성, 돈, 비평가들의 찬사, 크레딧 목록을 모두 가지고 있다. 하지만 그런 그녀도 도전 과정의 99퍼센트는 벽에 부딪혔다. 라슨의 유튜브 영상은 수십만 건의 조회수를 기록했고 수십 개의 미디어 작품에 영감을 줬다. 이렇게 많은 주목을 받은 이유는 멀리서 보면 흠이 전혀 없어 보이는 여정 아래에 숨겨진 구김살을 드러내는 이례적인 행태를 보였기 때문이다. 유명 배우나 다른 분야에서 성공한 이들은 난관에 처했을 때 겪은 고통에 대해 구구절절 털어놓지 않는다. 그래서 우리는 그들에 비해 자신의 길이 훨씬 험난해 보일 때 외로움을 느끼게 된다.

왜 나만 유독 힘들까

사람들은 인생의 온갖 영역에서 난관에 봉착한다. 예를 들어 그만두고 싶은 직업이나 만족을 느끼지 못하는 관계에 억지로 매여 살아간다. 작가, 예술가, 작곡가, 운동선수, 과학자, 기업가 들도 꼼짝 못 하는 상황에 처해서 며칠씩 때로는 수십 년씩 제자리에 갇혀 있다. 돌파구를 찾아내는 사람도 있지만 어떤 사람은 평생 수렁에 빠진 채로 살아가기도 한다. 하지만 우리는 인기 있는 성공 사례만 주로 접하기 때문에 이런 고질적인 정체에 대한 이야기는 거의 듣지 못한다. 남들의 성공담만 듣다보면 다른 사람은 우리보다 적은 장벽에 직면한다고 믿게 된다. 때로 브리 라슨 같은 스타가 그런 근거 없는 믿음을 깨뜨려주지만 대개의 경우 정체는 다른 이들보다 자신을 더 괴롭히는 문제처럼 보인다. 하지만 사실 누구나 장애물에 직면하며 정체는 성공으로 향하는 길에서 발생하는 오류라기보다 하나의 특징이다. 그렇다면 왜 다른 사람이 마주한 장벽보다 자신의 장벽을 더 크게 느끼는 것일까?

적어도 2가지 이유가 있다. 첫 번째는 샤이 다비다이Shai Davidai와 톰 길로비치Tom Gilovich가 명명한 심리적 현상인 역풍/순풍 비대칭headwinds/tailwinds asymmetry 때문이다.[4] 이 비대칭은 우리가 축복(또는 순풍)보다 장벽(또는 역풍)에 훨씬 많은 관심을 기울인다는 걸 가리키는데, 이로 인해 자기가 실제보다 많은 반대에 부딪힌다고 믿게 된다. 다비다이와 길로비치는 게임 진행에 불리한 문자 타일을 받은 스크래블scrabble(알파벳이 새겨진 타일을 보드 위에 가로세로로 늘어놓아 단어를 만들어서 점수를 올리는 게임-옮긴이) 플레이어의 경우를 예로 들어서 이 개념을 설명한다. 알파벳 U, U, I, I, I, I, Q, W가 새겨진 타일을 받았다고 상상해보자. 자기 차례를 포기하고 새로운 문자 타일을 받지 않는 이상 여러 라운드 동안 그 타일과 함께 고착 상태에 빠질 것이다. 그리고 단어를 만들려고 할 때마다 자신의 불운을 곰곰이 생각하게 될 것이다. 그에 비해 좋은 운은 오래 음미할 수 없다. 괜찮은 타일을 받자마자 바로 보드에 올려놓기 때문이다. 이는 다른 상황에서도 마찬가지다. 교통체증이 심한 도로에서 운전을 하는데 차선 2개 중 느린 쪽을 택했다면 수십 대의 차들이 다른 차선으로 빠르게 지나가는 모습을 좌절의 눈빛으로 바라보게 된다. 반대로 본인이 그렇게 빨리 지나가는 차에 타고 있다면 도로에만 계속 집중할 것이다. 또 장벽을 극복할 유일한 방법은 시간과 에너지를 쏟는 것뿐이기 때문에 장벽에 더 많은 시간과 에너지를 투자하게 된다. 다른 옵션을 고려해서 조치를 취하지 않으면 스크래블 성과를 개선하거나 정체가 심한 곳에서 낭비한 시간을 만회할 수 없다.

다비다이와 길로비치는 또 우리가 자기 장벽에 집중하는 동안 다른 이들을 괴롭히는 고난을 간과하는 경향이 있다는 것도 발견했다. 한 실험에서 연구진은 코넬대학 학생들에게 퀴즈 게임을 하게 했다. 각 참가자에게 던진 질문 중 일부는 TV 시트콤이나 유명한 만화 같은 쉬운 카테고리에서 뽑은 반면 어떤 질문은 바로크 음악이나 러시아 문학 같은 어려운 카테고리에서 뽑은 것이었다. 게임이 끝난 뒤 참가자들은 상대편이 어려운 카테고리에서 푼 문제보다 쉬운 카테고리에서 푼 문제를 훨씬 잘 기억했다. 자기가 풀었던 문제를 떠올릴 때는 이런 경향이 드러나지 않았다. 이 패턴은 다른 영역에서도 마찬가지다. 예를 들어 길로비치는 다른 연구를 통해 사람들은 세금과 규정이 남들보다 자신에게 더 큰 피해를 준다고 믿는 경향이 있음을 보여줬다. 그게 객관적으로 사실이 아닌 경우에도 말이다.

우리가 본인의 장벽이 남다르다고 생각하는 두 번째 이유는 다른 사람이 겪는 어려움은 내 눈에 잘 띄지 않기 때문이다. 사람들은 몰래 혼자서 또는 자기 머릿속에서 악마와 사투를 벌이는 경향이 있다. 따라서 우리가 결국 보게 되는 건 그 싸움 과정을 거쳐서 얻은 세련된 결과물이다. 우리는 브리 라슨이 받은 오스카상은 볼 수 있지만 그 상을 받기 전 수십 년 동안의 고투는 볼 수 없다. 언론도 수십억 명이 겪는 전형적이고 별로 흥미롭지 않은 이야기보다 로저 페더러Roger Federer와 세레나 윌리엄스Serena Williams, 제프 베조스Jeff Bezos와 마크 저커버그Mark Zuckerberg, 메릴 스트립Meryl Streep과 다니엘 데이 루이스Daniel Day-Lewis 같은 거물들의 성공 사례에 훨씬 많은 시간을 할애한다. SNS도 마찬가지로 가장 화려하고 인기 있는 계정으로 채워지고 우리가 팔로우하는 마이크로 인플루언서들도 자기 삶의 정제된 버전만 공유하면서 최고의 순간만 스치듯 보여줄 뿐, 주름지고 너덜너덜한 부분은 드러내지 않는다. 다른 사람들이 살면서 겪는 고난은 우리 눈에 잘 보이지 않기 때문에 내가 그들보다 힘들게 살고 있다는 잘못된 생각을 품게 되는 것이다.

세상은 실패는 무시하고 성공만 주목한다

2021년 초, 에어비앤비Airbnb의 시가총액이 1000억 달러를 넘어 세계 100대 상장 기업 중 하나가 되었다. 3명의 공동 설립자인 브라이언 체스키Brian Chesky, 조 게비아Joe Gebbia, 네이선 블레차르지크Nathan Blecharczyk는 각각 130억 달러 이상을 벌었다. 이들 중 회사의 얼굴이자 CEO는 체스키다. 브리 라슨처럼 체스키도 에어비앤비의 과제와 회사가 성장하는 과정에서 겪은 난제를 투명하게 밝혔다.

에어비앤비는 필요에 의한 산물이다. 체스키와 게비아는 대학 때

만났는데 졸업 후 체스키는 로스앤젤레스에 살고 게비아는 샌프란시스코에 살게 됐다. 하지만 이 둘 모두 대학 졸업 후에 얻은 직장에 만족하지 못했고, 결국 체스키가 샌프란시스코에 있는 게비아의 아파트에 들어가 살면서 함께 IT 창업가로서 운을 시험해보려고 했다. 체스키는 2015년 스탠퍼드대학 수업 때 한 인터뷰에서 "당시 은행 계좌에 겨우 1000달러만 있는 상태에서 샌프란시스코로 차를 몰았습니다"라고 회상했다.[5]

때는 2007년 어느 날, 샌프란시스코에 도착하자마자 우리가 빌린 집의 임대료 중 내가 내야 할 몫이 1200달러라는 걸 알았어요. 말 그대로 수중에 있는 돈으로는 집세조차 낼 수 없는 상황이었죠. 그 무렵 샌프란시스코에서 국제 디자인 콘퍼런스가 열렸는데, 행사 안내 페이지를 보니 인근 호텔 방이 모두 매진되었다고 나오는 거예요.

콘퍼런스에 참석하러 오는 디자이너들에게는 머물 곳이 필요하고 우리는 돈이 필요하니까 디자인 콘퍼런스 참석자들을 위해 민박을 제공하면 어떨까 생각했죠. 이 아이디어의 문제는 집에 여분의 침대가 없다는 것이었어요. 하지만 공기 주입식 간이 침대는 3개나 있었죠. 여기에서 '에어 베드 앤드 브렉퍼스트Air Bed and Breakfast'라는 이름이 나왔고 그렇게 해서 우리의 첫 번째 사이트 주소는 airbedandbreakfast.com이 되었습니다. 결국 콘퍼런스 기간 동안 우리 집에 3명이 머물렀고, 우리는 이게 돈을 벌 수 있는 멋지고 재미있는 방법이라는 생각에 이르게 된 거죠.

나중에 조가 예전 룸메이트였던 네이선을 끌어들였고 우리는 회사를 차려서 본격적으로 일을 해보기로 했어요. 핵심 아이디어는 '전 세계 어디서나 호텔 방을 예약하는 것처럼 누군가의 집을 예약할 수 있다면 어떨까?'라는 것이었고요.

이런 식으로 표현하니까 그 아이디어는 대학을 갓 졸업한 청년 몇 명이 힘을 합쳐 즉흥적으로 시도한 보잘것없는 '사업'처럼 보일지 모르겠다. 체스키도 인터뷰 초반에 "에어비앤비는 지금까지 통한 최악의 아이디어"라고 말하는 이들이 많았다고 웃으며 인정했다.

처음에는 회사가 불안정했다. "우리는 2008년에 세 번이나 사업을 다시 시작해야 했습니다"라고 체스키는 회상했다. 세 번째 출범 후 엔젤 투자자 15명을 소개받았다. "그중 7명은 우리 연락에 응답하지 않았고, 4명은 우리 사업이 '자기들 취지와 맞지 않는다'라고 했으며, 1명은 우리가 목표로 삼은 시장을 마음에 들어 하지 않았고, 3명은 그냥 됐다고 하더군요." 체스키와 게비아는 신용카드를 여러 개 만들어서 회사에 필요한 자금을 댔지만 곧 3만 달러 이상의 빚이 쌓이면서 곤경에 빠졌다.

브리 라슨처럼 체스키도 자기가 맞닥뜨렸던 장벽을 솔직히 공개했다. 그는 2015년 여름 〈미디엄Medium〉 블로그 게시물을 통해 초창기 투자를 거절당했던 이메일의 스크린샷을 공개했다.[6] 그 메일에는 "우리가 하는 일이 아니다" "우리 주력 분야가 아니다" "잠재적인 시장 기회가 별로 커 보이지 않는다" "여행 카테고리는 항상 문제가 있다" 같은 문구가 가득했다. 분명히 에어비앤비는 이런 초기의 폭풍을 이겨내고 온전하게 살아남았다. 설립자들은 초기 호스트 수십 명을 만나 에어비앤비 상품의 어떤 부분이 효과적이고 어떤 부분이 효과적이지 않은지 알아냈다. 그해에 설립자들은 서비스를 직접 체험하기 위해 에어비앤비가 제공하는 아파트에 살았다. 별 3개짜리 경험과 5개짜리 경험, 그리고 체스키가 최상급 리뷰에 붙인 별명인 별 7개짜리 경험의 차이는 무엇일까? 결국 에어비앤비는 처음에는 뉴욕, 그리고 미국 내 다른 도시에서 성장을 거듭했고 투자자들은 그 회사를 진지하게 받아들이기 시작했다. 에어비앤비는 2009년에 62만 달러, 2010년에 700만 달러, 2011년에는 1억 1200만 달러를 벌었다. 그간 겪은 많은 어려움에도 불구하고 사람들은 대부분 이 회사의 발전을 방해한 장벽보다는 회사의 성공적인 목적지에 집중한다.

에어비앤비가 번영하기까지 험난한 길을 걸은 건 이 회사만의 특이한 사례가 아니다. 아마존Amazon이라는 또 다른 거물도 똑같은 장애물을 거쳐왔다. 댄 로즈Dan Rose는 1999년부터 2006년까지 아마존 소매 부문을 관리했고 킨들Kindle 출시를 도왔다. 2020년 9월, 로즈는 자기가 1999년 11월에 입사한 직후 회사가 얼마나 불안정한 상태였는지 회상하는 트윗을 올렸다.

아마존은 1995년 7월에 사업을 시작했는데 처음 7년 동안은 크리스마스 시즌마다 죽을 만큼 힘든 고비를 넘겼다.[7] 나도 99년에 입사한 뒤 직접 그 상황을 겪게 되었다. 11월 말부터 6주 동안은 전 직원이 상품 포장을 위해 풀필먼트센터로 파견을 나간다. 내가 직접 본 상황만 이야기하자면 이렇다.

미리 계획을 세우려고 노력했지만 회사는 명절 수요를 도저히 따라잡을 수가 없었다. 연간 주문의 40퍼센트가 추수감사절부터 새해까지 6주 안에 이루어진다. …… 95년 크리스마스에 제프 베조스 CEO를 비롯한 모든 직원이 6주 내내 상품 포장에만 매진한 뒤 다시는 그런 일이 없도록 하겠다고 맹세했다. …… 하지만 내가 1999년에 합류했을 때는 그런 상황이 연중행사가 되어 있었다. ……

물건을 찾아 상자에 담고 선물 포장까지 하는 작업을 하루 10시간씩 주 6일간 하는 건 말도 안 되게 힘든 일이다. 그런 일을 하는 이들에게 무한한 감사를 표하는 바다. 다리가 아프고 눈도 흐릿해진다. …… 정말 기진맥진할 수밖에 없다.

제프 베조스는 결국 제프 윌크Jeff Wilke를 영입했고 윌크는 급격하게 성장 중인 이 회사가 제풀에 쓰러지지 않도록 도왔다. 제조 업계에서 경력을 쌓은 윌크는 아마존 창고를 정밀하게 조정된 기계식으로 전환했고, 덕분에 이 회사는 프라임 멤버십 서비스에 활력을 불어넣은 당일 배송 및 익일 배송 옵션을 약속할 수 있게 되었다. 윌크의 역할이 아마존의 성공에 큰 기여를 한 만큼 그는 결국 전 세계 소비자 사업 부문 CEO, 즉 이 회사에서 베조스 다음으로 높은 자리에 올랐다. 윌크는 2021년 1월 은퇴 직전에 한 인터뷰에서 아마존의 주문 처리 프로세스가 정체됐던 초창기를 회상했다.[8]

그래서 내가 제조 업계에서 썼던 작전을 소매 업계에 적용하게 된 거예요. 이 기술을 소매 환경에 적용한 건 그때가 처음이었는데, 다행히 효과가 있어서 주문 처리 시간이 단축되고 폐기물은 감소하며 결함도 줄었죠. 그래서 프라임 멤버십을 출시할 수 있었습니다. 프라임은 기본적으로 이런 서비스를 구독하는 상품을 말해요.

우리는 아마존의 이런 고생보다 엄청난 성공에 주목한다. 하지만 회사가 초기의 장애물을 극복하지 못한 대체 현실에서는 어떤 일이 일어났을까? 다른 신생 기업들처럼 아마존도 자체적인 성공의 무게에 짓눌려 무너졌을 수도 있다. 이 대체 현실 속의 아마존은 1990년대 후반에 맞은 세 번째 또는 네 번째 명절에 수십만 건의 온라인 서적 주문을 받았다. 주문 처리팀은 수요를 따라잡기 위해 하루 20시간 이상씩 일해야 했다. 예정일보다 늦게 도착하는 주문품이 많아지자 고객들은 분노했다. 아이들은 크리스마스 아침에 해리포터 최신간을 받지 못했고 부모들은 스티븐 킹Stephen King의 베스트셀러가 없는 명절을 보내게 생겼다. 1997년 5월에 상장한 이 회사는 형편없는 리뷰 여파 때문에 1998년인가 1999년에 주가가 폭락했다(실제로 아마존에 대한 초기 리뷰 대부분이 상당히 부정적이었다. 《슬레이트Slate》는 이 회사를 '아마존닷사기꾼Amazon.con'이라고 불렀고 《월스트리트저널The Wall Street Journal》에서는 '아마존닷폭탄Amazon.bomb'이라고 했다).[9] 대체 현실 속의 아마존은 2000년대 초에 내부 문제로 파멸을 맞았다. 그리고 더 이상 주요 신문, 웹사이트, 평론가 들의 관심을 끌지 못했기 때문에 그들의 어려움을 알아차리는 사람도 없었다. 이 회사는 곤경에 처했지만, 매일 문을 닫는 수천 개의 다른 회사들과 마찬가지로 그들의 쇠퇴 과정을 기록한 사람은 아무도 없었다.

결론은 기업의 성공 여부에 관계없이 그들이 겪은 어려움은 남이 알아차리기 어렵다는 것이다. 성공은 그 이전의 어려움을 무색하게 하는 반면 실패는 너무 흔해서 우리 관심을 끌지 못한다. 대신 우리는 애플Apple, 구글Google, 페이스북Facebook, 넷플릭스Netflix 및 이와 유사한 대성공을 거둔 엘리트 그룹에 대한 이야기를 계속 접하게 된다.

창작은 고통의 산물이다

지금까지 살펴본 건 브리 라슨, 에어비앤비, 아마존 3가지 사례에 불과하지만 이 가운데 굳이 최고를 꼽을 필요는 없다. 우리 문화권에서 가장 유명한 성공 사례를 조금만 파고들어봐도 좌절한 주인공들을 찾을 수 있다. 젊은 프레드 아스테어Fred Astaire는 할리우드 제작자가 "연기도 못하고, 대머리에, 춤도 별로다"라며 그를 거절한 뒤 정체기를 겪었다며 하소연했다.[10] 월트 디즈니Walt Disney는 첫 번째 스튜디오인 래프오그램Laugh-O-Gram이 파산한 뒤 새로운 스튜디오의 마스코트가 될 생쥐를 디자인할 때까지 5년간의 정체기를 견뎌냈다. 포토리얼리즘 화가 척 클로즈Chuck Close는 1988년에 '큰 사건'을 겪었다. 전방 척추동맥이 막히는 바람에 발작을 일으켜 목 아래쪽 신체가 마비된 것이다. 그는 수십 년 동안 미세한 움직임에 의존해서 극사실주의 그림을 그려왔는데 이제는 그런 작업이 불가능해졌다. 클로즈는 처음에는 낙담했지만 시간이 지나면서 손목에 붓을 묶은 채 새롭고 표현력이 풍부한 그림을 그리는 법을 배웠다. 슬픔의 안개를 헤쳐나온 클로즈는 다음과 같은 유명한 말을 남겼다. "영감은 아마추어를 위한 것이다. 우리는 그냥 일터에 나가서 일을 시작한다. 구름이 걷히고 번개가 뇌리를 후려칠 때까지 기다린다면 그 많은 일을 언제 다 할 수 있겠나."[11]

내게 더 와닿는 사례인 만성적인 글 막힘에 관한 이야기도 아주 많다. 랠프 엘리슨Ralph Ellison은 1952년에 고전 베스트셀러《보이지 않는 인간Invisible Man》을 쓴 이후 반평생이 지난 1994년에 사망할 때까지 후속작을 쓰지 못했다. 그 40년 동안 계획했던 두 번째 소설을 쓰려고 2000쪽 분량의 메모를 모은 엘리슨은 친구이자 동료 작가인 솔 벨로Saul Bellow에게 자기를 가로막은 "작가의 벽이 리츠 호텔만큼이나 거대해"라며 불평했다. 하퍼 리Harper Lee도 비슷한 운명에 시달렸다.[12] 서른네 살이던 1960년에《앵무새 죽이기To Kill a Mockingbird》를 출간한 그녀는 여든아홉의 나이로 사망하기 1년 전인 2015년에야 속편인《파수꾼Go Set a Watchman》을 출간했다.《파수꾼》의 많은 부분은《앵무새 죽이기》를 출간하기도 전인 1950년대 중반에 쓴 것이지만 리는 55년 동안 원고를 갈고닦았다. 리는 "도저히 글을 쓸 수 없는 상태야"라며 친구에게 하소연하곤 했다. "친구들 300명이 커피나 한잔하자며 계속 찾아오거든. 그래서 아침 6시에 일어나려고 해봤는데 그렇게 하니까 6시에 일어나는 사람들이 모두 모이더라고."

〈왕좌의 게임Game of Thrones〉이라는 TV 드라마에 영감을 준 〈얼음과 불의 노래A Song of Ice and Fire〉 시리즈를 쓴 조지 R. R. 마틴George R. R. Martin은 1996년, 1999년, 2000년에 이 시리즈의 첫 3편을 발표했다. 4편과 5편은 2005년과 2011년에 나왔지만 10년 이상 지난 지금까지 6편과 7편은 나오지 않았다. 마틴은 자신의 악전고투를 솔직하게 털어놨다.[13] "6편 집필이 아직도 안 끝났냐면서 나한테 분노하는 사람들이 많다는 걸 안다. 나도 나 자신에게 화가 난다. 4년 전에 끝냈으면 좋았을 텐데, 지금 끝냈으면 좋았을 텐데 하고 말이다. 하지만 그러지 못했다. …… 대체 무슨 일이 일어나고 있는 걸까? 어떻게든 해내야만 한다."

마틴은 글이 막혀서 힘들어하고 있다는 사실을 부끄럽게 여기지 않지만, 이렇게 문제를 공개하는 경우에도 성공이 고생보다 밝은 빛을 발하는 건 당연하다. 한창 〈왕좌의 게임〉의 인기가 절정이던 시기에는 에피소드 하나당 약 4400만 명의 시청자를 끌어들였다. 그 팬들에게는 마틴이 창조한 세계의 풍요로움과 판타지 작가로서의 능력만 보일 뿐 그를 괴롭히는 글쓰기 악마는 보이지 않는다. 그들은 대부분 마틴이 30억 달러 규모의 엔터테인먼트 제국에 영감을 주는 글을 썼다는 사실에만 주목한다.

작가의 벽은 예전부터 글 쓰는 사람들을 괴롭혔지만 이 말의 공식적인 출처는 시인 새뮤얼 테일러 콜리지Samuel Taylor Coleridge다. 콜리지는 1804년에 본인의 서른두 번째 생일을 기념하며 쓴 글에서 글쓰기가 '형언할 수 없는 무한한 공포'를 불러일으킨다고 불평했다. "결실도 거두지 못한 채" 1년이 흘렀고 콜리지는 아편에 중독됐다. 그는 "아, 슬프고 부끄럽도다. 나는 아무것도 하지 않았구나"라고 썼다. 1949년에 에드문트 베르글러Edmund Bergler라는 오스트리아 출신 정신과 의사가 '글 막힘writer's block'이라는 용어를 만들었는데 그는 이 현상을 프로이트식 렌즈를 통해 이해했다. 베르글러는 어머니가 젖을 먹이지 않아서 분유를 먹고 자란 작가들이 스트레스로 인한 공황에 대처하기 위해 귀중한 정신적 자원을 쏟을 때마다 이런 현상을 겪는다고 생각했다. 오늘날 일부 전문가들은 글 막힘이 실제로 존재하는 현상이 아니라 일을 미루는 버릇, 잘못된 계획이나 전략, 장기적인 아이디어 부재의 자연적인 산물이라고 주장한다. 하지만 이걸 뭐라고 부르든 간에 창조적인 결과물을 추구할 때 사방이 막힌 듯한 기분을 느끼는 건 거의 모든 작가에게 익숙한 현상이다.

이런 '막힘' 현상은 다른 창작자에게도 영향을 미친다.[14] 클로드 모네Claude Monet는 67년간 화가로 활동하면서 생산적인 성과의 본보기였다. 모네는 1860년대부터 1920년대 사이에 약 2500점의 그림을 그렸고, 인상주의라는 용어에 영감을 주었으며, 수백 명의 영국 미술 애호가들은 그의 〈수련〉 시리즈를 영국인이 가장 좋아하는 그림으로 뽑았다.[15] 하지만 이런 모네마저도 장기간 창작의 벽에 부딪힌 적이 있다. 1911년 늦봄에 두 번째 아내 알리스 오셰데Alice Hoschedé가 사망하자 모네는 큰 슬픔에 정신이 혼미해졌다. 그녀가 죽은 뒤 모네는 수십 개, 어쩌면 수백 개에 달하는 캔버스를 부쉈고 2년 동안 그림을 그릴 수 없었다. 잭슨 폴록Jackson Pollock이나 파블로 피카소Pablo Picasso 같은 다른 미술가들도 몇 달 혹은 몇 년 동안 한 작품도 그리지 못하는 비슷한 창조적 정체기를 겪었다. 그래도 대중은 콜리지와 모네의 경우처럼 그들의 힘든 시기보다 업적을 기억한다.

　오늘날 브리 라슨, 에어비앤비, 아마존, 그리고 가끔씩 좌절을 겪는 유명 작가, 미술가, 작곡가에게서 볼 수 있는 건 반짝이는 '애프터' 샷이다. 일반적으로 감춰져 있는 '비포' 샷은 가장자리가 더 들쭉날쭉 거친 데다 그 안은 불확실성과 불안으로 가득 차 있다. 이런 엄청난 성공을 거둔 이들은 결국 성공하기 전에 실패할 가능성이 아주 컸다. 대중에게 알려진 성공 사례 하나마다 그 뒤에는 수백 수천 가지의 사적인 좌절 경험이 존재한다.

인생은 정체의 연속이다

　코로나19 팬데믹이 닥치기 직전인 2020년 초에 나는 수백 명을 대상으로 온라인 설문 조사를 진행했다. 유명 배우, 작가, 기업가 들이 겪은 좌절에 대해서는 읽어봤지만 다른 사람들은 곤경에 처했을 때 어떤 경험을 하는지 자세히 알고 싶었다. 응답자 중 일부는 가난했고 일부는 놀랍도록 부유했다. 어떤 사람은 실업자고 어떤 사람은 사업가였다. 자신을 만성적인 약자로 여기는 사람이 있는가 하면 올림픽 챔피언도 있었다. 나쁜 관계와 지루한 직장 생활에 갇혀 있는 사람도 있고 행복한 결혼 생활을 하면서 직장에서 성공한 사람도 있었다.

　친절하게 내 설문 조사에 응해준 이들을 통해 적어도 3가지를 배웠다.

　첫 번째로 정체, 다른 말로 고착 상태는 어디에나 존재한다는 것이다. 설문에 참여한 사람들 모두 그 순간 적어도 한 부분에서 정체가 발생했다고 말했다. 어떤 이는 자신에게 해가 되는 관계에 갇혀 있었고 어떤 이는 경력이 정체되어 있었다. 어떤 이들은 체중을 줄이거나 늘리거나 유지할 수 없었다. 새로운 사업을 시작하거나 학교에 지원하거나 대출금을 갚거나 미래를 위해 저축하는 데 애를 먹는 이들도 있었다. 오래된 문제에 대한 창의적인 해결책을 찾는 이도 있고 해결책은 명확하지만 '그 자리에서 도저히 움직이지 못할' 것 같은 기분을 느끼는 이도 있었다.

사람들이 설문 조사의 각 질문에 응답하는 데 걸리는 시간을 측정해본 결과 평균적으로 자신의 난제를 파악하는 데 걸리는 시간이 10초 미만이라는 걸 알게 됐다. 응답자의 70퍼센트는 그 난제가 매일 정신 에너지를 대량으로 빨아들이기 때문에 '아주 쉽게' 그 문제가 떠올랐다고 말했다. 절반 정도는 몇 년 혹은 수십 년간 난관에 처해 있었고 80퍼센트는 한 달 이상 갇힌 상태였다. 79퍼센트는 이런 상황을 생각할 때 '매우 또는 극도로 부정적인 감정'을 느꼈고 여기서 벗어날 수만 있다면 기꺼이 수천 달러를 지불하거나 본인 자산의 상당 부분을 포기할 수 있다고 했다. 응답자 대부분이 부자가 아니기 때문에 이건 상당히 놀라운 대답이다.

두 번째로 깨달은 사실은 고착 상태에 빠지는 게 매우 흔한 일이라는 걸 사람들이 잘 모른다는 것이다. 자기가 한자리에 고정되어 있는 동안 세상은 계속 발전한다고 생각하면 외로움이 밀려온다고 말하는 이들이 많았다. 그들은 불안, 불확실성, 두려움, 분노, 무감각이 뒤

섞인 상태라고 설명했다. 심리학자들은 이를 전형적인 '다원적 무지 pluralistic ignorance'의 사례라고 말한다.[16] 실제로는 다른 사람들과 같은 감정을 느끼고 있는데 그걸 깨닫지 못하고 자기 혼자만 세상을 다르게 본다고 믿는 경향이다. 예를 들어 대학생들에게 캠퍼스 내에서의 음주 분위기에 대해 어떻게 생각하느냐고 물어보면, 대부분 자기는 학생들이 술을 너무 많이 마시는 것 같다고 생각하지만 다른 학생들은 캠퍼스 내의 음주 분위기를 상당히 편안하게 받아들인다고 대답할 것이다. 하지만 행동은 눈에 보여도 태도와 신념은 눈에 보이지 않기 때문에 문제가 발생한다. 대부분의 대학생은 교내 음주 행위를 대놓고 항의하지 않고 일부는 눈에 띄게 술을 많이 마시기 때문에 학생들은 자기 견해가 특이하다고 여기게 된다. 고착 상태와 관련해서도 똑같은 패턴을 발견했다. 사람들은 다른 이들의 삶은 순탄하게 지나가는데 자기와 소수의 사람들만 갇혀 있다고 느낀다.

세 번째로 알게 된 건 응답자들이 설명한 다양한 '정체' 사례가 2가지 범주로 분류된다는 것이다. 하나는 외부에서 부과된 것, 다른 하나는 자기 내면에서 발생한 것이다. 외부적으로 부과된 제약은 해결이 어려울 수 있다. 팬데믹 기간에 뉴욕에서 파리로 여행하고 싶은데 국경이 폐쇄된다면 실질적으로 꼼짝할 수가 없다. 페라리를 원하지만 중고 혼다도 살 여유가 없다면 재정적으로 곤경에 처한 것이다. 이런 제약은 극복이 불가능할 수 있으며 대부분 이 책의 범위를 벗어나는 경우다. 또 별로 흔한 일도 아니다. 설문 조사를 통해 정말 대처하기 힘들 정도로 심한 고착 상태는 생각보다 드물어서 만성적인 부동 상태의

10퍼센트를 차지한다는 걸 알게 됐다. 사람들이 원하는 것 중에는 실제로 가질 수 없는 게 많지만, 그걸 어떻게든 가져야만 한다거나 가질 수 있다고 생각하는 바람에 괴로워지는 것이다. 난 이런 내면적인 장애물, 즉 90퍼센트 이상의 극복 가능한 장애물에 훨씬 관심이 많다. 물론 극복이 어려울 수도 있지만 충분히 노력해볼 만하다. 그게 어떤 것들인지 설문 조사에서 얻은 샘플을 몇 가지 살펴보자.

> 응답자 6: "난 30대인데 도저히 돈을 모을 수 없을 것 같다. 항상 당장 돈을 써버릴 방법을 찾아내는데 도저히 멈출 수가 없다. 난 저축이 불가능하다. 앞으로 어떻게 살아갈지 불안하고 두렵다."
>
> 응답자 107: "피아노를 배우려고 계속 노력해왔다. 꾸준히 발전하고 있었는데 지난 몇 년 동안은 전혀 발전이 없는 것 같다. 기초적인 걸 계속 연습하고 있는데 이렇게 막혀버리면 앞으로 발전하지 못할 것 같아 걱정된다. 시간을 낭비하는 것 같다."
>
> 응답자 384: "보람 없는 직장에 갇혀 있는데 내 사업을 시작하고 싶다. 도약하고 싶지만 재정적인 문제와 혼자 해낼 수 있을까 하는 불확실성 때문에 걱정이 된다. 이 문제만 생각하면 무감각해지고 감정이 없어진다."
>
> 응답자 443: "난 미술가다. 지금 정체기인데 더 이상 발전이 불가능할 것 같다. 악착같이 노력하고 연습해서 초상화와 풍경화 그리는 기술을 향상시켜야 한다. 좀 더 창의성을 발휘하는 방법을 배우고 내 문제에 대한 창의적인 해결책도 찾아야 한다."

각자의 이야기를 읽으면 그들의 좌절감을 느낄 수 있다. 응답자 6은 책임감 있게 돈을 저축할 수 있는 의지력이 부족하다. 응답자 107은 새로운 기술을 배우던 중에 정체기를 맞았다. 응답자 384는 안정적이지만 재미없는 직장을 벗어나 위험한 사업에 뛰어드는 걸 두려워한다. 응답자 443은 창의력이 벽에 부딪힌 시기를 헤쳐나가고 있다. 그들의 이야기는 수백 건의 응답 중에서 고른 4개의 짤막한 이야기일 뿐이며 전 세계의 수십억 명이 비슷한 일을 겪고 있을 것이다. 이들은 수백 또는 수천 달러를 지불하고서라도 이 상태에서 벗어나고 싶어 한다. 역설적인 사실은 돈을 모으는 법을 모른다고 한 응답자 6조차도 500달러를 지불할 의향이 있다고 한 것이다.

◆ ◆ ◆

설문 조사에 응한 이들이 보여준 것처럼 살아간다는 것은 곧 고착 상태와 싸우는 과정이다. 다들 집과 직장에서, 재정적으로나 지적으로, 개인적으로나 인간관계에서 꼼짝 못 하는 상황에 처하곤 한다. 창작자와 기업가, 운동선수와 사상가, 혼자, 그리고 집단으로 고착 상태에 빠진다. 고착이라는 용어는 광범위한 맥락과 경험을 포괄하지만 내가 보기에는 주로 3가지를 의미한다. ① 자신에게 중요한 영역에서 일시적으로 진전을 이룰 수 없는 것, ② 심적으로 불편함을 느낄 만큼 오랫동안 한자리에 고정되어 있는 것, ③ 기존 습관과 전략으로는 문제를 해결하지 못하는 것이다. 따라서 고착 상태란 낡은 아이디어를 적용해서 해결할 수 있는 일시적인 불편 이상을 말한다.

이런 상태에서 벗어나려면 감정적·정신적·행동적 도구를 적절히 조합해야 한다. 《언스턱》은 바로 이 고착 상태와의 전쟁을 위한 전략적 가이드다. 이 전쟁은 뚜렷이 구별되는 4가지 전투로 이루어져 있는데 그것이 이 책의 4부를 구성한다.

1부에서는 고착 상태에 빠진 경험을 분명하게 설명한다. 이런 상태에 처하는 게 보편적인 현상임을 받아들이면 그걸 특이한 결함이 아닌 발전적인 특징으로 만들 방법을 알아낼 준비가 된 것이다. 꾸준한 발전은 매우 드문데 어째서 정체는 자연스러운 기본 상태가 된 걸까? 왜 널리 알려진 성공담은 대부분 장기간에 걸친 개인적 고난으로 시작되는 걸까? 기업가와 운동선수부터 배우, 미술가, 작가 등 다양한 분야에서 활약하는 이들의 앞길을 가로막는 장벽이 생기는 이유는 무엇일까?

2부에서는 고착 상태의 감정적 결과에 초점을 맞춘다. 이 상태에서는 고통스럽고 불안하고 외로울 수 있다. 갈등은 사람을 고립시키기 때문이다. 우리는 자기 앞길을 가로막는 것에만 집중하는 탓에 각자의 공간에 갇혀 좌절하고 있는 수백만 명의 사람들이나 조직은 간과하기 쉽다. 고착 상태에 대한 감정적 반응에 숙달되는 건 거기서 벗어나기 위한 중요한 단계인데 우리의 직관적인 반응 중 상당수는 우리를 앞으로 나아가게 하기는커녕 수렁에 더 깊이 빠뜨린다. 때로는 속도를 늦추고 자신의 직관에 의문을 제기해야 앞으로 나아갈 수 있는 최선의 길이 열린다.

3부에서는 들끓는 상태에서 벗어나 계산된 정신적 전략으로 이동한다. 고착 상태에서 벗어나려면 올바른 정신적 대본을 따라야 한다. 정체는 삶을 복잡하게 만드는데 이때 앞으로 나아가는 가장 좋은 방법은 문제를 단순화하고, 기존의 경로에서 벗어날 기회를 찾아내며, 많은 이들의 머리에서 나온 아이디어에 기대는 게 흔히 자기 아이디어에만 의존하는 것보다 낫다는 걸 깨닫는 것이다.

마지막 4부에서는 당신을 난제에서 돌파구로 이끄는 행동에 초점을 맞춘다. 가장 중요한 원칙은 앞이 아닌 옆으로 움직이더라도 어쨌든 행동을 취하는 것이다. 행동은 관성을 움직임으로 대체하기 때문에 훌륭한 정체 해결사다. 어떤 행동은 다른 행동보다 더 도움이 되는데 4부에서는 그중 가장 효과적인 행동과 이를 추구하는 최선의 순서를 살펴본다.

하지만 자신의 마음, 머리, 습관에 대한 작업을 시작하기 전에 먼저 알아야 할 것이 있다. 당신은 정체가 무엇을 의미하는지, 정체는 왜 그렇게 흔히 발생하는지, 그리고 장기간 이어지는 경험 중에 정체될 가능성이 가장 높은 때는 언제인지 등이다.

key point

- 고착 상태에서 벗어나기 위한 첫 번째 단계는 그런 장벽이 보편적이라는 사실을 받아들이는 것이다.

- 우리는 성공한 사람들의 '애프터' 샷을 보고 있음을 기억하자. 그들의 '비포' 샷에는 우리 눈에 보이지 않는 한두 개 혹은 100여 개의 장애물이 포함되어 있다.

- 당신을 곤경에 처하게 하는 원인에는 통제 가능한 것과 통제할 수 없는 것이 있다. 우선 그 2가지를 구분하는 법을 배우고 통제 가능한 원인을 해결하는 데 에너지를 집중하자.

1부

구원의 돌파구

고착이란 무엇인가

1장

정체는
당연히 일어난다

목표 가속화 효과: 퀵-슬로-퀵 행동 패턴

고착 상태의 역학 관계를 연구한 미국의 심리학자 클라크 헐Clark Hull의 연구를 살펴보자. 클라크 헐은 학계에서 경력을 쌓는 동안 계속 미로 속의 쥐를 연구했다. 그가 이 작업에 매료된 이유는 본인도 청소년기에 끊임없이 막다른 길을 마주한 경험이 있기 때문이다. 헐은 열여덟 살 때 강제로 어떤 종교 집단에 가입했다가 간신히 탈출했다. 또 장티푸스와 소아마비를 연이어 앓는 바람에 보행 능력과 시력을 거의 잃을 뻔했다. "시력이 너무 약해진 바람에 어머니가 윌리엄 제임스William James의 《심리학의 원리Principles of Psychology》를 읽어주기 시작했습니다"라고 그는 회상했다. 헐은 수학, 물리학, 화학, 공학 등도 공부해봤지만 별로 흥미를 느끼지 못하다가 제임스의 고전을 접하면서부터 연구 심리학자로서 눈부신 경력을 시작하게 되었다.

헐은 30년간 예일대 교수로 재직하면서 쥐의 미로 탈출을 연구했다.[1] 그와 동료들은 각 미로에서 어떤 쥐가 가장 빨리 달릴 것인지를 두고 밀크셰이크 내기를 걸곤 했다. 헐은 엄청난 연구 성과를 올렸다. 그의 친구이자 동료인 칼 호블랜드Carl Hovland의 말에 따르면, 헐은 1940년대 후반과 1950년대 초반에 가장 많이 인용된 심리학자였다. 호블랜드는 말했다. "헐의 과학 연구는 여러 개의 단계로 구성되어 있는데, 각 단계마다 다른 사람들이 평생의 업적으로 여기며 자랑할 만한 성과를 올렸습니다."

헐은 당시의 많은 심리학자들처럼 학습과 행동에 관심이 있었기 때문에 수십 년간 쥐가 미로 속을 달리는 모습을 지켜봤다. 미로를 이용하면 통제된 환경에서 동물들이 얼마나 빨리 움직이는지 측정할 수 있었다. 그는 계속해서 같은 패턴을 관찰했다. 쥐들은 미로 끝에 가까워지면 빠르게 움직였지만, 미로 시작 부분과 중간 부분에서는 느리게 움직이거나 완전히 멈췄다. 미로 끝부분은 가까이 다가갈수록 더 강하게 끌어당기는 자석 같았다. 이런 현상은 쥐들이 달리는 미로가 길고 곧게 뻗은 터널 형태든 아니면 주요 통로와 수많은 갈래길로 이루어진 복잡한 형태든 상관없이 똑같이 나타났다. 헐은 이런 패턴을 '목표 가속화 효과goal gradient effect'라고 불렀다. 미로는 완전히 평평했지만 쥐들은 그 길을 지나는 동안 경사도를 다르게 느끼는 것 같았다. 초반에는 오르막길을 달리는 것처럼 고전하다가 목표 지점이 보이면 내리막길을 달리듯이 전력 질주했다.

1930년대에 처음 헐이 그 효과를 설명한 이후 90년 동안 심리학자들은 그것이 사람에게도 적용된다는 걸 증명했다. 2006년에 발표된 한 논문에 실린 실험에서, 연구진은 커피 열 잔을 마시면 한 잔을 무료로 주는 가게에서 고객이 커피 열 잔을 사기까지 걸리는 시간을 추적해봤다.[2] 첫 번째와 두 번째 커피 사이의 시간 간격은 아홉 번째와 열 번째 사이의 간격보다 20퍼센트 더 길었는데, 이는 커피를 마시는 사람들이 무료로 받게 될 열한 번째 커피에 가까워질수록 의욕이 높아졌음을 나타낸다. 또 다른 실험에서는 음악 평가 웹사이트를 방문한 사람들에게 노래 51곡을 50가지 척도에 따라 평가해주면 25달러짜리 아마존 쿠폰을 주겠다고 했다. 총 2550번의 평가를 거쳐야 하는 것이었다. 평가자들은 초반에 그만둘 가능성이 목표에 근접했을 때 그만둘 가능성보다 40배나 더 높았고, 사이트 방문 횟수가 늘어날수록 더 많은 노래를 평가했다. 예를 들어 이 작업을 완료하기 위해 사이트에 네 차례 방문한 사람들의 경우 첫 번째 방문에서는 평균 6곡, 네 번째이자 마지막 방문에서는 평균 18곡을 평가했다. 헐의 쥐들과 마찬가지로 그들도 목표에서 멀리 떨어져 있을수록 속도가 느리고 중단할 가능성이 높았다.

나는 20여 년 전 학부생일 때 헐의 목표 가속화 효과에 대해 처음 배웠다. 교수님은 자기도 실험용 쥐를 이용한 연구를 하면서 그 효과를 직접 확인한 적이 있지만 헐이 생각한 것보다 훨씬 복잡하다고 했다. 대부분의 쥐는 미로 끝에 가까워질수록 더 빨리 움직이지만 처음 달리기 시작할 때부터 빠르게 움직이는 쥐들도 많다. 쥐들은 미로가 계속되는 동안 점점 더 빨리 달리는 게 아니라 빠르게-천천히-빠르게 (퀵-슬로-퀵) 달리는 패턴을 따르는 것처럼 보인다. 미로에 처음 들어설 때는 흥분해서 활기차게 움직이지만 예상보다 미로가 복잡하거나 길면 곧 꼼짝 못 하게 된다.

헐의 독창적인 효과에 나타나는 이런 퀵-슬로-퀵 패턴은 사람에게도 적용된다. 뉴욕대 동료 교수인 안드레아 보네치Andrea Bonezzi가 고안한 한 실험에서 학생들에게 에세이 9편을 교정하면서 오타를 찾으라고 지시했다.[3] 학생들은 두 번째와 여덟 번째 에세이보다 다섯 번째 에세이에서 오타를 찾는 속도가 20퍼센트 정도 느려졌다. 두 번째 실험에 참가한 학생들은 9개의 긴 단어 안에 포함된 그보다 짧은 단어를 최대한 많이 찾아내는 과제를 맡았다(예를 들어 manager라는 단어에는 man, game, name 같은 단어가 포함되어 있다). 평균적으로 볼 때 두 번째나 여덟 번째 시도보다 다섯 번째 시도에서 찾아낸 단어가 19퍼센트 적었다. 연구진의 지적처럼 참가자들이 '중간에서 이도 저도 못 하는 고착 상태에 빠진' 것처럼 보인다.

연구진이 다른 분야에서 이런 목표 진행 상황을 모니터링할 때도 목표 가속화 효과가 계속 나타났다.[4] 분야에 상관없이 사람들은 작업 중간 지점에서는 속도를 늦추거나 멈추고, 목표에 가까워지고 있다고 생각되면 속도를 높이는 것처럼 보였다. 이런 모습은 자선 단체에 돈을 얼마나 기부할지, 별로 구미가 당기지는 않지만 건강에 좋은 브로콜리와 콜리플라워를 얼마나 먹을지, 신용카드 빚을 얼마나 갚아야 할지, 보상 이정표에 접근하는 동안 기업에 대한 충성도를 어느 정도 유지할지, 심지어 구매하기로 결정한 제품을 향해 얼마나 빨리 걸어갈지를 결정했을 때도 마찬가지였다. 사람들은 또 목표를 향해 나아가다가 중간에 막혔을 때, 특히 희망이 없다고 느껴서 어떻게든 앞으로 나아가기 위해 현재의 우위를 기꺼이 희생하려고 할 때는 비윤리적으로 행동하거나 도덕성을 포기할 가능성이 크다. 대부분의 상황에서 사람들은 목표가 멀게 느껴질 때는 천천히 전진하거나 완전히 멈추고, 목표에 도달할 수 있는 것처럼 보일 때는 더 빨리 움직인다.

뉴욕과 영국의 사우샘프턴 사이를 항해하는 원양 정기선을 상상해보면 우리가 왜 중간에 멈칫하게 되는지 쉽게 이해할 수 있다. 배가 뉴욕을 떠날 때 선장이 뒤를 돌아보면, 배가 1킬로미터 전진할 때마다 엠파이어스테이트빌딩이 그만큼씩 멀어지는 모습을 볼 수 있다. 뉴욕의 랜드마크 크기가 계속 달라지기 때문에 킬로미터당 증분값이 명확하다. 2주 뒤, 영국의 남서쪽 끝부분이 시야에 들어오고, 선장은 자기 배가 영국 해협에 진입해서 프랑스 북서부 해안과 영국 남서부 해안 사이를 지나는 모습을 지켜보다가 아일오브와이트를 지나면 북쪽으로 좌회전해서 사우샘프턴에 도착한다. 이 여정의 마지막 부분에는 지나가는 경로를 알려주는 랜드마크가 곳곳에 흩어져 있다. 이와 대조적으로 뉴욕과 영국/프랑스 해안 사이에는 수천 킬로미터의 대양이 펼쳐져 있다. 선장이 몇 날 며칠 동안 계속해서 청회색 풍경만 바라봐야 할 때는 여정의 시작과 끝에서처럼 거리를 인식할 수 없다. 뉴욕이 출발점이고 사우샘프턴이 도착점인 상황에서 선원들이 그 사이의 넓은 바다를 횡단하는 동안 의욕을 잃게 되는 이유를 쉽게 알 수 있을 것이다. 체중을 50킬로그램쯤 줄이거나 돈을 1만 달러 모으려고 하는 경우, 25 킬로그램 감량이나 5010달러 저축은 의미 있는 진전으로 인식되지 않는다.

이런 고착 상태를 해결하는 방법 하나는 중간점을 축소하거나 아예 없애는 것인데, 가장 쉬운 방법은 커다란 경험을 작은 하위 경험으로 나누는 것이다. 이를 '좁은 범주화narrow bracketing'라고 한다.[5] 어떤 경험을 하나의 장기적인 사건으로 생각해서 넓게 범주화할 수도 있고, 여러 개의 작은 하위 경험으로 생각해서 좁게 범주화할 수도 있다. 마라톤을 예로 들어보자. 범주화 스펙트럼의 가장 넓은 쪽에서 보면 마라톤은 49.195킬로미터의 단일 구간이다. 하지만 이를 잘게 쪼개면 동일한 마라톤을 수천 개의 개별적인 단계가 모여서 이루어진 사슬로 여길 수도 있는데, 일반적인 주자의 경우 약 6만 개의 단계로 나눌 수 있다. 마라톤과 울트라 마라톤 도중의 가장 힘든 순간에 "한 번에 한 걸음씩만 내딛자"라는 주문을 계속 되뇌면서 달리는 주자들이 많다. 목표 거리를 아주 좁게 나누면 고착 상태에 빠질 여지가 없어지기 때문이다.

다음 2가지 접근법 중 하나를 사용하면 아무리 큰 목표라 해도 동일한 논리를 적용할 수 있다. 목표를 실제로 세분화해서 작은 덩어리로 나눠서 진행하거나, 자연스러운 분할이 불가능한 경우에는 인위적으로 세분화할 수도 있다. 당신의 목표가 싫어하는 직장을 그만두고 마음에 드는 직장으로 옮기는 것이라고 가정해보자. 이건 많은 이들에게 상당한 난제다. 이 경우 옮길 수 있는 직장 목록을 만들고, 현재 다니는 직장과 비교해서 각 직장의 장단점을 파악하고, '가장 바람직한 직장'부터 '가장 바람직하지 않은 직장'까지 순서대로 나열된 희망 직장 목록을 만든다. 그다음 그중 어떤 회사가 '바람직한 임계값' 이상인지, 즉 지원할 가치가 있을 만큼 현재 직장보다 나은지 판단하고, 마지막으로 그곳에 지원한 뒤 행운을 비는 등 전체적인 과정을 몇 단계로 나눠서 일을 진행할 수 있다. 이것이 직장 업그레이드 과정의 실질적인 구성 요소이며 단계가 하나씩 끝날 때마다 컵케이크나 스카치위스키 한 잔, 또는 작은 승리를 축하하는 데 어울리는 다른 방법으로 마무리를 기념할 수 있다. 우리가 세우는 목표 중에는 자연스럽게 쪼개지지 않는 것도 많기 때문에 그럴 때는 자기가 직접 작은 괄호를 만들어야 한다. 새 차를 사면서 계약금으로 낼 3000달러를 모으려고 하는 경우 그 돈을 300달러씩 10개로 나눈 차트를 만들 수 있다. 그리고 이번에도 하위 목표를 하나씩 달성할 때마다 컵케이크나 스카치위스키로 자축해보자. 이때 적용되는 원칙은 중간을 완전히 없애면 중간에 옴짝달싹 못 하게 되는 일이 없다는 것이다.

고원 효과: 좋은 것도 반복하면 효과가 사라진다

고착 상태는 다른 상황에서도 문제가 된다. 클라크 헐의 지적 영웅 중에 헤르만 에빙하우스Hermann Ebbinghaus라는 독일 심리학자가 있다. 에빙하우스도 헐처럼 무엇이 동물을 움직이는지 알아내려면 그들의 행동을 관찰해야 한다고 생각했다. 헐은 미로를 달리는 쥐를 이용해서 동기를 측정한 반면, 에빙하우스는 학습과 건망증을 연구했다.[6] 에빙하우스는 "시를 암기한 뒤 다시 반복하지 않을 경우 반년쯤 지나면 다 잊어버릴 것이다. 아무리 기억하려고 애써도 그 시를 다시 의식으로 불러올 수 없다"라고 썼다. 정보가 영원히 사라져서 다시 돌아오지 않는 경향을 분석하기 위해 그는 자신을 실험용 기니피그로 사용하기로 했다. 에빙하우스는 날마다 세 글자로 된 아무 의미도 없는 음절(트라이그램trigram) 수천 개를 억지로 외우고 기억해냈다. 그는 자리에 앉아 GOS, FID, CUV 같은 트라이그램이 적힌 작은 카드를 몇 시간씩 응시한 뒤 다음 날 최대한 많이 기억해내려고 애썼다. 여기에서도 헐의 목표 가속화 효과가 나타나서, 에빙하우스는 긴 목록의 중간에 있는 단어보다 처음과 마지막에 있는 단어를 잘 기억하는 경향을 보였다. 어찌된 일인지 중간에 있는 단어는 전부 흐릿해지거나 그의 기억에서 완전히 사라졌다. 헐처럼 에빙하우스도 중간에서 정체된 것이다.

에빙하우스는 목록 중간에 있는 단어들을 수십, 수백 번씩 암기하면서 기억력을 향상시키려고 노력했다. 그 일은 정말 지루하고 정신적으로 부담스러웠지만 그는 인내심을 갖고 계속했다. 그 결과 특정한 지점을 넘어서면 목록을 한두 번 혹은 열 번 더 암기해도 별로 효과가 없다는 걸 깨달았다. 억지로 외우는 그의 학습 방식에는 한계가 있었고, 처음에는 잘 작동하던 기술이 시간이 지나면서 효과가 떨어지는 경향인 '고원 효과plateau effect'가 나타났다.[7] 에빙하우스는 자신의 트라이그램 학습 능력이 정체된 이유를 알아내는 데 많은 시간을 할애하지는 않았지만, 동일한 방식을 반복해서 사용하면 결국 효과가 사라진다는 걸 꼼꼼하게 증명했다. 어제 당신을 앞으로 나아가게 했던 기술이 오늘은 당신을 정체시킬 것이다.

고원 효과도 목표 가속화 효과처럼 어디에나 존재한다. 에빙하우스는 암기에 대해 연구했지만 그의 지적 후손들은 수십 가지 육체적·정신적 활동에 대한 수백 건의 연구를 통해 고원 효과를 증명했다. 사람들이 정체되는 이유, 그런 고착 상태를 해소하는 방법을 이해하려면 최고의 전략과 접근법도 때로 수정이 필요하다는 걸 알아야 한다. 살을 빼거나 근육을 강화하거나 새로운 언어를 배우려고 할 때는, 계속 같은 음식만 먹거나 똑같은 운동 루틴을 따르거나 새로운 단어 암기에 항상 같은 기술을 사용해서는 안 된다. 인간은 습관의 노예이기 때문에 그런 식으로 하면 문제가 발생한다. 어떤 기술이 효과가 있으면 그 방법을 고수하면서 똑같은 기술을 반복적으로 사용하는 경향이 있다. 처음부터 다시 시작하려면 시간과 에너지가 필요하기 때문에 이런 태도는 일견 타당해 보이지만, 똑같은 기술만 계속 쓰다보면 결국 효과가 사라진다. 과거에 효과적이었던 동일한 식단, 운동요법, 언어 학습 일정이 시간이 지나면서 점점 힘을 잃게 된다.

고원 효과에 대한 가장 최근의 증거는 최대 7년 동안 '초미니멀리스트' 운동 프로그램에 참여한 사람들 1만 5000명을 대상으로 한 연구에서 나왔다.[8] 이 방법을 고안한 핏20이라는 네덜란드 회사는 "일주일에 20분씩 하는 개인 건강 훈련으로서 …… 번거롭게 옷을 갈아입거나 샤워를 하지 않아도 된다"라고 설명했다. 일주일에 한 번씩 간단한 운동 6가지를 순환식으로 진행하는 이 방법은 처음에는 효과적인 듯했다. 이 운동을 하는 사람들은 처음 1년 동안은 빠르게 체력을 키웠지만 그 뒤에는 전보다 훨씬 천천히 체력이 붙거나 체력 향상이 완전히 멈췄다. 남성과 여성, 나이 든 참가자와 젊은 참가자 모두 마찬가지였다. 연구진은 또 전문적인 역도 선수들도 운동 시작 후 1년 정도는 빠르게 힘이 증가하지만 그 뒤에는 비슷한 난관에 봉착했다면서 고원 효과가 이 훈련 프로그램 하나에만 국한된 게 아니라고 지적했다.

이 훈련 프로그램이 시사하는 것처럼, 우리는 적어도 2가지 원인 때문에 안정기에 접어들게 된다. 첫 번째는 습관화다. 예를 들어 특정한 근육을 단련하는 경우 계속 똑같은 운동만 하면 근육이 적응하므로 새로운 방법을 도입하지 않으면 발달이 정체된다. 다이어트의 경우 우리 몸은 적은 양의 음식에 대처하는 법을 배우기 때문에 신진대사가 느려지고 칼로리를 빨리 소모하는 걸 중단한다. 적게 먹으면 처음에는 체중 감량에 도움이 되지만 이내 대사 속도가 느려져서 체중 감량이 멈추기 때문에 다른 식이요법을 시도해야 한다. 더 효율적으로 움직이는 방법을 가르쳐주는 다른 프로세스도 다 마찬가지다. 체중 감량, 체력 향상, 새로운 기술(또는 트라이그램 목록) 습득을 위해서는 전면적인 분투가 필요하다. 습관화를 차단하는 가장 좋은 방법은 새로운 전략을 시도하는 것이다.

고원 효과가 발생하는 두 번째 원인은 근시안적인 태도다. 우리는 장기적인 훌륭한 해결책보다 당장 쓸 수 있는 적절한 해결책을 선호한다. 《고원 효과》라는 책을 쓴 작가 밥 설리번Bob Sullivan과 수학자 휴 톰슨Hugh Thompson은 예시를 통해 이를 설명한다. 당신이 맨해튼에 있는

데 지금 위치에서 북쪽으로 20블록쯤 떨어진 곳에서 열리는 회의에 참석하기 위해 서두르고 있다고 상상해보자. 돈은 아무리 들어도 괜찮은데 2가지 선택지가 있다. 당장 택시를 타거나 아니면 남쪽으로 두 블록 거리에 있는 지하철역으로 향하는 것이다. 지하철역에서 몇 분간 기다려 다음 열차를 타면 도심부로 이동할 수 있다. 노련한 뉴욕 시민들은 바쁠 땐 지하철이 택시보다 훨씬 빠르다는 걸 알기 때문에 장기적으로 더 빨리 이동하기 위해 기꺼이 뒤로 돌아 지하철역으로 향할 것이다. 반면 관광객들은 즉시 앞으로 나아갈 수 있는 옵션을 선택할 텐데 그러면 결국 20블록을 가는 데 경험 많은 현지인보다 훨씬 오랜 시간이 걸릴 것이다. 택시가 교통 정체에 걸리면 관광객들은 고원 효과를 겪게 되지만, 노련한 현지인들은 나중에 꾸준하고 일관된 진전을 위해 초반의 짧은 진전을 희생한다. 안타깝게도 우리는 대부분의 영역에서 노련한 현지인보다 관광객에 가까운 행동을 한다. 아무리 장기적으로 빠른 진전이 가능하더라도 지금 당장 후퇴하는 걸 피하려고 하는 것이다. 이때의 해결책은 두 부분으로 나뉜다. 자기가 장기적인 이익보다 단기적인 발전을 우선시하고 있는지 습관적으로 질문하고, 앞으로 나아갈 때 택할 수 있는 경로 간의 차이를 배우는 것이다. 대부분의 관광객은 지하철보다 택시를 선택하겠지만, 미리 조사해온 사람들은 대부분 지하철이 택시보다 나은 선택이라는 걸 안다.

고원 효과에 목표 가속화 효과를 더하면 그 합은 바람직하지 않다. 목표 가속화 효과는 단기적·중기적으로 우리 속도를 늦추고, 고원 효과는 장기적으로 속도를 늦춘다. 다행스러운 점은 2가지 효과 모두 장기적인 과정 중 예측 가능한 지점에서 발생하기 때문에 미리 계획을 세울 수 있다는 것이다. 그런 효과를 예상해야 한다는 걸 알고 있으면 그것 때문에 발전을 방해받는 일이 줄어든다. 좌절이 발생하기 전에 미리 예측함으로써 좌절을 약화시키려는 이런 열망은 인간 진보와 관련된 많은 모델의 근간이 되었다.

헐이 사망하고 15년 뒤, 엘리엇 자크Elliott Jaques라는 캐나다 정신분석가는 목표를 이루는 도중에 발생하는 헐의 고착 상태와 비슷한 예측 가능한 진행 저하를 발견했다. 이들 간의 차이는 자크는 하나의 미로나 하나의 작업에 집중하지 않았다는 것이다. 그는 인간의 수명 주기 전체에 걸쳐서 발생하는 진보와 갈등에 관심을 두었다.

끝자리 아홉 살에 찾아오는 위기

1965년에 엘리엇 자크는 수십 명의 창의적인 천재들이 마흔 살이 되기 직전에 마법 같은 능력을 잃었다는 걸 알아냈다.[9] 바흐는 서른여덟 살이 되면서부터 창의력이 쇠퇴했고, 괴테는 서른아홉 살이 되자 천재성이 사라졌으며, 미켈란젤로는 30대 후반 이후로는 작품을 거의 만들지 못했다고 지적했다. 자크는 이것이 중년기에 접어든 일부 성인들이 죽음의 망령에 반응하는 방법이라고 설명했다. 한마디로 '중년의 위기'를 겪은 것이다. 중년의 위기는 사람마다 다른 방식으로 나타나지만 가장 일반적인 형태는 자기 삶이 과연 의미 있는 삶인지 의문을 품게 되는 것이라고 자크는 주장했다. 대부분의 사람들은 마흔 살이 가까워져야 인생이 영원히 계속되지 않을 거라는 생각에 처음 직면하게 된다.

그 무렵이 되면 죽음의 망령에 압도당한다는 자크의 주장은 대체로 옳지만, 이 중년의 위기라는 개념은 너무 협소하다. 우리는 시간이 쏜살같이 흐르는 것처럼 느낄 때마다 같은 종류의 위기를 경험한다. 나는 스물아홉 살 때(자크가 정의한 중년기보다 10년 전) 사방이 꽉 막힌 듯한 기분을 느꼈다. 태어난 뒤 거의 30년이 지난 상황에서 남은 인생이 얼마나 빨리 지나갈지 생각하니 머리가 마비되는 듯한 기분이었다. 내가 찾은 해결책은 장기적인 목표(의료 자선 단체를 위한 기금을 마련하면서 동시에 첫 번째 마라톤 출전을 위한 훈련을 하고 실제 마라톤에 참가하는 것)를 세워서 삶에 신선한 의미를 불어넣는 것이었다.

그로부터 몇 년 뒤 나는 동료인 할 허시필드Hal Hershfield와 내가 스물아홉 살 때 한 경험이 중년의 위기라는 개념과 어떤 연관성이 있는지 함께 논의했다.[10] 그러면서 중년기뿐만 아니라 노화와 관련된 주요 랜드마크에 접근하는 것이 실존적인 갈등을 일으킬 수도 있다는 생각을 하게 되었다. 전 세계 대부분의 나라가 10진법을 쓰기 때문에, 우리는 서른 살부터 시작해서 인생의 새로운 10년을 맞을 때마다 삶의 의미에 새로운 위기가 생길 수 있는지 궁금했다. 그래서 새로운 10년이 도래하기 직전, 즉 사람들의 나이 끝자리가 아홉 살일 때(29세, 39세, 49세, 59세 등) 그들이 삶의 의미에 의문을 제기하는 징후가 나타나는지 찾아보기로 했다.

다양한 맥락과 측정 방식을 통해 증거를 수집했다. 사람들의 가치관과 신념을 연구하는 글로벌 연구 프로젝트인 세계가치관조사World Value Survey에 따르면, 특히 나이 끝자리가 9인 사람들은 자기 인생의 의미에 의문을 품는 경우가 더 많은 것으로 나타났다.

이런 인생 결산은 사람마다 다른 결과를 낳는다. 어떤 이들은 자기가 지금까지 시간을 보낸 방식에 기뻐하면서 남은 시간에 대해서도 낙관적인 태도를 보인다. 어떤 이들은 과거를 돌아보면서 별로 탐탁지 않게 여기지만, 내가 마라톤이라는 목표를 세운 것처럼 고착 상태에서 벗어날 생산적인 방법을 찾았다. 예를 들어 우리는 마라톤을 처음 시도하는 사람들 중에 나이 끝자리가 9인 사람이 매우 많다는 걸 발견했다. 그리고 마라톤을 여러 번 완주한 사람들도 나이 끝자리가 9가 되는 해에는 1~2년 전이나 그 이후의 기록보다 빨리 달렸다. 하지만 이런 인생 결산이 위협적이라고 여기는 이들도 있었다. 놀랍게도 우리는 이 그룹 안에서 자기 파괴적인 경향을 발견했다. 나이 끝자리가 9인 사람들은 자살률이 약간 상승하고, 이 중 외도 성향을 가진 결혼한 남성들을 위한 데이트 웹사이트인 애슐리매디슨Ashley Madison을 이용할 가능성이 높았다(이는 여성들의 경우도 마찬가지일 수 있지만, 우리가 가진 신뢰할 수 있는 데이터는 남성들에 관한 것뿐이다).

어떤 사람들은 이런 위기를 남들보다 조금 일찍 혹은 나중에 경험한다. 이런 경향은 나이 끝자리가 9일 때 정점을 찍지만, 전체적인 데이터 패턴은 파도 모양에 가깝다. 인생의 의미에 대한 관심은 나이 끝자리가 8일 때부터 상승하기 시작했다가 9일 때 정점을 찍고 0이 되면 하락하기 시작한다. 많은 이들의 경우 이런 우려 때문에 한자리에 정체되고 만다. 그들은 앞으로 나아가거나 곤경에서 벗어날 방법을 찾기보다 허무주의와 자기 파괴로 눈을 돌린다.

비록 그 효과가 미묘하긴 하지만, 다른 연구자들도 기본적인 패턴을 복제하고 다듬었다. 한 연구에서는 사람들이 나이 앞자리가 바뀌는 시기가 가까워질수록 순간적인 행복보다 건강과 웰빙의 광범위하고 장기적인 측면을 더 강조했다. 또 다른 연구에서는 사람들이 나이 앞자리가 바뀔 무렵에 삶의 의미를 고민하는 건 사실이지만 그렇다고 해서 그 시점에 반드시 자기 삶이 더 의미 있다고 여기지는 않는다는 걸 알아냈다. 이런 자기 성찰적인 경험을 위협적이거나 압도적이라고 여기는 이들도 많다.

이런 결과가 중요한 이유는 우리가 조사한 행동이 매우 중대한 결과를 낳기 때문이다. 사람들이 나이 앞자리가 바뀌기 전에 외도를 하거나 심지어 목숨을 끊을 가능성이 조금이라도 높아진다면 정신 건강 전문가와 정책 입안자가 이런 패턴을 알고 있어야 한다. 자기 삶을 평가하면서 어려움을 겪는 이들이 많다는 걸 알게 되면, 그들이 파괴적인 방법보다는 건설적인 방법으로 이 투쟁에 대처하도록 장려할 수 있다. 가령 새로운 운동을 시작하거나, 몸에 더 좋은 음식을 먹거나, 은퇴에 대비해 저축을 하거나, 자선 사업에 기부를 하면서 말이다.

나이 끝자리가 아홉 살일 때에 비해 다른 많은 장벽은 예측하기가 더 어렵다. 이런 난제는 흔히 우리가 전혀 예상치 못한 순간에 예고도 없이 발생하기 때문에 가장 큰 피해를 입힌다. 브루스 파일러Bruce Feiler는 이런 충격을 '삶의 지진lifequake'이라고 불렀다.

삶의 지진

브루스 파일러는 자신을 역사학자가 역사적 유물을 수집하듯 개인의 인생 이야기를 수집하는 '라이프스토리언lifestorian'이라고 설명한다. 파일러의 삶은 수십 년 동안 승승장구의 길을 걸었다. 엄청나게 성공한 작가 겸 방송인이 된 그는 서커스단에서 일하고, 전설적인 컨트리 뮤지션 가스 브룩스Garth Brooks와 함께 여행을 다니고, 결혼해서 일란성 쌍둥이 딸을 낳았다. 하지만 곧 위기가 찾아왔다. 희귀한 골암 진단을 받아 열여섯 번의 항암 치료와 외과 수술, 몇 년간의 회복기를 거쳐야 했다. 거대한 정체기로 인해 파산의 위험을 겪었고 그의 아버지는 여러 번 자살을 시도했다. 사람들이 위안을 찾는 방식은 저마다 다른데, 파일러는 친구들이나 낯선 사람들과 대화를 나누면서 위로를 얻었다. "혼란스러울 때는 이야기에 의지하라"를 삶의 모토로 삼게 되었다.

"사방이 막힌 기분이 들어서 이야기를 찾아 나섰다"라고 파일러는 고백했다. 그는 여행을 할 수 있을 정도로 몸이 회복되자마자 3년 동안 미국의 50개 주를 느릿느릿 돌아다니면서 225개의 인생 이야기를 수집했다. 이 이야기는 파일러가 쓴 베스트셀러 《위기의 쓸모Life Is in the Transition》의 토대가 되었다. 각각의 인생 이야기는 독특했지만, 샘플을 충분히 확보한 파일러는 어지러운 소음 속에서 일관성을 발견하기 시작했다. "매일 이런 대화를 나누다보니 어떤 패턴이 있다는 게 분명해졌다."

파일러가 전국 각지에서 들은 이야기에 비추어보면 그가 겪은 좌절은 전혀 특별한 게 아니었다.[11] 그는 모든 인생 이야기가 크고 작은 혼란으로 점철되어 있는 걸 발견했다. 예외는 없었다. 젊은이와 노인, 부자와 빈자, 전문직 종사자와 육체 노동자, 도시 사람과 시골 사람을 가리지 않고 다들 혼란스러운 시기를 겪었다. 이런 좌절은 대부분 직장을 잃거나 병마와 싸우는 것처럼 본인이 선택하지 않은 것이었고 다들 원치 않는 일이었다. 어떤 혼란은 대부분 12~18개월마다 한 번씩 발생할 정도로 사소하지만 그런 문제 열 중 하나 정도는 인생을 뒤흔들 정도로 중대한 사건이다. 파일러는 이런 다양한 혼란을 모두 포괄할 수 있는 중립적인 용어를 찾으려고 애썼고, 결국 '삶의 지진'이라는 말을 쓰기로 했다.

"이건 동화를 엉망으로 만드는 늑대들이다." 파일러는 삶의 지진에 대해 이렇게 표현했다. 그는 삶의 지진은 우리가 가는 모든 길에 장애물을 설치하기 때문에 걸림돌이 된다고 지적했다. 그건 우리가 꿈꿨던 삶을 이루지 못하게 할 뿐만 아니라 다시금 삶을 재건해보려 할 때도 우리를 꼼짝 못 하게 한다. 파일러는 다양한 삶의 지진을 유형과 빈도별로 정리하기 위해 자기가 들은 이야기를 샅샅이 뒤졌다. 반복적으로 발생하는 문제를 내림차순으로 대략 정리해보면 사람들은 의학적인 문제, 사망과 개인적인 손실, 관계 파탄, 재정적 어려움, 실직 또는 직업적 변화, 자연재해, BLM(흑인의 생명도 소중하다) 운동이나 티파티 Tea Party 운동(미국의 보수주의 정치 운동-옮긴이) 등에 따른 개인적 변화에 대해 이야기했다. 삶의 지진 여덟 중 일곱은 개인적인 사건이지만 그중 하나는 집단 전체에 영향을 미쳤다. 파일러는 코로나19 팬데믹이 발생하기 직전에 그 책을 다 썼는데, 그의 말에 따르면 이번 팬데믹은 '100년 동안' 발생한 가장 큰 집단적 삶의 지진이라고 한다. 그는 팬데믹이야말로 살아 있는 이들이 기억하는 그 어떤 사건보다 지구상의 많은 사람들에게 지대한 영향을 미쳤다고 생각한다. 그는 또 삶의 지진 열 중 여섯은 갑자기 발생하지만 일곱 중 여섯은 안정성에서 변동성으로의 전환과 관련이 있다는 걸 발견했다. 이런 변동성은 사람들을 동요시키고 많은 이들을 고착 상태에 빠뜨린다. 삶의 지진은 매우 파괴적이라서 평균 5년간 지속된다. "우리는 인생의 상당 부분을 과도기 상태로 보낸다. 성인기에 삶의 지진을 적어도 서너 번 정도 겪고 각 지진이 4년이나 5년, 6년, 혹은 그 이상 지속된다는 걸 생각하면 우리가 변화 상태에서 보내는 시간은 30년 이상일 수 있다. 우리 인생의 절반인 셈이다!"

삶의 지진의 가장 중요한 특징은 예측하기 어렵다는 것이다. 곧 다가올 안정기는 예상할 수 있어도 삶의 지진에 대비하는 계획을 미리 세울 수는 없기 때문에 원치 않는 변화를 관리하기 위한 전반적인 도구를 개발해야 한다. 파일러는 "인생 전환은 하나의 기술이다. 우리가 통달할 수 있고 반드시 통달해야만 하는 기술이다"라고 했다. 특정한 삶의 지진은 우리를 놀라게 할 수도 있지만 삶의 지진과 인생의 다른 심각한 문제들이 불가피하다는 걸 알고 있으면, 그런 일이 생겼을 때 "왜 하필 나한테 이런 일이?!"라는 반응부터 보이는 사람들보다 몇 걸음은 더 앞서갈 수 있다. 파일러는 "왜 하필 나한테 이런 일이?!"라는 반응은 인생의 난제에 대한 현대적이고 특권적인 반응이라고 말한다. "정체가 어떤 신호가 아닌 잡음이라고 믿게 된 것은 지난 150년 동안 발생한 이례적 변화다." 이건 시간이 지나면 상황이 개선된다는 서구적 발상인 '진보의 신화'를 반영한다. 과학과 현대 의학, 그리고 연평균 7퍼센트씩 성장하는 주식 시장이 부상하면서 우리는 모든 문제를 해결하고 치료하고 해소할 수 있다고 믿게 되었다. 파일러의 말에 따르면 우리는 '인간이 자연계를 지배한다는 신화'에 사로잡혀 있다. 과거를 돌아보거나 세계의 개발도상국들을 살펴보면 사람들이 혼란은 당연히 일어난다고 예상하는 것을 볼 수 있다. 마찬가지로 종교와 철학이 과학을 지배하는 때와 장소에서는 사람들이 세상은 예측 불가능하고 불쾌한 곳이라는 생각을 받아들인다. 반면 과학과 진보의 서사가 지배하는 사회는 무적의 환상에 빠져든다.

파일러가 책을 출간했을 때, 그는 책의 어떤 부분이 독자들에게 가장 큰 반향을 일으킬지 확신하지 못했다. 대부분의 이메일과 댓글, 질문은 삶의 지진에 관심이 쏠려 있었다. "내가 사람들에게 가장 많이 들은 반응은 '휴!'라는 안도의 한숨이었다." 사람들은 2가지 이유 때문에 삶의 지진이라는 개념을 통해 해방감을 느꼈다. 첫째, 모든 사람에게 영향을 미치는 개념에 개인적 판단이 배제된 꼬리표를 붙였다. 경험에 이름을 붙이면 통제감이 생기고 외로움이 줄어든다. 개념에 이름이 생기면 논리상 그 개념은 더 이상 우리 머릿속에만 존재하는 게 아니다. 두 번째이자 내가 생각하기에 더 중요한 이유는, 삶의 지진이라는 개념은 인생이 골치 아프다는 사실을 인정한다는 것이다. 슬픔의 5단계 모델(부정, 분노, 타협, 우울, 수용)과 다르게 삶의 지진은 언제든 발생할 수 있고 감정을 느끼는 순서도 때마다 다르다. 파일러는 현명하게도 일평생 발생하는 모든 혼란에 대비할 만병통치약은 없다는 걸 인정했다. 때로는 10년 동안 삶의 지진에서 벗어나 있다가 갑자기 서너 개가 동시에 들이닥칠 수도 있다. 파일러는 버지니아주에 사는 에릭 스미스라는 젊은 목사에 대해 썼다. "스미스는 자기 어머니의 장례식과 아버지의 장례식에서 설교를 했고, 교회를 떠나 특수 교사가 되었으며, 자살 충동에 사로잡혔고, 진통제에 중독되는 바람에 2년 새에 체중이 27킬로그램이나 줄었다." 이런 상황에서는 대처 자원이 하나가 아닌 여러 개의 심각한 혼란에 분산되기 때문에 매우 까다로운 난제라고 할 수 있다. 가장 중요한 과제는 하나의 혼란에 얼마나 많은 에너지를 쏟아야 다른 것을 위한 에너지를 남길 수 있는지 파악하는 것이다. 제한된 자원을 배분하는 건 고착 상태에서 벗어나는 데 결정적인 역할을 하며, 결승점에 도달하기 직전 에너지가 가장 고갈된 상태에서는 특히 더 중요하다. 그건 삶의 지진에 대처할 때도 그렇고 진짜 결승선을 향해 사력을 다해 달릴 때도 마찬가지다.

결승선의 과학

챈들러 셀프Chandler Self는 훌륭한 마라톤 선수다. 그녀는 올림픽 대표나 전국 챔피언은 아니지만 이런저런 마라톤과 하프 마라톤 대회에서 우승한 '준엘리트급' 선수다. 2017년에는 2시간 53분 57초의 기록으로 댈러스 마라톤에서 우승했는데, 이 우승에는 매우 특이한 점이 있다. 셀프는 결승선에서 6.5킬로미터쯤 떨어진 지점에서 아버지를 지나쳤고 아버지는 딸이 넉넉한 차이로 1위를 지키고 있다는 걸 손짓으로 알려줬다. 셀프는 의기양양했다. "정말 신이 났다!!" 그녀는 나중에 이렇게 썼다. "내 기록을 보고는 어쩌면 개인 기록을 달성할 수 있을지도 모르겠다고 생각했다. 급수대에서 주는 음료도 거절했다. 너무 잘 달리고 있었기 때문에 물 같은 거나 마시려고 속도를 늦추고 싶지 않았다. 날씨도 덥지 않았고 땀도 별로 흘리지 않았다고 생각했다. 그리고 결승점에 가까워졌다. 결승선이 눈에 보였다. 그런데 눈앞에 오르막길이 펼쳐져 있는 광경을 보는 순간 다리에 힘이 풀렸다."

셀프의 다리가 '풀리는' 장면은 지켜보기 괴로울 정도였다. "여러분, 오늘의 우승자가 들어오고 있습니다." 경기 해설자가 말했다. "그런데 우리가 마라톤 결승선에서 기대하던 모습은 아니네요." 마라톤 코스의 99.57퍼센트를 완주한 그녀의 몸은 이제 한 발짝도 움직일 수 없는 상태가 되었다. 마라톤 코스 안에서 릴레이 경주를 하던 17세 고등학생이 달리기를 멈추고 고맙게도 셀프가 일어설 수 있게 도와줬다. 그러고도 셀프는 몇 번 더 쓰러졌지만 결국 그 고등학생에게 안기다시피 해서 1위로 결승선을 통과했다. 경주 관계자들은 관중이나 관계자가 아닌 다른 경쟁자의 도움을 받았기 때문에 셀프의 우승이 합법적이라고 판정했다.

셀프의 성과를 채점해보면 99.57퍼센트의 점수를 받았다고 할 만큼,[12] 그녀는 에너지를 거의 완벽하게 분배한 셈이다. 마라톤이나 지구력을 요하는 경주에서는 수십 명의 선수가 결승선에 도착하자마자 쓰러지는 모습을 볼 수 있다. 셀프처럼 도착하기 직전에 무너지는 이들도 간혹 있다. 그들이 목표 지점에서 수백 미터도 안 되는 곳에서 중단하는 경향을 보이는 건 우연이 아니다. 이들은 다가오는 종료 지점(텔로스telos)에 대한 지식인 '목표 예측teleoanticipation'(보다 효율적인 에너지 소비를 위해 지금 하고 있는 신체 활동이 언제 끝날지 예상하는 것-옮긴이)의 인도를 받는다.[13] 목표 예측은 정확한 과학이 아니며 이는 얼마나 더 가야 하는지 정확히 알고 있을 때도 마찬가지다. 그래서 숙련된 운동선수들도 경기를 완전히 마치기 전에 칼로리를 너무 많이 소비하는 경우가 있다. 결승선을 앞두고 쓰러진 셀프의 몸은 고착 상태를 신체적으로 완벽하게 구현한 것이다.

목표 예측은 1996년에 한스-폴크하르트 울머Hans-Volkhart Ulmer라는 독일 연구자가 처음 설명한 개념이다. 울머는 "선수가 너무 빨리 달리면 초반의 피로 때문에 완주하지 못하게 되지만 너무 느리게 달리면 …… 최적의 경주 시간을 달성하지 못할 것이다. 따라서 선수는 결승점을 기준으로 단위 시간당 에너지 소비량을 조정해야 한다." 울머는 이 논문에서 운동선수들의 행동을 설명하는 동시에 철새가 어떻게 중간에 착륙하지 않고 수천 킬로미터를 계속 날 수 있는지도 궁금해했다. 이 문제는 결말을 예상하는 과정이 복잡하기 때문에 그의 논문은 복잡한 계산과 그래프로 가득하다. 철새는 바람 상태가 어떤지, 먹이를 얼마나 많이 먹어야 하는지, 언제 다시 먹이를 먹을 수 있는지, 대기 온도는 어떤지 등에 주의를 기울여야 한다. 마라톤 선수들도 비슷한 작업을 해야 한다. 다가오는 언덕, 바람 상태, 기온을 파악하는 것 외에도 평소보다 체력이 강하거나 약하다는 기분이 들지는 않는지 알아야 한다. 당신이 달리기 선수라면 어떤 날은 다리가 가볍게 통통 튀는 것 같다가도 어떤 날은 콘크리트처럼 무겁게 느껴진다는 걸 알 것이다. 그래서 정확한 결승선이 있어도 목표 예측은 쉽지 않다.

선수들이 결승선을 목표로 하지 않을 때는 더 천천히 움직인다. 경기가 언제 끝나는지 모르면 보유하고 있는 에너지를 함부로 소진할 수 없다. 한 연구에 따르면 30킬로미터(18마일)짜리 타임 트라이얼을 두 차례 완주한 사이클 선수들의 경우 명확한 종료 지점을 모를 때는 평균 2분, 즉 4퍼센트 정도 더 느리게 완주했다. 또 다른 연구에서 지루한 정신 작업을 수행한 사람들은 작업이 90분간 진행된다는 이야기를 듣지 않았을 때 더 느리게 일을 진행했다. 더 중요한 건 그랬을 때 사람들이 정신적인 자원을 보충하기 위해 작업 도중 더 많은 휴식을 취하고 정체도 더 자주 겪었다는 것이다.

경력을 쌓거나, 어린 자녀를 양육하거나, 더 행복하고 건강한 삶을 살기 위해 노력할 때는 밝은색으로 칠한 결승선이 보이지 않는다. 대부분의 사람들에게 가장 중요한 이런 목표는 대개 끝이 없기 때문에, 우리가 해야 할 계산은 울머가 철새들을 대상으로 한 계산보다 훨씬 복잡하다. 코로나19 팬데믹 같은 상황에 삶의 지진이 추가되면 물리적·재정적·심리적 자원에 대한 부담이 가중된다. 인간의 인내심을 집중적으로 탐구하는 작가 알렉스 허친슨Alex Hutchinson은 코로나19 팬데믹을 '결승선 없는 마라톤'이라고 표현했다. 허친슨은 정해진 답이 없는 팬데믹 체제를 손해가 아닌 이익으로 받아들이는 게 해결책이라고 주장했다. 그는 "'끝까지 갈 수 있을까?'보다 '계속할 수 있을까?'라고 자문했을 때 긍정적으로 대답할 가능성이 훨씬 높다"라고 했다. 프랑스의 울트라 마라톤 선수 기욤 칼메테스Guillaume Calmettes도 이에 동의했다. "결승선이 없으면 얼마나 더 달려야 하는지 모르기 때문에 남은 거리에 압도당하지 않는다."

칼메테스의 해결책은 목표를 확장함으로써 중간에 발생할 수 있는 갈등을 해결하라는 처방처럼 보인다. 즉, 목표를 원자 단위로 분해하는 것이다. 큰 그림에 집중하기보다 현재에 집중하자. 중간 지점이 없으면 중간 지점 슬럼프도 발생하지 않는데 무한한 목표에도 똑같은 논리가 적용된다. 각 작업 단계나 작업 단위 그리고 시간 등을 개별적인 작은 목표로 여기면 종료점이 없어도 상관없다. 또 칼메테스는 목표 추구의 맥락에서 마음챙김mindfulness을 주창했다. 마음챙김은 현재의 순간에 온전히 집중하는 것과 비슷하다. 당면한 과제와 그것과의 관계에 주의를 기울이는 것이다. 지금 이 순간에 집중하면 실제로 존재하지 않는 결승선 때문에 흔들릴 가능성이 줄어든다.

◆ ◆ ◆

정체는 피할 수 없는 일이다. 어떤 일을 장기적으로 경험할 때 클라크 헐은 초반에 정체가 발생한다고 생각했고, 그의 제자들은 중간 지점 부근에서 정체가 일어난다고 믿었으며, 헤르만 에빙하우스는 후반에 정체가 일어난다고 여겼다. 목표 가속화 효과, 중간 지점에서의 성과 저하, 고원 효과 등으로 인해 우리는 어딘가에서 정체될 가능성이 높다. 그리고 브루스 파일러가 말한 피할 수 없는 혼란과 청천벽력처럼 우리를 강타하는 삶의 지진도 겪게 된다. 전체 과정의 99퍼센트를 마친 뒤에도 댈러스 마라톤 결승선 앞에서 다리가 풀려버린 챈들러 셀프처럼 에너지가 1퍼센트 부족할 가능성이 여전히 남아 있다.

셀프는 그 경주에 자신을 너무 많이 쏟아부어서 위기에 처했다. 하지만 사실 우리는 너무 빨리 후퇴하는 경향이 있다. 첫 번째 마찰 징후가 보이자마자 아마 다시는 발전하지 못할 거라고 단념한다. 가장 중요한 원칙은 정체를 해소하기까지 걸리는 시간은 항상 예상보다 길다는 것, 그리고 결승선을 불과 몇 걸음 앞두고서 포기하는 경우가 너무 많다는 것이다.

key point

- 광범위한 목표에 도전할 때는 고착 상태에 빠질 수 있다는 사실을 명심하자.

- 중간에서 발생하는 정체를 피하는 가장 좋은 방법은 큰 목표를 하위 목표나 작은 덩어리로 쪼개서 중간점을 없애거나 축소하는 것이다.

- 정체를 피하려면 단기적인 이익에 대한 욕심을 버리고 장기적인 관점에서 결정을 내려야 한다.

- 삶의 지진을 넘어서기 위해서는 미리 예측하고 그걸 받아들이는 것이 중요하다.

- 고착 상태에서 벗어나놓고는 목표 지점 직전에서 꼼짝 못 하게 되는 이들이 종종 있다. 이런 일은 특히 에너지를 거의 완벽하게 분배했지만 약간 부족한 경우에 발생한다.

- 명확한 종료 지점이 없는 목표도 있다. 이런 무제한적인 목표에 직면할 때는 목표를 작은 덩어리 여러 개로 쪼개서 인공적으로 단계를 세분화하자.

2장

끈기 있게
계속 밀고 나가라

처음부터 완벽한 곡은 없다

가볍고 경쾌한 멜로디로 만든 히트 팝송을 듣고 있으면 귀에 쏙쏙 들어오는 멜로디를 상업적인 황금알로 바꾸는 일이 얼마나 어려운지 알기 어렵다. 거친 부분을 다듬고 '대중화'해서 청취자들이 수십 수백 번씩 스트리밍하게 하려면 시간과 재능이 필요하다. 이런 여정을 위해서는 흔히 몇 달 혹은 몇 년간 놀라운 인내심을 발휘해야 한다. 유달리 끈기 있는 젊은 작곡가 마그네(망네) 푸루홀멘Magne Furuholmen의 경우에도 그랬다.

푸루홀멘이 7년 동안 밴드를 옮겨 다니면서 계속 활용한 키보드 리프(반복되는 멜로디)를 처음 작곡한 건 열다섯 살 때다. 그다지 세련되지는 않았지만 귀를 잡아끄는 27음짜리 멜로디를 가지고 있었던 그는 이 훅을 이용해 완전한 곡을 만들기로 결심했다. 그의 밴드는 새로운 보컬을 찾고 있었는데 1순위로 삼았던 후보는 그 리프가 가진 다이너마이트 같은 폭발력에 매료되어 있었다. "우리 밴드의 새로운 보컬인 모르텐 하켓(하르케)Morten Harket은 우리가 그 리프를 사용하지 않는다면 밴드에 들어오지 않겠다고 했어요." 푸루홀멘은 이렇게 기억했다. 하켓의 요구에 굴복한 밴드는 그 리프를 에워쌀 인트로, 벌스, 브리지를 만들었고 결국 완성된 트랙이 탄생했다. 처음엔 노래 제목을 짓는 데 애를 먹었다. "원래 제목은 〈레슨 원Lesson One〉이었어요. 그러다가 다시 〈끝이 좋으면 다 좋은 법, 태양과 함께 움직여라All's Well That Ends Well and Moves with the Sun〉로 바꿨죠."

푸루홀멘의 밴드는 노르웨이 신스팝synth-pop 트리오 아하a-ha였고 노래 제목은 최종적으로 〈테이크 온 미Take On Me〉로 정해졌다.[1] 1985년 10월 〈테이크 온 미〉는 미국 빌보드 차트 1위에 올랐고 27주간 차트에 머물렀으며 다른 12개국에서도 차트 1위를 차지해 1980년대 신스팝의 상징이 되었다. 또 전 세계에서 앨범이 거의 1000만 장 가까이 팔리면서 역대 가장 많이 팔린 싱글 중 하나가 되었다.

상업적으로 큰 성공을 거뒀지만 거기까지 이르는 여정은 고달팠다. 1984년에 워너Warner와 계약을 체결한 3명의 젊은 멤버는 런던 스튜디오에서 〈테이크 온 미〉 첫 번째 버전을 녹음했다. 그 노래는 상업적으로 완전히 실패했다. 인터넷에서 손쉽게 찾아 들을 수 있는 이 버전은 최종 버전과 기본 골격은 같지만 사람을 끄는 매력이 많이 부족했다. 워너 런던 사무소는 하켓이 노래에 맞춰 움직이는 뮤직비디오를 찍으라고 했지만 그 비디오는 1980년대 중반에 우후죽순 등장한 유사한 팝 비디오의 바닷속에 파묻혀 잊혔다. 밴드 멤버들은 모두 당시 사방이 꽉 막힌 듯한 기분을 느꼈다. 푸루홀멘의 근사한 혹은 듣는 이들을 모두 매료시키는 듯했지만, 트랙은 여전히 설익은 상태였다. 이들은 음악 업계의 예측할 수 없는 부침을 극복하지 못할 것 같았다. 2009년에 진행된 이 밴드의 마지막 투어 직전에 멤버들은 트랙을 다듬을 때의 좌절스러운 과정을 회상했다. '젊은이들의 열의가 꺾였다고 말하는 건 너무 절제된 표현'이라고 밴드 웹사이트에 적혀 있다. "재능만 있으면 정상에 오를 수 있다고 믿었던 3명의 이상주의자들은 이제 너무 많은 역경에 부딪혔고 너무 많은 시간을 낭비했으며 너무 자주 실망해서 포기할 지경에 이르렀다. 사람들의 희망과 돈, 삶이 낭비되는 모습을 지켜본 그들은 잠시 헤어지기로 했다."

물론 이들의 이야기는 여기서 끝나지 않았다. 이 노래가 미국에 있는 워너 본사에 도착하자 영향력 있는 경영진은 밴드가 워너의 미국 스튜디오에서 보다 호소력 있는 믹스를 녹음할 기회를 한 번 더 주기로 했다. 그리고 결정적으로 두 달의 제작 기간과 거액의 예산이 투입된 세미애니메이션 뮤직비디오가 탄생했다. 그렇게 아하는 미국 활동을 시작했고 1986년에 MTV 비디오 뮤직 어워드에서 무려 6개의 트로피를 받았다. "그 비디오 덕에 노래가 히트하게 됐다는 건 의심의 여지가 없습니다"라고 푸루홀멘은 말했다. "그 노래에는 귀에 쏙 들어오는 리프가 있지만 몇 번은 들어봐야 하는 곡이에요. 뮤직비디오의 엄청난 영향력이 없었다면 그런 시간이 주어지지 않았을 거라고 생각합니다."

　1985년에 방송계를 강타한 〈테이크 온 미〉 버전은 거의 10년에 걸쳐 나선형으로 상승해간 창작 과정의 산물이었다. 푸루홀멘의 초기 멜로디는 셀 수 없을 정도로 여러 번 진화했고 본격적인 제작 과정에 들어간 뒤에도 노래는 계속 변했다. 이 과정이 반복될 때마다 아하의 노래는 청중들이 소화하기 쉬운 상태가 되었다. 하지만 노래는 험난한 길을 걸어갔다. 성공에 이르는 길은 울퉁불퉁하고 대부분의 상업적 승리는 폐기물과 실패로 둘러싸여 있다. 아이디어의 싹이 실현되기까지 몇 년이 걸릴 수도 있고 그사이에 창작자들은 아이디어를 아예 포기할 생각도 하기 쉽다. 아하는 운 좋게도 팝 음악계에서 여러 번 기회를 얻었고 워너가 새로운 자원과 시간, 상업적 지식을 제공할 때마다 작품이 향상되었다.

　이 노래의 첫 번째 버전에서 아하가 겪은 좌절은 창의적인 제품은 처음부터 완전한 형태를 갖춰야 한다는 일반적이고 순진한 믿음을 반영한다. 문제는 창의성을 어떻게 정의하는가다. 창의력을 통해 새로운 걸 만들려면 상상력이 필요하다. 사람들은 상상력을 마음껏 발휘해서 결코 존재하지 않을지도 모르는 미래와 세상, 사건을 상상한다. 상상력을 발휘하려면 약간의 노력이 필요하지만 그렇게 상상한 아이디어는 순식간에 풀려나오는 경우가 많다. 이렇듯 신속하게 전개되는 상상력 때문에 창의적인 제품은 빨리 나오거나 아예 나오지 않는다고 단정 짓게 된다. 이 믿음에 따르면 최고의 노래, 예술품, 영화, 책은 증류된 영감의 산물이다. 처음부터 완벽에 가깝지 않으면 나중에 개선될 가능성이 낮고 시간이 지나면 창의적인 결과물의 품질이 전반적으로 저하된다. 이런 개념을 '창조적 절벽creative cliff'이라고 한다. 언뜻 보면 설득력 있어 보이지만 그런 절벽은 환상이다. 사실 시간이 지날수록 창의력은 더 고조된다.

막다른 골목에서도 아이디어는 피어난다

심리학자 브라이언 루카스Brian Lucas와 로런 노드그런Loran Nordgren은 창조적 절벽의 환상에 대해 설명하면서 그것의 역설적인 면을 지적했다.[2] 우리는 일반적으로 다른 사람들이 발휘하는 끈기의 가치는 인정한다. "토머스 에디슨은 전구를 설계하기까지 친구 수염을 비롯해 1600가지 이상의 필라멘트 재료를 실험했다"라고 그들은 썼다. 끈기를 발휘한 창의성 이야기는 고무적이고 희망적이며 우리는 어릴 때부터 열심히 일하는 게 관성적으로 움직이는 것보다 효과적이라고 배운다. 하지만 정작 본인이 고착 상태에 빠졌을 때는 끈기의 가치를 의심하는 경향이 있다. "창의적인 작업을 한 번 해보고 머리가 터질 것 같다고 느끼는 사람은 포기할 가능성이 있습니다"라고 루카스는 말했다. 이런 사람들에게 정신적 어려움은 정체가 아닌 발전의 신호라고 납득시키는 건 어려운 일이다.

루카스와 노드그런이 진행한 한 실험에서는 10분 동안 "추수감사절 만찬 때 먹고 마실 수 있는 것에 대한 독창적인 아이디어를 최대한 많이 내달라"라고 요청한 다음, 다시 10분을 더 주면서 이번에는 얼마나 많은 아이디어가 나올지 추측해보라고 했다. 대부분의 참가자는 최고의 아이디어는 이미 나왔다고 생각해서 두 번째로 받은 10분 동안에는 아이디어가 적게 나올 것이라고 예상했다. 하지만 실제로는 두 번째로 주어진 10분 동안 예상보다 66퍼센트나 많은 아이디어가 나왔고 그 아이디어를 검토한 이들은 처음 나온 아이디어보다 창의성이 뛰어나다고 평가했다.

루카스와 노드그런은 계속해서 이런 패턴을 찾아냈다. 골판지 상자의 특이한 활용법을 최대한 많이 알아내려고 할 때, 버거와 감자튀김에 대한 광고 문구를 고민할 때, 글자를 모아 단어를 만들 때도 사람들은 끈기의 가치를 과소평가했다. 심지어 전문가들도 예외는 아니었다. 장기간 훈련을 받은 코미디언도 시간이 지나면 펀치라인을 쓰는 능력이 떨어질 것이라고 오해했고 수십 년간 경험을 쌓은 전문 코미디언도 갈수록 만화의 말풍선에 들어갈 대사를 만드는 데 어려움을 겪을 것이라고 잘못 생각했다. 이런 패턴은 몇 분간 진행되는 작업뿐만 아니라 며칠에 걸쳐 진행되는 작업에서도 그대로 유지되었다. 사람들의 생산성은 예상보다 안정적으로 유지되었고 대개 시간이 지나면서 결과물의 품질도 향상되었다. 루카스와 노드그런은 이 오류에 '창조적 절벽의 착각creative cliff Illusion'이라는 이름을 붙였다. 사람들이 시간이 지나면 창조적 결과물이 감소할 것이라고 착각하는 경향을 보여주기 때문이다.

끈기는 발휘하기 어렵다는 게 문제인데 우리는 정신적인 어려움과 실패를 동일시하는 경향이 있다. 뭔가를 이해하는 게 어려우면 해결책이 멀게 느껴진다. '무아지경'과 '몰입' 상태에서는 편안함을 느끼지만 창의성을 발휘하려면 물결을 거슬러 상류로 헤엄쳐야 한다. 어떤 창작물이 자신의 기존 아이디어나 통념과 비슷하고 거부감이 가장 적은 경로를 벗어나지 못한다면 창의적일 수 없다. 루카스와 노드그런은 사람들이 창의적인 과제를 해결할 때 생기는 어려움을 실패와 혼동하며, 유독 혼란스러워하는 사람일수록 끈기의 가치를 과소평가하는 경우가 많다는 걸 발견했다. 정체에서 벗어나는 방법을 이해하려면 이게 매우 중요하다. 어딘가 갇힌 듯한 느낌에서 벗어나려면 에너지가 필요하다. 그래서 갈등 상황이 생기면 그 일을 계속 밀고 나갈 가능성이 줄어든다. 하지만 루카스와 노드그런은 이게 실수라는 걸 증명했다. 아이디어의 질은 시간이 지나도 일정하게 유지될 뿐 아니라 더 좋아질 가능성도 높다. 또 시간이 지나면 이런 갈등을 가치 있는 것으로 전환시킬 보상이 등장할 확률도 높아진다. 루카스는 곤경에 처하면 '나는 내가 생각하는 것보다 더 창의적'이라는 사실을 기억하는 게 열쇠라고 말했다. 어려움의 첫 번째 징후가 나타나면 인내하면서 다음 장애물에 부딪힐 때도 이를 여러 번 반복하자.

루카스는 또 장애물 앞에서 무한정 기다리는 건 좋지 않다고 조심스럽게 지적했다. 언제 에너지를 다른 방향으로 돌려야 하는지 알아야 한다. 난제 하나를 해결하기 위해 쏟는 시간과 돈, 에너지를 다른 데 쓰는 게 나을 수도 있다. "사람들은 끊임없이 비용 편익 분석을 하면서 계속 노력할지 아니면 중단할지를 결정한다." 그가 진행한 연구에서 참가자들은 몇 분간 해결책을 찾으려고 열심히 노력하다가 받아들일 만한 결과나 좋은 결과에 도달하면 나머지 세션 동안 휴식을 취했다. 중요한 문제일수록 고착 상태에서 벗어나는 데 더 많은 자원을 투입해야 한다.

진행 여부를 정하는 방법 중 하나는 감사 마커audit marker, 즉 웨이포인트waypoint*를 정하는 것이다. 웨이포인트에 도달하면 계속할지 말지를 다시 검토한다. 단기 프로젝트의 경우 시간 단위나 일 단위로 웨이포인트를 배치하고 장기 프로젝트는 주, 월, 연 단위로 검토해야 한다. 웨이포인트에 도달할 때마다 지금까지 이룬 성과와 아직 해결되지 않은 문제의 성격, 새로운 감사 마커를 정할지 아니면 완전히 접고 새로운 일로 넘어갈지 여부를 판단해야 한다. 하지만 너무 일찍 포기하지 않는 게 중요하다. 유용한 경험 법칙 하나는 문제를 해결할 때 직관적으로 생각한 것보다 50퍼센트 많은 시간을 쏟은 다음, 그래도 안 되면 진지하게 포기를 고려하는 것이다.

루카스의 연구가 매력적인 이유는 낙관성 때문이다. 당신이 현재 오도 가도 못 하는 상황에 처해 있거나 아직 성공하지 못했더라도 앞으로 성공할 가능성은 충분하다. 루카스는 우리가 2개의 대조적인 렌즈를 통해 창의성을 인식한다고 설명한다. 하나는 통찰력 렌즈로, 창의력이 '깨달음'의 순간으로 이루어진 산물임을 암시한다. 그 순간이 언제 찾아올지는 예측하기 어렵다. 가장 예상치 못한 때에 찾아오는 경우가 많으며 그 기원을 추적하기도 어렵다. 다른 하나는 생산성 렌즈로, 창의력을 노력의 결과라고 여긴다. 이 관점에 따르면 창의성은

✳   바다와 공중 항로에서 각 단계의 끝에 미리 정해놓은 지상의 물리적 중간 기준점

일정한 형태나 규칙을 지녔으며 과학적이기까지 하다. 해가 뜰 때부터 질 때까지 종교적인 열정을 쏟아 그림을 그리는 화가의 경우처럼 부지런히 전념할수록 창의성을 발견할 가능성이 높다. 어떻게 보면 2가지 관점은 서로 대립된다. 창의성은 미묘할 수도 있고 확실한 근거가 있을 수도 있다. 좋은 아이디어는 갑자기 나타날 수도 있고 오랜 시간 열심히 노력해서 얻은 예측 가능한 결과일 수도 있다. 하지만 사실 2가지 관점 모두 동일한 처방을 제시한다. 창의적인 추구에 더 많은 시간과 에너지, 노력을 쏟을수록 성공할 가능성이 높아진다는 것이다. 깨달음의 순간은 창의적인 추구에 오래 몰입할수록, 생산성은 노력에 의존할수록 증가한다. 그런 순간이 언제 찾아올지는 모르지만 무르익을 시간을 준다면 우연히 발견할 가능성이 높아진다.

　　루카스에게 어떤 일에 시간을 많이 쏟을수록 돌파구를 찾을 가능성이 높은 이유를 물어봤다. "물론 결국 벽에 부딪힐 가능성도 있습니다"라고 루카스는 말했다. "하지만 그렇게 되기 전에 시간이 지나면서 아이디어가 개선된다는 확실한 증거가 있습니다." 이를 '직렬 순서 효과serial order effect'라고 한다. "아이디어를 구상할 때 가장 먼저 떠오르는 아이디어는 가장 접근하기 쉬운 것일 가능성이 높습니다. 우리가 같은 문화권에 살면서 같은 정보에 노출되어 있다면 당신이 가장 접근하기 쉬운 것에 나도 접근하기 쉬울 겁니다. 즉, 머릿속에 가장 먼저 떠오른 생각은 별로 창의적인 생각이 아닐 것이라는 이야기죠." 하지만 시간이 지날수록 아이디어는 개선된다. 효과 없는 전략과 방법은 폐기하므로 시간이 흐를수록 이런 막다른 골목이 생각을 방해하는 일이 점점 줄어든다. 또 막다른 골목을 만날 때마다 기본적인 가정과 전략을 넘어서 생각하게 된다. 심리학자 로저 비티Roger Beaty와 폴 실비아Paul Silvia는 직렬 순서 효과를 설명하면서 먼저 명백한 범주를 다 소진시킨 뒤 잠시 멈췄다가 새로운 아이디어 범주로 전환하면 후반 반응이 초기 반응보다 좋아질 것이라고 말한다. 이건 단 몇 분 또는 며칠 동안 진행되는 실험실 실험에만 해당되는 이야기가 아니다. 기업가와 과학자의 경우도 경력 내내 똑같은 현상이 벌어진다.

젊음과 새로움은 과대평가된다

기술 업계에서는 젊은 게 유리하다. 피터 틸Peter Thiel의 이름을 딴 틸 펠로우십은 '교실에 앉아 있기보다 뭔가를 만들고 싶어 하는' 젊은 이들에게 10만 달러의 자금을 지급한다. 22세 이상의 창업가나 대학 학위를 수료하려는 사람은 지원할 필요가 없다. 선마이크로시스템즈 Sun Microsystems를 공동 설립한 비노드 코슬라Vinod Khosla는 '35세 미만의 젊은이는 변화를 일으키는 사람들'인 반면 '45세 이상은 새로운 아이디어라는 관점에서 이미 죽은 사람'으로 간주한다. 벤처 캐피털 기업은 빌 게이츠Bill Gates, 스티브 잡스Steve Jobs, 마크 저커버그 같은 20대 천재들의 신화 때문에 경험보다 젊음을 중시한다. 기술 업계는 이런 가정을 기반으로 움직이며 젊은이들이 수십억 달러 규모의 비즈니스에 연료를 공급한다는 게 진실인 양 통용된다.

하지만 이건 사실이 아니다.[3] 성공한 기업가의 평균 연령은 42세로, 피터 틸 펠로우십 수혜자 나이의 2배다. 많은 창업자가 40대에 성공하는 이유 중 하나는 꾸준히 노력하며 살아왔기 때문이다. 그중 많은 이들이 가정을 꾸리고 자녀도 있다. 경제계에서 일해본 이들도 많다. 그리고 중요한 건 성공을 거두기까지 한 번이 아니라 여러 번 실패한 이들이 많다는 것이다. 그중 가장 성공한 이들은 나이가 훨씬 많다. 보기 드문 성공을 거둔 기업의 창업자는 평균 나이가 45세이고 스타트업을 차려서 투자금 회수에 성공한 기업가는 창업 당시 평균 나이가 47세였다. 한 연구에 따르면 50세에 창업한 사람은 30세 창업자에 비해 성공적으로 투자금을 회수할 가능성이 2배 정도 된다. 20대 창업자도 물론 성공적인 기업을 창업할 수 있지만 현명한 전문 투자자들의 돈은 그들의 부모나 조부모에게 흘러들어간다.

과학 분야의 천재들도 이와 비슷한 패턴을 따른다. 화학, 경제학, 의학, 물리학 같은 다양한 분야에서 일하는 과학자들은 40세 즈음에 최고의 성과를 올리는 경향이 있다. 노벨상 수상자와 발명가도 마찬가지로 30대 후반에서 40대 초반 사이에 최고의 업적을 내놓는다. 때이른 성공은 특이하기 때문에 매력적이다. 하지만 막혔다가 풀리는 과정을 반복하고, 무엇이 효과적이고 무엇이 효과가 없는지 깨우치며, 힘든 교훈 앞에서도 인내해야만 가장 풍요로운 발전을 이룰 수 있다.

나는 천재도 아니고 노벨상 수상자도 아니지만 내가 가장 자랑스럽게 여기는 연구 결과는 학계에서 무척 힘든 시기를 보낸 이후에 얻은 것이다. 대학원에 진학한 뒤 첫 학기에 새롭고 재미있어 보이는 프로젝트를 진행했다. 그러던 어느 날 우리 연구 분야에서 가장 인기 있는 저널에서 지난 6개월간 내가 생각해온 거의 모든 내용이 담긴 논문을 읽었다. 이런 경우를 '특종을 빼앗겼다'라고 표현하는데, 학계 버전의 고통스러운 고착 상태라고 할 수 있다.

경력 초기에 특종을 빼앗기면 몇 달 혹은 몇 년 뒤로 후퇴할 수 있고 일부 대학원생은 경력을 재고할 정도로 절망한다. 하지만 이건 중요한 통과의례다. 꼭 필요한 교훈을 집중적으로 제공하기 때문이다. 이럴 때는 관심사를 다양화해서 전체적인 연구 프로그램이 중단되지 않도록 해야 한다. 그래서 나도 그때부터 서로 연관성이 없는 프로젝트를 여러 개 시작했다. 그 프로젝트 중 하나를 통해 논문을 발표했고 이후 논문 몇 편을 더 썼으며 지금과 같은 학문적 위치에 오를 수 있도록 문을 열어준 프레젠테이션도 하게 되었다. 이는 다양한 창작 분야에서도 마찬가지다. 7만 명의 아티스트가 만든 노래 300만 곡을 분석한 창의성 연구자는 원히트 원더(대중음악계에서 단 하나의 곡으로만 큰 성공을 거둔 아티스트-옮긴이)와 경력 내내 지속적으로 성공을 거둔 이들의 가장 큰 차이는 프로듀싱을 기다리고 있는 '비교적 창의적인' 노래가 꾸준히 공급되는지 여부라는 것을 증명했다. 다른 분야에도 똑같은 교훈이 적용된다. 매달려 있던 줄 하나가 사라져도 너무 고통스럽지 않도록 삶의 모든 영역에 생산적인 요소를 여러 개 마련해둬야 한다. 이는 친구와의 관계, 업무, 여가 활동 등 장애물이 자주 발생하고 예측이 불가능한 모든 영역에 두루 해당된다.

이런 접근법은 "모든 달걀을 한 바구니에 담지 마라"라는 전통에서 유래했지만 여기서 한 걸음 더 나아간다. 이 은유를 확장해서 말하자면, 달걀을 여러 개의 바구니에 나눠 담아야 할 뿐만 아니라 모든 바구니마다 갓 부화한 병아리와 중닭, 다 자란 닭이 고르게 포함되어 있어야 한다는 것이다. 업무 분야에서라면 초기 아이디어부터 거의 완성된 것까지 연속체 전체를 아우르는 작업 산출물이 있어야 한다. 또 성숙한 우정과 막 싹튼 우정, 새로운 취미와 확실하게 자리잡은 취미가 골고루 있어야 한다. 하나에만 몰두하지 않고 리소스를 분산시키면서 발생하는 비용은 다양화의 이점으로 상쇄된다. 하나뿐인 달걀이 하나뿐인 바구니에서 굴러떨어지는 모습을 보는 것만큼 좌절스럽고 능률을 떨어뜨리는 일도 없다.

다양화 때문에 속도가 떨어질 수도 있지만 속도를 늦추는 데도 이점이 있다. 많은 기업가들이 젊은 시장에 진입하려고 서두르는 비즈니스 업계를 예로 들어보자. 누구보다 먼저 시장에 진입해야 하고 일찍 성공하지 못하면 실패할 거라는 기업가들의 생각과 다르게, 초반의 실패를 통해 문제점이 해결된 성숙한 시장에 진입하는 게 가장 바람직한 경우가 많다. 검색 엔진 시장을 예로 들어보자. 세르게이 브린Sergey Brin과 래리 페이지Larry Page는 구글을 통해 검색 업계에 혁명을 일으켰다. 구글은 검색 시장에 스물두 번째로 진입한 회사다. 구글이 등장하기 전에 아키Archie, V립VLib, 인포시크Infoseek, 알타비스타AltaVista, 라이코스Lycos, 룩스마트LookSmart, 익사이트Excite, 애스크지브스Ask Jeeves 같은 낙오자들이 12개 이상 있었다. 구글은 제품력이 우수해서 성공한 게 아니다. 브린과 페이지가 앞서 등장한 제품들을 통해 교훈을 얻는 사치를 누릴 수 있었기 때문에 성공했다. 성공하려면 효과적인 것뿐만 아니라 효과가 없는 것도 알아야 한다. 매치닷컴Match.com에서 '운명의 사람'을 만났다고 답한 2000명을 대상으로 진행한 연구에 따르면 평균적인 응답자는 15명과 키스했고 두세 번 장기적인 관계를 맺었다가 헤어졌고 최소 두 번 이상 실연을 겪었다. 이런 초기의 리허설(물론 당시에는 본 행사라고 생각했겠지만)은 뭐가 효과적인지뿐만 아니라 무엇이 효과적이지 않은지도 알려주기 때문에 중요하다.

구글과 마찬가지로 오늘날 규모가 가장 큰 테크 기업 가운데 시장에 가장 먼저 뛰어든 기업은 거의 없다. 페이스북Facebook(2004)은 프렌드스터Friendster(2002)와 마이스페이스MySpace(2003) 다음에 등장했다. 인스타그램Instagram(2010)은 기본적인 소셜 네트워크 기능 없이 사진 촬영 기능만 제공한 힙스타매틱Hipstamatic(2009)이 나온 후 거의 1년 뒤에 서비스를 시작했다. 아마존도 1995년 사업을 시작할 때 최초의 온라인 서점이 아니었고(북스닷컴Books.com이 1994년에 먼저 나왔다) 몇 년 뒤 사업을 확장할 때도 최초의 온라인 마켓플레이스가 아니었다. 애플 컴퓨터 이전에 올리베티스Olivettis, 알테어스Altairs, IBM이 있었고, 넷플릭스는 우편으로 DVD를 배달하던 블록버스터Blockbuster의 구식 배포 모델을 개선한 뒤 유튜브와 다른 비디오 스트리밍 서비스를 모방해서 스트리밍 기능을 도입했다.

새로움은 과대평가된다. 성공은 당신이 무리 전체에서 2등이나 3등, 심지어 22등일 때도 찾아온다. 중요한 건 계속 추진하는 것이다. 경험이 있으면 성공할 가능성이 높고 시간이 지나면 운이 트일 가능성도 높아지기 때문이다.

운보다 기술이 중요하다

똑똑한 사람들이 "운은 스스로 만드는 것"이라고 말할 때 거기에 담긴 실제 의미는 운이 생각보다 신비롭지 않다는 것이다. 행운을 얻는 가장 좋은 방법은 인내하는 것이다. 행운은 장수와 공통되는 부분이 많기 때문이다. 운을 예측할 수는 없지만 더 오래 밀고 나갈수록 운이 좋아질 가능성이 커진다. 작가이자 엔지니어인 로버트 하인라인Robert Heinlein은 "운 같은 건 없다. 통계적 우주에 대처할 준비가 충분하거나 충분하지 않을 뿐이다"라는 유명한 말을 남겼다. 우주는 통계적으로 균일하지 않고 울퉁불퉁하며 행운이 제시간에 도착하는 경우는 거의 없다. 중요한 건 운이 도착했을 때 받아들일 수 있도록 계속 게임에 참여하는 것이다.

2020년에 유럽의 데이터 과학자 3명이 1902년부터 2017년 사이에 28개의 창의적인 직업에서 행운에 의한 성과를 정량화하여 인내의 중요성을 증명했다.[4] 그들의 분석 결과는 과학, 영화, 음악, 예술 분야에 종사하는 400만 명의 성공이 기술과 행운이라는 2가지 요소에서 기인한다는 걸 보여줬다. 심지어 동종 업계 내에서도 많은 차이를 발견했다.

기술 점수가 가장 높은 영화감독은 크리스토퍼 놀란Christopher Nolan인데 〈인셉션Inception〉과 〈인터스텔라Interstellar〉 같은 영향력 있는 영화를 많이 찍었기 때문이다. 이와 달리 노래 한 곡이나 영화 한 편으로 유명세를 얻은 원히트 원더의 경우에는 영향력 있는 작품을 여러 편 발표하면서 성공을 예고하거나 반복하지 못했기 때문에 일반적으로 기술 점수가 낮은 게 특징이다. 예를 들어 역대급 고전 명작 〈카사블랑카Casablanca〉의 감독인 마이클 커티즈Michael Curtiz(1886~1962)는 임팩트가 뛰어난 다른 영화를 연출한 적이 없기 때문에 기술 점수가 별로 높지 않다.

크리스토퍼 놀란 같은 감독은 운에 의존할 필요가 없다. 기술, 훈련, 기회를 통해 영화 제작을 성공시킬 비결을 찾았기 때문이다. 그의 영화는 사람들의 관심과 티켓 판매를 확실하게 유도한다(이 연구는 인터넷 영화 데이터베이스IMDb에서 얼마나 높은 평점을 받았는지를 기준으로 측정했다). 커티즈도 천재인 건 맞지만 그의 경력은 한곳에 집중되어 있다. 그의 최대 히트작은 엄청난 성공을 거뒀지만 실패작은 쉽게 잊혔다. 놀란의 영향력은 가장 성공한 영화를 무시해도 큰 타격을 받지 않지만 커티즈의 영향력은 대히트작 한 편에 달려 있다. 아마 커티즈에게 제2의 〈카사블랑카〉를 기대한 건 무리일지도 모르지만 〈카사블랑카〉가 그의 카탈로그에 있는 다른 영화를 너무 왜소하게 만든 것은 예측 가능성보다 운이 어느 정도 작용했다.

이 과학자들은 스탠리 큐브릭Stanley Kubrick, 마이클 잭슨Michael Jackson, 애거사 크리스티Agatha Christie 같은 특정 천재들을 살펴본 다음 데이터베이스에 있는 28가지 직업을 전부 분석했다. 그 결과 특히 운의 영향을 많이 받는 직업이 있다는 걸 알아냈다. 운에 가장 크게 좌우되는 분야는 물리학, 생물학, 천문학, 정치학, 책 집필, 영화 제작 등이다.

동물학, 수학, 시나리오 작성, 영화감독, 록 음악 제작은 중간쯤이다. 운에 거의 의존하지 않고 전적으로 기술에만 의존하는 분야로는 이론 컴퓨터 과학, 엔지니어링, 재즈와 팝 음악 제작, 클래식 음악가, 힙합 아티스트 등이 있다.

이 순위 중 일부는 직관적으로 이해할 수 있고 이유도 설명할 수 있다. 예를 들어 이론 컴퓨터 과학과 클래식 음악은 상당한 기술과 재능, 훈련에 의존하기 때문에 그 분야에서 정상에 오른 사람은 계속 '히트작'을 쏟아낼 가능성이 높다. 반면 생물학과 천문학은 획기적인 발견에 의존하기 때문에 성공이 한 시기에 몰려 있고 운이 많은 걸 좌우한다. 하지만 어떤 패턴은 이해하기 어렵다. 예를 들어 책을 쓰는 작가는 시나리오를 쓰는 작가보다 훨씬 운이 좋은 경향이 있고 물리학자, 수학자, 엔지니어는 기술-행운 스펙트럼에서 큰 차이를 보인다.

다른 직업보다 운이 더 중요한 직업이 있긴 하지만 연구진의 결론은 28개 분야 모두에서 운이 성공에 큰 역할을 한다는 것이다. 기술에 가장 많이 의존하는 클래식 음악가와 힙합 아티스트도 운과 무작위성에 좌우된다. 이런 무작위성의 특징 하나는 "개인의 가장 큰 성공은 경력 내에서 무작위적으로 발생한다"라는 것이다. 마이클 잭슨과 수학자 팔 에르되시Paul Erdös는 경력의 첫 3분의 1 동안 가장 큰 성공을 거둔 반면, 스탠리 큐브릭과 애거사 크리스티는 경력의 마지막 3분의 1 동안 가장 큰 성공을 맛봤다. 경력 전반에 걸친 성공의 우연성을 '무작위적 영향 규칙random impact rule'이라고 하는데 이는 인내가 매우 중요한 이유 중 하나다. 만약 스탠리 큐브릭이나 애거사 크리스티가 경력 초반이나 중반에 은퇴했다면 그들의 가장 유명한 히트작은 태어나지 않았을 것이다.

큐브릭과 크리스티는 보기 드문 재능의 소유자지만 일반 창작자들의 성공 경력도 이렇게 한 지점에 몰려 있곤 한다. 어떤 연구진이 12일 동안 유럽 성인들의 창의적인 결과물을 추적했는데 이들은 자기 아이디어에 의존하는 기업가였고 대부분 자영업자였다.[5] 연구진은 여기서 2가지 사실을 알아냈다.

첫째, 기업가들은 숙면을 취한 뒤 전날 직면한 장애물에 대해 '개인적인 판단이 섞이지 않은' 숙고를 했을 때 훨씬 창의적인 모습을 보였다. 대부분 걷거나 운전하는 동안, 즉 살짝 주의가 흐트러진 순간에 전날 있었던 일들을 속으로 검토했다. 개인적인 판단을 피했다는 점도 중요하다. 전날 겪은 좌절을 자책하며 곱씹는 이들은 발전할 가능성이 낮았다. 가장 도움이 되는 기술 하나는 그 장애물이 자신이 아니라 조언이 필요한 다른 사람을 괴롭히고 있다고 상상하는 것이었다. 이 방법을 통해 감정적으로 분리된 상태를 유지하면서 하루에 몇 시간 동안 '마음을 자유롭게' 비우고 문제를 고민할 수 있었다. 대부분의 경우 이런 가벼운 반추가 문제에 깊이 집중하거나 완전히 무시하는 것보다 더 확실하게 돌파구를 만들어냈다.

둘째, 연구진은 "기업가들의 창의력 변화는 대부분(전체 창의력 변화의 77퍼센트) 개인 안에서 일어나는 반면, 23퍼센트는 창의적 자질 같은 개인 간 차이에서 기인할 수 있다"라고 썼다. 우리는 궁극적으로는 사람들이 어느 정도 창의적이라고 생각한다. 하지만 이 결과는 적절한 조건만 갖춰지면 대부분 뛰어난 창의력을 발휘할 수 있음을 시사한다. 대개 10점 만점의 창의성 척도에서 대부분 5점이나 6점을 얻지만 괜찮은 날에는 점수가 잠시 9점으로 올라갈 수도 있다(안 좋은 날에는 2점으로 떨어지기도 한다). 그러므로 인내심을 가져야 하는 또 다른 좋은 근거는 고착 상태에서 벗어날 수 있는 능력이 계속 변한다는 것이다.

당신이 비록 자기 분야의 애거사 크리스티가 아니더라도 성공은 언제든 찾아올 수 있다. 경력 초반에 찾아올 수도 있지만 나중에 찾아올 가능성도 높다. 창조적 절벽의 착각은 최고의 아이디어가 그날 늦은 시간에 나올 수 있으므로 오늘을 인내하는 것이 가장 중요함을 보여준다. 마찬가지로 무작위적 영향 규칙은 가장 큰 성공이 예기치 못한 순간에 찾아올 수 있으므로 몇 주, 몇 달, 몇 년에 걸쳐 인내하는 것이 중요함을 시사한다.

조급함이 모든 걸 망친다

국제선 비행기를 5분 차이, 기차를 10초 차이로 놓친 적이 있다면 조시 해리스Josh Harris의 사례를 생각해보자. 해리스는 이렇게 뭔가를 아깝게 놓치는 상황(니어 미스near miss)의 제왕이라고 할 만한 인물이다. 다만 그의 가장 중요한 니어 미스는 반대 방향으로 발생해 잠재적으로 수십억 달러의 손실을 입었다. 해리스는 너무 늦은 게 아니라 너무 빨랐다. 마이클 커티즈가 영화 기술이 발달하기 100년 전에 태어나서 〈카사블랑카〉를 영화로 만들지 못하고 머릿속으로만 떠올리며 살아야 했다고 상상해보자. 이게 1990년대에 조시 해리스에게 일어난 일이다. 그의 아이디어는 너무 일찍 탄생했고 그에게는 그걸 실현할 만한 인내심이 부족했다.

해리스는 지금 우리가 아는 인터넷의 초기 단계인 인터넷 1.0 황금기를 이끈 선구자다.[6] 당시에는 온라인상의 모든 것이 투박했다. 전화 접속 모뎀이 이미지와 동영상을 처리하는 데 어려움을 겪었기 때문에 불품없는 웹 페이지에는 텍스트만 가득했다. 동영상이나 음악 사이트를 찾아내더라도 파일을 다운로드하는 데 몇 시간 또는 며칠씩 걸렸다. 그리고 간신히 다운로드를 완료해도 파일에 결함이 있거나 선명하지 않고 때로는 바이러스와 악성코드가 가득했다. 인터넷 1.0 전도사들에게는 인터넷의 존재 자체가 여전히 기적처럼 보였기 때문에 이런 단점을 참고 견뎠지만 웹 개발자들이 머릿속으로 상상한 것과 실제 이룰 수 있는 것 사이에는 간극이 있었다.

이것이 1990년대 초에 조시 해리스가 직면한 온라인 세계였다. 해리스는 일론 머스크Elon Musk나 리처드 브랜슨Richard Branson 같은 기업가의 틀에서 봐도 매우 혁신적이었다. 해리스는 라디오 방송국과 웹 기반 TV 및 비디오 콘텐츠를 배포하는 넷캐스팅 회사인 수도프로그램즈Pseudo Programs를 설립했다. 해리스의 전기를 쓴 앤드루 스미스Andrew Smith는 수도는 "마이스페이스, 유튜브YouTube, 페이스북, 리얼리티 TV의 혼합물이지만 어떤 매체보다 미묘하고 정교하다"라고 설명했다. 한 연예 기획자는 해리스를 '넷캐스팅 공간에서 만난 가장 똑똑한 사람

중 한 명'이라고 했고 어떤 사람은 그를 '실리콘 앨리Silicon Alley에서 가장 똑똑한 사람 중 한 명'이라고 했다.

해리스는 모뎀과 전화선이 수십억 개의 좋아요와 동영상, 사진, 최신 정보를 한 컴퓨터에서 다른 컴퓨터로 전송할 수 있게 되기 전부터 소셜 네트워킹 비슷한 걸 구상했다. 그가 구상한 버전은 규모가 더 작아서 뉴욕 브로드웨이의 3층짜리 로프트식 아파트loft apartment에 있는 〈위 리브 인 퍼블릭We Live in Public〉이라는 설치 예술 작품의 형태로 존재했다. 이 아파트에는 100명이 살았고 해리스는 그 안에 있는 사람들이 언제든지 볼 수 있는 110대의 카메라로 하루 24시간 그들을 촬영했다. 해리스는 사람들이 타인의 삶에 대해 알고 싶어 하고 자기 삶을 누군가와 공유하기를 갈망한다는 사실에 주목했다. 앤드루 스미스도 말했지만, 해리스는 마크 저커버그가 페이스북을 개발하기 5년 전에 저커버그 같은 존재가 될 뻔했다. 인터넷 기업가인 제이슨 칼라카니스 Jason Calacanis는 스미스에게 "오늘날 사람들이 하려고 하는 많은 일을 조시는 1996년에 이미 이루었다니 아이러니합니다. 인터넷 역사상 가장 중요한 10인 중 한 명인데도 아무도 그가 누군지 모릅니다"라고 말했다.

해리스는 결국 2가지 이유 때문에 페이스북, 유튜브, 트위터Twitter 초기 버전을 발명하는 데 실패했다. 첫 번째 이유는 1990년대 인터넷 인프라가 그의 비전을 지원하기에 너무 열악했다는 것이다. 이용자들이 좋아하는 수도 프로그램을 다운로드하려면 자는 동안 밤새 다운로드해야 했다. 대역폭 제약 때문에 일반적인 사용자는 한 달에 한두 개

프로그램만 들을 수 있었다(오늘날의 광대역 연결은 1990년대 후반에 쓰던 전화 접속 모뎀보다 약 4만 배 빠른 속도로 정보를 다운로드한다. 지금 다운로드하는 데 1초 걸리는 동영상이 1999년에는 11시간쯤 걸렸을 것이다).

하지만 조시 해리스가 실패한 또 다른 이유는 성급했기 때문이다. 광대역통신이 곧 등장할 것이라는 소문이 돌고 있었으니 수도는 몇 년간 진득히 기다릴 필요가 있었다. 하지만 해리스는 때를 기다리기보다 호화로운 아파트 개조에 수백만 달러를 썼고 황금 시간대에 방영될 수준이 아닌 설익은 프로그램을 들고 투자자들을 쫓아다녔다. 수도를 페이스북, 유튜브, 트위터로 전환하려면 모든 여유 자금을 플랫폼 '전문화'에 쏟았어야 했다. 기술 평론가들은 그가 부차적인 프로젝트와 우회로에 집착하고 있다고 비판했다. 만약 해리스가 성공했다면 페이스북이나 유튜브, 트위터는 존재하지 않았을 것이다. 대신 수도닷컴Pseudo.com이나 그 후계자가 있었을 테고, 수십억 명의 사람들은 마크 저커버그가 아직 초등학생일 때 해리스가 상상한 플랫폼에서 비디오를 다운로드하고 자기 생각을 공유하고 자신의 삶을 게시했을 것이다.

너무 좁은 부분에만 집중하는 근시안적인 태도 때문에 성급함이 생기곤 한다. 해리스는 수도 너머를 살펴보면서 웹 인프라가 어떻게 발전하고 있는지 검토하기보다 부차적인 프로젝트에 갈수록 많은 시간과 비용을 쏟아부었다. 광대역 인터넷 연결은 1996년에 미국과 캐나다에서 등장했다. 해리스가 수도의 문을 닫은 2000년부터 2001년 사이에 광대역 통신 가입자가 50퍼센트 증가했다. 가입자 수는 몇 년 동안 비슷한 속도로 계속 증가했고 2010년에는 미국 전체 가구의 3분의 2가 광대역 인터넷을 사용했다. 2000년도의 광대역 통신망은 요즘보다 훨씬 느리지만 전화 접속 연결보다는 몇 광년 빨랐고 얼마 지나지 않아 사이즈가 큰 이미지와 동영상 파일을 몇 분 몇 초 안에 전송할 수 있게 되었다. 해리스가 인터넷의 맥락을 파악하고 있었다면 수도를 땅에 묻기보다 시간을 두고 돈을 다른 쪽에 썼을지도 모른다. 다른 상황에도 똑같은 교훈이 적용된다. 효과가 없는 아이디어와 타이밍이 좋지 않아 보류된 아이디어를 구별하려면 시야를 넓혀서 그 아이디어를 떠받치는 맥락을 고려해야 한다. 기술적 한계나 정치적 풍토, 불리한 문화적 관습, 좋지 않은 경제 상황 때문에 아이디어가 방해를 받고 있는 건 아닌가? 아니면 맥락에 상관없이 실패할 운명인가? 해리스는 이런 질문을 던지지 않았거나 적어도 수도를 틈새시장에서 거대 기업으로 전환하는 방법과 시기 여부 등을 선택할 때 이런 질문을 지침으로 삼지 않았을 것이다.

결국 수도는 2001년에 파산을 선언했다. 850만 달러의 가치가 있던 해리스의 회사는 분할되어 단돈 200만 달러에 팔렸다. 그는 뉴욕주에 사과 농장을 샀다가 5년 뒤에 에티오피아로 이주했다. 나는 2009년에 그리니치 빌리지에서 해리스의 1990년대 모험을 다룬 영화 〈위 리브 인 퍼블릭〉 시사회가 열렸을 때 그를 잠깐 만났다. 그는 영화 상영이 끝난 뒤 주저하는 태도로 짤막한 연설을 했는데 10년 전에 그를 방해했던 조급함이 여전히 엿보였다. 좋지 못한 타이밍 때문에 불리한 상황에 처할 경우 인내심이 차이를 만든다. 그리고 너무 빨리 떠오른 아이디어를 구제할 때도 인내심이 필요하다. 〈테이크 온 미〉를 메가 히트곡으로 만들기까지 10년간 여러 차례 작업을 되풀이해야 했던 아하의 경우에도 마찬가지였다. 루카스와 노드그런이 주장한 창조적 절벽의 환상에 따르면, 최고의 아이디어는 일찍 나오거나 아예 나오지 않을 거라고 믿는 창작자들도 마찬가지다. 인기 있는 업계에 늦게 발을 들인 이들도 그렇다. 인스타그램, 아마존, 구글 같은 기업은 시장 선점자가 구축해놓은 토대를 이용해서 각자의 시장을 휩쓸었다. 인내심과 끈기는 좋지 않은 타이밍을 해결하고 설익은 아이디어가 성숙하도록 도와준다.

◆ ◆ ◆

때로는 고착 상태에서 벗어나기 위해 가차 없이 앞으로 나아가야 한다. 하지만 그렇게 앞으로 나아가는 것만으로는 충분하지 않을 때도 있다. 속박에서 벗어나기 위해서는 이를 가로막는 함정과 유혹을 식별하고 극복해야 한다. 가장 미묘한 함정이 우리를 끈질기게 유혹하는 경우가 많기 때문이다. 다음 장에서 이 문제를 해결해보자.

- 그만두기 전에 자신이 생각하는 시간보다 더 오래 버텨보자. 대부분의 성공은 우리가 예상하는 것보다 늦게 찾아온다.

- 사람들은 최고의 아이디어, 더 넓게는 최고의 작품이 프로세스 초기에 나올 것이라고 생각하는 경향이 있는데 이걸 창조적 절벽이라고 한다. 그건 사실이 아니다. 최고의 아이디어는 나중에 떠오르는 경우가 많다.

- 사람들은 고난을 실패와 연관시키는 경향이 있다. 하지만 자신이 어려움을 겪고 있다는 느낌은 뻔한 것을 넘어서고 있다는 신호다. 뻔한 것들이 좋은 결과를 내는 경우는 드물기 때문에 그것을 넘어서 고군분투하는 것은 당신이 성공의 길로 나아가고 있다는 초기 신호다.

- 어떤 일을 계속할 경우에 드는 비용이 기대 수익보다 더 클 때는 그만두는 법을 배우자.

- 속도를 늦추자. 선점자가 되면 그만큼 위험 부담도 커진다.

- 좋은 아이디어가 너무 늦게 떠오르는 것도 좋지 않지만 좋은 아이디어가 너무 일찍 떠올라도 정체에 빠지기 쉽다. 이 경우 기술적·정치적·문화적·경제적 맥락을 고려해서 적절한 시점을 파악하는 법을 익히자.

3장

나는 다르다는 함정에서 벗어나라

왜 인간은 비슷한 것에 끌릴까

세상에는 수백 가지 종류의 함정이 있지만 가장 빠지기 쉬운 함정에는 공통된 특징이 있다. 바로 이건 절대 함정이 아니라고 확신시킨다는 것이다. 이 함정은 우리가 꼼짝 못 하게 갇히기 전까지는 "이건 별 문제 아니다"라고 믿게 한다. 무리 중에서 눈에 띄고 싶은 상황에서도 이런 함정을 만날 수 있다. 예를 들어 창의력을 발휘하고 싶다면 다른 사람이 한 일을 그대로 재현해선 안 된다. 당연한 이야기지만 무리에서 벗어나지 않으면 창의적이 될 수 없다. 하지만 자기가 무리에서 벗어났다고 여기는 사람들도 실제로는 스스로 생각하는 것보다 훨씬 관습에 사로잡혀 있는 경우가 많다. 이런 오류는 의도치 않은 집단 행동 때문에 생긴다. 대다수의 사람들과 다르게 행동하려는 시도가 실패한 것이다.

자녀 이름을 지을 때를 생각해보자. 내가 태어나기 직전이던 1980년, 부모님은 괜찮은 남자아이 이름을 고르려고 문화계 인명사전을 샅샅이 뒤졌다. 신문과 잡지를 살펴보고 가족과 친구에게 제안도 받았다. 부모님이 최종적으로 작성한 명단에는 그렉, 라이언, 데이비드 같은 이름이 포함되어 있었고, 그 명단을 줄이고 줄인 끝에 마침내 애덤으로 정했다. 부모님이 알기에 애덤은 흔한 이름이 아니었다. 아는 사람 중에 애덤이 한 명 있었고 애덤 앤트Adam Ant의 음악을 들었으며 아담과 이브 이야기도 알고 있었지만, 그 외에는 평소에 그 이름을 들어본 적이 없었다. 그건 매력적인 스위트 스팟sweet spot(소비자의 호감과 친밀감이 극대화되는 시점, 최적의 지점-옮긴이)이었다. 심리적인 측면에서 볼 때 그 이름은 꽤 독특하고 흥미로울 만큼 색다르긴 하지만 거슬릴 정도는 아니었다. 사람들이 철자나 발음을 어려워할 만큼 특이한 이름은 아니지만 그렇다고 인기가 많은 것도 아니었다.

하지만 결과적으로 난 애덤의 바다에서 길을 잃었다. 고등학교를 졸업할 때 우리 반 남학생 25명 중 3명의 이름이 애덤이었다.[1] 나중에 법률 회사에 근무할 때는 애덤이라는 이름의 다른 법대생 2명과 같은 사무실에서 일했다. 1960년대까지는 이 이름이 미국, 캐나다, 호주, 뉴질랜드, 남아프리카공화국에서 매우 드물었지만 1980~1985년 사이에 인기가 급증했다. 1960년대 초에 애덤이라는 이름을 가진 아기가 한 명이었다면 1980년대 초에는 27명으로 늘었다. 애덤이 워낙 많다보니 부모님은 혼란스러워했다. 그분들은 왜 이런 거대한 무리를 피하지 못했을까?

우선, 1940년대와 1950년대에 태어난 부모님 친구와 지인 중에는 애덤이라는 이름을 가진 이가 없었다. 1970년대 후반에 존재했던 몇 안 되는 애덤은 아직 영유아나 미취학 아동이었다. 우리 부모님이 산부인과 병동과 유치원에서 표본을 찾았다면 소수의 전위적인 애덤과 마주쳤을지도 모른다. 하지만 그들은 문화적 규범과 선호도의 근본적인 변화라는 힘이 은밀하게 작용하고 있는 걸 알아차리지 못했다. 두 분이 1980년대 초에 헤엄치던 문화적 물이 서서히 애덤화되고 있었다. 예를 들어 애덤과 발음이 비슷한 앨런이라는 이름은 1940~1960년대에 인기가 절정에 달했기 때문에 당시 20~40세 사이의 앨런 수천 명이 지구를 배회하고 있었다. 부모님은 가장 친한 친구 둘을 비롯해 이런 앨런들을 몇 명 알고 있었다. 앨런과 애덤처럼 비슷한 이름은 특이한 이름의 참신함을 해치지 않으면서도 낯선 느낌을 완화시키기 때문에 중요하다. 이런 아이디어를 뒷받침하는 한 연구에 따르면, 허리케인 카트리나Katrina가 뉴올리언스를 강타한 뒤 K로 시작하는 이름의 인기가 9퍼센트 높아졌다고 한다. 또 다른 연구는 에이든과 제이든, 미아와 레아처럼 발음이 비슷한 이름은 동시에 인기가 높아지거나 떨어지는 경향이 있다는 걸 보여준다. 우리 부모님은 우연히 수천 명의 다른 부모들과 같은 이름을 찾아낸 것이었다. 다들 편하면서도 특별한 이름을 찾고 있었기 때문이다. 1980년에는 애덤이 그런 이름 중 하나였다.

독창성은 쉽게 주어지지 않는다

미술은 편안하면서도 특별한 스위트 스팟을 활용했을 때와 놓쳤을 때의 차이가 큰 분야다. 20세기에 활동한 컬러 필드color-field 미술가들은 소위 단색화라고 하는 영역을 개척했다.[2] 그들은 캔버스를 단일 색상으로 뒤덮고 〈화이트 온 화이트White on White〉 〈인터내셔널 클라인 블루 191International Klein Blue 191〉 〈블랙 스퀘어Black Square〉 같은 제목을 붙였다. 이런 작품에는 대부분의 미술 작품을 가치 있게 만드는 특성이 보이지 않았다. 기술적인 기량을 멋지게 선보인 작품도 아니고 일반적인 기준에서 아름답지도 않다. 그리고 처음 봤을 때 노골적으로 혁신적이라는 느낌을 주지도 않는다. 하지만 거기에는 2가지 특징이 있다. 다른 형태의 미술과 달랐고, 그런 특정한 방식으로 다름을 꾀한 최초의 미술 작품이었다. 미술은 대개 아이디어와 관련이 있다. 그래서 진정한 미술품 구입을 위해서는 수백만 달러도 아낌없이 쓰는 마니아들이 완벽한 복제품에는 한 푼도 지불하지 않는 것이다. 그들은 작품 자체뿐만 아니라 그것의 기원, 즉 출처나 제작 방법, 메시지, 문화적 중요성에 대한 대가도 지불하는 것이다. 컬러 필드의 선구자인 이브 클라인Yves Klein은 1950년대에 똑같은 파란색 캔버스 시리즈를 발표하면서 지금껏 그 어떤 미술가도 하지 않았던 시도를 했다. 똑같이 생긴 캔버스 각각에 다른 가격을 매긴 것이다. 그리고 그림을 보는 사람이나 구매자는 동일한 작품을 보면서 다른 경험을 하게 될 것이라고 주장했다. 그의 전시회는 비평적인 측면과 상업적인 측면 양쪽 모두에서 승리를 거뒀고, 1992년에 클라인은 파란색 캔버스 하나를 1000만 파운드에 팔았다.

오늘날 동일한 파란색 캔버스를 수백만 파운드에 판다고 하더라도 클라인을 모방할 수는 없다. 클라인은 부모님이 내 이름을 선택할 때 간과했던 그 일을 해냈다. 그의 아이디어는 참신했고, 비슷하지만 아주 똑같지는 않은 아이디어를 뒤따른 덕분에 적절한 수준의 친숙함을 제공할 수 있었다. 16세기 이탈리아 미술가가 메디치 가문 사람들 앞에서 온통 파란색으로 칠한 캔버스를 선보이는 모습을 상상할 수 있겠는가? 클라인의 대담한 접근 방식은 그로부터 반세기 전에 인상파와 표현파가 세운 토대 위에서 이루어졌다. 이 미술가들은 논란이 될 만큼 현실주의에서 벗어났지만 미술 평론가들이 그들의 일탈을 받아들이자마자 곧 새로운 작품들이 등장해 한계를 더 밀어붙였다. 물감을 두껍게 칠한 모네의 수련은 당시 스캔들을 일으켰지만 온통 파랗게 칠한 클라인의 캔버스에 비하면 순응주의에 가깝다. 클라인이 성공할 수 있었던 이유는 모네가 미술계를 사실주의에서 개념주의로 서서히 이동시켰기 때문이다.

아무나 클라인처럼 할 수는 없다. 사람들은 대개 자기 아이디어의 참신함을 과대평가한다. @insta_repeat라는 인스타그램 계정은 소셜 네트워크에 반복해서 등장하는 이미지를 대대적으로 조사했다.[3] '카누 안의 발'은 카누에 누워 있는 사람들의 발을 찍은 거의 동일한 이미지 12개를 보여주는데 전부 다 다른 계정에 올라온 이미지다. 이 이미지를 찍어서 올린 사람은 독특한 사진이라고 생각했겠지만 사실 그런 사진은 1980년대 초의 애덤만큼이나 많다. 다른 예로 '뻗은 손에 앉아 있는 작은 새'와 '은하수를 배경으로 장노출로 찍은 사진 한가운데에 보이는 불 켜진 텐트 하나'가 있다. 이 2가지 주제와 관련해 거의 동일한 사진이 수십 장씩 있다는 것은 해당 주제가 창작자들 생각보다 훨씬 평범하다는 걸 시사한다.

창의적인 것을 찾기 어려운 이유는 우리 모두 동일한 문화적·생물학적 힘에 민감하게 반응하기 때문이다. 무엇이 아름답고 가치 있고 바람직한가에 대한 생각을 공유하고 그런 생각으로 인해 생기는 제약에서 벗어나기란 무척 힘들다. 어떻게 이런 일이 일어나는지는 동물학을 들여다보면 이해가 될 것이다. 지구상에는 매우 다양한 동물 생명체가 살지만 정말 독창적인 존재는 드물다. 때때로 생물 분류 단계에서 가까운 공통 조상이 없는 2가지 종이 유사하게 진화하는 '수렴 진화' 과정을 겪는다. 사실 이런 경우는 굉장히 흔하다. 예를 들어 완전히 다른 다섯 종류의 갑각류가 게와 같은 모습으로 진화했는데, 이 과정을 게화carcinization라고 한다.[4] 코알라는 거의 1억 년 전에 포유류에서 진화적으로 갈라진 유대류지만 인간이나 다른 영장류와 비슷하게 진화된 지문을 가지고 있다. 새, 박쥐, 나비는 비슷하게 생긴 날개와 비행 메커니즘을 진화시켰다. 날다람쥐원숭이와 슈가글라이더, 바늘두더지와 고슴도치도 이와 같은 모방 패턴을 나타낸다. 어떤 종들은 너무 비슷해서 유전적 분석을 통해서만 구별 가능한 잠재종으로 알려져 있다.

어떻게 수만 킬로미터 떨어진 곳에 살면서 한 번도 접촉한 적이 없는 두 종의 날개나 눈 또는 몸 모양이 거의 똑같을 수 있는 걸까? 답은 둘 사이의 거리에도 불구하고 다들 자기가 부양하는 종이 비슷한 특징을 갖는 걸 선호하는 평행 생물군계에 살고 있기 때문이다. 많은 갑각류가 게를 모방하게 된 이유는 온도나 중력, 그들을 둘러싼 수중 환경이 딱딱한 껍질, 유사한 혈관과 신경계, 넓고 평평한 몸체를 가진 게 같은 동물을 선호하기 때문이다. 이렇게 수렴된 종 진화는 아이디어가 진화하는 방식과 비슷하다. 밈meme이라는 말도 원래 진화를 통해 발전하고 변화하는 아이디어를 설명하는 용어였다. 때로는 당신의 아이디어가 문화적 흐름을 초월할 수 있을지 몰라도, 그 흐름이 독창성의 피를 빠는 거머리처럼 압력으로 작용하기 때문에 참신성이 떨어질 것이다.

　이런 참신성의 함정은 최적의 독특함을 발휘하고 보수를 받는 전문가들까지 괴롭힌다. 영화 포스터는 잠재적 관객에게 다가가는 첫 번째 마케팅 자료인 만큼 포스터 디자이너는 수요가 많다. 그들이 만든 포스터는 도시의 거대한 광고판, 영화관 외벽, 그리고 페이스북부터 유튜브까지 온갖 플랫폼에 도배된다. 소비자는 그걸 피할 방법이 없다. 이때도 조화롭지 못하거나 새롭지 않은 것 사이에 스위트 스팟이 존재한다고 생각할 수 있다. 가장 독특한 영화 포스터는 다른 것들과 혼동되지 않도록 해당 장르를 잘 표현해야 한다. 하지만 크리스토프 쿠르투아Christophe Courtois라는 프랑스 영화 블로거는 @insta_repeat가 인스타그램 사진을 대상으로 했던 작업을 영화 포스터 사진을 가지고 했다.[5] 쿠르투아는 '혼자 있는 사람을 뒤에서 바라본 모습' '등을 맞대고 있는 이들을 옆에서 찍은 사진' '커다란 눈' 등 자주 사용되는 패턴에 주목했다. 쿠르투아는 각각의 경우에 대해 거의 동일한 사례를 수십 개씩 찾아냈다.

이런 동일성 중 일부는 다분히 의도적이다. 특정 장르에 속한다는 사실을 보여주는 게 중요한 경우에는 해당 장르 영화의 포스터에 반복적으로 커다란 눈을 사용하는 식으로 시각적 언어를 사용하는 것이 효과적일 수 있다. 또 성공적인 영화의 마케팅 전략을 따라하다가 시각적 이미지까지 모방한 것일 수도 있는데 이런 모방은 의도하지 않은 것임에 틀림없다. 쿠르투아의 컬렉션에 포함된 영화 중 일부는 수십 년 전에 제작된 영화들이고 같은 주제를 사용했더라도 완전히 다른 장르에 속하는 경우도 있다. 이 포스터들은 전체 스펙트럼에서 볼 때 독창적이지 못하다.

화가나 영화 제작자, 곧 부모가 될 사람 또는 성공을 '최적의 차별화optimal distinctiveness'와 동일시하는 사람도 무리에 얽매이기 쉽다. 사람들에게 1에서 10까지 숫자 중 하나를 고르라고 하면 약 3분의 1이나 7을 고른다. 가장 먼저 떠오르는 채소 이름을 대라고 하면 대부분 당근이라고 말한다. 당신이 택한 가장 쉬운 길은 문화적 배경을 공유하는 다른 이들도 똑같이 선호하게 마련이다. 따라서 최적의 차별화를 이루려면 노력과 기술이 필요하다.

최적의 차별화가 완벽한 함정인 이유는 자기가 그 함정에 걸려들었다는 사실조차 깨닫기 힘들기 때문이다. @insta_repeat 계정에 자기 게시물이 올라와 있는 걸 우연히 발견하지 못한다면 자기가 독창적이지 않다는 사실을 영영 모를 수도 있다. 우리 부모님은 내가 태어나고 몇 년 뒤 유치원에 다닐 때가 되어서야 주변에 이름이 애덤인 아이들이 많은 걸 보고 내 이름이 생각했던 것보다 인기 있는 이름임을 깨달았다. 최적의 차별화는 자신의 실수를 감지하지 못하고 "이건 별 문제 아니다"라는 태도에 대한 완벽한 사례 연구다.

최적의 차별화 함정은 알아차리기 어렵기 때문에 벌써 함정에 걸려들었거나 아니면 걸려들기 일보 직전이라고 가정해야 한다. 이 함정을 해결하는 방법은 결정을 내리기 전에 속도를 줄이고 더 많은 시간을 들여 심사숙고하는 것뿐이다. 적절히 차별화된 이름, 영화 포스터 이미지, 기타 창의적인 결과물을 찾으려면 아이디어를 조사하는 데 시간을 더 들여야 한다. 어떤 아이디어가 빨리 떠오른다면 같은 문화권에 사는 다른 사람들에게도 똑같이 빨리 떠오를 것이다. 내 경험에 따르면 모든 결정을 앞두고는 적어도 세 번 정도 의문을 품거나 세 차례 브레인스토밍을 거치는 게 좋다. 첫 번째와 두 번째 브레인스토밍에서 나온 아이디어는 버려야 하지만 그것이 세 번째 라운드에서 나올 수 있는 흥미롭고 기발한 아이디어를 위한 기반을 마련해줄 것이다. 일찌감치 떠오른 아이디어 중 하나와 사랑에 빠진다면 그 아이디어가 정말 참신한지 확인하기 위해 더 많은 시간과 에너지를 써야 한다. 일반적으로 어떤 이름이 인기를 끌게 되면 부모들은 최근의 인기 변화를 조사하는 데 더 시간을 쏟아야 한다. 예를 들어 애덤은 1980년대 초에 폭발적으로 인기가 상승했지만 사실 그 전인 1970년대 후반부터 인기를 얻기 시작했다. 그림을 그리거나 영화 포스터를 디자인한다면 브레인스토밍 단계에 시간을 더 할애하고, 자기 장르의 미술계나 영화 포스터 세계를 살펴보는 데는 더더욱 많은 시간을 할애해서 쿠르투아가 찾아낸 것 같은 진부한 표현을 추구하지 말아야 한다.

다른 사람들도 나와 똑같은 생각을 한다는 사실을 인식하지 못하기 때문에 진정한 창의성을 찾기 어려운 것이다. 일찍 모습을 드러내는 함정도 있지만 그런 함정은 자기는 걱정할 필요가 없다고 납득시키려고 최선을 다한다. 이건 "문제가 되더라도 아주 사소한 문제일 뿐"이라는 함정인데 그중 일부는 "이건 문제가 아니다"라는 식의 더 큰 함정이다.

의사소통의 오류를 경계하라

작은 함정의 음흉함을 이해하는 가장 쉬운 방법은 두 사람의 의사소통에 문제가 생겼을 때 어떤 일이 벌어지는지 생각해보는 것이다. 잘못된 의사소통에는 2가지 형태가 있다. 첫 번째는 의사소통이 안 되고 있다는 걸 아는 상황이다. 한국어만 할 줄 아는 당신이 스페인어만 할 줄 아는 사람에게 아이디어를 설명하려고 할 때는 문제를 즉시 깨닫게 될 것이다. 이때 당신의 선택은 명확하다. 몸짓 또는 그림을 통해 의사소통을 시도하거나 번역기에 의지하거나 의사소통이 불가능하다는 걸 받아들이는 것이다. 이건 심각한 의사소통 오류지만 문제의 범위만큼은 확실히 알 수 있다.

두 번째는 의사소통에 문제가 있다는 사실을 모를 때 발생한다. 즉, 서로의 의견이 완벽하게 전달됐고 두 사람이 같은 생각을 하고 있다는 잘못된 믿음을 바탕으로 일을 진행할 때 발생하는 오류다. 둘이 완전히 다른 언어를 구사할 때와 비교하면 완벽한 의사소통에 가깝지만 사실 이쪽이 더 위험하다. 두 사람이 완전히 다른 정신세계에 살고 있으면서도 서로의 의견이 일치한다고 계속 믿기 때문이다. 이걸 '가짜 이해도의 함정pseudo-intelligibility trap'이라고 하는데 흔하면서도 위험한 함정이다.[6]

예를 들어 이 문제는 법률 제도에서도 성가신 상황을 야기한다. 호주에서 법대에 다녔던 시절 나는 형사 재판을 몇 번 지켜본 적이 있다. 일부 피고인이 영어를 이해하거나 말하는 데 어려움이 있다고 주장하면 판사는 재판이 시작되기 전에 통역을 불렀다. 이건 첫 번째 유형의 잘못된 의사소통 사례다. 재판 당사자들 사이의 간극이 심하지만 문제가 뭔지는 분명하다. 판사가 즉각적인 조치를 취하기만 하면 일을 진행할 수 있다.

하지만 잘못된 의사소통을 감지하기 어려울 때는 어떻게 될까? 영어는 단일 언어지만 전 세계에 존재하는 160개의 영어 방언은 저마다 조금씩 다르다. 런던 노동자 계층이 쓰는 코크니Cockney, 맨 섬의 맨스Manx, 아일랜드의 하이버노 잉글리쉬Hiberno-English, 리버풀의 스카우스Scouse, 맨체스터의 맨큐니안Mancunian 등은 영국 제도 전역에 존재하는 60개 이상의 방언 중 5개에 불과하다. 이들 방언의 차이점 중 일부는 명백하지만 어떤 건 미묘하다. 단어는 같아도 의미가 다를 수 있고 2가지 이상의 의미가 있거나 약간 다른 의미를 내포하는 경우도 있다.

대부분의 호주 원주민은 호주 원주민 영어라고 하는 방언을 사용한다. 그건 유럽계 호주인들이 쓰는 영어와 거의 비슷하지만 중요한 차이가 있다. 예를 들어 유럽계 호주인 영어에서는 fire(불)라는 단어의 의미가 하나지만 원주민 영어에서는 불꽃, 성냥, 장작, 심지어 전기 히터를 가리키기도 한다. 이 뉘앙스를 모르는 판사는 "집에 불을 지폈다"라고 한 호주 원주민 피고를 방화 혐의로 기소할 수도 있다. 사실 피고는 전기 히터를 켠 것뿐인데 말이다. 때로는 단순한 오해 때문에 문제가 생기기도 한다. 한 청문회에서는 조상들의 땅에 대한 권리를 주장하려고 하던 한 원주민 남성이 살인 혐의로 기소될 뻔했다. 그는 자신의 출신을 설명하려고 "난 리르메르와 레이크필드와 관련이 있다"라고 했다. 그런데 속기사는 그 남자가 '레이크필드 살인'을 인정한 거라고 생각했고, 이 기록을 바로잡기 위해 법의학 통역사를 초빙해야 했다. 사소한 의사소통 차이는 심리적 경종을 울리지 못하기 때문에 더 위험한 함정을 만든다. 이런 경종은 의사소통 오류가 발생해서 일이 정체되는 걸 막아주므로 경종이 울리지 않으면 계속해서 더 깊은 오해에 빠져들게 된다.

이 원리는 "문제가 되더라도 아주 사소한 문제일 뿐"이라는 함정에도 적용된다. 관계 코치인 매슈 프레이Matthew Fray는 "관계에서 사랑, 신뢰, 존경, 안전의 존재는 흔히 사소한 의견 차이로 치부할 수 있는 순간에 달려 있다"라고 한다.[7] 누가 설거지를 하는지와 같은 사소한 의견 차이가 결국 사소한 문제가 아닐 수도 있다는 이야기다. 프레이는 작은 의견 차이가 해결되지 않는 바람에 자신의 결혼을 비롯한 많은 결혼이 깨졌다고 주장한다. 프레이는 "사랑과 결혼을 파괴하는 것들은 흔히 중요하지 않은 문제처럼 자신을 위장한다"라고 한다. "위험한 일이 벌어지는 순간에는 별로 위험해 보이지도 않고 그렇게 느껴지지도 않는다. 폭탄이나 총소리가 난무하는 게 아니라 바늘에 콕 찔리거나 또는 종이에 베이는 정도다. 하지만 바로 그런 게 위험하다. 뭔가가 위협적이라고 인식하지 않으면 우리는 그걸 경계하지 않는다. 이 작은 상처가 피를 흘리기 시작하지만 출혈이 너무 서서히 진행되는 바람에 멈추기에는 너무 늦을 때까지 위협을 인식하지 못하는 이들이 많다."

프레이와 그의 아내는 프레이가 싱크대 옆에 컵을 놓아두는 것에 대해 항상 의견이 달랐다. 그는 나중에 다시 사용할 수 있도록 씻지 않은 채로 두는 걸 선호했지만 아내는 그런 방식을 못마땅해했다. 식기세척기에서 불과 몇 센티미터 떨어진 싱크대에 놓인 컵을 볼 때마다 아내는 점점 더 "집을 나가 결혼 생활을 끝내자"라는 쪽에 가까워졌다. 프레이의 실수는 자기가 함정에 빠졌다는 걸 깨닫지 못한 것이다. 심지어 '확실한' 이유가 있는 경우에도 컵을 싱크대에 넣는 걸 거부한 프레이는 아내의 선호를 고려하기보다 자신의 사소한 선호를 더 중요하게 여긴다는 걸 아내에게 보여준 셈이었다. "그건 배려와 관련된 문제였다"라고 그는 설명했다. "아내는 자신을 존중하거나 인정해주지 않는 사람과 결혼했다는 기분을 항상 느꼈다. 그리고 내가 그녀를 존중하거나 인정하지 않았다면 신뢰할 만한 방식으로 그녀를 사랑하지도 않았을 것이다. 아내는 자기를 영원히 사랑하겠다고 약속한 성인을 믿을 수 없었다. 싱크대 옆에 그릇을 놓아두는 행동은 어느 모로 보나 사랑이 담긴 행동과는 거리가 멀었기 때문이다." 프레이의 함정은 싱크대 위에 놓아둔 잔이 신뢰, 사랑, 존중 부족을 상징한다는 사실을 알아차리지 못한 것이다. 지나고 나서 생각해보면 남편에게 존중받고 싶다는 아내의 훨씬 심오한 욕구를 위해 자신의 사소한 선호쯤은 무시하고 완전히 다르게 행동했어야 했다. "이제는 잔을 거기에 두는 행동이 아내에게 상처를 입히고 문자 그대로 고통을 줬다는 걸 안다. 그 행동은 '이봐, 난 당신을 존중하지 않고 당신 생각과 의견을 중요하게 여기지도 않아. 나한테는 잔을 식기세척기에 넣으려고 4초의 시간을 들이지 않는 것이 당신보다 더 중요해'라고 말한 것이나 마찬가지다." 결혼 생활을 구하려면 그런 작은 함정이 관계를 통째로 삼켜버릴 만큼 깊은 틈을 가리고 있었음을 깨달았어야 했다는 걸 이제 프레이는 안다.

사소한 문제가 큰 화를 불러온다

역사상 가장 키 큰 남자도 이와 유사한 비극적인 함정에 빠졌다. 1918년에 로버트 워들로Robert Wadlow가 태어났을 때 그가 특별히 키가 클 것이란 걸 암시하는 징후는 전혀 없었다. 부모인 애디와 해럴드의 키는 평균 수준이었고 로버트의 키와 몸무게도 평균 수준이었다. 하지만 태어난 직후부터 그의 뇌하수체가 성장 호르몬을 과잉 생산하기 시작했고 워들로는 하루가 다르게 성장했다. 한 살 때 평균 5세 아동 정도의 키가 됐고 여덟 살에는 이미 아버지보다 키가 컸다. 열여섯 살에는 244센티미터가 넘었는데 이는 역사상 겨우 20명만 도달한 높이다. 그리고 전성기인 스물두 살 때는 거의 274센티미터까지 컸다. 캘리포니아로 여행을 갔을 때 워들로는 거대한 세쿼이아 숲에 들렀다. "아빠, 살면서 내가 작다고 느껴본 건 이번이 처음이에요. 기분이 아주 좋네요." 워들로는 이렇게 말했다.

1940년 7월 4일, 워들로는 미시간에서 열린 축제 퍼레이드에서 인기 스타가 되었다. 그는 다리 보조기를 착용한 채 군중들 사이를 천천히 걸었는데 보조기 하나에 결함이 있어서 오른쪽 발목에 작은 물집이 생겼다. 만약 그가 다리가 부러졌거나 폐렴에 걸렸다면 의사들이 즉시 조치를 취했겠지만 물집은 의사의 관심을 끌지 않았다. 약간 짜증나고 고통스러운 건 있었지만 워들로의 심리적 경종은 울리지 않았다. 그건 "문제가 되더라도 아주 사소한 문제일 뿐"이라는 함정의 완벽한 예시다. 며칠 뒤 워들로는 고열로 병원에 입원했고 축제 퍼레이드 후 11일 만에 패혈증성 쇼크로 사망했다.

대부분의 물집은 치명적이지 않기 때문에 경미한 부상을 입을 때마다 경종이 울리지 않는 건 당연한 일이다.[8] 대처 자원은 한정적이므로 꼭 필요한 경우가 아니면 아껴 써야 한다. 대부분의 경우 이런 태도는 타당하다. 하지만 가끔 큰 문제가 자신을 사소한 말썽으로 위장하기도 한다. 그게 그렇게 위험해져서 우리가 꼼짝 못 하게 되는 이유는 상처를 곪게 내버려뒀기 때문이다. 상처는 대부분 천천히 때로는 빠르게 악화되지만, 우리는 발생할 가능성이 있는 경우 더 큰 문제에 대처하기 위해 자원을 절약하려고 한다. 워들로의 경우, 의사들이 물집을 곧바로 치료했다면 감염과 그로 인한 패혈증성 쇼크를 피했을 가능성이 매우 크다.

이렇게 눈에 띄지 않는 함정에 대해 생각해볼 수 있는 또 하나의 방법은 어딘가에 갈 때 걸어갈지 차를 가져갈지 결정할 때다. 보통 집 앞 우편함까지는 걸어가고 8킬로미터 거리의 식료품점에 갈 때는 차를 타고 간다. 하지만 그 거리 사이의 어디쯤인가에 걷는 대신 운전을 택하는 지점이 있다. 당신의 경우 걷기에서 운전으로 전환하는 지점이 1.6킬로미터라고 가정해보자. 1.6킬로미터 이상 떨어진 곳에 갈 때는 운전을 하고 그보다 가까운 곳에는 걸어갈 것이다. 1.6킬로미터 이하의 짧은 거리를 걷는 건 다리 운동에는 좋지만 시간이 허비된다. 워들로의 물집이 즉각적인 치료를 받지 못한 것처럼 그 정도의 짧은 거리는 "차를 가져가야 해"라는 경종을 울리지 못하기 때문이다. 그러니 역설적이게도 5킬로미터 떨어진 곳에 갈 때보다 1.2킬로미터를 가는 데 시간이 훨씬 오래 걸린다. 걷는 속도가 차량 주행 속도보다 훨씬 느리기 때문이다. 작은 함정이 위험해 보이지 않는 것처럼 짧은 여정도 겉보기엔 무해해 보이지만 결국 손해일 수 있다.

작은 문제의 함정을 돌파하는 가장 좋은 방법은 현재 발생한 작은 문제를 그저 사소한 문제와 재앙을 예고하는 문제로 분리하는 방법을 배우는 것이다. 모든 사소한 문제가 영원히 사소한 상태로 남을 거라고 가정하지 않으면서도 그런 문제가 생길 때마다 무력감에 빠지는 걸 방지해야 한다. 해결책은 '예방적 유지보수preventive maintenance'라고 하는 엔지니어링 기법을 채택하는 것이다.[9] 예방적 유지보수는 짧은 여정과 패혈증을 일으키는 물집 때문에 발생하는 문제를 위해 설계되었다. 여객기를 탈 때는 기계적인 문제로 지연될 가능성이 높다. 어떤 지연 상황은 금방 해결되지만 어떤 경우에는 비행기가 뜨지 못해서 항공편이 취소되기도 한다. 비행기는 거대한 금속 동체부터 미세한 알루미늄 나사에 이르기까지 수천 개의 부품으로 구성되어 있다. 상용 비행기는 거의 쉬지 않고 비행하기 때문에 정비가 매우 중요한데 일정을 잡기가 어렵다. 비행기를 계속 공중에 띄우면서도 안전하게 비행할 수 있게 하는 방법은 무엇일까? 해결책은 예방적 유지보수다.

상용 항공기는 일정 간격을 두고 다양한 수준의 정비를 받는다. 이틀에 한 번씩 착륙한 상태에서 육안 점검, 유체면 점검, 타이어 공기압 점검, 기본 시스템 점검 등 일련의 기본 점검을 실시한다. 이런 '일일' 점검을 통해 누출, 누락 또는 손상된 부품, 전기적 문제 등 즉각적인 주의가 필요한 주요 이상 징후를 파악할 수 있다. 이런 정기 점검 외에도 엔지니어들은 ABC 점검 시스템을 따른다. 레벨 A와 B는 비교적 간단한 정비지만 C와 D는 중정비로 알려져 있다. A점검은 200~300시간 비행할 때마다(10일에 한 번 정도) 실시하는데 약 50인시가 소요된다(예: 기술자 10명이 각각 5시간씩 작업). B점검은 6~8개월에 한 번씩 하고 약 150인시가 소요된다. B점검을 하려면 비행기가 1~3일 정도 착륙해 있어야 하지만 A점검은 몇 시간만 착륙하면 된다. C점검은 2~3년에 한 번씩 실시하고 가장 힘든 정비인 D점검은 6~10년에 한 번씩 하는데 이때 항공기는 약 2개월간 이륙할 수 없다.

ABC 점검 시스템은 안전한 비행과 지속적인 비행이라는 2가지 상반된 목표의 균형을 맞추기 위해 설계되었다. 경미한 문제가 있는 항공기는 수리를 위해 즉시 지상에 착륙시키기보다 감시 목록에 올려놓고 모니터링한다. 가장 안전한 방법은 비행이 끝난 뒤 모든 항공기를 집중적으로 점검하는 것이다. 하지만 그랬다가는 항공기들에 해마다 몇 달씩은 공백기가 생길 것이다. 항공사와 조종사에게 가장 수익성 높은 방법은 항공기 점검 횟수를 대폭 줄이고 대충 점검하는 것이지만 그러면 안전을 해치게 될 것이다. 특히 대형 상용 항공기는 믿을 수 없을 정도로 안전한데 ABC 점검 시스템은 운항을 멈추지 않으면서도 그렇게 안전한 상태를 유지하도록 해준다.

워들로는 물집이 터지기 시작했는데도 무시했고 열이 심해지는 상황에서도 퍼레이드에 계속 참여했다. 그가 의사를 찾아갔을 때 그들도 크게 개의치 않았다. 워들로가 죽기 전날 밤에 가장 크게 걱정한 문제는 2주 후에 있을 조부모님의 50주년 결혼기념일 파티에 참석하지 못하는 것이었다. 워들로에게 필요한 것은 ABC 점검 시스템 같은 예방적 유지보수 시스템이었다. 그의 큰 키 때문에 생기는 증상 중 하나는 다리와 발에 계속 멍과 긁힌 상처가 생기고 항상 저리다는 것이었다. 대부분 치료하지 않아도 증상이 완화되었기 때문에 감시 목록에 올려놓았다가도 상태가 호전되는 즉시 잊어버리곤 했다. 하지만 치명적인 물집 같은 일부 증상은 성가신 존재 이상이 되었으니 A점검과 B점검을 정기적으로 했다면 상처에 주목했을 수도 있다. 오늘날 미국의학협회는 50세 이상의 성인에게 매년 건강검진을 받으라고 권고하는데 이는 연방항공국이 항공사에 요구하는 C점검을 모방한 것이다. 그보다 간격을 띄워서 2년에 한 번씩 하는 정기 유방 X선 검사와 5~10년에 한 번씩 하는 대장내시경 검사는 D점검에 해당된다.

"문제가 되더라도 아주 사소한 문제일 뿐"이라고 여기는 모든 잠재적 함정에도 동일한 예방적 유지보수 원칙을 적용할 수 있다. 문제가 정말 작으면 저절로 해결하거나 최소한의 개입만 필요하다. 그런 문제는 감시 목록에 넣어둘 수 있다. 그러나 그게 함정으로 판명된다면 정기적으로 실시하는 가벼운 점검과 장기간에 걸친 주요 점검을 통해 사소한 거슬림으로 위장한 그런 재앙을 잡아낼 수 있어야 한다. 이 방법을 재정, 인간관계, 직업 생활 등 모든 영역에 적용할 수 있다. 그 과정은 엔지니어들이 비행기를 점검하고 의사들이 우리 몸을 검사할 때처럼 체크리스트를 만드는 것에서부터 시작된다. 재정 문제가 우려된다면 월별 예방 체크리스트와 보다 자세한 연간 체크리스트를 만들어보자. 예산 책정 앱을 사용하면 한 달에 한 번씩 카테고리별로 계좌 잔액과 전체 지출액을 확인할 수 있다. 그리고 1년에 한 번 정도씩 은퇴에 대비한 투자 내역과 자산 및 부채 상태를 더 자세히 살펴볼 수 있다. 이런 가벼운 점검과 집중 점검을 실시하는 목적은 심각한 문제가 발생하기 전에 미리 예측하기 위해서다. 그래야 마이너스 통장 수수료가 급격하게 달라지거나 투자 포트폴리오가 빠르게 성장하지 않아 은퇴 후 라이프스타일에 필요한 자금을 마련하는 데 지장이 생길 경우 빨리 알아차릴 수 있다. 그런 문제가 발생하기 며칠 전이 아니라 몇 달 혹은 몇 년 전에 발견한다면 피할 수 있는 가능성이 높아진다.

건강이나 재정 또는 다른 영역에 대해 ABC 점검을 실시하면 심각한 문제와 사소한 문제를 구분할 수 있지만 때로는 단순히 문제의 크기보다 더 중요한 정보를 알아야 한다. 이는 "사소한 문제는 아니지만 아직 일어나려면 멀었다"라는, 즉 문제가 심각하긴 하지만 멀리 떨어져 있으니까 걱정할 필요 없다는 세 번째 유형의 함정에 직면했을 때도 마찬가지다.

미래에 대한 대비를 호들갑으로 치부하지 마라

1950년대 후반에 컴퓨터 과학자 밥 베머르Bob Bemer가 IBM에 입사했다. 프로그래밍계의 마법사인 베머르는 훗날 모든 컴퓨터 키보드의 중심이 된 이스케이프 키와 백슬래시 키를 발명했다. IBM에서 그가 맡은 첫 번째 작업 중 하나는 모르몬 교회의 방대한 족보 작성을 돕는 것이었다. 당시에는 데이터가 매우 비쌌고 컴퓨터 펀치 카드는 일반적으로 80자로 제한되었다. 그래서 프로그래머들은 가능한 모든 코드 문자열에서 군더더기를 제거했다. 그들은 연도를 1923년으로 기록하지 않고 23년으로 기록하는 쪽을 택했다. 베머르는 두 세기에 걸친 날짜를 입력하고 있었기 때문에 연도를 두 자리로 줄이면 모호한 상황이 생긴다는 걸 곧바로 알아차렸다. 1840과 1940을 둘 다 40으로 입력하면 컴퓨터가 어떻게 1840년에 태어난 교인과 1940년에 태어난 교인을 구별할 수 있겠는가? 이런 특정한 모호성은 뒤따르는 문제가 거의 없었기에 꽤 쉽게 고칠 수 있었지만 베머르는 새로운 밀레니엄으로 전환될 40년 뒤의 미래를 생각했다. 2000년이 되면 숫자 00은 1900년과 2000년을 둘 다 의미하게 되고 아마 00으로 끝나는 다른 연도도 마찬가지일 것이다. 베머르는 세계의 주요 컴퓨팅 시스템이 붕

괴될 거라고 생각했다. 그는 다른 프로그래머들에게 자신의 우려를 전했고 결국 수십 년 뒤에 Y2K 버그로 알려지게 될 문제와 관련된 논문을 여러 편 발표했다.[10]

시계가 1999년에서 2000년으로 순조롭게 넘어갔으니 Y2K 버그는 과장된 호들갑이었다고 결론을 내리는 게 타당해 보인다. 비행기가 추락하지도 않았고 전기 그리드가 자연 발화하지도 않았다. 하지만 그건 베머르가 자신의 대의를 효과적으로 예언한 덕분이다. 2019년 12월 말에 여러 신문 잡지 기자들이 전문가들을 인터뷰한 결과 그들은 Y2K 버그가 엄청난 피해를 입혔을 수도 있다고 단언했다. 예를 들어 프랜신 우에누마Francine Uenuma는 《타임》지에 〈20년이 지나자 Y2K 버그는 농담이었던 것처럼 보인다—그건 배후의 사람들이 심각하게 받아들인 덕분이다〉라는 제목의 기사를 기고했다. 우에누마는 전문가들과의 인터뷰를 통해 전 세계 엔지니어들이 발 벗고 나서지 않았다면 2000년 1월 1일에 발생했던 개별적 문제들이 그보다 수십억 배나 더 심각했을지도 모른다는 걸 보여주었다. "문제를 수정하기 위해 몇 달, 몇 년씩 고생한 수많은 프로그래머들은 노고를 거의 인정받지 못하고 있었습니다. 1999년에 시행된 수정 사항 중 일부가 오늘날에도 전 세계 컴퓨터 시스템을 원활하게 운영하는 데 사용되고 있음에도 불구하고, 그들의 노력은 지루한 데다가 영웅적인 서사도 아니었기 때문에 대중의 열렬한 지지를 받지 못한 것입니다." 기술 예측가이자 스탠퍼드대학 교수인 폴 사포Paul Saffo는 우에누마에게 이렇게 말했다. "Y2K 위기가 발생하지 않은 이유는 사람들이 10년도 더 전부터 미리 대비를 시작했기 때문입니다. 그리고 생필품을 비축하느라 바빴던 일반 대중은 프로그래머들이 일을 하고 있다는 걸 느끼지 못한 것이고요." Y2K가 별 탈 없이 넘어간 것은 베머르가 40년 전에 경보를 울린 덕분이다.

지금부터 40년 뒤를 상상해보자. 그때 세상이 어떤 모습일지 상상하는 건 어려운 일이다. 무엇이 변하고 무엇이 변하지 않을지, 당신은 어떤 모습일지, 지금의 자신과 거의 같은 사람일지 아닐지 알 수 없다. 당신이 컴퓨터 프로그래머라면 40년 뒤에나 벌어질 문제(그 전에 어떻게든 해결되지 않는다면)에 관심을 갖기는 힘들 것이다. 베머르는 바로 그런 문제에 직면해 있었다. 그는 동료들에게 이 문제에 관심을 갖고 40년 뒤에 벌어질 문제의 해결책을 고민해달라고 간청했다. 하지만 여기서 "사소한 문제는 아니지만 아직 일어나려면 멀었다" 함정이 나타났다. 프로그래머들은 일상적인 업무를 처리하는 것만으로도 너무 바빠서 이상한 이름을 가진 먼 미래의 문제에 시간과 에너지를 쏟는다는 건 상상할 수도 없었다.

먼 미래의 문제와 관련해 흔히 보는 광경이지만, 결국 2000년이 다 되어서야 Y2K 버그를 해결하기 위한 대책 마련을 서두르게 되었다. 세계는 수십 년 동안 일을 미루었기에 버그 문제는 더 커지고 파악하기도 더 어려워졌다. 베머르가 경고한 이후에도 수십 년 동안 프로그래머들은 계속해서 연도를 두 자리 숫자로 기록했다. 1950년대에는 약간의 재작업만으로 해결할 수 있었던 작은 문제가 1990년대 후반에는 수억 달러가 드는 엄청난 문제가 되었다. 이탈리아와 한국을 비롯한 많은 나라들은 비용이 너무 많이 든다고 판단해 버그를 해결하지 않기로 했다. 미국 같은 다른 나라들은 위반 시스템을 다시 프로그래밍하고 업데이트하기 위해 막대한 비용을 지출했다. 문제가 아직 관리 가능한 상태일 때 해결하지 않은 탓에 전 세계가 꼼짝 못 하는 상황이 되었다. 결국 각국 정부는 과도한 비용을 지출해야 했고 더러는 문제가 지나치게 부풀려진 것이길 바랐다.

베머르는 미래에 대규모 손실을 피하려면 오늘 당장 작은 손실을 감수해야 한다는 걸 아는 귀중한 조언자였다. 우리 모두의 머릿속에는 베머르가 산다. 하지만 1960년대부터 1980년대까지 컴퓨터 프로그래머들이 그랬던 것처럼 우리도 대부분 그의 목소리를 무시한다. 사람들은 내일 2배로 열심히 일해야 하더라도 오늘은 게으르게 빈둥거리는 걸 선호한다. 이런 사실은 연구로도 증명되었고 전 세계 누구에게나 적용된다. 대부분 "사소한 문제는 아니지만 아직 일어나려면 멀었다"라며 귀 기울이지 않을 정도로 근시안적이었다. 한 연구에 따르면, 평균적인 성인이 돈을 받을 때까지 1년을 기다리게 하려면 이자를 28퍼센트는 줘야 한다. 다시 말해 1년 뒤에 1280달러 이하의 돈을 받느니 지금 당장 1000달러를 받는 걸 선호한다는 이야기다. 연 28퍼센트의 금리는 현실 세계에서 찾아볼 수 없기 때문에 수백만 명의 사람들이 미래에 더 많은 걸 얻게 될 가능성이 있는데도 현재의 이익을 포기하려고 하지 않는다.

사람들이 베머르처럼 현재뿐만 아니라 장기적인 미래를 고려하게 하는 방법이 있다. 10년쯤 전에 장기적인 문제에 집중하도록 도와

주는 일종의 베머르화 중재 실험을 한 적이 있다. 저축과 관련된 문제는 젊은 시절부터 시작된다.[11] 우리는 일을 처음 시작하는 20대부터 중요한 은퇴 저축 결정을 많이 내린다. 하지만 20대 초반의 젊은이에게 70세가 된 자신의 이익을 위해 돈을 아끼라고 요구하는 건 아무래도 설득력이 떨어진다. 미래의 자신과 감정적인 연결을 느끼지 못하다면 관대한 태도를 보이기 어렵다. 따라서 시대를 뛰어넘어 두 자아 사이의 간극을 메우는 것이 해결책이 될 수 있다.

20대 젊은이들을 베머르화하기 위해서 전문적인 최면술사의 도움을 받았다. 최면술사는 젊은이들에게 최면을 걸어서 자기가 지금 막 은퇴한 상황이라고 믿게 했다. 그리고 지금보다 마흔 살 많아졌다고 믿게 된 그들에게 은퇴 첫날을 어떻게 보낼지 상상해보게 했다. 또 일하면서 번 돈을 충분히 저축하지 않고 돈이 은행 계좌에 들어오자마자 거의 다 써버린 상황이라고 생각하게 했다. 짐작했겠지만 그들은 낙담했다. 젊은이들은 세계 여행과 골프 라운딩을 즐기는 편안한 은퇴 생활을 상상했는데 재정적으로 불안정한 현실 때문에 갑자기 그 꿈이 무너졌다. 최면술사가 그들을 차례로 깨우자 난 그들에게 저축 목표에 대해 생각해보라고 했다. 최면 과정에서의 경험이 그들을 변화시킨 것 같았다. 일부는 은퇴 연금 저축액을 변경해야 한다는 사실을 기록해놓기 위해 휴대폰을 집어들기도 했다. 대부분 저축을 너무 적게 했을 때 겪게 될 미래에 대한 불안감으로 저축에 대한 강한 열망을 드러냈다. 한 참가자는 "미래의 은퇴한 내 모습이 예상했던 것보다 젊어서 놀랐습니다"라고 말했다. 어떤 사람은 자신의 미래가 "내 미래처럼 느껴지지 않고 더 구체적으로 다가왔습니다"라고 말했다.

이건 하나의 예일 뿐이다. 최면술은 "사소한 문제는 아니지만 아직 일어나려면 멀었다" 함정에 대한 실행 가능한 해결책은 아니다. 하지만 멀리 떨어진 것처럼 보이는 수많은 난제가 생각보다 훨씬 가깝다는 중요한 진실을 보여준다. 우리가 Y2K 버그와 관련해서 그랬던 것처럼 점점 심각해질 여지를 주지 않고 오늘 당장 작은 조치를 취한다면 그중 많은 문제를 피할 수 있다.

이 함정은 돈에만 적용되는 게 아니라는 점도 중요하다. 오늘 그리고 이후에도 매일 올바른 방향으로 내딛는 작은 발걸음을 통해 장기적으로 거대한 장애물을 피할 수 있는 모든 상황에 적용된다. 오늘 먹는 초콜릿케이크의 양을 제한하면 내일 더 건강해지고 날씬해질 수 있다. 매일 2분씩 시간을 내 자외선 차단제를 바르면 햇빛으로 인한 피부 손상과 피부암을 예방할 수 있다. 일주일에 몇 번씩 20분간 운동을 하면, 다른 모든 조건이 동일하다고 가정할 때 더 길고 건강한 삶을 누릴 수 있다. 금욕적인 수도승이 되라는 이야기가 아니다. 수입의 50퍼센트를 저축하거나 디저트를 전부 끊거나 매일 2만 보씩 힘들게 걸을 필요는 없다. 하지만 작은 단계를 밟으면서 자기 삶에 ABC 점검 시스템을 적용하면 베머르의 충고를 따르지 않은 이들이 걸려들었던 수많은 함정을 피할 수 있다.

올바른 전략을 채택하면 우리가 맞닥뜨리는 많은 함정을 피할 수 있다. 예방적 유지보수를 실시하고 중요한 난제가 혹시 사소한 문제로 위장하고 있진 않은지 의문을 품는 회의적인 시선이 필요하다. 하지만 함정을 피하기 위한 이런 지적인 접근 방식은 이야기의 일부일 뿐이다. 꼼짝할 수 없는 상황에 처했다가 거기서 빠져나오려고 애쓰다 보면 계속 불안을 느끼게 된다. 갈등에 대한 정신적인 반응을 관리하는 것만으로는 충분하지 않다. 감정적인 반응도 관리해야 한다. 감정 관리는 돌파구를 마련하기 위한 필수적인 선행 단계이며 감정을 관리하지 못하면 난제에 일관성 있게 반응하기란 거의 불가능하다. 2부에서 더 자세히 알아보자.

- 어떤 함정은 너무 깊은 데다 그 영향력이 엄청나서 우리가 함정에 빠졌다는 사실조차 잊게 만든다.

- 어떤 분야에서든 정말 새롭기란 어렵다. 이를 최적의 차별화 함정이라고 한다. 적당한 차이와 발전을 위해 노력하는 게 더 현명하다.

- 서로 의사소통 능력이 부족하다고 전제한다면, 일반적으로 잘못된 의사소통으로 인한 문제를 피할 수 있다.

- 큰 문제에 집착하여 작은 문제를 무시하다보면, 더 큰 문제로 변하기 쉽다. 작은 문제를 빨리 처리하거나 최소한 나중에 처리할 계획을 세워두자.

- 원활하고 느린 진보와 중간중간 난제가 도사리고 있는 빠른 진보 사이에서 최적의 지점을 찾는 법을 배우자.

- 대부분의 정체는 중장기적인 문제를 너무 근시안적으로 접근할 때 생긴다. 머릿속으로 미래에 대한 그림을 생생하게 그리는 법을 배우자.

2부

감정의 돌파구

불안하다면 불안해져라

4장

강박에서 벗어나라

한발 물러설 때 실력을 발휘할 수 있다

우리 몸은 신체적인 함정에 대처할 수 있도록 훌륭하게 설계되어 있다. 신체의 모든 시스템은 "지금 당장 뭔가를 하라"라는 동일한 메시지를 전달한다. 동시에 가슴이 쿵쾅거리고 눈앞은 캄캄해지며 이성을 잃는다. 이제는 생각을 멈추고 움직여야 한다. 어떤 사람은 긴급 상황이 발생하면 갑작스럽게 괴력이 생겨서 무거운 물체를 움직이는 초인적인 능력을 발휘하기도 한다. 1960년대 초에 헐크Incredible Hulk를 탄생시킨 만화가 잭 커비Jack Kirby는 차에 깔린 아이를 구하는 어머니의 모습을 보고 영감을 받았다고 말했다.[1] 당신도 2년에 한 번 정도는 지역 뉴스를 통해 '차를 번쩍 들어올려 아버지를 구한 슈퍼히어로 같은 여성' 같은 소식을 접하곤 할 것이다.

좋은 소식은 그런 신체적인 함정에 빠지는 일은 거의 없다는 것이다. 반면 정신적인 함정은 항상 발생하는데 우리 몸과 뇌는 그 2가지를 잘 구분하지 못한다. 두 경우 모두 불안을 느끼면서 심장이 빨리 뛰고 시야가 좁아지면서 당장 뭔가를 해야 한다는 압박을 느낀다. 호르몬이 급격하게 분비되면서 근력이 세질 수도 있지만 정신적인 함정에 빠지면 그와 반대되는 반응을 보인다. 정신적인 함정에 빠진 사람은 갑자기 힘이 솟는 게 아니라 무력해진다. 이런 마비 상태를 극복하는 비결은 당장 행동을 취하려는 본능을 무시하는 것이다. 대개는 행동을 줄이는 것이 정신적인 고착 상태에 대처하는 데 가장 좋은 방법이다.

마일스 데이비스Miles Davis는 두 분야에서 천재였다. 그의 음악적 재능이야 누구나 아는 것이지만 그는 또 놀랍도록 직관적인 심리학자이기도 했다. 그는 '변덕스럽고' '오만하고' '냉담한' 사람이었을지도 모르지만 한편으로는 많은 음악가들이 자신의 탁월함에 압도당했다는 사실을 알고 있었다.[2] 그들이 제대로 실력 발휘를 하기 위해서는 부드럽게 접근해야 했지만, 데이비스는 그런 상냥함을 타고나지 못했다. 때로 그는 공연 도중에 무대에서 내려가 자기 차례가 되기 몇 초 전까지 무대로 돌아오지 않기도 했다. 그래도 데이비스는 언제 더 강하게 밀어붙이고 언제 여유를 가져야 하는지 직감적으로 알고 있었다.

또 다른 거장인 허비 행콕Herbie Hancock은 1960년대 중반에 데이비스와 함께 5년 동안 피아노를 연주했다. 행콕은 데이비스와 함께 연주하는 게 두려웠지만 그래도 데이비스가 폭군과 수호자의 모습을 오가며 완벽하게 줄타기하는 걸 지켜봤다. 1964년에 데이비스와 행콕이 밀라노에서 공연하는 모습을 담은 놀라운 영상이 있다.[3] 공연이 시작되고 40분쯤 뒤 데이비스가 솔로 연주를 하는 도중에 행콕이 그의 흐름을 방해하는 선율을 잠깐 연주한다. 그러자 데이비스가 트럼펫을 입에서 떼고 입술을 오므린 채 마치 사람의 기를 꺾을 정도로 강렬한 시선으로 무대 반대편에 있는 행콕을 노려본다. 그럼에도 데이비스는 1년 정도 함께 공연을 해온 상태였기 때문에 행콕이 이 정도 압박감은 이겨낼 수 있다는 걸 알고 있었다.

무대에 오르기 불과 1년 전, 행콕은 처음으로 데이비스와 연주를 했다. 당시 행콕은 스물세 살이었고 엄청난 재능을 갖고 있었음에도 겁에 잔뜩 질려 있었다. 데이비스는 즉흥 연주를 위해 음악가들 몇 명을 자기 집에 부르면서 행콕도 초대했다. 행콕은 당시의 일을 이렇게 기억한다. "그의 집에 가보니 위대한 드러머인 토니 윌리엄스Tony Williams가 있었습니다. 위대한 베이스 연주자 론 카터Ron Carter도 있었고 위대한 색소폰 연주자 조지 콜먼George Coleman도 있었습니다."[4] 데이비스의 거실에는 역대 최고의 재즈 뮤지션 5명이 모여 있었다. "마일스는 잠깐 연주를 하나 싶더니 트럼펫을 소파에 던져놓고 론 카터에게 뒷일을 맡긴 채 위층으로 올라가버리더군요. 그래서 우리끼리 몇 곡을 연주했습니다." 행콕은 자기가 데이비스가 구성한 재즈 앙상블의 다섯 번째 멤버로 오디션을 보고 있다고 생각했기 때문에 데이비스가 자리를 뜬 게 나쁜 징조처럼 보였다. 행콕은 3일 연속으로 데이비스의 집에 찾아가 윌리엄스, 카터, 콜먼과 함께 연주를 했지만 데이비스는 자주 자리를 비웠다. 결국 데이비스는 세 번째 날이 끝날 무렵이 되어서야 다시 자리로 돌아와 밴드와 몇 곡을 맞췄다.

그렇게 세 번째 날이 끝난 뒤 데이비스가 다음 주에 컬럼비아 녹음 스튜디오에 와서 밴드를 만나보라고 초대하자 행콕은 놀랐다. 데이비스가 3일 내내 자리를 비우는 걸 보고 행콕은 오디션을 망쳤다고 확신했지만 데이비스의 부재는 신중하게 계획된 것이었다. "몇 년 뒤에 알게 됐는데, 데이비스는 트럼펫을 던져놓고 위층으로 올라가서 침실 인터폰으로 우리 연주를 듣고 있었습니다." 행콕은 이렇게 회상했다. "아까도 말했듯이 나는 잔뜩 겁을 먹고 있었거든요. 데이비스는 자기가 옆에 있으면 우리가 긴장하리라는 걸 알았기 때문에 우리가 그런 두려움에 방해받지 않은 상태에서 연주하는 걸 듣고 싶었던 거죠."

데이비스는 자신의 존재가 흥분과 같은 반응을 일으킨다는 걸 알고 있었다. 허비 행콕 같은 젊은 음악가들은 데이비스가 자신의 연주를 듣고 있다는 사실만으로도 입이 마르고 손에는 땀이 차고 숨을 헐떡일 정도였으니 말이다. 어느 정도 평온을 유지하는 게 정말 필요한 상황에서 투쟁 도피 반응을 보이는 것이다. 그래서 데이비스는 그들이 제대로 연주하도록 독려하는 유일한 방법은 자기가 방에서 나가는 것임을 알고 있었다. 병적인 흥분을 가라앉히는 해독제이자 데이비스의 협업이 성공할 수 있었던 열쇠는 강도를 몇 단계 낮추는 것이었다.

다른 협업자들도 데이비스와 비슷한 경험을 했다. 기타리스트 존 맥러플린John McLaughlin은 1969년에 그 밴드와 연주를 시작했다. 맥러플린은 그들과 처음 리허설을 하는 동안 완전히 압도당했다. "뉴욕에 도착하고 48시간 뒤에 데이비스와 함께 스튜디오에 있었습니다. 난 땀이 줄줄 흘러서 옷이 다 젖을 정도로 긴장했고요."[5] 데이비스는 밴드의 신곡 연주가 마음에 들지 않자 연주를 중단시키고 맥러플린에게 기타로 피아노 선율을 연주하게 했다. 맥러플린은 순식간에 불안감에 휩싸였다. 리허설 내내 머뭇거리면서 피아노의 리드를 따라가고 있었는데 이제 피아노는 침묵하고 본인이 리드해야 하는 상황이 된 것이다. "내가 그런 상황에 대비가 되어 있는지 알 수 없었기에 정말 당황스러웠습니다. 데이비스는 '기타 치는 법을 모르는 것처럼 연주해봐'라는 말만 던지고 내가 뭔가 하기를 기다리고 있었습니다." 데이비스는 이런 기이하고 수수께끼 같은 요청으로 유명했다. 그는 "지금 당장 뭔가를 하라"와 정반대되는 말을 했다. 맥러플린에게 너무 열심히 고민하지 말고 기타리스트로서 20년 동안 키워온 본능에 의지하라고 말한 것이다. 밴드가 10분간 휴식을 취한 뒤 다시 연주를 시작했을 때 맥러플린은 데이비스의 지시를 마음에 새겼다. 너무 깊이 생각하지 않으면서 멜로디를 연주하자 데이비스가 마음에 들어 했다. "내가 가지고 있다는 사실조차 몰랐던 잠재 능력을 끌어내는 걸 보고 충격을 받았어요." 맥러플린은 말했다. "데이비스는 매우 똑똑한 사람이에요. 그는 우리가 뭘 해야 하는지 전혀 모르고 있다는 걸 알았음에도 우리가 모르는 다른 뭔가를 연주해봐야겠다는 마음가짐을 갖게 했어요. 그가 음악가들을 데리고 이런 일을 해낸다는 게 정말 대가다웠습니다."

데이비스는 뛰어난 솔로 연주자였다. 그는 백업 밴드가 있든 없든 그 자체로 빛났지만 자기가 거둔 최고의 성과 대부분이 공동 작업에서 비롯되었다는 걸 알고 있었다. 이런 협업이 효과를 거두려면 밴드 동료들의 뛰어난 능력을 이끌어내야 했다. 데이비스가 다른 능력자들과 차별화된 점은 언제 물러나야 하는지 정확히 알고 있었다는 것이다.

음악이나 다른 분야에서 성과를 올리려고 노력할 때 우리 머릿속은 마일스가 다른 음악가들 앞에서 보였던 것처럼 행동할 것을 끊임없이 요구한다. 즉, 본능적으로 허비 행콕이 무대에서 감정을 상하게 했을 때의 데이비스처럼 행동하는 것이다. 마음속으로 자신을 노려보거나 무대에서 도망치거나 성과에 조금이라도 결함이 있으면 노골적으로 실망감을 드러낸다. 하지만 핵심은 한발 물러선 데이비스가 되는 것이다. '연주하는 방법을 모르는 것처럼 연주할 수 있는' 권한을 자신에게 주는 것이다. 압박감의 강도를 줄이자. 당장 뭔가를 해야 한다는 충동에 맞서 직관에 의지하면서 불안감이 엄습하도록 내버려두자.

대담함과 위험함은 한끝 차이다

강도를 줄이는 것은 현대인의 지혜와 모순된다. 21세기는 대담함이 중요한 시대다. 활기차게 움직이지 않거나 일주일에 100시간씩 일하지 않거나 의기양양하게 먹고 숨쉬고 잠자지 않는다면 이류 인생으로 전락할 것이다. 꼼짝 못 하는 상황에 처하고 싶지 않다면 계속 움직여야 한다. 사실 속도도 늦춰선 안 된다. 속도 저하는 곧 정체의 신호이기 때문이다.

대개의 경우 이건 끔찍한 조언이다. 1992년 실험실 수족관에서 진행한 실험 결과만 봐도 알 수 있다.[6] 실험 책임자는 뉴욕주립대학교 빙엄턴에서 일했던 리 듀거킨Lee Dugatkin이라는 생물학자였다. 듀거킨은 길이가 2.5센티미터 정도까지 자라는 구피라는 열대 어종의 대담함을 연구했다. 인간과 마찬가지로 어떤 구피는 야심가다. 그들은 활기차게 돌아다니면서 사는데, 고향인 남아메리카와 카리브해 지역 하천에서도 이 대담한 구피들이 가장 먼저 탐험을 시작한다. 그들은 안전한 무리에서 신속히 벗어나며 포식자에 대한 호기심도 많다. 큰 보상을 얻을 수만 있다면 기꺼이 큰 위험을 감수한다. 그들은 주변 환경에 적응하고 먹이를 빠르게 찾으며 대담하게 행동하기 때문에 몇몇 포식자는 그보다 약한 먹이를 찾게 된다. 반대로 소심한 구피들은 남들보다 늦게 움직인다. 그들은 상황을 지켜보면서 기다리는 걸 선호한다. 그래서 몇몇 먹이 공급원을 놓치기도 하지만 다른 날을 기약하며 살아가는 경향이 있다.

대담함에도 대가가 따른다고 생각한 듀거킨은 구피의 대담함과 멸종 위기 간의 상관관계에 대한 실험을 실시했다. 그는 인접한 수조에서 헤엄치고 있는 포식자 개복치에게 얼마나 호기심을 품는가를 기준으로 수컷 구피 60마리를 분류했다. 대담한 구피들은 개복치를 향해 곧장 나아가는 반면 소심한 구피들은 조심스럽게 몸을 피했다. 다음에 듀거킨은 구피와 개복치를 같은 수조에 넣고 60시간 동안 함께 헤엄치고 먹이를 먹고 탐험하게 내버려뒀다. 그는 수조로 돌아오면서 어떤 상황을 기대해야 할지 확신하지 못했다. 그의 동료 중 일부는 대담함이 미덕이라고 여겼다. 배고픈 개복치일수록 대담한 구피보다는 고분고분한 구피를 선호할 수도 있다는 것이다.

하지만 사실 대담함은 형편없는 전략이었다. 소심한 구피의 경우 70퍼센트가 처음 36시간 동안 살아남았고 40퍼센트는 60시간이 지난 뒤에도 여전히 살아 있었다. 반면 대담한 구피 가운데 처음 36시간 동안 살아남은 건 25퍼센트뿐이었고 실험이 시작되고 60시간이 지나자 한 마리도 살아남지 못했다. 가만히 상황을 지켜보고 기다리면서 압박감을 줄이는 게 생존의 열쇠였다.

듀거킨의 수조에 있던 소심한 구피들은 장기전을 펼치고 있었다. 그들은 생존을 우선시했기 때문에 충동성과 호기심은 이런 상황에 어울리지 않았다. 그들도 개복치나 이상한 상황에 흥미를 느끼지 않은 건 아니지만 더 많은 정보를 수집하면서 현명하게 시간을 버는 쪽을 택했다. 물고기는 장기전을 벌이는 동물이 아니라서 순간순간 본능에 따라 살아가는 경향이 있지만 오히려 구피는 소심함 덕에 오래 살아남을 수 있었다.

위협을 도전으로 재구성하라

허비 행콕과 존 맥러플린도 마일스 데이비스에 대해 이야기할 때 그가 자신들에게 장기전을 허락했다는 걸 알아차린 것 같았다. 데이비스는 새로운 밴드 동료들을 다급하게 몰아붙이지 않고 한발 물러나서 그들이 소심하게 굴도록 내버려두었다. 그들에게 오직 자기가 아는 것에 의지하라고 말했고 불안감에 시달리지 않으면서 음악적으로 탐구할 수 있는 여지를 충분히 줬다. 이를 위해 때로는 방에서 완전히 나가 버리기도 하고 때로는 "연주 방법을 모르는 것처럼 연주해봐"라고 말하기도 했다.

나도 20년 전에 대학원에 다니기 시작할 무렵 행콕과 맥러플린이 설명한 그런 감정을 느꼈다. 자동차, 비행기, 기차, 버스를 갈아타면서 30시간을 달린 끝에 어느 여름날 아침 일찍 프린스턴대학에 도착했다. 내가 가진 모든 것들이 들어 있는 중간 크기의 여행 가방 2개를 질질 끌면서 새 아파트로 향하는 계단을 올라갔다. 짐을 푼 다음 고딕 양식의 대학 기숙사 건물을 지나고 단풍나무, 포플러, 너도밤나무, 느릅나무를 지나 10분 거리에 있는 심리학과 건물까지 걸어갔다. 앞으로 5년 동안 대부분의 시간을 보내게 될 곳이었다. 그날 아침과 초반의 몇 달 동안은 프린스턴이 지닌 명성의 무게에 압도당했다. 나는 입학 과정을 간신히 통과해서 토니 모리슨Toni Morrison, F. 스콧 피츠제럴드F. Scott Fitzgerald, 리처드 파인만Richard Feynman, 조이스 캐롤 오츠Joyce Carol Oates, 존 F. 케네디John F. Kennedy, 존 내시John Nash 등이 거쳐간 캠퍼스에 발을 디디게 된 침입자였다.

시간이 지날수록 마음이 편해졌지만 내가 나중에 가르치게 된 몇몇 학부생에게서도 비슷한 불안을 느꼈다. 그중에는 나처럼 이곳과 어울리지 않는 곳에서 온 이들이 많았다. 미국(또는 외국) 외딴 지역에 있는 작은 공립학교에 다녔거나 자기 마을 사람 또는 가족 중에 처음으로 대학에 다니게 된 경우도 있었다. 그들은 프린스턴에 아는 사람이 아무도 없었고 민족, 재산, 국적, 전통 등의 측면에서 소수자였다. 그런

가 하면 어떤 학교들은 매년 수십 명의 학생을 프린스턴 같은 명문 대학에 진학시킨다. 일례로 이 근처에 있는 로렌스빌학교는 2015년부터 2017년 사이에 47명의 학생을 프린스턴에 보냈다. 입학이 보장되어 있는 건 아니지만 이 지역에서 계속 학교에 다니고 싶은 똑똑한 로렌스빌 학생이라면 프린스턴에 합격할 가능성이 높다. 이들은 신입생 때도 혼자가 아니다. 아마 가족이 근처에 살 테고 고등학교 친구들도 여러 명 있을 것이다. 이들에게 프린스턴 입학은 완전히 새로운 곳을 향한 강렬한 도약대가 아니라 고등학교 시절의 연장일 뿐이다.

똑같이 똑똑하고 재능 있고 의욕적이지만 출신 배경이 매우 다른 두 학생을 상상해보자. 한 명은 와이오밍주 시골에 있는 작은 공립 고등학교를 졸업한 후 프린스턴에 입학했고 다른 한 명은 집이 프린스턴 캠퍼스에서 8킬로미터 거리에 있으면서 로렌스빌 동창생 10여 명과 함께 입학했다. 대학에 입학한 첫날 두 학생 모두 긴장하고 있겠지만 와이오밍에서 온 학생은 온갖 여분의 짐까지 짊어지고 있다. '내가 여기 어울리는 사람일까?' '남을 사칭하고 있는 건 아닐까?' '여기에는 와이오밍 출신이 별로 없으니 내가 눈에 띌까?' '내가 얼마 못 가 나가떨어질 거라고 수군대지는 않을까?' 이런 의문에 사로잡히면 꼼짝 못 하게 되는데 내가 프린스턴에 처음 도착했을 때도 비슷한 생각들이 머릿속을 맴돌았다.

이곳과 '어울리지 않아 보이는' 학생들 몇 명에게 직접 물어보자 그들은 내 의심이 맞다는 걸 확인시켜줬다. 그들은 자기 출신에 계속 얽매이지는 않았지만 어느 고등학교에 다녔는지 또는 고향이 어디인지 물어보자 내가 몇 년 전에 했던 것과 같은 질문을 던지기 시작했다.

마일스 데이비스가 허비 행콕과 존 맥러플린의 불안을 덜어준 것과 같은 방식으로 이 학생들의 부담감을 줄일 수 있는지 알아보기 위해 작은 실험을 해보기로 했다.[7] 실험에 참가한 학생들은 간단한 수학 시험을 치렀는데 시험 문제는 내가 프린스턴에 지원했을 때 나왔던 것들이었다. 예를 들어 다음과 같은 식이었다.

지적 능력 확인 질문

레아는 동생 수보다 여섯 살 많고 존은 레아보다 다섯 살 많으며 이 셋의 나이를 전부 합치면 마흔한 살이다. 수의 나이는 어떻게 될까?

(A) 6　(B) 8　(C) 10　(D) 14

(약간의 시행착오와 대수학을 통해 수가 여덟 살이라는 걸 알게 될 것이다.)

시험을 친 학생 그룹 중 하나는 로렌스빌 같은 학교 출신이고 다른 그룹은 졸업생을 프린스턴에 진학시킨 적이 없거나 거의 진학시키지 않는 학교 출신이다. 속한 그룹에 상관없이 학생들 대부분이 시험을 꽤 잘 봤는데 그중에서 특히 성적이 저조한 학생들이 있었다. 바로 프린스턴 진학률이 낮은 학교 출신 가운데, 수학 시험을 치르기 전에 해당 학교에서 프린스턴에 진학하는 학생이 일 년에 몇 명이나 되느냐는 질문을 받은 이들이었다. 그들은 시험 전에 이 질문에 답하는 과정에서 자신의 출신을 떠올리고 많은 불안을 느꼈다(학생들은 자기가 느끼는 불안 수준도 보고했는데 이 그룹의 불안 점수가 가장 높았다). 결과적으로 이들의 점수는 다른 그룹에 속한 학생들(프린스턴 진학률이 낮은 학교 졸업생 가운데 시험 전에 출신 학교에 대한 질문을 받지 않은 학생들 포함)보다 20퍼센트 정도 낮았다. 자신이 진학률이 낮은 학교 출신이라는 사실을 시험 전에 떠올리자 성적이 떨어진 것이다. 또한 로렌스빌 출신을 제외한 다른 그룹을 대상으로 진행한 추가 실험에서 해당학생들은 '기본적인 정량화 능력에 대한 신뢰할 수 있는 척도'라는 위협적인 틀을 씌웠을 때 어려움을 겪었지만, '지적 도전 질문'이라고 설명했을 때는 순조롭게 시험을 통과했다. 시험의 심각성으로 인해 위협을 느끼지 않을 때는 수학 문제를 푸는 데 필요한 정신적 자원을 자유롭게 활용할 수 있었다.

여기서 데이비스의 개입이 시작된다. 데이비스 앞에서 연주해야하는 젊은 허비 행콕은 불안감으로 가득 차 있었다. 심리학적 용어로표현하자면 행콕은 '위협'을 헤쳐나가고 있었다. 스트레스가 심한 경험이 그의 뇌를 가득 채우면서 최고의 연주 실력을 발휘하는 데 필요한소중한 정신적 자원을 빼앗아갔다. 데이비스는 위협을 완화하고 이를'도전'으로 전환함으로써 정신적 자원을 되찾게 했다. 도전도 일정 수준의 성과를 요구하지만 더 관대하다. 위협적이라기보다 열망으로 가득 차 있다. 당신도 위협에 굴복하지 않고 도전에 잘 대처할 수 있다.이런 작고 사소한 관점 바꾸기가 중요한 역할을 한다. 위협은 비교적결정적인 것이지만, 도전은 오늘 해내지 못하더라도 내일 다시 도전할수 있다.

이 결과는 2가지 사실을 알려준다. 첫째, 당신이 권력을 가진 위치에 있다면 자신의 존재 자체가 타인에게는 불안의 원천이라는 사실을 알아야 한다. 데이비스는 1963년에 허비 행콕이 자기 집에 찾아왔을 때 음악적인 능력을 발휘하지 않았다. 자기 능력을 보여주는 것보다 행콕의 진정한 재능을 측정하는 쪽에 더 관심이 많았기 때문이다. 행콕은 데이비스의 밴드에 합류할 자격이 있었을까? 행콕의 불안이 최고의 연주에 방해가 된다면 결코 답을 얻지 못할 것이다. 데이비스는 천성적으로 무뚝뚝한 사람이었지만 행콕의 능력을 평가할 유일한 방법은 자기가 방에서 완전히 나가버리는 것임을 알았다. 만약 당신이 자리를 뜰 수 없다면 이 상황을 위협이 아닌 도전으로 재구성할 수 있게끔 가능한 조치를 취하자. 주변의 소심한 구피들이 환경에 익숙해질 때까지 머뭇거릴 수 있게 도와주자.

둘째, 우리는 어떤 편법으로도 회피할 수 없는 중요한 시험에 직면하게 된다. 변호사 시험을 변호사 도전이라고 한다 해서 그 의미가 축소되지는 않는다. SAT는 SAC로 이름을 바꾼다고 해서 가볍게 극복할 수 있는 시험이 아니다. 하지만 그렇게 위압감을 주는 일에 맞설 때는 감정 온도를 낮추는 게 도움이 된다. 방법 중 하나는 '성공을 시각화'하라는 자기계발 추세를 거부하는 것이다. 대신 잠시 최악의 시나리오에 집중해보자. 변호사 시험에 떨어지면 어떻게 될까? SAT 점수가 기대보다 낮게 나온다면? 원하는 대학에 들어가지 못한다면? 변호사 시험을 세 번 혹은 네 번씩 봐야 한다면? 그런 생각 타래를 따라가는 건 고통스럽지만 실망의 건너편에도 삶이 존재한다는 걸 보여주기 때문에 매우 가치 있는 일이다. 또 실패할 가능성에 대한 강박관념에서 벗어나기 때문에 실패를 받아들이기도 수월해진다.

이 전략은 고착 상태에서 벗어나기 위한 방법인 '근본적 수용radical acceptance', 즉 실패 가능성을 받아들이고 인정하는 방식에 뿌리를 두고 있다. 이 용어는 저명한 임상 심리학자이자 불교도인 타라 브랙Tara Brach이 만든 것이다. 브랙은 실패에 대한 두려움은 모든 사람을 괴롭히는 보편적인 고통이라고 설명한다.[8] 이 고통은 자신을 더 친절하게 대하고 기운을 북돋는 방법을 배워야만 극복할 수 있다. 브랙은 20년 넘게 전 세계 순회강연을 다니면서 청중들에게 근본적 수용에 대해 설명했다. 현재의 삶에 만족하는 법을 배우고 실패를 받아들이도록 훈련하라는 것이다. 특히 서구의 개인주의 문화권에서 자란 사람의 경우 실패 가능성을 근본적으로 받아들이는 게 쉽지 않은 만큼, 브랙은 상당한 연습이 필요하다고 말한다.

위협을 도전으로 재구성하는 것은 근본적 수용에서 매우 중요하다. 이는 위협적인 실패 가능성을 관리 가능한 것으로 축소한다. 리 듀거킨의 대담한 구피들처럼 매일매일을 인생의 마지막 날처럼 사는 게 아니라 참고 기다리는 것에서 가치를 찾을 수 있다. 굴하지 않고 열심히 산다면 인생은 계속 이어지고 언젠가 내일의 도전을 극복할 기회가 생길 것이다.

난 과학자라서 내 안의 일부는 이런 조언이 어리석고 부정확하다고 생각한다. 그래서 근본적 수용이라는 개념을 받아들이기까지 한동안 갈등의 시간을 보냈지만, 확실히 효과가 있었다. 우리는 노력하는 만큼만 정신적 자원을 모을 수 있는데 그 자원이 계속 실패할 위기에 처하면 꼼짝 못 하게 될 가능성이 크다. 나는 실패로 인해 생길 최악의 결과를 시각화하는 연습을 거의 20년 동안 반복해왔다. 그리고 마일스 데이비스가 허비 행콕과 존 맥러플린을 자유롭게 해준 것처럼 나도 이 방법을 통해 계속 자유로워질 수 있었다.

만족할 줄 아는 용기를 가져라

실패를 받아들일 준비가 되어 있지 않다면 성공에 대한 정의를 완화하는 것도 방법이다. 이 방법은 '만족화satisficing'라는 개념에 뿌리를 두고 있는데 이건 만족satisfy과 희생sacrifice의 합성어다. 1956년에 인지과학자이자 경제학자인 허브 사이먼Herb Simon은 '극대화maximizing'와 만족화라는 2가지 의사 결정 방법을 제안했다.[9] 극대화를 위해서는 최상의 결과를 얻기 위해 주변 환경을 철저히 조사해야 하지만 만족화를 위해서는 적절한 옵션을 찾을 때까지만 조사해도 된다. 만족화는 사이먼에게 큰 의미가 있었다. 그는 극대화는 많은 시간과 에너지를 소비하는 데 비해 만족화는 훨씬 신중하고 합리적이라는 걸 깨달았다. 실제로 모든 옵션을 찾아서 검토하는 건 거의 불가능하므로 허용 가능한 임계값을 정하는 게 더 합리적이다.

그로부터 거의 50년 뒤에 심리학자 배리 슈워츠Barry Schwartz와 동료들은 극대화와 만족화는 단순한 전략 이상이라고 주장했다.[10] 그건 개인의 성향을 보여주기도 한다. 어떤 사람은 극대화하는 경향이 있고 어떤 사람은 만족화하는 경향이 있다. 심한 극대화자maximizer의 경우 최상의 결과에 미치지 못하는 건 전부 실패다. 두 번째로 좋은 차나 집을 사거나 본인의 잠재력보다 수입이 약간 적으면 극대화에 실패한 것이다. 다들 짐작하겠지만 극대화에는 불안이 따른다. 수백만 대의 자동차와 일자리가 존재하는 세상에서 최고의 옵션을 찾았다는 걸 어떻게 확인할 수 있겠는가? 그러면 인생 대부분이 실패한 상태가 되며 성공하더라도 탐색 과정에서 이미 지쳐버린다. 극대화자는 만족화자satis-ficer(적정 만족 추구자)보다 돈을 많이 버는 경향이 있지만 후회와 우울감이 더 높고 행복도는 감소하는 대가를 치른다. 만족화자는 극대화자와 다르게 더 관대하다. 예컨대 그들은 최고의 차를 찾기보다 필수 기능과 보너스 옵션을 구분한다. 그들은 필수 기능을 모두 갖춘 자동차를 찾으면 바로 구입한다. 만약 거기에 보너스 옵션이 몇 개 포함되어 있다면 그건 뜻밖의 횡재다.

내 생각에 극대화자와 만족화자의 사고방식 차이는 본능적인 것이다. 극대화자인 나는 중요한 결정을 내려야 한다는 생각을 하면 가슴이 답답해지고 불안감에 휩싸인다. 나는 근처에 있는 포식자에 대해 자세히 알기 전까지는 마음 편히 쉴 수 없는 대담한 구피다. 하지만 그 결정을 만족화자의 시선으로 재구성하면 즉시 긴장이 풀린다. 상상할 수 있는 거의 모든 상황에서는 만족화만으로도 충분하다. 이는 고착 상태에서 빠져나오기 위한 훌륭한 사고방식이다. 극대화는 본질적으로 완고하지만 만족화는 유연하고 민첩하고 수용적이며 무엇보다 미래 지향적이다. 극대화자는 결정을 내린 뒤에도 계속 그 결정을 재고

하면서 과거를 돌아본다. 만족화자는 결정을 뒤로 하고 자기 삶을 계속 살아간다. 그렇다고 만족화를 삶에 대한 '안주'나 '너무 빠른 포기'와 동일시하는 건 곤란하다. 이 2가지는 진정으로 수용 가능한 결과를 찾기 전에 프로세스가 종료될 때 발생한다. 결국 만족화는 안주와 극대화 사이에 수용 가능한 임계값을 충족하는 최적의 지점에서 발생한다.

만족화는 타고난 성향에 가깝지만 극대화자도 기준을 기꺼이 완화시킬 수 있는 상황에서는 만족하는 법을 배울 수 있다. 첫 번째 단계는 각 영역마다 중요도를 정하는 것이다. 일례로 차를 살 때를 생각해보자. 차를 고를 때는 옵션을 극대화하는 사람들이 많다. 자동차는 매일 사용하고 수백 시간 운전하며 웬만해선 바꿀 일이 없는 대신에 돈이 많이 들기 때문이다. 나도 올해 초에 차를 살 때 처음에는 옵션을 극대화하려는 본능을 느꼈다. 그래서 결정을 내리기 전에 시간 제한 없이 모든 차량에 대한 입수 가능한 리뷰와 보고서, 데이터 소스를 샅샅이 뒤졌다. 하지만 점점 시간이 부족해지고 당장 차가 필요하다는 압박을 느끼자 만족화자의 사고방식을 시도해보기로 했다. 차를 살 때 안전, 공간, 가격 이 3가지만 중점적으로 살펴보기로 했다. 그래서 하루 오전을 할애해서 몇 시간 동안 안전 등급이 우수하고, 좌석이 세 줄이며, 월 유지비가 합리적인 SUV를 찾았다. 그리고 그날 오후에 차를 리스했다.

최소한의 조건 이외에 시간에 인위적인 제약을 둘 필요도 있다. 나는 오전 시간을 차량 조사에 할애했고 이것 때문에 극대화라는 함정에 빠지지 않을 수 있었다. 역설적이지만 제약이 있으면 성공에 대한 정의가 완화되기 때문에 자유로워질 수 있다. 그건 결정에 대해 품고 있을지도 모르는 불안감을 희석시키므로 평소 같으면 극대화하려고 노력했을지 모르는 상황에서도 적당히 만족스러운 수준의 결과를 받아들일 수 있다. 스스로 내린 결정과 행동 기한에는 비슷한 이점이 있다.[11] 죄책감에 빠지지 않고 그 일에 일정 시간을 쏟을 수 있는 권한이 생기면 시간에 얽매이지 않고 앞으로 나아갈 수 있다. 이 작업에 시간을 너무 많이 들이는 걸까? 이미 결정을 내렸어야 했나? 같은 메타 질문은 지나치게 소모적이므로 능숙하게 행동하거나 결정을 내리기가 더 어려워진다. "오전 중에 결정을 내리겠다"라거나 "2주 뒤까지 결정하겠다"라고 말하면 당면한 작업에만 몰두할 수 있는 동시에 그 일에 얼마나 많은 노력과 에너지를 쏟아야 하는지를 은연중에 느끼게 한다. 결과적으로 불안을 잠재우고 결과를 개선하는 윈윈 효과가 생긴다.

극대화는 완벽주의와 공통된 부분이 상당히 많다.[12] 완벽주의는 사람을 마비시키고 불안감을 유발할 정도로 완전함을 추구한다. 완벽주의자는 추진력이 있고 성공할 가능성도 높지만 과도한 불안을 느끼며 자기 비판적으로 변하기도 쉽다. 완벽주의자는 아무리 사소한 것이라도 모든 결점을 파악해서 확대 해석하는 사람이므로 A⁻ 점수를 받은 학생과 직장 승진에 실패한 성인은 정체의 고리에 빠져들기 쉽다. 완벽주의를 전문적으로 다루는 임상 심리학자 폴 휴이트Paul Hewitt의 말에 따르면 완벽주의자는 항상 자신에게 결함이 있거나 불완전하다고 느낀다고 한다. 휴이트는 "그걸 바로잡을 수 있는 유일한 방법은 완벽해지는 것"이라고 말한다. 284개의 연구를 대상으로 한 대규모 조사 결과 완벽주의는 우울증, 불안, 섭식 장애, 두통, 불면증, 고의적인 자해, 강박 장애와 관련이 있는 것으로 나타났다. 게다가 완벽주의는 증가하는 추세다. 또 다른 걱정스러운 연구 결과에 따르면 자기가 완벽주의자라고 밝힌 고등학생 비율이 1989년부터 2016년 사이에 2배로 증가했다고 한다.

완벽주의는 사람을 무력하게 만들 정도로 과도한 목표를 세우기 때문에 갈등을 유발한다. 예컨대 학생들은 모든 평가에서 A⁺를 받아야 한다. 성인은 빠른 승진, 높은 급여, 로맨틱 코미디 같은 관계, 시트콤 같은 우정을 손에 넣어야 한다. 삶의 모든 영역을 완벽하게 가꾸는 이런 어려운 목표를 대체 어떻게 달성할 수 있단 말인가?

해결책 중 하나는 완벽함 대신 탁월함을 추구하는 것이다. 심리학자들은 완벽함을 위해 노력하다보면 심신이 약화되지만 탁월함을 위해 노력하면 성과와 웰빙 수준이 모두 향상된다는 걸 증명했다. 탁월함은 완벽함보다 덜 엄격하다. 완벽하지 않아도 탁월해질 수 있지만 완벽함은 탁월함을 넘어서 종종 불가능한 수준의 성과를 요구한다. 한 연구에서는 완벽주의 성향이 있는 사람들은 다양한 창의적 작업에서 탁월함을 우선시하는 사람들에 비해 훨씬 나쁜 성과를 낸다는 걸 보여주었다. 완벽주의는 그 자체로 숨이 막히지만 탁월함은 필요한 자원을 집결시킨다.

탁월함도 기준으로 삼기에는 너무 부담스럽다면 대안이 될 만한 해결책은 모든 목표를 가장 작은 요소로 세분화하거나 축소하는 것이다. 컴퓨터 프로그래머들은 이 방법을 '세분성granularity'이라고 부르는

데, 거대한 코딩 작업을 관리 가능한 라인별로 분해하는 작업을 말한다. 어떤 난제라도 모두 세분화된 버전이 있으며 누구나 어떤 작업을 소량씩 관리하는 건 가능하다. 책을 쓰는 게 어렵다면 먼저 단어를 하나 쓴 다음 여러 개를 더 써서 문장을 만들어보자. 문장을 쓰는 게 어렵다면 60초 동안 부담 없이 글을 쓴 다음 그 뒤에 어떤 일이 벌어지는지 지켜보자. 달리기 선수들은 때때로 편하게 달리는 것과 열심히 달리는 것의 차이를 설명한다. 편하게 달릴 때는 몸이 부드럽게 움직이고 한 걸음 한 걸음 달리다보면 자기도 모르는 새에 달린 거리가 늘어난다. 정신이 산만한 채 기계적으로 달릴 때보다는 경치를 감상할 여유도 생긴다. 하지만 열심히 달릴 때는 모든 단계가 극복할 수 없는 것처럼 느껴진다. 1시간 전에는 쉽게 느껴졌던 기록을 달성하려고 하면 심장, 폐, 다리가 불에 타는 것 같다. 이때는 세분화만이 앞으로 계속 나아갈 수 있는 유일한 방법이다. 기본적인 한 걸음 한 걸음이 합쳐져서 500미터나 1킬로미터, 그리고 결국 5~10킬로미터가 된다. 정신적 자원이 목표를 향해 쌓여가는 요소를 집계하는 데 몰두하면 지나치게 고민하거나 무력감에 빠질 여지가 없다. 세분화가 효과적인 이유 중 하나는 어떤 일을 둘러싼 감정적 짐보다 그 일의 메커니즘에 집중하도록 유도하기 때문이다. 일 전체와 씨름하는 게 아니라 그걸 구성하는 볼트와 너트에 집중하게 된다.

'그냥 내버려두기' 식의 태도를 중시하는 것은 동양 철학의 중심이다.[13] 한 우화에 따르면 중국의 황제는 노자의 사상을 이어받아 자기 궁에서 일하게 될 후보들에게 중국식 손가락 함정에 손을 집어넣게 했다. 이건 대나무를 엮어서 만든 좁은 원통인데 그 안에 양손 집게 손가락을 넣으면 꽉 조여든다. 대부분의 동물은 덫에 걸리면 본능적으로 싸우려고 하는데 손가락 함정은 이 본능을 이용해서 손가락을 바깥쪽으로 당기면 더 조여들고 안쪽으로 밀면 느슨하게 풀리게 되어 있다. 이 함정에서 빠져나오는 유일한 방법은 긴장을 푸는 것이다. 함정에 대항하려고 하기보다 함정을 잘 활용해야 한다. 황제는 자기 궁정에 지원한 자들이 함정에 걸려드는 모습을 지켜보면서 계속 함정과 싸우기만 하느라 혼자 힘으로 빠져나오지 못하는 이들은 배제했다.

황제는 긴장을 풀고 함정과의 싸움을 멈춘 뒤 결국 빠져나오는 지원자들에게서 지혜를 발견했다. 그들은 잘못된 직관을 무시할 수 있을 뿐만 아니라 극심한 불안을 느낄 때도 긴장을 풀 수 있었다. 믿거나 말거나이지만 이 이야기에서 우리가 얻어야 하는 지혜의 핵심은 황제의 전설적인 접근 방법이다. 위기와 중요한 결정에 직면했을 때 본능적으로 긴장하거나 융통성이 없어지면 대부분 역효과를 낳는다. 긴장을 풀어야 에너지가 절약되고 잠시 멈춰서서 자신의 선택을 제대로 바라볼 수 있다.

기준을 낮춰라

노자는 자연의 질서에 순응하여 양보하는 삶을 선호했지만 일반적으로 양보한다는 개념은 인기가 없다. 양보란 그 정의상 기준을 낮추는 것인데 불과 몇 초 전까지 유지했던 입장을 굽히지 않으면 양보가 불가능하다. 자기계발 전문가, 과학자, 예술가, 배우, 운동선수, 그리고 익명의 출처에서 나온 수천 개의 인용문은 전부 기준을 낮추는 것은 곧 종말의 시작임을 시사한다. 한 인용구에서는 "무슨 일이 있어도 기준을 낮추지 마라. 자존감이 가장 중요하다"라고 말한다. 또 "삶의 질을 높이려면 더 높은 기준을 세워라"라고 선언하기도 한다. 가이 가와사키Guy Kawasaki는 "당신이 기준을 낮추는 건 누구에게도 도움이 되지 않는다"라고도 말했다.

이런 견해가 인기는 있을지언정 고착 상태에 빠졌을 때는 도움이 되지 않는다. 지나치게 높은 기준은 사람을 무력하게 만들고 흔히 비현실적이며 대부분 공허하다. 우리는 가능한 한 모든 영역에서 최고를 목표로 하라고 배우지만, 이 조언은 성공의 완벽한 전형을 상상할 때나 가능한 것이며 오히려 불안감에 시달리는 주된 원인이 된다.

이런 동기 부여용 인용문들은 3가지 측면에서 허술하다. 첫째, 이들은 성공이 이분법적이라고 가정한다. 성공하거나 실패하거나 둘 중 하나다. 하지만 사실 대부분의 목표는 연속적이며 기준을 낮추면 만족화자가 '충분히 괜찮은' 결과라고 부를 정도의 수준에 도달할 수 있다. 당신이 연봉 10만 달러, 5킬로미터를 20분 안에 달리기, 인스타그램 팔로워 1만 명 이상 모으기 등을 원한다고 해보자. 사실 이런 기준은 환상에 불과하다. 대개 숫자에 집착하지만 9만 9999달러의 연봉, 20분 5초의 5킬로미터 주파 기록, 9999명의 팔로워도 크게 다른 결과는 아니다.

둘째, 이런 인용문들은 기준을 도덕적인 문제로 바꾼다. 어떤 기준은 확실히 도덕적이다. 조너선 사프란 포어Jonathan Safran Foer는《동물을 먹는다는 것에 대하여Eating Animals》1장에서 자기 할머니와 나눈 대화를 회상한다.[14] 할머니는 제2차 세계대전이 끝나갈 무렵 동유럽에서 자기를 괴롭혔던 공포와 굶주림에 대해 설명했다. 굶주림에 시달린 나머지 하루도 더 살 수 없을 지경이 되었을 때 친절한 러시아 농부가 고기 한 조각을 주었다고 했다.

"그 사람이 할머니 목숨을 구했네요."
"난 그걸 안 먹었어."
"안 드셨다고요?"
"돼지고기였거든. 난 돼지고기는 먹지 않아."
"왜요?"
"왜냐니?"
"유대교 율법에 어긋나서요?"
"당연하지."
"하지만 목숨을 구하기 위한 건데도 안 되나요?"
"세상에 중요한 게 아무것도 없다면 목숨을 부지한들 무슨 의미가 있겠니."

포어의 할머니는 이 특별한 기준이 자기 도덕적 정체성의 중심이라고 믿었기 때문에 타협하느니 차라리 죽는 쪽을 택했다. 그러나 이런 기준은 드물고 사실 대부분의 기준은 도덕관념과 상관이 없다. 우리의 인간적인 선량함과 아무런 관련도 없다는 뜻이다. 원래 목표에 조금 못 미치는 결과를 받아들여도 훌륭한 사람이 될 수 있다. 가장 엄격한 기준을 충족하지 못한 아이디어와 연봉, 창의적 결과물은 발전을 위한 길을 열어주지만 원래의 기준에만 집착한다면 수렁에 빠지게 된다.

이런 인용문들이 미흡한 세 번째 이유는 기준과 자존심을 혼동하기 때문이다. 기준을 하향 조정하는 건 자신을 존중하지 않는 태도라고 생각한다. 당신의 정체성이나 핵심적인 신념을 뒷받침하는 기준은 고정되어 있을지도 모르지만, 다른 기준은 갱신할 수 있고 또 갱신해야만 한다. 더 이상 이치에 맞지 않은 기준을 고집스럽게 고수하는 바람에 고착 상태에 빠지는 건, 원래 계획했던 혁명이 아닌 진화에 만족해야 한다는 사실을 받아들이는 것보다 훨씬 굴욕적인 일이다.

◆ ◆ ◆

혁명만이 앞으로 나아갈 유일한 길이라는 생각을 포기하는 순간 진화의 가능성이 열린다. 음악이나 미술 작품을 만들든 수학 퀴즈나 대학 입학 시험을 치르든 더 높은 연봉이나 승진을 요구하든 우리 인생에는 거의 항상 '내일'이 존재한다. 성공으로 향하는 괜찮은 길이 말도 안 되게 비현실적임에도 이를 혁명 행위로 취급한다면 결국 한 발짝도 움직이지 못하게 될 것이다. 역설적이지만 때로는 주위를 살피는 동안 완전히 멈추는 것이 가장 좋은 전진 방법이다.

- 자신과 타인으로부터 받는 압박감을 없애는 것이 창의력과 전반적인 수행 능력을 향상시키기 위한 손쉬운 방법이다.

- 우리 문화권은 대담함을 찬양하지만 선점자가 되는 경우와 마찬가지로 함정에 빠질 수 있다. 대부분의 경우 대담함을 줄이고 적당히 조심하는 게 더 좋은 접근법이다.

- 결정이나 작업 때문에 무력해지면 최악의 결과를 상상해보자. 불안을 느낄 때 긍정적인 수용의 마음가짐을 지니면 불안으로 인한 문제가 대부분 사라지거나 줄어든다.

- 극대화해야 할 때와 만족화해야 할 때를 구분하자. 대부분 만족화로 충분하며, 이 경우 한자리에 고착될 가능성도 줄어든다.

- 고착 상태에 빠지면 정신적으로 몸부림치고 싶은 생각이 저절로 든다. 그 충동을 빨리 극복할수록 정체에 머무는 시간이 짧아진다.

- 단번에 너무 높은 기준을 정하는 것은 분명히 갈등의 원인이 된다. 꼭 그럴 만한 이유가 아니라면 기본적인 기준을 낮추도록 하자.

5장

준비하고 뛰어들어라

천하의 메시도 긴장을 한다

세계 최고와 나머지 70억 명을 구분하는 특징은 무엇일까? 비범한 재능은 천부적인 능력인 것처럼 보이는 경우가 많지만, 오히려 재능이 부족한 사람의 약점과 불안을 보완하면서 점점 발전한 것이다.

세계 최고의 축구 선수인 아르헨티나 출신의 리오넬 메시Lionel Messi를 예로 들어보자.[1] 메시는 한 해 동안 활약한 최고의 축구 선수에게 주는 발롱도르Ballon d'Or 트로피를 누구보다 많이 받았다. 그는 살아 있는 어떤 선수보다 한 해 동안 많은 골을 넣었고, 스페인 라리가La Liga 역대 최다 득점자이며, 거의 매 경기 골을 넣으면서 오늘날 스포츠계에서 가장 높은 득점률을 기록하고 있다. 메시가 2021년 8월에 오랫동안 몸담았던 스페인의 바르셀로나 구단을 떠날 당시, 해당 구단이 소유한 TV 채널에서 메시가 바르셀로나에 있는 동안 기록한 모든 골을 하이라이트로 방송했다. 오후 11시 15분에 시작한 방송은 새벽 4시 30분이 되어서야 끝났다. 한 골당 차지하는 분량이 몇 초뿐인데도 수백 개의 골을 다 모으니 장장 5시간이 흐른 것이다.

메시는 여러 가지 이유로 축구 천재다. 그는 쉽게 득점하고, 공을 가지고 있을 때는 빼앗는 게 거의 불가능하며, 믿을 수 없을 정도로 빠르다. 축구는 다이빙(페널티킥을 얻기 위해 일부러 넘어지는 행위-옮긴이)이 빈번한 스포츠지만 속임수를 싫어하는 메시는 자신의 빠른 속도를 이용해 실력 없는 선수라면 걸려 넘어졌을 다리들을 피하면서 쏜살같이 달린다. 하지만 메시가 그토록 인상적인 이유는 경기를 '보는' 능력 덕분이다. 메시의 키는 170센티미터로 작은 편이지만 경기를 할 때는 필드 위에 우뚝 서서 축구장에 있는 다른 21명의 선수들보다 명확하게 경기 상황을 지켜볼 수 있는 전술적 조감도를 즐기는 것처럼 보인다.

이런 놀라운 재능에도 불구하고 그는 심한 불안을 느끼는 것으로 유명하다. 몇 년 동안 메시는 중요한 경기 전이면 습관적으로 경기장에서 구토를 했다. 당시 아르헨티나 감독이었던 알레한드로 사베야 Alejandro Sabella는 "중요한 경기에 임하게 되면 그는 어느 때보다 불안해집니다"라고 설명했다. 메시도 경기장에서 불안을 느낀다고 인정했다. 2020년 10월 코로나19 규제가 풀린 뒤 열린 첫 번째 경기에서 아르헨티나가 에콰도르를 1-0으로 이겼을 때, 메시는 자신과 팀원들이 초반에 실력 발휘를 못한 게 '불안' 탓이라고 고백했다. 아르헨티나 국가대 표팀이 연속해서 실망스러운 패배를 겪자 또 한 명의 전 아르헨티나 대표팀 감독이자 축구계의 거물인 고故 디에고 마라도나Diego Maradona 는 "경기 전에 스무 번이나 화장실에 가는 사람을 리더로 만들려는 건 아무 소용 없는 짓"이라며 메시를 무자비하게 비난했다. 놀라운 재능 이 있다고 해서 불안에 면역이 생기는 건 아니다. 그리고 세계 최고의 인재들은 자신에게 너무 많은 걸 기대하기 때문에 불안과 씨름한다. 하지만 메시는 그의 전술적 탁월함 뒤에 숨겨진 비밀인 대처 메커니즘 을 터득했기 때문에 불안으로 인해 놀라운 재능이 줄어들도록 두지 않 았다.

대부분 선수들은 90분 경기 시작 후 1분부터 열심히 활약한다. 휘 슬이 울리자마자 동료들에게 공을 패스해달라고 간청하고 코치들이 경기 전에 알려준 전술을 추구한다. 하지만 메시는 경기 시작 후 몇 분 동안은 경기에 참여하지 않는 것으로 유명하다. 이건 그가 점점 더 높 은 수준의 경기를 하면서 터득한 것이다. 메시는 경기가 시작되고 몇 분 동안은 필드 중앙 근처를 왔다 갔다 하기만 할 뿐 동료들의 움직임 에 쉽게 합류하지 않는다. 다른 선수들은 달리거나 때때로 전력 질주 를 하는 반면, 메시는 걸어다니거나 천천히 조깅하는 정도로만 달린 다. "메시는 경기 초반에는 공에 거의 관심을 보이지 않습니다"라고 한 축구 기자는 평했다. "대신 잔디가 움푹 패인 부분을 샅샅이 찾아다니 면서 취약점을 주의 깊게 관찰합니다." 경기 시간 중 매분 최소 한 골 이상 골을 넣은 선수는 많지 않고 대부분의 선수는 골을 넣지 못한 시간대가 곳곳에 산재해 있다. 메시는 이들과 다르게 경기 시작 후 첫 1~2분을 제외한 매분 골을 넣었다.

메시는 초반 몇 분 동안 2가지 일을 한다. 먼저 마음을 진정시킨다. 경기에 익숙해지는 건 메시가 남은 경기에 완전히 몰입하는 방법이다. 이게 경력 초반에 그에게 큰 피해를 입혔던 불안을 다스리는 방법이다. 필드에서 토하는 버릇은 저절로 해결되었는데 아마 신경을 가라앉히는 효과적인 방법을 찾았기 때문일 것이다. 둘째, 그는 이 시간에 상대팀을 유심히 살펴본다. 그의 다리는 천천히 움직이지만 눈은 선수들 사이를 바쁘게 오가면서 상대편의 강점, 약점, 전술을 평가하고 공과 그 주변에서 자기 팀이 움직이는 모습을 관찰한다. 메시는 이 전술적인 일시 정지 덕분에 경기 초반에 비해 나머지 95퍼센트에서 팀 내 가치가 높아진다. 메시가 프로 경력의 첫 18년을 보낸 스페인 바르셀로나 구단 감독들은 메시가 경기 초반에 게으름을 피워도 결국 나중에는 이익으로 돌아온다는 걸 깨닫고 그의 태도를 용인했다. "오른쪽, 왼쪽, 왼쪽, 오른쪽. 그는 수비수들 가운데 누가 약점인지 냄새를 맡습니다." 전 바르셀로나 감독 펩 과르디올라Pep Guardiola는 이렇게 회상했다. "5분이나 10분쯤 지나면 그의 지도가 완성됩니다. 자기가 어디로 움직이면 공격할 공간이 더 많아진다는 걸 아는 거죠." 또 다른 바르셀로나 감독인 에르네스토 발베르데Ernesto Valverde에 따르면 메시는 초반 몇 분 동안 상대방 플레이의 모든 움직임을 주시하면서 자기가 나중에 이용할 수 있는 약점을 찾는다고 한다. 어떤 선수들은 경기 전에 녹화된 영상을 보거나 전문가의 분석 내용을 읽으면서 상대방의 강점과 약점을 배우고 열심히 공부한다. 하지만 선수들의 장단점은 하루가 다르게 바뀌고 팀 라인업에 따라 각자 다르게 반응하기 때문에 메시는 당일에 자기 플레이를 정하는 걸 선호한다.

축구 경기에서의 플레이를 '준비' 요소와 '참여' 요소로 나눈다면 메시는 준비에 크게 의존한다. 2017년에 메시가 속한 바르셀로나와 라이벌인 레알 마드리드 간의 멋진 경기에서 메시는 단 4분 동안만 열심히 뛰고 경기 90분 중 80분 이상은 걸어다녔다. 하지만 경기에 적극적으로 참여하는 동안에는 역동적인 모습을 보이면서 아홉 번의 기회를 만들어 한 골을 넣었고 또 다른 골을 어시스트했다. 이런 패턴은 메시에게 드물지 않으며, 특히 그는 가장 중요한 경기를 앞두고는 경기 내 준비를 종종 강조하곤 한다. 메시가 경기 중에 계속 적시적소에 존재할 수 있는 것은 다 그런 준비 덕분이다. 그의 포지션 플레이는 초능력처럼 보이지만 사실 그건 기적이 아니다. 그는 매분 달라지는 상황을 확인하면서 특정 수비수가 경기장의 특정 구역을 지키지 않거나 미드필더 2명이 필드 한가운데로 몰릴 때 경기장 한쪽에 작은 공간이 열린다는 걸 알아차린다. 아일랜드 축구 해설가 켄 얼리Ken Early는 "축구 역사상 가장 빠른 경기가 진행되는 이 시대에 최고의 선수가 거의 뛰지 않는다는 건 분명 어떤 의미가 있을 것이다"라고 혼잣말을 했다.

경기가 한창인 상황에서 치밀하게 준비하는 메시의 모습이 그렇게 이례적인 건 아니다. 꾸준하게 경력을 쌓아온 메시와 대조적으로 테니스 스타 앤드리 애거시Andre Agassi의 경력은 고르지 못했다. 애거시는 눈부신 경력을 쌓는 중간중간 약물 복용이나 장기 부상, 세간의 이

목을 끄는 스캔들 등으로 부침을 겪었다. 애거시는 선수 생활 초반이던 스무 살 때 경기 중에 긴 머리 가발이 떨어질까 봐 걱정하는 바람에 중요한 경기에서 패하기도 했다.

하지만 성공할 때는 아주 큰 성공을 거뒀다. 긴 경력이 끝날 무렵에는 호주 오픈, 롤랑가로스(프랑스 오픈), 윔블던, US 오픈, ATP 파이널, 올림픽 등 규모가 가장 큰 테니스 토너먼트 6개에서 모두 우승해 소위 슈퍼 슬램을 달성한 유일한 남자 테니스 선수가 되었다. 애거시는 재능 있는 공격수였지만 그의 가장 큰 무기는 뇌였다. 그는 경기를 꼼꼼하게 계획하고 분석하고 해석했다.

애거시의 라이벌은 엄청난 서브 실력으로 유명한 독일 테니스 스타 보리스 베커Boris Becker였다. 애거시는 보리스를 이렇게 기억했다. "그는 처음 세 번의 경기에서 모두 나를 이겼습니다.[2] 지금까지 경기에서 본 적이 없는 서브 동작을 사용했어요." 베커는 무릎을 깊게 구부렸다가 몸을 완전히 쫙 편 상태에서 강하게 서브를 넣는 기법으로 테니스 역사상 가장 빠른 서브를 기록했다. 애거시는 베커의 서브와 싸우는 방법을 잘 몰랐고 그래서 가능한 한 베커와의 경기를 피한다고 공개적으로 시인하기도 했다. 이런 경쟁 때문에 불안해진 애거시는 메시의 접근법과 비슷한 전술로 방향을 틀었다. 베커가 하는 서브 동작의 모든 부분에 주의를 기울인 것이다. 애거시는 베커의 서브를 더 안정적으로 받아칠 수 있는 열쇠가 있는지 궁금했다.

돌파구는 베커가 서브 전에 하는 거의 감지할 수 없는 움직임에 있었다. 애거시는 거의 30년 뒤에 한 인터뷰에서 두 사람의 경쟁 관계를 뒤집은 통찰에 대해서 설명했다.

그의 경기 영상을 계속 보고 또 세 번이나 네트를 사이에 두고 시합을 벌이면서 중요한 사실 하나를 깨달았습니다. 그가 혀로 이상한 틱 동작을 한다는 것이었어요. 그리고 몸을 흔드는 동작을 반복했는데 이게 그의 루틴이었던 것이죠. 그는 공을 치기 직전에 꼭 혀를 내밀었는데 이때 혀가 입술 중앙이나 왼쪽 모서리에 있었습니다. 그가 듀스 코트에 있을 때 혀를 입술 가운데 쪽으로 내밀면 코트 한가운데나 상대방 몸쪽으로 서브를 넣는다는 뜻이에요. 하지만 혀가 입술 가장자리로 향하면 바깥쪽으로 넓게 서브를 넣었을 겁니다.

베커는 수십 명의 엘리트 선수들과 수백 번 경기를 치렀지만 오직 애거시만이 이런 '구별법'을 찾아냈다. 왜 그런지는 쉽게 알 수 있다. 베커의 혀는 상대 선수가 준비에 몰두하는 순간인 서브 전 몇 밀리 초 동안 나타났다. 그들은 베커의 서브를 받아치기 위해 몸을 준비하면서 내면에 집중한 반면, 애거시는 24미터 이상 떨어진 곳에서도 가장 작고 짧은 신호에 집중할 수 있을 정도로 침착한 면이 있었다. 애거시는 자기 직감을 확인하기 위해 베커의 경기 비디오를 보았고 베커의 혀가 그의 서브 위치에 대한 완벽한 가이드라는 걸 발견했다. 처음 세 경기에서 패했던 애거시는 다음 열한 경기 중 아홉 경기를 이겼다. 애거시가 회상한 것처럼 베커는 이렇게 달라진 상황에 당황했다.

보리스가 은퇴한 뒤에 그와 이 문제에 대해 이야기한 적이 있었습니다. "그런데 당신은 서브할 때 자기가 이런 행동을 한다는 걸 알고 있었나요?" 나는 물어보지 않을 수 없었어요. 그는 의자에서 떨어질 듯 놀라더니 이렇게 말하더군요. "집에 돌아가면 항상 아내에게 '그가 내 마음을 읽는 것 같아'라고 말하곤 했죠. 근데 당신이 내 혀를 읽고 있는 줄은 몰랐어요."

메시와 애거시는 서로 다른 이유 때문에 불안을 느꼈다. 한 명은 기질적인 문제를 앓고 있었고 다른 한 명은 압도적인 상대와 마주했기 때문이었는데 둘 다 신중한 준비와 일시 정지를 통해 문제를 돌파했다. 어떤 스포츠든 최고의 선수는 뭐든 쉽게 쉽게 한다는 오해를 받는다. 많은 노력을 기울이지 않고도 대단한 성과를 올리는 듯한 인상을 주는 것이다. 현재로서는 그 말이 맞을지도 모르지만 그런 오해를 살 만큼 쉽게 해내기 위해선 상당한 계획이 필요하다.

이 두 사례가 주는 교훈은 분명하다. 운동을 할 때든 일상을 살아갈 때든 불안하면 잠시 멈추자. 속도를 줄이고 철저히 준비하자. 메시는 경기마다 처음 몇 분을 희생하고 애거시는 서비스 리턴을 몇 번 희생하면서 많은 보상을 안겨주는 정보를 수집했다. 때로는 고착 상태에서 벗어나려면 속도를 올리기보다 줄여야 한다.

언스턱

어설프게 수습할 바에는 잠시 멈추는 게 낫다

4장에서 불안 관리를 위한 '근본적 수용' 방식을 제안한 타라 브랙도 불안을 극복하려면 속도를 늦추는 게 중요하다며, 단순히 속도를 늦추는 게 아니라 완전히 멈추라고 제안한다.[3] 브랙의 이야기를 들으면 마음이 누그러진다. 유튜브에서 브랙을 검색하면 그녀가 교회, 강당, 강연장 등에서 많은 청중을 매료시키는 몇 시간 분량의 영상을 찾을 수 있다. 브랙은 조용하고 낮은 목소리로 단어 하나하나를 강조한다.

브랙은 장애물이 생겼을 때 언제 멈추거나 아무것도 하지 말아야 하는지 아는 게 중요하다고 말한다. 톰 울프Tom Wolfe가 설명한 이 일화는 1950년대 미국의 시험 비행 조종사들에 관한 이야기다.[4] 고도로 훈련받은 조종사들이 공기역학을 지배하는 일반적인 법칙이 적용되지 않는 아찔한 고도에서 비행하라는 요청을 받았다. 이 정도 고도에서는 "비행기가 밀랍을 칠해 매끄러운 카운터 위에 올려놓은 시리얼 그릇처럼 수평으로 회전하면서 미끄러지다가 추락하기 시작할 수 있다. 빙글빙글 돌면서 곤두박질치는 게 아니라 그냥 빠르게 추락하는 것이다." 이런 상황이 닥치면 대부분의 조종사들은 미친 듯이 난폭하게 조종 장치를 다루면서 차례로 수정을 시도한다. 어떤 이들은 비행기가 추락하는 동안 지상 관제소에 도움을 요청한다. 이런 시험 비행 조종사들 중에 척 예거Chuck Yeager가 있었는데 그는 음속보다 빠른 속도로 비행한 최초의 비행사로 유명하다. 예거는 다른 조종사들처럼 높은 고도에서 비행기를 제어하려고 고군분투했지만 비행기가 너무 격렬하게 움직이는 바람에 의식을 잃었다. 그의 비행기는 몇 분 사이에 5만 피트나 급강하하면서 지면을 향해 추락했지만 그는 좌석에서 꼼짝도 하지 않았다. 결국 비행기가 공기 밀도가 높은 곳까지 하강한 뒤에야 겨우 정신을 차린 그는 기체를 안정시켜서 안전하게 착륙했다. 그는 무심코 이런 공포의 순간을 극복하는 비결을 알게 되었다. 다시 개입할 때가 될 때까지 행동을 멈추고 아무것도 하지 않는 것이다.

브랙이 볼 때 예거의 경험은 중요한 교훈을 담고 있다. 대부분의 사람들은 장애물 앞에서 고군분투한다. 힘든 상황이 닥치면 생존 본능 때문에 더 많이 행동하게 되는데 이것이 종종 역효과를 낳는다. 예거는 행동하는 게 다시 의미가 있어질 때까지 아무것도 하지 못했기 때문에 살아남을 수 있었다. 이후 비행에서 그와 다른 조종사들은 비행기가 격렬하게 하강할 때 행동을 취하려는 본능에 저항하면서 움직이지 않고 가만히 앉아 있는 법을 배웠다. 영적인 면을 중시하는 브랙은 이 순간을 '신성한 일시 정지the sacred pause'라고 부른다. 이런 태도는 꼭 필요할 때 행동할 준비를 갖추도록 하고, 자칫 더 깊은 수렁에 빠질 수 있는 상황에서 경솔하게 행동하는 걸 막아준다.

브랙은 불편한 순간에는 잠시 멈추라고 제안한다. 힘든 대화를 하고 있을 때, 듣고 있어야 하지만 말해야 할 충동을 느낄 때, 불안감 때문에 생각하거나 말하거나 쓰는 게 어려울 때, 책임감에 압도될 때는 멈추라는 것이다. 브랙이 주장하는 신성한 일시 정지는 세상과 다시 어울릴 준비가 될 때까지는 걷고 말하고 먹는 것부터 걱정하는 것까지 평소 하는 모든 행동을 멈추라고 제안하기 때문에 상당히 철저한 편이다.

브랙의 근본적인 일시 정지는 대체로 영적인 것이지만 과학적인 연구를 통해서도 뒷받침되고 있다. 한 연구에서 심리학자들이 협상 과정에서 일시적으로 멈추는 것의 중요성을 조사했다. 그들은 대학생 60쌍을 모집해 한 학생은 채용 담당자 역할을 하고 다른 학생은 입사 지원자 역할을 하면서 일자리 패키지에 대해 협상하라고 했다. 연구진은 채용 담당자와 입사 지원자가 새로운 일자리 패키지 조건을 협상할 때 그들의 대화를 녹음했다. 그들은 한쪽이 토론을 주도했는지 여부뿐만 아니라 협상 과정에서 어느 정도의 가치가 창출되었는지를 중점적으로 살폈다. 일반적으로 대화는 빠르게 진행되는 경향이 있는데 이는 우리가 침묵을 싫어하기 때문이다. 우리는 소음이 역효과를 낳는 한이 있어도 어색함과 불안감을 감춰주기 때문에 선호한다. 대부분의 경우 1~2초씩 대화가 중단되는 경우는 있었지만 그보다 길게 중단되는 일은 드물었다. 5초 이상의 일시 정지를 경험한 그룹은 절반 이하뿐이었다. 그러나 일시 정지는 중요하고 특히 3~12초 정도 지속될 때 가치가 있다. 대화가 오래 중단된 경우, 조용히 숙고하는 시간 없이 협상이 순조롭게 진행되었을 때보다 양쪽 모두 더 긍정적인 결과를 얻었다.

두 번째 연구에서는 일부 그룹은 자연스럽게 계속 대화를 나누고 일부 그룹은 중간에 말을 멈추라고 지시했다. 이때도 일시 정지한 쪽이 더 큰 가치를 얻었다. 양 당사자가 더 좋은 결과를 얻도록 영감을 주었고 일부 문제는 경쟁적인 관점이 아닌 양측 모두에게 이익이 되는 방향으로 협상할 수 있도록 독려했다. 협상을 제로섬 경쟁으로 여길 경우 양측 모두 얻을 수 있는 가치가 줄어들지만 말을 멈추고 침묵하는 시간은 귀중한 협력을 고무하는 것처럼 보였다.

침묵은 불안을 잠재우고 숙고를 불러일으킨다. 공연 예술가들은 다 아는 사실이다. 폴 사이먼Paul Simon은 자기 음악에 대해 이야기하면서 어떤 가사는 듣는 사람이 소화하기 어렵다고 말했다.[5] 복잡하거나 예상치 못한 내용이 나오기 때문에 듣는 이가 이를 받아들이려면 잠시 유예 시간이 필요하다는 것이다. "그래서 어려운 가사 뒤에는 공백을 두려고 합니다"라고 사이먼은 말했다. "생각은 꼬리를 물고 이어지는데 곡은 계속 진행되는 상황에서 듣는 사람이 길을 잃기 전에 중간에 침묵하는 구간이나 서정적이고 진부한 가사를 집어넣어서 노래를 '따라잡을' 기회를 주는 것이죠." 재능 있는 코미디언들도 이런 전략적인 침묵을 이용해서 관객들의 감정 상태를 조절한다. 코믹한 설정과 펀치라인 중간에 오는 '비트' 또는 일시 중지는 시간이 정확하게 맞춰져 있다. 초보 코미디언은 대부분 침묵을 어색하게 여겨서 펀치라인을 서둘러 내뱉는다. 하지만 그건 실수다. 비트가 너무 짧으면 관객들은 농담의 구성을 파악하느라 바빠서 펀치라인이 매력을 잃게 된다.

코미디계의 어떤 거물들은 그냥 멈추는 게 아니라 의미심장한 침묵을 사용한다. 그들은 청중이 결정적인 순간을 기다릴 때까지 비트를 확장한다. '희극적인 일시 정지의 달인'으로 알려진 진 와일더Gene Wilder는 단어마다 1~2초씩 침묵하며 분위기를 고조시키다가 한방에 펀치라인을 날리곤 했다. 1974년에 나온 영화 〈브레이징 새들스Blazing Saddles〉에서 와일더가 맡은 와코 키드Waco Kid라는 인물은 작은 국경 마을에서 백인 주민들을 상대하는 신임 흑인 보안관 셰리프 바트Sheriff

Bart가 맡은 클리본 리틀Cleavon Little을 위로하려고 애쓴다. 와일더는 천천히 말한다. "이들은 이 땅에 사는 사람들일 뿐이에요. 서부의 평범한 흙 같은 존재. 알잖아요 …… 그 바보들."[6] 와일더는 16초 동안 16개 단어를 말하고 펀치라인을 던지기 전에 몇 초간 말을 멈춘다. 이 대사는 재미있기도 하지만 리틀 보안관이 마을의 인종차별과 씨름하면서 쌓이는 불안한 긴장감을 완화시켜주기도 한다.

척 예거처럼 와일더는 행동하고 싶은 충동에 몇 번이고 저항했다. 두 사람 모두 때때로 가장 현명한 방법은 잠시 멈추는 것임을 알고 있었다. 이런 일시 정지가 오래 지속될 필요는 없다. 단 몇 초만 가만히 있어도 차이가 생긴다. 하지만 타라 브랙은 신성한 일시 정지는 더 오래 지속되는 경우도 있다고 설명한다. "그런 일시 정지는 거의 모든 활동 중간에 발생하며 우리 삶의 한순간이나 몇 시간 또는 몇 계절 내내 지속될 수 있다." 일시 정지로 인해 큰 손해가 발생하는 것도 아니다. 오히려 이로 인해 나중에 더 큰 대가를 얻을 수 있다. 예거와 그의 동료 테스트 파일럿들의 경우 일시 정지가 생존을 보장했다. 리오넬 메시와 앤드리 애거시의 경우 일시 정지 때문에 경기 중에 잠시 주의가 산만해졌지만 결국 마음을 진정시킬 수 있었고 장기적으로 더 유능한 선수가 되었다. "습관적인 행동을 중지하면 자신의 욕구와 두려움에 대응하는 새롭고 창의적인 길이 열린다"라고 브랙은 주장한다.

잠깐의 인내 끝에 해방이 찾아온다

짐작하겠지만 일시 정지는 생각보다 어렵다. 침묵과 불안 앞에 선 우리는 본능적으로 행동을 취하려고 한다. 척 예거는 비행기가 곤두박질치는 동안 아무것도 하지 않았지만 그건 그가 잠시 의식을 잃었기 때문이다. 아무 행동도 하지 않을 수 없었던 다른 조종사들은 운이 나빴다. 그들은 땅이 다가오는 걸 보고 충동적으로 조종간을 잡았다. 하지만 시간이 지나면서 예거는 아무것도 하지 않는 법을 독학했는데 이것도 대개 연습으로 가능하다.

정신과 의사이자 신경과학자인 저드슨 브루어Judson Brewer는 이 분야에서 일하는 내내 아무것도 하지 않는 방법을 고민했다. 약 15년 전에 브루어는 중독자를 위한 마음챙김 기반의 치료법을 개발했다.[7] 그는 앞 글자만 따서 RAIN이라 일컫는 이 4단계를 통해 중독자들이 어떤 갈망을 느끼는 순간 불안에 저항하도록 했다.

어떤 감정이 생기고 있는지 인식한다Recognize.

그 감정이 머물도록 허용한다Allow.

자신의 감정과 생각을 조사한다Investigate(예: "지금 내 몸에서 무슨 일이 일어나고 있지?").

순간순간 무슨 일이 일어나고 있는지 기록한다Note.

이건 타라 브랙이 제안한 방법과 매우 유사해 보이는데 실제로 브루어는 브랙의 방식에서 영감을 받았다고 한다. 이 방법을 테스트하기 위해 브루어는 금연에 어려움을 겪는 흡연자들과 함께 작업했다. 니코틴 중독은 악명 높을 만큼 끈질기다. 사용자에게 더 강력하고 즉각적 반응을 일으키는 여러 가지 독한 약물보다 더 심하다. 왜냐하면 니코틴은 언제 어떤 상황에서든 흡입 가능한 각성제이기 때문에(알코올과 헤로인처럼 사용자를 둔감하게 만들지도 않는다) 다른 물질보다 사회적으로 더 용인된다. 게다가 니코틴은 우리 몸 전체의 작은 모세혈관을 통해 효율적으로 전달되지만 다른 물질보다 천천히 해를 끼치기 때문에 수십 년 동안 중단 없이 사용할 수 있다.

브루어는 흡연자와 관련된 프로그램을 발표하기 전에 그 시스템을 직접 테스트해보고 싶었다. 이런 접근 방식은 임상의들 사이에서 인기가 있었는데, 어떤 부분이 효과적인지 밝혀낼 수 있고 또 회의적인 환자들을 안심시켜줄 수 있기 때문이다. 문제는 브루어가 비흡연자라는 것이었다. 그는 이렇게 썼다. "담배를 피우지 않으면 머리가 터질 것 같은 환자들과 친밀한 관계를 맺어야 하는 상황이었다. '난 의사니까 무조건 내 말대로 하세요' 같은 억지는 부리고 싶지 않았다. 그들이 날 신뢰하고, 내가 무슨 말을 하는지 알고 있다고 믿어야 했다."

니코틴은 반감기가 약 2시간이기 때문에 흡연자들은 한 번에 2시간씩 담배를 피우고 싶은 충동을 참아야 한다. 브루어는 담배를 피우지 않고 2시간을 버틸 수 있는 흡연자는 새로운 금연 습관을 길러서 더 이상 흡연 충동을 느끼지 않을 때까지 그 습관을 연장할 수 있을 거라고 추론했다. 그는 2시간 동안 몸을 움직이지 않은 채로 명상을 지속하는 방법을 배워서 이런 저항 기간을 시뮬레이션했다. 불안을 느끼면 RAIN 단계(인식, 허용, 조사, 기록)를 따랐고 몸을 움직이면 시계가 재설정되어 처음부터 다시 시작해야 했다.

쉬운 일 같지만 아무 오락거리도 없이 가만히 앉아 있기에 2시간은 긴 시간이다. 좋아하는 영화를 보려고 했는데 TV가 고장나는 바람에 영화 상영 시간 내내 눈을 감고 조용히 앉아 있다고 상상해보자. 브루어는 "놀랍게도 날 괴롭힌 건 오랫동안 움직이지 않으면서 생기는 육체적 고통이 아니었다. 정말 힘든 건 초조함이었다. …… 내 안에 어떤 갈망이 '일어나!'라고 외쳐댔다"라고 썼다.

몇 달이 지나자 브루어는 점점 목표에 가까워졌다. 1시간 45분까지는 버틸 수 있게 되었지만 결국 초조함에 굴복했다. "그러다가 어느 날, 마침내 해냈다. 꼬박 2시간 동안 앉아 있었던 것이다. …… 그러자 자신감이 붙으면서 이후에는 오래 앉아 있는 게 점점 쉬워졌다. 그리고 내 환자들이 담배를 끊을 수 있다는 걸 알게 됐다. 그들에게 필요한 건 적절한 도구뿐이다."

브루어의 생각이 옳았다. 그의 환자들은 지구상에서 가장 중독성 강한 물질 중 하나를 끊을 수 없는 상태였다. 하지만 브루어가 당대의 가장 효과적인 중독 치료 방법과 자신의 RAIN 마음챙김 기법을 비교하면서 계속 연구를 해본 결과 그의 방식이 2배 이상 효과적이었다. 몇 달이 지나자 다른 치료 계획을 따른 환자들은 대부분 재발했지만 그의 마음챙김 그룹은 깨끗한 상태를 유지했다. 본질적으로 몸이 가장 긴급한 행동을 요구하는 순간에 멈추도록 가르치는 방법을 사용한 결과 중독에서 벗어날 가능성이 5배 이상 높아졌다.

브루어의 RAIN 모델은 네 단계 중 두 번째 단계(허용)가 가장 중요하다. 경험이 밀려오도록 내버려둘 때는 달리 아무것도 할 필요가 없기 때문에 매우 쉬운 일 같다. 하지만 그게 바로 요점이다. 행동하고 싶은 충동이 들어도 아무것도 하면 안 되기 때문에 어렵다.

한 유명한 실험은 사람들이 행동하려는 충동이 얼마나 강한지 보여준다.[8] 1970년대에 사회심리학자 스탠리 밀그램Stanley Milgram은 사회 규범의 힘을 연구했다. 그는 강하게 유지되는 규범의 흐름에 맞서서 상류로 헤엄치는 게 어떤 기분인지 알고 싶었다. 그래서 학생들에게 뉴욕 지하철에 탑승해서 무작위로 고른 지하철 승객 20명에게 좌석을 내달라고 요구해보라고 했다. 이 간단한 요청은 지하철에서 남에게 말을 걸지 않는다는 일반적인 규칙을 위반한 것인데 그의 학생 가운데 소수만이 그 과제를 완료했다. 학생들의 보고를 들은 뒤 자신도 그 실험에 직접 참여했는데, 그제서야 밀그램은 그 일이 상당히 어렵다는 걸 깨달았다. 지하철에 올라탄 밀그램은 자리에 앉아 있는 첫 번째 사람에게 다가가다가 완전히 얼어붙었다. "말이 목구멍에 달라붙어서 밖으로 나오지 않는 것 같았습니다." 그는 한 인터뷰에서 이렇게 말했다. 몇 걸음 물러선 그는 '난 정말 비겁한 겁쟁이야'라고 생각했다. 밀그램과 학생들이 과제를 완료하려면 그 경험의 불편함이 밀려오도록 내버려둬야 했다.

몇 년 뒤, 내가 가르치는 학생들에게 어떤 행동이나 다른 사람과의 상호작용이 필요 없는 훨씬 간단한 규범을 위반해보라고 했다. 그들의 임무는 대부분의 엘리베이터 탑승자들처럼 문을 향해 서지 않고 엘리베이터 뒤쪽을 향해 서는 것이었다. 직접 해보면 알겠지만 정말 어색하다. 다른 승객들은 당신을 정신 나간 사람으로 취급할 것이다. 나도 직접 해봤는데 뭔가를 하고 싶은 충동을 참기가 매우 힘들었다. 학생들 중 상당수는 엘리베이터 탑승이 끝난 뒤 불쑥 사과를 했다고 한다. "죄송합니다! 교수님이 시킨 실험이었어요!" 하지만 실험 내내 이를 악물고 있으면 이상하게 해방감이 든다. 자기 행동을 설명하거나 완전히 도망치고 싶은 충동에 저항하면 더 강하고 자신감 있고 능력 있는 사람이 된 듯한 기분이 든다. 이건 일반적인 갈등 상황에서도 마찬가지다. 고난에 대한 저항력을 강화하는 유일한 방법은 가끔 적은 양의 고난을 겪어보는 것이다. 저드슨 브루어는 몇 분, 1시간, 그리고 마침내 2시간 동안 명상하는 방법을 독학하면서 이 사실을 깨우쳤다. 행동하고 싶은 충동을 오래 참을 수 있게 되면 갈등을 이겨낼 가능성이 높아진다.

위험을 컨트롤하라

밀그램은 자리를 양보해달라고 요구하면 지하철 승객들이 어떻게 반응할지 내심 걱정했다. 뉴욕 시민들은 따뜻하고 다정한 사람들이 아니고 개인적인 공간이 제한된 지하철에서 남들과 어울리는 건 위험해 보였다. 특히 '변덕스러운 승객이 일어나서 흉기를 휘두르지는 않을까?' '욕을 하거나 소리를 지르지는 않을까?' 하는 걱정이 앞섰지만 그런 일은 벌어지지 않았다. 밀그램이 깨달았듯이 오히려 승객들이 그를 더 경계했기 때문이다. '세상에 어떤 미친 사람이 자리를 비켜달라고 하는 거지?' 그들은 속으로 이렇게 생각했을 것이다. 그의 요구는 너무나 도발적인 것이라서 웬만한 사람이라면 무시하기 어렵다.

밀그램이 지하철에서 감지한 모든 위험에도 불구하고 그가 생각한 최악의 시나리오는 알렉스 호놀드Alex Honnold가 직면한 위험에 비하면 아무것도 아니다. 당신도 호놀드의 이름을 들어봤을지 모르겠다. 그는 2018년에 나온 〈프리 솔로Free Solo〉라는 다큐멘터리의 주인공이었고 엘 캐피탄El Capitan이라는 암벽을 밧줄 없이 혼자 맨손으로 오른 '프리 솔로'로 유명하다.

호놀드는 여러 번 오도 가도 못 하는 상황에 처했다.[9] 그게 암벽 등반의 본질이며 그 어떤 고수라 할지라도 이런 일은 빈번하게 일어난다. 암벽이 너무 험하고 미끄러워 보이거나 발판이 자기 체중 때문에 무너질 것 같다면 길을 되짚어 오면서 패배를 인정해야 한다. 불필요한 위험을 감수하면 프리 솔로로서 오래 살아남을 수 없다. 이게 호놀드 성격의 역설이다. 그는 위험을 극도로 싫어하지만 상상할 수 있는 가장 위험한 생활을 하며 살아간다. "난 도박을 싫어합니다." 호놀드는 NPR의 가이 라즈Guy Raz와의 인터뷰에서 이렇게 말했다. "위험에 대해 이야기하면서 실패해도 괜찮다는 식으로 말하는 사람들이 많습니다. 특히 재정적인 위험의 경우, 우리가 그런 위험을 감수하는 이유는 긍정적인 면이 부정적인 면을 능가하기 때문이죠. 하지만 프리 솔로는 그렇지 않습니다. 기본적으로 단점이 무한하기 때문입니다. 그래서 나는 실제로 다칠 가능성이 0인지 거듭 확인합니다."

호놀드 같은 캐릭터는 잘 찾아보기 힘들다. 위험을 피하기 위해 모든 힘을 다하면서도 임박한 죽음 앞에서 두려움을 느끼지 못하는 사람이 얼마나 있겠는가? 이게 그가 성공한 이유다. 그는 중요한 등반을 하기 전에 잠시 멈추고 몇 달 또는 몇 년 동안 준비를 하지만 일단 시작할 준비가 됐다고 판단하면 조금의 두려움도 없이 등반을 개시한다.

호놀드가 위험을 경계하고 꼼꼼한 계획을 선호하는 건 2008년에 경험한 일 때문이다. 호놀드는 그해에 요세미티국립공원에 있는 하프돔이라는 화강암 절벽에서 중요한 첫 번째 프리 솔로 등반을 완료했다. 호놀드는 먼저 파트너와 함께 로프를 이용한 등반을 마치고 나서 며칠 뒤 하프 돔에서 프리 솔로를 했다. 그는 연습 등반을 통해 하프돔에서 프리 솔로를 하기 위한 경로의 모든 구성 요소를 명확하게 계획할 수 있었다. 하지만 그는 프리 솔로 당일 이전에 연습한 경로에서 벗어나기로 결정했다. 이전에 올랐던 경로의 일부가 까다로웠기 때문에 등반 과정 중 가장 위험한 부분을 피하기 위해 미리 연습하지 않은 다른 경로를 택한 것이다.

화강암 슬래브에서 커브를 돈 호놀드는 빈 화강암 슬래브와 마주쳤다. 확실한 발판이나 손으로 잡을 곳이 없었다. 이건 프리 솔로에게 최악의 악몽이다. 그는 몇 개의 발판을 테스트해봤지만 그중 어떤 것도 안전해 보이지 않았다. "그때부터 당황하기 시작했습니다"라고 호놀드는 회상했다. "내가 해야 할 일을 알고 있었지만 그걸 하는 게 너무 두려웠어요. 그냥 오른발로 일어서야 했죠. 그래서 영원처럼 느껴지는 시간이 흐른 뒤에 그 순간 해야 할 일을 받아들였어요. 다행히 미끄러지지 않았고 그 움직임 덕분에 죽지 않고 가장 힘든 등반의 끝을 장식했습니다. 그래서 그곳에서 곧장 정상을 향해 돌격했죠."

그날은 모든 게 잘 해결됐지만 호놀드는 당황했다. "위험한 순간을 간신히 모면했다는 걸 알고 있었기 때문에 내 성과에 실망했어요. 운에 의존하는 습관을 들이면 안 되기 때문에 다음 해에는 프리 솔로 활동을 중단했습니다. 난 훌륭한 등산가가 되고 싶었지, 운 좋은 등산가가 되고 싶었던 게 아니거든요." 호놀드는 자기가 재난 상황 직전까지 갔다는 사실을 받아들이면서 그해 휴가를 보냈다. 그는 프리 솔로 과정에서 일시적으로 꼼짝 못 하는 상황에 처했다. 그는 쉬는 동안 새롭고 더 신중한 습관을 들였고 앞으로 하게 될 훨씬 중요한 프리 솔로 도전을 준비하며 시간을 보냈다.

10년 뒤, 혼자서 그리고 밧줄과 파트너를 동원해 수십 번의 연습 등반을 마친 호놀드는 엘 캐피탄에서 프리 솔로를 할 준비가 되었다고 판단했다. 그의 준비 과정은 엄청났다. 두 시즌 내내 훈련을 했고 당일에 준비가 안 됐다고 생각해 시도를 중단한 적도 몇 번 있었다. 일반적인 체력을 키우는 것 외에도 914미터의 등반에 필요한 33개의 피치, 즉 별도의 동작을 완벽하게 해내는 법을 배워야 했다. 어떤 동작에는 완력이, 어떤 동작에는 곡예 점프가, 또 어떤 동작에는 흔치 않은 유연성이 필요했다. 호놀드는 밧줄을 매고 각각의 동작을 수십 번씩 연습했지만 대부분의 준비는 정신적인 것이었다. 그는 도움 장치 없이도 동작을 마스터할 수 있다는 확신이 들 때까지 마음속으로 반복해서 각 동작을 연습했다.

그가 등반에 성공한 날은 아침에 일어났을 때부터 모든 게 제대로 되어 있다는 기분이 들었다. "그날은 아무 위험도 느껴지지 않았어요. 내가 엘 캐피탄에서 프리 솔로를 한 날은 수년간 이어진 노력의 정점이었어요. 난 연습이 우리를 사물에 둔감해지게 만든다고 생각해요. 내 말은 연습이 우리의 안전지대를 넓힐 수 있는 유일한 진짜 방법이라는 거죠. 그냥 천천히 밀어붙이는 겁니다. 전에 없던 일들에 익숙해질 때까지 가장자리를 계속 넓혀 나가야 합니다." 호놀드는 등반을 시작한 지 3시간 56분 만에 엘 캐피탄 정상에 올라서 세계 역사상 가장 높은 프리 솔로 등반에 성공했다.

준비는 리오넬 메시와 앤드리 애거시를 더 뛰어난 스포츠맨으로 만들었지만 알렉스 호놀드는 연습 등반 중 '적절한' 시기에 정체를 경험했고 덕분에 목숨이 위태로울 때 빠져나올 수 있었다. 호놀드는 육체적으로든 정신적으로든 중요한 사건을 계획하거나 기대할 때 고착 상태에 빠지기 쉽다는 걸 알고 있다. 로프가 있거나 등반 파트너가 있을 때 정체되는 건 프리 솔로를 할 때 정체되는 것과 매우 다르다. 누구나 어느 시점이 되면 그런 정체를 겪게 되므로 평소 별로 중요하진 않지만 많은 교훈을 주면서도 덜 위험한 순간에 미리 정체를 경험해볼 수도 있다. 이런 순간은 두 번째 기회가 뒤따르거나 의미 있는 결과가 생기는 고위험 테스트 전에 찾아온다. 이는 유익한 정보를 제공하고 중요한 사건이 터졌을 때 더 효과적으로 대응할 수 있게 해주므로 그 순간에는 꼼짝 못 하는 상태가 되어도 괜찮다.

호놀드의 사례는 일시 정지와 준비, 그리고 무엇보다 도중에 모험을 포기해야 하는 시기를 아는 것이 얼마나 중요한지 가르쳐준다. 호놀드는 준비가 되지 않았거나 정신적으로 고립되어 있다고 느끼면 되돌아가는 걸 두려워하지 않는다. 잠시 멈추고 준비하는 이런 태도 덕분에 리오넬 메시는 축구 상대에 대한 특별한 통찰력을 얻었고, 앤드리 애거시는 보리스 베커의 서브에 대응할 전략을 세웠으며, 저드슨 브루어는 니코틴 중독자들이 담배를 끊도록 구슬릴 수 있었다.

◆ ◆ ◆

그러나 일시 정지와 준비의 모든 이점에도 불구하고 때로는 주요 이벤트가 계획대로 진행되지 않기도 한다. 메시와 애거시는 수없이 많은 경기에서 패했고, 브루어의 니코틴 중독자들도 실험이 끝난 직후 금연에 성공하지는 못했으며, 호놀드는 프리 솔로 시도를 수십 번 포기했다. 이런 상황일수록 실패에 따른 불안과 불편함을 극복하는 게 필요한데, 이것이 돌파구를 찾는 사람과 영원히 수렁에 빠져 있는 사람의 중요한 차이점 중 하나다.

- 참여를 줄이고 준비를 더 많이 하자.

- 정도는 다르지만 어느 분야에서든 최고의 성과를 올리는 사람도 불안을 느낀다.

- 우리는 불안과 긴장을 느낄 때 자신에게 집중하는 경향이 있다. 불안감 때문에 꼼짝 못 하는 상황에서는 외부로 관심을 돌려 다른 사람이나 전반적인 상황에 집중하는 게 훨씬 생산적이다.

- 침묵을 받아들이자. 어떻게든 침묵을 종식시키고 싶은 충동을 억제해야 한다.

- 불안할 때는 RAIN 방식을 이용하자. 지금 일어나는 일을 인식하고 그게 그 자리에 머물도록 하자. 본인의 감정과 생각을 인식하고, 순간순간 벌어지는 일에 주목하자.

- 자신을 적당한 불편에 노출시키면 장기적으로 회복 탄력성이 높아지고 숨겨진 약점이 드러난다.

- 누군가 타이밍을 통제하는 상황이 아니라면 준비가 될 때까지 기다리자. 잠시 멈추면 나중에 정체될 가능성이 훨씬 줄어든다.

6장

제대로 실패하라

돈이 많으면 덜 불안해질까

불안은 뭔가가 잘못됐다는 걸 알려주는 만능의 경고 시스템이다. 우리 몸이 너무 빠르게 움직이고 있거나 직장에서 감당할 수 없는 일을 맡았거나 직감이 뛰어난 원시 뇌가 아직 전뇌가 알아차리지 못한 위험한 상황을 감지했을지도 모른다. 때로는 이런 경고 시스템이 생산적으로 작동해서 눈치채지 못했을지도 모르는 즉각적인 문제를 해결할 수 있게 해준다. 하지만 때로는 불안 때문에 제자리에서 얼어붙거나 사소한 문제에 걱정이 심하게 부풀어오르기도 한다. 이 경우 불안은 우리를 자유롭게 해주기는커녕 오히려 발목을 잡는다.

정체된 상태에서 느끼는 불안은 대부분 도움이 되지 않는다. 별로 심하지 않거나 순간적인 좌절을 심각하고 규모가 큰 위협으로 잘못 해석하면 갈등으로 인해 불안감이 더 커진다. 불안은 저항에 대한 자연스러운 반응이지만 어떤 사람은 경험, 전략, 개성을 통해 이런 불안을 통제하거나 앞으로 나아간다. 이들과 다른 사람을 구분짓는 특징이 뭔지 물어볼 필요가 있다.

어느 월요일 아침, 일찍 일어났지만 휴대폰을 켜놓지 않고 12시간 동안 다시 잠을 잔다면 어떻게 될까? 혹시 뒷전으로 미룬 일은 없는가? 아침을 먹여서 학교에 데려다줘야 하는 아이들은 없는가? 단 하루라도 당신이 없으면 아무것도 못 하는 소중한 사람은 없는가? 하루 종일 아무런 계획 없이 비효율적인 시간을 보낼 경우 얼마나 많은 손실을 입게 되는가?

이 질문에 대한 대답은 개인적인 부를 가늠할 수 있는 중요한 척도다. 수십억 달러의 재산이 있지만 어느 날 하루 늦게까지 잠을 자기로 한 것 때문에 다국적 조직이나 정부가 무너진다면 당신은 가난한 사람이다. 편안하게 살 정도의 중산층이지만 시간적인 여유가 아주 많다면 이 기준상 엄청난 부자다.

일반적으로 우리는 부와 자유를 동일시하지 않는다. 오히려 사람들을 끊임없이 바뀌는 대차대조표처럼 취급한다. 포브스Forbes 400 명단은 이런 접근 방식을 잘 보여준다. 1981년에 말콤 포브스Malcolm Forbes가 편집장에게 미국에서 가장 부유한 사람 400명의 명단을 작성하라고 했다.[1] 말콤도 1917년에 잡지를 창간한 자기 아버지처럼 자본주의와 자유 시장의 팬이었다. 그는 파베르제 달걀, 요트, 비행기, 오토

바이를 수집했고 개인 재산이 수억 달러에 달했다. 포브스가 400이라는 숫자를 선택한 이유는 캐롤라인 애스터Caroline Astor의 유명한 무도회장에 들어갈 수 있는 인원이 총 400명이라는 소문이 있었기 때문이다.《포브스》지 기자들로 구성된 소규모 팀이 단서를 찾기 위해 전국을 돌아다녔다. 그들은 뉴욕의 유명한 공원과 5번가를 왔다 갔다 하면서 하나 이상의 건물 초석에 새겨진 이름을 찾고 은행가, 언론인, 기금 모금자 들과 수백 건의 인터뷰를 진행했다. 첫 번째 명단을 작성할 때는 거물들이 약 1억 달러의 순자산이 있음을 입증해야 했다(오늘날에는 기준이 20억 달러 정도 된다). 이 첫 번째 명단에 이름이 오른 이들의 반응은 기쁨 반 짜증 반이었다. 미디어계 거물인 말콤 보그Malcolm Borg는 "이 나라의 빌어먹을 주식 중개인들이 죄다 나한테 전화를 건다"라고 불평한 반면, 부동산 부호 윌리엄 호비츠William Horvitz는 명단에 포함되니까 "실은 기분이 꽤 좋다"라고 답했다.

하지만 명단을 자세히 살펴보면 돈은 엄청나게 많지만 시간은 상대적으로 부족한 사람이 수백 명쯤 있을 것이다. 수십억 달러를 벌어들이는 복잡한 금융 생활을 영위하는 그들에게는 연구진이 '시간 여유' 혹은 시간적 자유라고 부르는 게 거의 남지 않는다. 이들은 며칠은 고사하고 몇 시간도 조용히 보내기가 쉽지 않은 사람들이다.

이 400명의 억만장자들 아래에는 포브스 400 지망생이 수십만 명이나 있다. 내가 가르치는 학생들 몇 명도 비슷한 포부를 품고 있어서 잘 안다. 학자금 부채와 수십억 달러의 흑자 사이에 존재하는 격차는 궁극의 효율성 차이로 요약할 수 있다. 그들은 '바쁜 생활을 좋아하지 않는다면' 다국적 기업의 정상에 오르지 못하거나, '모든 걸 바꿀 스타트업을 찾지 못한다면' 실패할 것이라고 생각한다. 이런 세계관은 엄청난 압박을 가한다. 비효율성에 대한 여지를 남기지 않는다. 해이해질 틈이 없다. 그 분주함은 내일 찾아올 행복의 신기루를 향해 비틀거리며 걸어가는 동안 인간관계와 주말, 그리고 무엇보다 오늘의 행복을 희생할 것을 요구한다.

이게 당신의 미래라면 끊임없는 좌절을 느낄 테고 그런 좌절은 극도의 불안을 유발할 것이다. 내가 좌절을 '느낀다'라고 한 이유는 대부분의 좌절이 마음속에만 존재할 것이기 때문이다. '분주함'이 진보의 전제 조건이라면 잠깐 신발끈을 묶기 위해 속도를 늦추는 것마저 실패로 해석할 것이다. 운동을 건너뛰거나 섬유질이 풍부한 단백질 셰이크를 마시지 않거나 예정됐던 한 시간 동안의 네트워킹 모임에 빠진 것도 실패로 간주된다. 이렇게 성공에 대한 극단적인 정의를 받아들이면 항상 실패할 것이다. 인간은 기계가 아니며 자신을 효율적인 자동 장치처럼 대하는 것은 번아웃으로 향하는 지름길이다.

몇 번은 실패해도 괜찮다

정말 정말 간절하게 성공하고 싶은 경우, 많은 성공한 사람들이 제안하는 역설적인 해결책은 속도를 늦추라는 것이다.[2] 알버트 아인슈타인Albert Einstein은 말도 안 되게 생산적인 사람이었지만 그의 생산성은 이따금씩 폭발적으로 찾아왔다. 그리고 그런 폭발 사이사이에는 자신을 부드럽게 대했다. 그는 "일이 잘 안 풀리면 근무 중에 누워서 천장을 바라보며 내 상상 속에서 일어나는 일들에 귀를 기울이거나 시각화했다"라고 썼다. 헝클어진 백발의 아인슈타인이 오후 2시에 자리에 누워 텅 빈 천장을 응시하는 모습을 상상해보자. 이건 우리가 아는 유명한 아인슈타인의 모습은 아니지만 이것이 그를 위대하게 만든 재능의 핵심이다. 그는 갈등과 맞서 싸우기보다는 그게 파도처럼 자신을 덮치게 내버려뒀고, 두세 걸음 뒤로 물러나 상상에 귀 기울일 기회로 삼았다. 그렇게 갈등과 싸우지 않고 그게 자신을 이기도록 놔둠으로써 잘 실패하는 법을 배웠다.

생산성이 폭발적으로 증가하는 시기 사이사이에 속도를 늦춘 것은 모차르트도 마찬가지였다. 모차르트는 가장 평온한 상태일 때 최고의 악상이 떠오른다는 걸 알았다. 그는 "혼자 있으면서 온전한 나 자신이 될 때, 마차 여행을 하거나 맛있는 식사 후에 산책을 하면서 기분이 좋을 때, 또는 잠을 이루지 못하는 밤, 그럴 때 가장 좋은 아이디어가 풍부하게 흘러나온다"라고 썼다. 모차르트는 생산성이 폭발하는 순간을 경험했을지도 모르지만 그 폭발을 유지하는 건 어렵다. 생산성이 벽에 부딪힐 때마다 악마와 씨름하는 방법으로는 교향곡과 협주곡 등 600여 곡을 작곡할 돌파구를 만들 수 없다. 모차르트도 아인슈타인처럼 탈선한 마음을 생산성으로 이끄는 가장 빠른 방법은 억지로 노력하는 게 아니라 공간과 고독을 추구하면서 때로는 실패도 필요하다는 사실을 받아들이는 것임을 깨달았다.

아인슈타인과 모차르트는 10억 명 중에 한 명 있을까 말까 한 재능을 가진 사람들이다. 그래서 그들이 어떤 면에서는 느긋한 성격을 가지고 있다는 게 놀라울 정도다. 이 둘은 산꼭대기에 올라가 "나는 바쁜 걸 좋아한다"라고 선언하지 않았다. 대신 둘 다 내면으로 물러나 고요함을 받아들이고 적절한 시간에 아이디어가 떠오르게 했다.

갈등에 대한 이런 느긋한 접근 방식의 이점은 실패할 여지를 준다는 것이다. 우리가 항상 최고의 생산성을 발휘할 수는 없고 좋을 때가 있으면 나쁠 때도 있다는 사실을 받아들인다. 현대의 학습과 발전 이론은 도전 없이는 발전이 불가능하다는 걸 인정한다. 즉, 성공하려면 먼저 실패를 겪어봐야 한다.

몇 년 전, 심리학자와 신경과학자로 구성된 팀이 완벽한 성공 대 실패 비율을 조사했다. 스펙트럼의 한쪽 끝에는 완벽한 성공, 다른 한쪽 끝에는 비참한 실패가 있다. 양극단 모두 사람들의 의욕을 꺾지만 그 이유는 다르다. 완벽한 성공은 지루하고 시시하다면 비참한 실패는 지치고 사기를 떨어뜨린다. 이 양극단 사이의 어딘가에 장기적인 발전을 극대화하는 스위트 스팟이 존재한다. "언어나 악기 등 새로운 걸 배울 때는 자기 역량의 가장자리에서 도전을 추구하게 된다. 낙담할 정도로 어렵지는 않지만 지루할 정도로 쉽지도 않다. 동기 부여와 학습을 위한 최적의 실패율인 '골디락스 영역Goldilocks zone'이 존재한다는 단순한 직관이 현대 교육법의 핵심이다."

연구진들의 말에 따르면 최적의 실패율은 15.87퍼센트라고 한다.[3] 물론 실제 비율은 놀랍도록 정확한 이 수치가 시사하는 것과 많이 다르다. 기분이 괜찮은 날에는 더 높은 오류율도 받아들일 수 있지만 낙담하거나 피곤한 날에는 오류를 완전히 피하고 싶을 것이다. 어떤 작업은 다른 작업보다 실패율이 높고 학습을 서두르는 경우에는 더 높은 실패율을 받아들여야 할지 모른다. 성격도 아마 중요한 영향을 미칠 것이다. 갈등에 느긋하게 대처한 아인슈타인과 모차르트는 다른 사람들보다 흔쾌하게 오류를 용인했을지도 모르며 그것이 두 사람의 지속적인 성공 요인 중 하나일 수 있다.

이런 최적의 실패율이 존재하는 것만으로도 가치가 있는 이유는 2가지 이점을 제공하기 때문이다. 첫째, 적정 실패 수준에 대한 객관적인 벤치마크를 제공한다. 대여섯 번의 시도 중 한 번 이상 실패한다면 너무 자주 실패하는 것이고 반대로 거의 실패하지 않는다면 실패 경험이 부족해진다. 둘째, 감정적인 관점에서 볼 때 어느 정도의 실패는 괜찮을 뿐만 아니라 필요한 일이다. 실제 천장 또는 은유적인 천장을 응시하는 순간이 없었다면 아인슈타인과 모차르트는 시간이 지나면서 생산성이 떨어지고 성공 확률도 낮아졌을지 모른다. 이렇게 성공과 실패를 오가는 것은 결함이 아니라 시행착오 과정에 있어 필수적인 구성 요소다.

5분의 1 또는 6분의 1 정도의 실패 기준은 새로운 기술을 배울 때 유용한 지침이 되는데 특히 요즘에는 기술 발달 덕분에 성공을 정량화하기가 더 쉽다. 새로운 언어나 코딩이나 축구 기술을 배우든 특정한 속도로 특정 거리를 달리는 훈련을 하든 아니면 일정 시간 동안 방해받지 않고 명상을 하든 모든 성공은 정량화가 가능하다. 처음에는 실패율이 6분의 1보다 높을 수도 있지만, 적정 수준으로 감소하지 않으면 생산성을 유지하기 힘들다는 걸 알게 될 것이다.

　조직에도 동일한 규칙이 적용되는데 이 규칙은 실패를 어느 정도 허용할 때 가장 효과적이다. 스마트폰이 등장하기 10년 전인 1990년 대 후반, 모토로라Motorola는 이리듐Iridium이라는 위성 전화 공급업체를 신설했다.[4] 이 회사 이름은 주기율표의 일흔일곱 번째 원소에서 따온 것이다. 이리듐이라는 원소는 77개의 전자가 핵 주위를 도는데 이 회 사의 원래 계획상 지구 주위를 도는 77개의 위성 네트워크가 필요했기 때문이다. 이리듐은 엄청난 조건을 내걸었다. 지구상 어디에서나 완벽한 수신 기능을 제공하는 글로벌 전화 네트워크를 만들고 통화료를 대폭 낮추겠다는 것이었다. 오늘날 사용하는 가장 정교한 스마트폰도 수십 년 된 이리듐의 기술을 능가하지 못한다. 이리듐 주식이 상장되었을 때는 월스트리트 전문가들도 이 회사에 매료되었지만 완벽하게 선명한 음질과 완벽한 연결을 위한 회사의 집념 때문에 전화기 가격이 엄청나게 비쌌다. 이리듐 경영진은 제품 결함에 대해 무관용 방식을 택했지만 그건 소비자들이 원하는 게 아니었다. 그들은 전화기 가격과 서비스 요금제가 훨씬 저렴하다면 음질이 약간 떨어지고 통화 중에 연결이 좀 끊겨도 기꺼이 불편함을 참을 수 있었다. 융통성 없이 완벽을 추구하는 건 정체에 빠지는 가장 확실한 방법이다.

　좌절이 어느 정도 필요하다고 가정한다면 다음 문제는 그걸 어떻게 관리하느냐다. 일이 계획대로 되지 않는 약 15.87퍼센트의 경우에 어떻게 대처해야 할까? 답은 그냥 실패하는 게 아니라 잘 실패하는 것인데, 어떤 사람은 다른 이들보다 훌륭하게 실패한다.

잘 실패하는 게 중요한 이유는 그 일이 우리가 하는 마지막 일이 아니기 때문이다. 그건 대개 긴 여정의 중간 지점 즈음 찾아오며, 그 실패에 어떻게 대응하느냐에 따라 나머지 여정이 결정된다. 중요한 건 실패에 생산적으로 반응하는 것이다. 성공과 실패의 중요한 차이점 하나는 다들 성공에는 비슷하게 반응하는 반면, 실패에는 다양한 반응을 보인다는 것이다. 대부분의 사람들은 승리를 축하하는 방법과 그걸 잘 축하하는 방법을 알고 있다. 우리는 어릴 때 자만하지 말라고 배우는데 대부분 그 교훈을 꽤 일찍 받아들인다. 오스카상 수상자, 그래미상 수상자, 올림픽 금메달리스트들은 우아하게 승리하도록 훈련받는다. 그래서 우리는 어릴 때부터 그들이 승리를 거둔 뒤 점잖게 행동하는 모습을 본다. 이처럼 승리했을 때 우아하게 행동하는 건 쉽지만, 패배한 뒤에 그런 모습을 보이는 건 좀처럼 쉽지 않다.

좌절에 우아하게 대응할 수 있는지 여부를 결정하는 것은 대부분 그 경험을 어떻게 해석하느냐에 달려 있다. 미국 시인 잭 길버트Jack Gilbert는 〈추락과 비상Failing and Flying〉이라는 시에서 우리가 성공보다는 실패에 주의를 기울이는 경향이 있다고 말했다.[5] 길버트는 이카로스Icarus의 전설을 재구성해서 이 아이디어를 설명한다. "다들 이카로스가 날았다는 사실을 잊었다." 그는 시의 첫머리에서, 우리는 이카로스가 태양에 너무 가까이 다가갔다가 지구로 추락한 것만 기억한다고 했다. 그리고 "나는 이카로스가 추락하면서 실패한 게 아니라, 승리의 마지막 부분에 다다랐을 뿐이라고 믿는다"라는 구절로 시를 끝맺는다. 길버트가 쓴 내용은 대체로 인간에게도 그대로 적용된다. 대개의 경우

손실, 실패, 실수에 주의를 집중하다보면 실수를 반복하게 되고 위험한 결정을 회피하게 된다.[6]

길버트가 찾은 답은 우리를 고착 상태에 빠뜨린 성공에 주목하도록 훈련하는 것이다. 대개의 경우 정체는 진보의 신호다. 편안하고 모든 것에 숙달된 장소에서 벗어나 힘든 도전이 기다리고 있는 장소로 이동한 것이다. 이때 중요한 건 힘든 곳으로 이동하면 좌절을 겪게 되지만 장기적인 발전을 위해서는 그런 좌절이 꼭 필요하다는 사실을 기억하는 것이다.

예방 접종으로 이겨내라

좌절은 피할 수 없지만 그에 따르는 불안은 극복할 수 있다. 좌절을 겪을 때마다 불안을 느끼지 않으려면 좌절 앞에서도 마음을 단단히 먹을 수 있도록 미리 스트레스 테스트를 거쳐야 한다. 이 방법은 운동선수들 사이에서 인기가 높다. 엘리트 골퍼들은 일시적인 집중력 상실이 흠잡을 데 없는 점수를 위협한다는 걸 알고 있다. 골프 라운드 중에 72타를 칠 것으로 예상되는 경우, 오십 번째 샷에서 한 번만 실수해도 라운드에 2타, 3타 또는 4타가 추가될 수 있다. 18홀을 모두 돌려면 4시간 이상 걸리기 때문에 주의가 산만해지고 피로감이 몰려오는 건 피할 수 없다. 미국 골프 선수 필 미켈슨Phil Mickelson은 시합에 나가지 않을 때도 하루에 최소 두 라운드 이상 골프를 치면서 주의력을 단련한다.[7] "집중할 수 있는 시간을 늘리기 위해 노력한 덕분에 점점 더 발전하고 있습니다"라고 미켈슨은 말한다. "하루에 36홀이나 45홀을 돌면서 샷 하나하나에 집중하다보니 시합에 나가 18홀을 돌 때는 별로 힘들게 느껴지지 않습니다." 미켈슨이 집중력을 잃지 않고 200타를 치는 훈련을 한다면 선수권 대회에 나가 하루에 70타 남짓 치는 건 얼마든지 가능할 것이다. "내 마음을 근육처럼 사용하면서 그걸 확대하려고 노력하고 있습니다." 미켈슨의 말이다. 이 방법은 인간의 능력이 매우 유연하다는 생각에 기반을 두고 있다. 대부분의 골프 선수에게는 18홀 내내 집중하는 것이 상당히 힘든 일이지만 미켈슨의 경우 18홀은 그의 평소 훈련 코스의 40퍼센트에 불과하다.

골프 코스에서 육체적·정신적 피로를 지연시키는 데 효과적인 미켈슨의 오버 트레이닝 기술은 정서적 회복에도 유익하다. 난 이 아이디어를 테스트하기 위해 동료 3명과 함께 대학 농구팀들이 10년간 거둔 성적을 조사했다.[8] 대학팀들은 각 시즌의 본격적인 경기가 시작되기 전에 다른 팀들과 연습 경기를 계속한다. 이건 친선 경기이므로 승패가 크게 중요하지 않다. 각 팀이 치열한 경쟁에 대비하기 위한 자리이며 시합 결과를 공식적으로 기록하지도 않는다. 이런 시즌 전 경기에서 중요한 것은 시합 상대가 무작위로 정해진다는 것이다. 어떤 해에는 강력한 상대들과 계속 대결할 수도 있고 다른 해에는 약한 상대들만 만날 수도 있다. 우리는 팀들이 시즌 전에 약한 상대와 연습 경기를 했을 때 본 시즌 성적이 더 좋은지 아니면 강한 상대와 연습 경기를 했을 때의 성적이 더 좋은지 궁금했다.

답은 명확하지 않다. 우리는 다양한 스포츠 분야의 코칭 전문가와 엘리트 대학 선수들을 인터뷰했는데 의견이 분분했다. 일부는 경쟁 시즌을 앞두고 자신감을 심어줄 수 있는 가벼운 프리시즌 일정을 선호한다고 했다. 프리시즌 경기를 전부 이긴 다음 새로운 시즌을 맞이하는 것보다 좋은 게 어디 있을까? 부상 위험도 줄어들 테고 팀 내 핵심 선수들은 본격적인 시합에 대비해 휴식을 취할 수 있다.

다른 코치와 선수들은 반대로 생각했다. 도전 의식을 북돋우는 프리시즌을 보내는 게 팀 준비에 매우 중요하다는 것이다. 약체팀과 경기를 하면 본 시즌에 엘리트팀을 만났을 때 필요한 전략을 가다듬을 기회가 없기 때문에, 어떤 이들은 지는 법을 배우는 것도 중요하다고 말했다. 패배는 불가피한 일이다. 아무리 강한 팀도 시즌마다 또는 토너먼트마다 한두 경기씩은 지기 때문에 패배에서 회복하는 방법을 배우는 건 필수적인 기술이다. 일부 코치들은 팀이 패배한 후에 사기가 급락할까 봐 걱정했다. 그러면 팀이 균형을 되찾기 전까지 그 한 번의 패배가 두세 번의 패배로 이어질지도 모른다. 이런 걱정에 대처하는 가장 좋은 방법은 패배가 별로 중요하지 않을 때 패배를 겪어보는 것이다.

후자의 방법을 고난 예방 접종이라고 한다. 전염병 치료에서 차용한 이 용어는 만만찮은 도전에 대비한 예방 접종을 받으면 우리 몸과 마음이 그런 도전에 더 탄력적으로 대응하게 됨을 암시한다. 질병에 대비한 예방 접종을 하는 가장 좋은 방법은 실제 질병이 발생하기 전에 소량의 균 또는 비활성화된 균에 노출시키는 것이다. 고난 예방 접종은 좌절에 대비한 것이다. 10개 시즌 성적을 분석한 결과, 대학 농구

팀들이 힘든 프리시즌 일정을 보냈을 때 본 시즌에서 더 좋은 성적을 거둔다는 걸 발견했다. 효과도 컸다. 우리 모델은 가장 쉬운 프리시즌 일정을 보낸 팀이 만약 프리시즌을 가장 힘들게 보냈다면 포스트시즌 토너먼트에서 한두 단계 정도는 더 올라갈 수 있다는 걸 보여준다.

고난 예방 접종은 지적인 영역에서도 효과가 있다. 인간은 수천 년 동안 복잡한 바둑 게임을 해왔고 계속 능력이 향상되어왔지만, 지난 수십 년 동안은 상당히 정체되었다. 2016년부터 2017년 사이에 새로 등장한 인공지능 바둑 엔진이 모든 인간 바둑 선수들의 능력을 뛰어넘기 전까지는 그랬다. 세계 최고의 인간 선수들이 계속해서 바둑 AI에게 졌지만 이런 패배가 바둑의 새로운 길을 열었다.[9] 한동안 정체된 바둑 선수들의 기량이 인공지능의 도입 이후 전체적으로 향상되는 경향을 보였다. 전보다 뛰어난 수를 둬서 가장 일반적으로 사용되는 평가 척도에서 더 높은 점수를 얻었다. 뛰어난 기계와 마주해야 하는 어려움 때문에 바둑 선수들 대부분이 경력 초기에 활용하지 못했던 능력의 저장고가 활짝 열린 것이다.

스포츠와 지적인 분야뿐만 아니라 감정적인 문제에도 예방 접종을 할 수 있다. 브랜드 전략가이자 헬로 피어스Hello Fears 운동 설립자인 미셸 폴러Michelle Poler가 바로 그 장본인이다. 폴러는 불안한 가정에서 자란 불안한 아이였다. 그녀의 조상들은 제2차 세계대전 때 나치를 피해 고국을 떠나 베네수엘라에서 새로운 삶을 꾸렸는데, 그로부터 반세기 뒤 폴러가 카라카스에서 성장하는 동안에도 그들이 느꼈던 두려움은 상당 부분 그대로 남아 있었다. "우리 엄마는 많은 두려움 속에서 자랐고 그건 나도 마찬가지였습니다"라고 폴러는 말한다. "우리가 느끼는 두려움이 서로 달랐을 수도 있지만, 두려움에 대해서는 같은 태도를 지니고 있었어요. 두려운 대상이 있더라도 신경 쓰지 말자는 것이었죠!"

2014년 폴러는 많은 두려움을 극복하고 뉴욕으로 이사했고 그곳에서 스쿨 오브 비주얼 아트에 진학해 브랜딩 석사 과정을 밟기 시작했다.[10] 수업 첫날, 교수가 그녀의 인생을 바꾼 2가지 질문을 던졌다. 우선 교수는 폴러에게 10년 뒤에 어떤 모습이 되어 있을지 상상해보라고 했다. 폴러의 위시 리스트에는 성공한 기업가 되기, 남편과 여행 다니기, 전 세계 기업에서 연설하기, 맨해튼에 아파트 구입하기 등이 있었다. 그런 다음 교수는 폴러가 그런 결과를 달성하는 데 방해가 되는 중요한 장애물이 있는지 물었다. 머릿속에 커다랗게 떠오르는 대답은 '두려움'이었다. 폴러는 '두려움은 내 10개년 계획 달성을 방해할 수 있는 유일한 장애물'이라는 사실을 깨달았다. "거절당하는 게 그렇게 두렵다면 어떻게 뉴욕 최고의 회사에 지원할 수 있겠는가? 불확실성에 대처할 수 없다면 어떻게 기업가가 될 수 있겠는가? 연설하는 게 끔찍하게 두렵다면 어떻게 기업 콘퍼런스에서 내 '업적'에 대해 말할 수 있겠는가? 같은 질문이 꼬리에 꼬리를 물고 이어졌어요. 이 모든 걸 원하면서도 한편으로는 몹시 두려웠거든요."

폴러는 고난 예방 접종이라는 말은 들어보지 못했지만 불안을 이기는 법을 배우지 않으면 꿈이 자기 손에서 빠져나갈 수도 있다는 걸 깨달았다. 그녀가 선택할 수 있는 길은 아무것도 하지 않은 채 두려움과 격리된 상태를 유지하거나 아니면 10년 계획을 위해 두려움을 관리하는 법을 배우는 것이었다. 예방 접종의 길을 택한 폴러는 '두려움 없는 100일' 캠페인을 시작했다.

100일 동안 매일 자기가 두려워하는 무언가를 했다. 그런 두려움 중 일부는 고통이나 위험과 관련된 것이었고 난처함, 거부, 외로움, 통제, 혐오와 관련된 것도 있었다. 폴러는 뉴욕 발타자르 레스토랑에서 열린 부모님의 결혼기념일 식사 자리에서 굴 3개를 먹는 것부터 시작했다. 그녀는 자기 웹사이트에서 "난 생김새나 촉감이나 냄새가 역한 걸 먹는 게 두려웠어요"라고 설명했다. "그래서 불편한 상황을 피하려고 피자, 맥앤치즈, 크런치 참치롤, 옥수수빵, 시리얼, 그리고 눈이나 촉수, 껍질이 없이 맛있어 보이는 것들만 포함된 안전한 음식 영역을 고수합니다." 폴러는 그날의 경험을 동영상에 담았는데 사실 별로 성공적이지는 않았다. 구역질도 몇 번 하고 처음 먹은 굴은 뱉어내고 다음에 먹은 굴을 적포도주와 함께 꿀꺽 삼키기 전에 마음을 단단히 다잡아야 했다.

폴러는 여전히 굴을 싫어하며 굴을 먹는 게 자신의 10개년 계획과 관련이 있다고 생각하지도 않는다. 하지만 그런 두려움에 맞선 덕분에 10개년 계획에 착수했을 때 직면하게 될 다른 어려움에 대한 예방 접종을 할 수 있었다. 굴을 먹는 게 폴러의 프리시즌이었고, 이 시기를 특히 어려운 과제로 시작한 것이다.

폴러의 두려움 목록은 그 내용이 매우 다양했다. 14일째에는 밤에 마이애미 거리를 혼자 운전했다. 26일째에는 헬리콥터를 탔다. 35일째에는 군중들 앞에서 연설을 했고 39일째에는 헌혈을 했다. 나중에는 군중들 위로 몸을 던져 이리저리 실려다니거나 초대받지 않은 결혼식에 참석하기도 하고 스탠드업 코미디 공연, 비행기 조종, 절벽 레펠하강도 했다. 그리고 마침내 100일째 되는 날에는 거의 500명의 청중 앞에서 TEDx 강연을 했다. 이로써 그녀는 큰 변화를 경험하게 되었다. 프로젝트가 끝난 뒤 스페인어 전문 방송사인 텔레문도Telemundo가 인터뷰를 위해 폴러를 마이애미 스튜디오로 초대했다. 그녀는 엄청나게 긴장했다. 여전히 대중 연설이 두렵고 특히 TV 생방송이 두려웠다. 그리고 인터뷰 중에 큰 실수를 하는 바람에 최악의 두려움이 현실이 되었다. "갑자기 내 모국어인 스페인어로 말하는 법을 잊어버린 거예요"라고 폴러는 회상했다. "그래서 많은 단어를 영어로 말하기 시작했는데 그건 절대 해서는 안 되는 행동이었어요. 너무 긴장한 나머지 머리가 잘 돌아가지 않았습니다." 인터뷰에서 폴러가 '산 자들의 행진*'에 참석하기 위해 폴란드로 깜짝 여행을 갈 예정이라는 사실이 밝혀졌을 때, 그녀는 완전히 얼어붙은 상태에서 침착함을 되찾기 위해 고군분투하고 있었다. 하지만 중요한 건 폴러가 이런 난처한 상황을 이겨냈을 뿐만 아니라 이날의 경험을 활용해 미래의 도전에 대비했다는 것이다. 이것이 폴러의 새로운 철학이 되었다. 그녀는 불안을 느끼거나 문제에 부딪힐 때마다 예방 접종 과정에서 직면하고 극복했던 100여 개의 장

＊ 홀로코스트를 추모하기 위해 아우슈비츠 수용소와 비르케나우 수용소 사이를 걷는 행사

애물을 떠올렸다.

두려움은 고착 상태의 기본 요소이므로 폴러의 접근 방식은 갑작스러운 공포증뿐만 아니라 다양한 상황에 적용할 수 있다. 발목을 잡고 있는 문제가 힘겨운 대화든 진로 변경이든 새로운 기술 시도에 대한 불안이든 간에 폴러가 시도한 노출 치료 방법은 귀중한 도구다. 어떤 면에서는 장애물을 넘어 성장하는 과정에서 관리 가능한 수준의 불안을 감수해야 할 가치를 보여준다. 한두 가지 두려움과 부딪히다보면 두려움에서 도망치기보다 마주하는 사람이 된다. 새로운 장애물 때문에 불안을 느껴도 그 문제에 탄력적으로 대처할 준비가 되어 있기 때문이다.

그 이후에도 폴러는 계속해서 자신을 새로운 두려움에 노출시켰는데 그 이유 중 하나는 예방 접종이 여전히 효과적인지 확인하기 위해서였다. 접종의 비유를 좀 더 확장해보면, 이런 새로운 노출은 그녀의 면역력을 확인하는 항체 테스트와 같다. 새로운 문제에 대한 불안을 관리할 수 있는지 여부와 관리 가능한 수준을 파악하는 것도 프로세스의 중요한 일부분이다.

예방 접종 여부를 확인하는 또 다른 방법이 있다. 이 기술은 '설명 깊이의 착각illusion of explanatory depth'이라고 하는 심리 현상을 이용한다.[11] 이 착각은 다음과 같은 방식으로 작용한다. 지금 바로 자전거의 작동 원리를 설명하고 그 설명에 점수를 매기면 몇 점이나 받을 수 있을지 자문해보자. 1점은 자전거가 어떻게 작동하는지 전혀 모른다는 이야기고 10점은 자전거 작동 원리를 완벽하게 설명할 수 있다는 뜻이다. 대부분 자신에게 6점이나 7점을 주는데 이건 본인이 자전거 작동 원리를 합리적으로 설명할 수 있다고 믿는다는 뜻이다. 자, 이제 자전거가 어떻게 작동하는지 말로 설명해보자.

대부분 자전거에 핸들, 바퀴, 체인, 기어, 페달이 있다는 건 알지만 어떻게 작동하는지 설명하려고 하면 말을 더듬는다. 이런 구성 요소들이 서로 어떻게 상호작용하는지, 어떻게 움직임을 만들어내는지, 체인이 페달과 기어에 어떻게 연결되어 있는지 확실히 모르는 것이다. 이것이 착각이다. 누구나 자전거 작동 원리를 알고 있다고 가정하지만 그 지식을 말로 풀어내라는 압박을 받으면 어려움을 겪는다. 볼펜이나 지퍼 같은 다른 여러 가지 기계 장치나 저명한 정치인이 고집하는 정책적 입장의 경우에도 마찬가지다. 하지만 대부분의 경우 이런 결점은 눈에 보이지 않는다. 자전거가 무엇인지에 대한 피상적인 이해를 자전거의 작동 원리로 착각한다. 이런 결함을 드러내는 유일한 방법은 질문을 던지는 것뿐이다. 어린아이가 우리에게 꼬치꼬치 질문을 던질 때처럼 스스로에게 물어봐야 한다. 비로소 지식을 완전히 드러내야 하는 상황에 처해야만 자기가 뭘 모르는지 깨닫게 된다.

갈등이 현실화되기 전까지는 갈등으로 인한 불안을 관리하는 방법에 대해 거의 의문을 제기하지 않는다는 점에서 좌절에 대처하는 방식과 비슷하다. 미셸 폴러의 캠페인은 그녀가 관리할 수 있는 것과 없는 것이 뭔지 정확하게 보여주고 회복 탄력성을 높여주는 등 매우 효과적이었다. 그녀는 100일 동안 일을 진행하면서 각 도전에 직면하기 전과 도중, 그 후의 기분을 기록했다. 굴을 먹는 동안에는 그에 대한 두려움이 10점 만점에 10점까지 올라갔지만 그 후에는 6점으로 떨어졌다. 반면 도그파크에 가는 것과 관련해서는, 그 일을 예상할 때는 두려웠지만(8점) 그곳에 있는 동안에는 덜 무서웠고(6점) 나중에 돌이켜보니 전혀 무섭지 않았다(3점). 이 숫자들은 폴러에게 2가지 특정한 두려움에 대해 각각 다른 이야기를 들려줬기 때문에 중요하다. 그녀는 여전히 굴을 두려워하고 다시는 굴을 먹을 계획이 없지만 개들 사이에서 시간을 보내는 자신은 상상할 수 있다. "그렇게 짧은 시간 안에 두려움을 극복할 수 있다고 생각하지는 않아요. 하지만 개들이 날 해치고 싶어 하는 게 아니라 그냥 같이 놀고 싶어 한다는 걸 이해하는 데 도움이 되었습니다."

자신의 두려움을 이런 식으로 시험하고 싶지 않은 사람에게도 이 방식은 뭔가 시사하는 바가 있다. 비행 공포증을 치료하는 방법 중 하나는 그런 공포증이 있는 사람을 비행 경험에 서서히 노출시키는 것이다. 이런 노출 요법은 실제 비행 스트레스에 대처하는 방법을 배울 수 있도록 점점 더 많은 양의 두려움을 제공한다.[12] 처음에는 비행기 내부 이미지를 보여주거나 실제 비행기가 아닌 다른 곳에 설치되어 있는 비행기 좌석에 앉게 한다. 그런 다음에는 진짜 비행기에 탑승해서 자리에 앉아 있다가 비행기가 이륙하기 전에 내릴 수도 있다. 또 가상 현실 시뮬레이터를 이용해서 그 경험이 실제가 아니라는 걸 아는 상태에서 비행하는 기분을 느끼게 하기도 한다. 이런 단계를 모두 완료한 뒤에는 실제로 짧은 비행을 한 다음 더 장거리 비행으로 넘어갈 수 있다.

그러나 심한 두려움을 수반하는지 여부와 상관없이 이 접근법은 모든 난제에 있어 효과적이다. 중요한 건 장애물 앞에 놓였을 때 그에 대한 면역이 생기도록, 고착 상태에 빠졌다는 불안감을 관리하는 방법을 점점 더 세부적으로 상상하는 것이다. 이 기술은 실패에 대한 두려움으로 얼어붙은 경우에 특히 효과적이다. 직장부터 비즈니스 벤처에 이르기까지 새로운 걸 시도할 때는 두려울 수밖에 없다. 그 두려움은 추상적이고 극복하기 어려운 채로 계속 남아 있다. 그 실패가 실제로 자기 삶에 어떤 영향을 미칠지 상상할 만큼 깊게 발을 들이지 않았기 때문이다. 새로운 사업에 실패할 경우 빈털터리가 되어 집까지 잃게 된다면 재고하는 게 합리적이지만, 재정적으로 안정된 경우의 실패는 파멸보다는 개인적인 고통에 가깝다. 자존감과 사회적 지위에 대한 잠재적 타격도 비행 공포증 환자가 이를 극복하는 것과 같은 방식으로 극복할 수 있다. 사업이 실패할 경우 어떤 기분이 들지 미리 상상해보자. 친구와 가족에게 사업 실패를 어떻게 설명할 것인가? 앞으로 어떤 구체적인 조치를 취할 것인가? 생각하고 있는 다음 사업이 있는가? 기업가 정신을 일시적으로 포기할 것인가? 이런 질문에 답하는 것은 실패에 대처하는 방법을 테스트하기 위한 것이고, 실패의 두려움에도 불구하고 앞으로 나아갈 수 있는 가장 좋은 방법이기도 하다.

고난 예방 접종이나 노출 치료 같은 다양한 기술은 개인적인 수준에서는 효과가 있지만 그 규모를 확장하기는 어렵다. 조직 또는 모임의 전체적인 구조를 변화시키지 않으면서도 솔루션으로 많은 사람들이 느끼는 고착 상태에 대한 불안감을 해결하는 건 거의 불가능하다. 그러려면 그 집단 안에 있는 사람들에게 실패할 기회를 줘야 한다.

스트레스도 약이다

학교 교실에 일반적으로 적용되는 경험 법칙은 학생들을 꾸짖는 횟수보다 칭찬하는 횟수가 3배는 많아야 한다는 것이다. 이 비율은 칭찬을 너무 많이 해도 학생들을 망칠 수 있다는 걸 의미한다. 몇 년 전에 한 교육 전문가팀이 이 비율을 시험했다. 그들은 3년간 미국 전역의 19개 초등학교에서 교사와 학생들을 추적 조사했다. 어떤 교사에게는 학생들을 더 마음껏 칭찬하라고 했고 다른 교사들에게는 평소처럼 교실을 관리하라고 했다. 그리고 연구진은 각 교실에서 학생들의 행동을 관찰했다.

데이터가 늘어날수록 학생들이 칭찬을 먹고 자란다는 사실이 분명해졌다.[13] 3대 1 비율의 상한선은 허구였다. 어떤 학급에서는 교사가 비판보다 칭찬을 9배나 많이 했는데 결국 이 학급 학생들이 가장 뛰어난 성과를 올렸다. 학생들이 칭찬은 많이 받고 비판은 적게 받을수록 과제를 계속 수행할 가능성이 높았다(연구진은 학생의 품행이 좋다는 이유만으로 꾸지람을 적게 듣고 칭찬을 많이 받게 할 가능성을 최소화하려고 주의를 기울였다).

이런 효과는 교실에 있는 학생들에게만 국한된 것이 아니다. 한 연구는 폭력적인 NBA 코치들이 팀 내 젊은 선수들의 커리어 형성에 미치는 영향을 조사했다. 이 연구에서는 6년간 57명의 코치가 지도한 선수 수백 명의 성과를 추적했다. 결과는 명확했다. 폭력적인 코치를 둔 선수들은 효율성이 떨어졌고 그 코치에게서 벗어난 지 10년이 지난 뒤에도 테크니컬 파울을 더 많이 범했다. 학대가 역효과를 낳는 건 놀라운 일이 아니지만, 정말 놀라운 점은 그것이 남은 선수 생활 동안 계속해서 피해를 입힌다는 것이다. 두 번째 연구에서는 모든 대학 농구 코치의 6분의 1에서 3분의 1 정도가 폭력적이라는 사실이 밝혀졌는데 이는 어린 선수들이 완전히 성숙하기도 전에 피해가 발생할 수도 있다는 걸 시사하므로 매우 우려스러운 결과다.

교실과 농구장에서의 칭찬은 학생과 운동선수가 성장하면서 느낄 수 있는 불안을 상쇄하기 때문에 효과적이다. 칭찬은 그들이 실패하거나 위험을 감수할 수 있게 허락해준다. 이 둘 모두 불안을 유발하는 경향이 있지만 학습과 개발 기간 이후에 돌파구를 찾는 데 매우 중요하다. 칭찬은 자라나는 학생과 운동선수들을 자존감 상실로부터 보호하는 완충제다.

칭찬과 지지는 사람들이 불안을 인식하는 방식을 변화시키고 세상을 바라보는 시각을 바꿔놓는다. 스트레스와 불안은 그 순간에는 불쾌하게 느낄지 모르지만 가끔 그런 감정을 느끼지 않고 성공한다는 건 거의 불가능하다. 스트레스가 너무 적거나 너무 많으면 성과가 저하될 수 있다. 중요한 건 불안과 스트레스를 성공을 저해하는 요소가 아니라 추진하는 요인으로 해석하는 것이다.

심리학자 알리아 크럼Alia Crum과 동료들은 수십 가지 실험을 통해 스트레스를 유익한 것으로 여기면 성과가 극적으로 향상된다는 사실을 증명했다. 일례로 크럼은 한 연구에서 네이비실Navy SEAL 대원 174명의 훈련 과정을 추적했다. 이 과정은 육체적으로 힘들고 스트레스를 유발하기 때문에 스트레스가 성과를 향상시킨다고 생각하는 대원이 스트레스를 골칫거리라고 여기는 대원보다 잘해낼 수 있을지가 관건이었다. 실제로 전자의 경우가 후자보다 훈련 과정을 잘 버티고 장애물 코스를 더 빨리 완료하고 동료와 교관으로부터 긍정적인 평가를 받을 가능성이 높았다. 크럼과 동료들이 다른 연구 참가자들에게 스트레스를 유익한 것으로 여기도록 훈련시키자 그들 역시 다양한 육체적·정신적 과제에서 더 좋은 성과를 올렸다.

당신은 혼자가 아니다

아마 사람들이 불안과 스트레스를 경험하는 방법을 바꾼 가장 두드러진 개입 사례는 보편적 기본 소득, 즉 UBI의 도입일 것이다. UBI는 지역이나 국가의 모든 구성원에게 지급되는 생활 보조금이다. 예컨대 아무 조건 없이 한 달에 1000달러를 주는 것이다. UBI를 뒷받침하는 가장 강력한 주장 중 하나는 사람들이 평소 같으면 피했을 기업가적 위험을 감수할 수 있게 해준다는 것이다. 예를 들어 새로운 사업을 시작하고 싶은데 사업이 성장하는 몇 달 혹은 그 이상의 기간 동안은 소득이 없으리라는 걸 알고 있다고 가정해보자. 이때 UBI가 있으면 그런 위험을 감수할 수 있지만, 소득이 전혀 없으면 벤처 사업을 시작하기 힘들 것이다. 수십 년에 걸친 UBI 실험에서 가장 일관되게 나오는 결과 중 하나는 불안감이 줄고 사람들이 당장 필요한 생활비를 버는 것 외의 일에 집중할 수 있게 된다는 것이다.

J. K. 롤링J. K. Rowling은 해리포터 시리즈의 첫 번째 편을 쓰기 전까지 궁핍한 생활을 했다. 그녀를 구한 것은 정부 혜택으로 보장된 수입이었다. 롤링은 존 스튜어트Jon Stewart와의 인터뷰에서 이런 혜택의 중요성을 설명했다. "그렇게 가난한데도 노숙자 생활을 하지 않아도 되는 영국의 복지 제도가 없었다면 이 책을 쓰지 못했을 겁니다. 우리는 몇 년 동안 소위 복지, 즉 내가 정부 혜택이라고 부르는 것에 의지해 살았으니까요. 우리나라가 날 도와준 거죠. 다른 나라에서 그런 상황에 처했다면 계속 굶주린 채 지냈을 겁니다."

나이지리아의 비슷한 UBI 정책도 큰 성공을 거뒀다. 2011년 나이지리아 정부는 새로운 사업을 시작하는 기업가 1200명에게 6000만 달러를 지원했다.[14] 사업체 하나당 5만 달러 정도를 지원한 것이다. 프로그램이 시작되고 3년이 지난 뒤, 자금 지원을 받지 못한 기업가들 가운데 여전히 사업을 운영 중인 사람은 54퍼센트밖에 안 되는 반면 프로그램에 참여한 기업가들은 93퍼센트가 번창하는 사업을 운영하고 있었다. 또 이 기업들은 직원 수가 10명 이상으로 늘어난 경우가 3배 이상 높았다. 그 돈은 새로운 사업을 시작할 수 있는 자원을 제공해 줬을 뿐만 아니라 자유를 안겨줬다는 점에서도 고무적이었다. 기업가 정신과 혁신을 추구하는 행위는 대부분 위험성이 높지만 특권층의 경우에는 위험을 감수하는 일에 별로 개의치 않는다. 만약 위험을 감수했다가 재정 파탄을 겪을 가능성이 높은 경우라면 재정적인 쿠션이 깔려 있을 때보다 훨씬 주눅이 들 수밖에 없다. 한 UBI 수혜자는 정기적인 급여 덕분에 대담하게 기업가 정신을 발휘할 수 있었다고 설명했다. "그게 내 사업을 시작할 수 있는 안정감을 주었습니다." 다른 수혜자 수십 명도 비슷한 주장을 했으며 일부는 그 경험을 '복권 당첨'에 비유했다.

아마 고착 상태에서 벗어나게 해주는 UBI 프로그램의 효과를 가장 설득력 있게 보여주는 것은 캐나다 브리티시컬럼비아주의 뉴리프 New Leaf 프로그램일 것이다. 브리티시컬럼비아대학과 사회 변화를 위한 재단이라는 자선 단체가 만든 이 프로그램은 밴쿠버의 노숙자 50명에게 한 번에 7500달러를 지급하고 1년 동안 그들의 행동을 추적했다.[15] 돈을 받은 이들은 식비, 임대료, 의류, 교통비, 의료비 등에 돈을 썼는데, 밴쿠버의 높은 생활비에도 불구하고 대부분 한 해 동안 1000달러 이상의 잔액을 유지했다. 또 수혜자 중 상당수는 일자리를 구하고 수업에 등록하고 새로운 직장에 지원하는 행위에서 해방된 기분을 느꼈다. 레이라는 한 수혜자는 뉴리프 측에 "내 목표는 나 자신을 향상시키는 것입니다"라고 말했다. "술과 마약 남용을 막는 최전선에서 싸우고 싶고, 내 출신지에 받은 걸 돌려주고 싶습니다. 컴퓨터 교육을 막 받기 시작했고 덕분에 계속해서 성장하고 있으니까요." 이 프로그램이 레이의 기본적인 필요와 노숙자로서 겪은 불안을 돌봐주지 않았다면 그가 고착 상태에서 빠져나오는 건 불가능했을 것이다.

◆ ◆ ◆

갈등에 대한 감정적 대응에 익숙해지는 것도 중요하지만 불안을 길들이는 건 고착 상태에서 벗어나기 위한 첫 번째 단계일 뿐이다. 다음 단계는 문제에 대해 생각하는 법을 배우는 것이다. 그래야 처음부터 고착 상태에 빠질 가능성이 낮아지고 빠지더라도 오래 갇혀 있지 않게 된다. 역설적이지만 선택의 폭을 넓히기보다 제한했을 때 돌파구가 생긴다는 사실을 깨달아야 문제에 대해 지능적으로 생각할 수 있게 된다.

- 의욕이 강할수록 자신에게 엄격해지기 쉽다. 하지만 가장 위대한 성공 사례 중 상당수는 실수를 저질렀을 때 스스로에게 놀랄 만큼 관대했던 이들에게서 나왔다.

- 실패를 허용하자. 그냥 받아들이는 수준을 넘어서 불러들이자.

- 대부분의 상황에서 정체에 빠지지 않고 의욕을 유지할 수 있는 최적의 실패율은 5분의 1 또는 6분의 1 정도다.

- 성공 앞에서 사람들의 반응은 상당히 비슷하다. 하지만 실패 앞에서는 현명하게 대처하는 사람부터 좌절하는 사람까지 매우 다양하다.

- 도전에 무력감을 느낀다면 처음에는 규모가 작은 도전에 맞서면서 그런 감정에 둔감해져야 한다. 시간이 지나면 완전한 규모에 도달할 때까지 점점 규모를 늘려가자.

- 자신에게든 남에게든 칭찬은 아무리 많이 해도 지나치지 않다.

- 의식주나 정서적 안전 같은 기본적인 욕구부터 먼저 해결하지 않으면 고차원적인 문제를 해결할 수 없다.

3부

사고의 돌파구

생각의 고리를 끊어라

7장

문제를 단순화하라

미로 속에서 알고리즘을 찾아라

1980년대에 건축가 빌 힐리어Bill Hillier는 런던의 '미로' 수준이 어느 정도인지 측정하기 위해 런던의 여러 동네를 돌아다녔다. 어떤 지역은 개방된 공간에 격자형으로 배치되어 있는 반면 바비칸 단지Barbican Estate 지역은 너무 구불구불해서 관광객은 노란 도로 표시를 따라가야만 길을 찾을 수 있을 정도였다. 힐리어는 각 동네의 복잡성complexity을 파악하기 위해 명료도intelligibility라는 수학 용어를 고안했다.[1] 명료도 점수 범위는 0부터 1까지인데 점수가 낮은 '난해한' 동네일수록 처음 온 이들을 함정에 빠뜨릴 가능성이 높았다. 힐리어의 명료도 점수는 다른 복잡한 영역에도 적용된다. 예를 들어 당신이 마주친 모든 미로마다 난이도를 알려주는 명료도 점수가 있다. 힐리어의 핵심적인 통찰은 사람들이 동네와 미로를 탐색할 때 꼼짝 못 하게 만드는 복잡성이 삶의 복잡성을 더 광범위하게 설명한다는 것이다.

　힐리어의 말에 따르면 고착 상태에서 벗어나는 가장 좋은 방법은 이해할 수 없는 걸 단순하게 만드는 것이다. 복잡성을 제거하면 처음부터 끝까지 더 곧게 뻗은 길을 개척할 수 있다. 특히 개념이 본질적으로 복잡할 때 더 그렇다. 진단 의학 분야를 예로 들어보자. 인간의 몸은 수십 개의 뼈, 수백 킬로미터의 머리카락, 수만 킬로미터의 혈관, 수조 개의 세포로 이루어져 있다.[2] 인간은 1만 개 이상의 질병에 걸릴 수 있는 것으로 밝혀졌는데, 그중 매우 희귀한 질병의 상당수는 의사들도 소수의 사례만 파악하고 있다. 의사들은 수백 가지 치료법과 약을 이용해서 질병의 그물을 탐색하지만 그중 상당수의 질병이 진단하기조차 어렵고 치료는 훨씬 더 어렵다.

　아주 복잡한 사례의 경우에는 뉴욕시의 토머스 볼트Thomas Bolte 같은 진단 전문가에게 새로운 의견을 요청하기도 한다.[3] "주류 의학계에는 '발굽 소리가 들려도 처음부터 얼룩말을 찾지는 마라'라는 표현이 있다." 볼트와 함께 일했던 로버트 스컬리Robert Scully의 말이다. "결과적으로 얼룩말은 항상 놓치게 되어 있는데 토머스는 얼룩말 사냥꾼이다." 볼트는 복잡한 진단에 집중한 덕에 리얼 닥터 하우스Real Dr. House라는 별명을 얻었다. 동료들은 찾아내지 못하는 유난히 복잡한 질병을 잘 진단하는 TV 드라마 속 의사 닥터 하우스의 이름을 따서 말이다. 볼트는 질병이 내는 발굽 소리가 말이 아닌 얼룩말의 것일 때 빛을 발한다.

볼트는 소년처럼 짧게 깎은 머리를 하고 자기 사무실에서 재택 진료를 원하는 환자들 집을 오갈 때는 롤러블레이드를 탄다. 그는 과학자지만 융의 심리학과 열린 마음을 유지하는 것의 중요성을 지지하는 영성주의자이기도 하다. 그는 진단을 내리기 전에 환자에게 수십, 수백 가지 질문을 던지고 그의 말에 귀 기울이는 데에 유달리 시간을 많이 보낸다. 하지만 아무리 의사가 환자를 인간적으로 대한다 해도, 환자는 스스로 자신의 병든 몸이 특정한 과학 법칙에 의해 고통을 겪게 되는 유한한 기계에 불과하다고 인식하는 경향이 있다.

볼트는 어릴 때부터 진단하는 법을 배웠지만 그의 첫 환자는 사람이 아닌 집이었다. 그의 아버지는 볼트가 아직 어릴 때 흑색종으로 사망했기 때문에 어머니 로즈메리가 롱아일랜드 바닷가에 있는 황폐한 집을 개조하고 임대해서 두 아이를 부양했다. 로즈메리의 세입자들은 집을 쓰레기장으로 만들어놓곤 했기 때문에 그녀는 다음 임대 계약을 위해 집을 수리하려고 인부를 고용하곤 했다. 볼트는 그들이 일하는 모습을 지켜봤고 곧 기본적인 배관, 목공, 건식 벽체 시공, 전기 작업을 관리할 수 있게 되었다. 나중에는 가전제품, 자동차, 컴퓨터까지 고칠 수 있게 되면서 그 어떤 복잡한 수리도 어느 정도는 공식을 따른다는 생각을 갖게 되었다. 공식을 이해하면 수리를 할 수 있다. 그건 간단한 집 수리, 가전제품 점검, 심지어 아픈 사람을 고치는 일에 있어서도 마찬가지였다.

볼트는 젊은 나이에 작업 단순화의 중요성을 배웠다. 힐리어의 표현에 따르면 볼트는 알고리즘을 이용해서 인체라는 이해할 수 없는 미로에 접근하며 대부분 성공적으로 진단을 내린다. 볼트의 알고리즘은 32쪽 분량의 설문지로 이루어져 있다. 모든 환자는 가족 병력, 사회적 행동, 습관과 취미, 고용 상태, 가정용 화학물질 노출, 해외 여행 등의 주제를 다루는 설문지부터 작성한다. 이 설문지를 다 작성하려면 2~4시간 정도가 걸리는데 볼트에게는 그들의 답변이 환자를 건강하게 만드는 첫 번째 단계다. 그는 계속해서 설문지 내용을 다듬었고 진단과 관련된 모든 복잡한 내용을 이 단순화된 틀에 쏟아부었다.

볼트는 진단을 가장 빨리 내리는 사람은 아니지만 미로 속에서 돌파구를 찾을 가능성이 가장 높은 사람 중 한 명이다. 그는 체계적으로 전진하면서 대다수의 동료들보다 자주 해결책을 찾아낸다. 보험사들은 시간당 진료하는 환자 수(일종의 '타율')에 따라 의사 순위를 매긴다. 이 측정 기준에 따르면 그는 대부분의 진료를 꼴찌로 마쳤다. "이 나라에도 의사들이 왕진을 갔다가 진료를 마치면 그 집 가족들과 함께 저녁을 먹던 시절이 있었다. 그런 식으로 의사와 친분을 쌓는 것이다. 다음에 가족 중 누군가가 아프면 의사는 그 집안 상황을 알고 있다. 그들의 가정생활이 어떤지, 어떤 직업에 종사하는지 등을 아는 것이다. 요즘에는 의사가 12분 동안 진찰한 환자는 운이 좋은 편에 속한다. 어떻게 12분 안에 환자에 대해 알아야 하는 걸 전부 알아낼 수 있단 말인가?" 볼트는 환자들과 함께 식사를 하지는 않지만, 그가 만든 철저한 설문지는 현대 의학이 일반화되기 전에 그런 지속적인 사회적 관계를 통해 수집했던 정보를 상당 부분 포함한다. 그는 의료 진단의 복잡성으로 인해 상황이 마비되곤 한다는 걸 알기 때문에 진단 과정을 알고리즘으로 축소시켰다. 이런 단순화 없이는 말들 사이에서 얼룩말을 식별하기란 거의 불가능하다.

볼트의 이야기를 듣고 20여 년 전에 내가 법대생이었을 때의 경험이 떠올랐다. 당시 수업 중간에 시간이 나면 시드니 북쪽 교외에 있는 집에서 버스로 45분 거리에 있는 시드니 중심부의 대형 상업 로펌에서 아르바이트를 했다. 버스를 타고 오가는 시간에는 대부분 수업 준비를 위해 법률 사건에 대해 읽었다. 수년 동안 산더미 같은 형법, 계약법, 재산법, 불법행위, 기타 많은 법률 분야의 사건들을 다룬 수백, 수천 개의 판결문을 읽었다. 그런 문서를 읽다보면 종종 진이 빠진다. 판사들은 아름답고 간결하게 글을 쓰는 재주가 없고 오래된 판결문 상당수는 이해할 수 없는 난해한 법률 용어로 가득하다. 몇 분에 한 번씩 마음이 딴 데로 샜기 때문에 정신을 차리고 많은 양의 텍스트를 다시 읽어야 했다. 가끔은 중간에 잠들었다가 깨면 다시 시작하곤 했다.

가끔 버스에서 30년간 실무를 해온 유명한 변호사 옆자리에 앉을 때도 있었다. 호주 변호사들은 주로 사건을 준비하는 사무 변호사와 법정에 나가 판사 앞에서 변론을 하는 법정 변호사로 나뉜다. 가장 고참에 속하는 법정 변호사의 10~15퍼센트 정도는 수석 변호사라는 명예로운 칭호를 얻는다. 내 옆자리에 앉은 사람은 호주 최고의 법정 변호사 중 한 명인 수석 변호사였다. 그는 법에 대해 믿을 수 없을 정도로 지식이 풍부했고 구두 변론 중에는 이리저리 바쁘게 돌아다녔다. 우리가 함께 버스를 탈 때면 그는 법률 문서로 가득한 링 바인더를 한 아름씩 들고 탔다. 운반해야 할 서류가 너무 많을 때는 작은 손수레를 이용해서 버스에 싣기도 했다.

　나 같으면 아무런 방해도 받지 않고 일주일간 혼자 지낸다 해도 그 변호사가 버스에 한 번 들고 탄 분량만큼의 정보를 다 읽고 처리할 수 없을 것이다. 하지만 그는 그 일을 해냈다. 나와 10분 동안 대화를 나눈 다음 그는 양해를 구하고 서류를 읽기 시작했다. 폴더를 하나씩 차례로 집어 들더니 빠르게, 때로는 천천히 훑어봤다. 어떤 페이지는 몇 분 동안 찬찬히 살펴보기도 했고 그다음 수백 페이지는 거의 무시하고 넘어가다가 다시 중요한 페이지가 나오면 손길을 멈췄다. 우리가 버스를 탄 시간은 보통 아침 7시 30분쯤이었는데, 두어 시간 뒤에는 그가 법정에 서서 버스에서 읽은 내용을 바탕으로 5~6시간 동안 구두 변론을 하게 되리란 걸 알았다.

　그런 방식이 너무 놀라워서 어느 날은 그를 만났을 때 물어봤다. "어떻게 준비도 별로 안 한 상태에서 몇 시간씩 변론을 할 수 있는 겁니까?" 나는 도저히 그 과정을 이해할 수 없었지만 토머스 볼트와 마찬가지로 이 변호사에게도 간단한 알고리즘이 있었다. "이 일을 오래 해왔으니까요." 그의 대답을 약간 정리해서 표현하자면 다음과 같다. "각각의 사건은 몇 가지 미묘한 정보나 결정적인 증거 또는 사실에 의존합니다. 그렇게 이해한 내용을 그간 쌓아온 법률 지식과 결합하면 며칠씩 계속 변론을 이어갈 수 있습니다."

　그의 법적 지식은 도저히 따라갈 수 없었지만 수천 개의 정보를 필수 요소로 단순화하는 방법을 배우는 것의 중요성을 진지하게 생각했다. 핵심은 모든 내용을 다 읽는 게 아니라 읽을 필요가 없는 부분을 파악하는 방법을 배우는 것이다. 그때 얻은 가르침으로 난 로스쿨 시절에 수천 개의 판례를 일일이 다 읽지 않았다. 예전 사건에서 얻은 아이디어를 새로운 사건에 적용하는 법만 알면 됐기 때문이다. 판례를 읽으면서 사건을 단순화하고 본질적인 요소와 집중을 방해하는 요소를 구분하는 법을 배웠다. 진단에 있어 필수적인 사항을 32쪽 분량의 설문지로 만든 볼트도 마찬가지였다. 그렇게 수십 년간 쌓인 볼트의 의학 지식과 함께 버스에 탔던 변호사의 법률 지식이 정제되어 복잡한 작업을 단순하게 만드는 일련의 단계가 완성되었다.

이해할 수 없는 미로를 간결한 알고리즘으로 바꾸려면 그 전환 과정에서도 알고리즘을 사용해야 하기 때문에 다소 메타적인 느낌이 있다. 알고리즘의 첫 번째 단계에서는 분류학자가 되어야 한다. 분류학은 이름을 붙이거나 분류하는 학문인데, 간소화하고 싶은 복잡한 프로세스의 모든 측면에 이름을 붙이거나 분류하는 게 단순화의 첫 번째 단계다. 볼트 같은 진단 전문가의 경우 모든 증상을 나열한 뒤 잠재적인 진단명과 연결시켜야 한다. 예를 들어 기침은 대개 기관지염이나 상기도 감염을 나타내지만 얼룩말인 경우도 있다. 그러니까 약물에 대한 알레르기 반응, 천식, 폐암, 백일해 때문에 기침이 날 가능성도 있는 것이다. 변호사의 경우 분류법을 통해 사건 해결의 기초가 될 수 있는 주요 쟁점, 즉 법정에서 논의될 가능성이 가장 높은 법 조항을 식별할 수 있다.

재료에 라벨을 붙였으면 이제 다음 단계는 그걸 정리하는 것이다.

유독 다른 것들보다 함께 등장하는 빈도가 높은 것이 있는가? 의학적 증상이나 법적 문제가 함께 발생하는 경향이 있는가? 의학적인 면에서 여러 가지 증상이 모여 증후군이 생기고 그것이 진단으로 이어지는가? 겉으로 보기에는 산만하거나 무심해 보일 수도 있지만 볼트의 머릿속은 잠재적인 단서 목록을 검토하면서 그게 막다른 길인지 아니면 찾기 힘든 얼룩말로 향하는 길인지를 판단하는 작업으로 가득 차 있다. 볼트의 목록은 길지만 그래도 유한하다. 복잡성의 문제 중 하나는 제한이 없는 것처럼 보일 수 있다는 것이다. 세상이 어디에서 끝나는지 모른다면 통제감을 느낄 수 없기 때문에 고착 상태에 빠질 가능성이 높다. 그러나 일단 경계를 식별하고 나면 커버해야 하는 범위가 얼마나 넓든 상관없이 복잡한 그물을 이해 가능한 알고리즘으로 변환할 수 있다. 그게 이름 붙이기와 정리가 하는 일이며 여기서 제공된 요소를 이용해 우리를 어둠에서 빛으로 이끌어주는 32쪽 분량의 설문지를 만들 수 있다.

마찰 지점을 파악하라

볼트의 진단 방식을 따라, 나는 지난 몇 년 동안 전 세계 기업과 개인을 위해서 일해왔다. 이를 '복합적인 갈등 감사의 단순화'라고 부르는데, 회계 감사관이 기업 재무 장부를 검토하는 것처럼 프로세스와 업무에 혹시 마찰 지점이 있는지 살피는 일이다. 일례로 당신이 운동화를 판매하는 작은 온라인 상점을 운영한다고 가정해보자. 잠재 고객의 여정은 당신의 상점을 발견하는 것에서부터 시작해 이상적으로는 신발 한 켤레를 구입하면서 끝난다. 요즘에는 고객의 이런 여정을 추적할 수 있다. 고객이 상점을 발견한 방법, 클릭한 링크, 방문한 페이지와 방문 시간, 사이트에서 벗어났는지 여부, 구입까지 걸리는 시간 등을 알아낼 수 있다는 이야기다. 가장 완벽한 사례를 살펴보자. 고객이 '나이키 운동화를 한 켤레 사야겠다'라고 생각한다. 15분 동안 구글에서 나이키 운동화를 검색하다가 당신이 운영하는 가게를 발견하고, 가게에 있는 여성용 나이키 운동화 재고를 살펴본 뒤, 그중 한 켤레를 선택해서 장바구니에 넣고 결제까지 마친다.

이렇게 아무런 갈등 없이 끝나는 여정은 드물다. 대부분의 고객은 쇼핑 도중에 여러 개의 마찰 지점을 경험하며 그 때문에 상점을 나가버릴 수도 있다. 당신의 홈페이지가 보기 불편하다고 느낄 수도 있고, 쇼핑할 때 엉뚱한 버튼을 클릭할 수도 있으며, 웹사이트가 제대로 작동하지 않을 수도 있고, 엄청나게 다양한 신발 중에서 하나를 선택하는 데 어려움을 겪을 수도 있다. 이런 마찰 지점은 웹 사이트 서버를 통해 수집한 데이터에 드러나며, 병목 현상은 각 페이지에서 보낸 시간의 형태로 나타난다. 예를 들어 수백 명의 사이트 방문자가 처음 몇 페이지는 쉽게 탐색하지만 장바구니 인터페이스에서 계속 어려움을 겪는 경우도 있다. 결제 과정에서 평균 10분 정도를 소비하고 구매를 완료하기 전에 장바구니나 웹사이트를 두세 번 다시 방문하는 이들도 많다. 더 심각한 문제는 장바구니에 넣은 신발을 사지 않는 이들도 많다는 것이다. 갈등 감사friction audit는 이런 문제점을 찾아내고, 복잡성을 단순화하거나 세련되지 못한 부분을 다듬어서 문제를 해결하며, 나중에 그 해결책이 효과가 있는지 확인하는 3가지 목적을 달성하기 위한 것이다. 이 세 단계가 올바르게 완료되면 기업 성과와 사람들의 삶에 큰 변화가 생긴다.

몇 년 전에 여러 상업용 부동산 회사와 일한 적이 있다. 그중에는 쇼핑몰을 전문으로 하는 회사도 있었다. 그들은 일부 고객이 쇼핑몰에 와서 매장과 통로를 돌아다니며 몇 시간을 헤매다가 정작 사려는 물건은 하나도 사지 않고 갑자기 떠난다는 걸 알아차렸다. 수수께끼 같은 현상이었다. 왜 그들은 자기 삶의 몇 시간을 낭비하다가 서둘러 떠나는 걸까? 그 답은 아이들이 빨리 떠나자고 요구했기 때문인데 어린 자녀 둘이 있는 나로서는 전혀 놀랍지 않은 일이다. 대부분의 아이들은 잠깐 쇼핑하는 건 개의치 않아 하지만 그 시간이 조금이라도 오래 지속되는 것 같으면 자신과 부모의 세상이 끝난 것처럼 군다. 이 쇼핑몰들은 부모가 쇼핑 여정을 제대로 완료하지 못한 탓에 한 달에 수십만 달러의 수익을 잃고 있었다. 이런 게 갈등 감사의 첫 번째 단계인 마찰 지점을 찾는 것이다.

두 번째 단계는 해결책을 찾는 것이다. 한계에 다다른 아이들을 어떻게 달래야 할까? 답은 꽤 간단하고 비용도 많이 들지 않았다. 수천 달러 정도를 투자해서 괜찮은 어린이 놀이 공간을 만드는 것이다. 쇼핑몰 중앙에 정글짐을 추가하면 심통 부리는 아이들과 화난 부모들이 중간에 머물 곳이 생긴다. 부모들은 이제 아이들이 짜증을 내면 쇼핑몰에서 나가기보다 중간에 휴식을 취하면 된다는 걸 알고 있다. 이케아IKEA 매장들은 예전부터 이 사실을 알고 있었다. 많은 매장에 스몰란드Småland라는 어린이 놀이 공간이 있는데 이곳은 무료 탁아소 기능을 한다. "이케아 스몰란드의 직원들이 1시간 동안 무료로 아이를 돌봐드립니다"라는 설명이 이케아 웹사이트에 올라와 있다. 독일, 중국, 인도의 쇼핑센터와 상점들은 또 다른 전통적인 난제인 쇼핑을 좋아하지 않는 남편을 위해 어른용 스몰란드를 도입했다. 한 중국 쇼핑몰에서 '남편 보관소'라고 부르는 곳에는 맥주, 게임 콘솔, 스포츠 중계를 계속 틀어주는 TV 등이 구비되어 있다. 당신이 어떻게 생각하든 상관없이 확실히 효과적인 방법이다. 쇼핑객들은 이런 시설이 없을 때보다 매장에 오래 머물게 되었고 스몰란드나 '남편 보관소' 운영 비용은 쇼핑객이 의도한 구매를 완료했을 때 상점과 쇼핑몰이 누리게 되는 추가 수익에 비하면 아무것도 아니다.

이런 갈등 감사 프로세스는 영업 합리화뿐만 아니라 일상생활 전반에 적용 가능하다. 갈등은 고착의 주요 원인인데 갈등 감사는 불필요한 마찰 지점을 찾아서 제거하거나 원치 않는 행동을 방지하기 위해 마찰 지점을 삽입할 수 있는 알고리즘 도구를 제공한다. 몸에 좋지 않은 음식을 많이 먹거나 힘든 일에 매달려 있거나 운동할 시간을 내려고 고군분투하고 있다면 갈등 감사가 문제를 집중 조명한 뒤 개입이 필요한 부분을 알려준다.

초콜릿을 필요 이상으로 많이 먹는 경우를 예로 들어보자. 사실 이건 내 약점이다. 우리가 몸에 좋지 않은 음식을 많이 먹는 이유는 건강에 나쁜 음식을 멀리하기 위해 필요한 마찰 지점이 너무 적기 때문이다. 우리 집은 여기저기에 초콜릿이 있는 경우가 많아서 그걸 구하러 멀리까지 갈 필요가 없다. 보통 식품 저장실 같은 곳에 놔두기 때문에 어디를 찾아봐야 할지 알고 있다. 또한 초콜릿을 먹을 때마다 기분이 좋아져서 초콜릿을 너무 많이 먹을 경우 장기적으로 생기는 단점을 즉시 깨닫지 못한다. 예전에 초콜릿 섭취를 줄이려고 일종의 갈등 감사를 이용한 적이 있다. 위에서 언급한 3가지 문제를 전부 고려해서 초콜릿 구입을 중단하고 집에 초콜릿이 있을 때는 내가 우연히 발견할 가능성이 적은 장소에 보관했다. 그리고 중요한 건 초콜릿을 먹었을 때 생기는 부정적인 결과를 자각할 수 있게 했다는 것이다. 일부 전문가가 추천하는 방법 하나는 초콜릿을 거울이 있는 곳 근처에 보관케 하는 것인데, 이는 초콜릿을 꺼낼 때 거울에 비친 자기 모습이 효과적인 마찰 지점이 될 수 있도록 하기 위한 것이다.

규칙 너머를 보라

갈등 감사는 거의 누구나 활용할 수 있는 단순화 도구지만 이를 잘 활용할 수 있는 기술과 과학이 따로 있다. 이건 대부분의 단순화 '보조' 도구에 해당되는 이야기다. 이 도구가 정말 공식에 따라 작동한다면 왜 아무나 효과적으로 사용할 수 없는 걸까? 볼트의 진단 방식이 공식화된 것이라면 왜 다른 의사들은 까다로운 진단 문제에 직면했을 때 똑같은 공식을 사용해서 문제를 해결할 수 없는 걸까? 법률 서류가 몇 가지 핵심 정보만 다룬다면 왜 모든 변호사가 버스 안에서 30분 안에 수천 페이지의 증거 자료를 소화하지 못하는 걸까? 이 거물들을 난제에 발목을 잡혀 해결책을 찾지 못한 다른 의사나 변호사와 구별하는 뭔가가 있는 게 분명하다.

그들의 공식이 강력한 만큼 다른 의사와 변호사가 이 공식을 활용한다면 80퍼센트 정도는 동일한 결과를 얻을 수 있을 것이다. 대부분의 교육도 이런 식으로 진행된다. 사람들에게 새로운 기술을 습득할 수 있는 틀과 도구를 제공하면 해당 기술을 쓸 만한 수준으로 발전시킬 것이다. 산을 움직일 정도는 아니겠지만 어느 정도 원하는 결과를 얻을 수 있을 테고 경계에 부딪혀도 어떻게든 헤쳐나갈 것이다.

이런 공식의 힘을 보려면 전문가에게 복잡한 문제를 단순화하는 방법을 물어보기만 하면 된다. 스토리텔링과 서사를 생각해보자. 잘 알려진 이야기가 제국의 토대가 된다. 디즈니의 성공은 훌륭한 스토리텔링에 기반을 두고 있다. 매력적인 이야기라는 지적 재산이 없다면 애니메이션과 제작사로서 디즈니가 지닌 기술력은 아무 의미가 없다. 이론적으로 좋은 이야기를 정의하는 내러티브의 종류에는 제한이 없다. 이야기는 예측할 수 없는 방향으로 마구 엇갈릴 수도 있고 지구에 사는 수십억 주민들의 삶만큼이나 다양한 지도로 쪼개질 수도 있다. 그만큼 세상에 완전히 똑같은 삶은 없지만, 이야기는 좁은 범위의 패러다임과 원칙을 꾸준히 고수한다.

2011년 디즈니 자회사인 픽사Pixar에서 일하는 엠마 코츠Emma Coats라는 스토리 아티스트가 픽사의 스토리텔링 접근 방식을 요약한 트윗 22개를 한 달 반 동안 게시했다.[4] 이 트윗은 코츠와 동료들이 영화 내러티브를 구성할 때 사용하는 '스토리텔링 규칙'을 설명했다. 그녀는 선배들에게서 이런 기본적인 사항을 배웠다고 했다. 코츠와 픽사는 스토리텔링 전문가이기 때문에 이 목록은 상당한 관심을 끌었다. 픽사는 〈토이 스토리Toy Story〉〈몬스터 주식회사Monsters, Inc.〉〈인크레더블The Incredibles〉〈니모를 찾아서Finding Nemo〉 같은 프랜차이즈 영화를 통해 애니메이션 업계에 혁명을 일으켰고 코츠는 그중에서 〈업Up〉〈메리다와 마법의 숲Brave〉〈몬스터 대학Monsters University〉 등의 작품에 참여했다.

코츠가 올린 내용 중에는 다음과 같은 것도 있었다.

④ 옛날 옛적에 ___가 있었습니다. 매일, ___. 어느 날 ___. 그것 때문에 ___. 그것 때문에 ___. 그러다가 마침내 ___.

이 네 번째 규칙은 매우 정형화되어 있다. 스토리텔링은 변화, 즉 과거로부터 벗어나기 위한 일탈과 그런 일탈의 결과가 흥미로운 내러티브의 소재라는 생각으로 귀결된다.

코츠의 여섯 번째 규칙도 마찬가지로 정형화되어 있다.

⑥ 등장인물이 잘하는 건 무엇이고 편안하게 여기는 건 무엇인가? 그것과 완전히 반대되는 상황에 처하게 하자. 도전 과제를 던져주자. 그들은 어떻게 대처하는가?

이 규칙은 등장인물에게 고난을 안겨주는 걸 옹호하면서 4번 규칙과 결합했을 때 반대와 대조를 통해 내러티브가 한층 도약할 것임을 시사한다. 일관성과 강점이 변화와 약점이라는 반대되는 것들을 만나면 이야기가 흥미로워진다.

많은 규칙은 고착된 상태를 처리한다. 코츠는 이야기 쓰는 게 힘들다는 걸 알고 있으며 이야기꾼들은 때때로 넘기 어려운 벽에 부딪힌다.

⑤ 단순화. 집중. 캐릭터 합치기. 우회로 건너뛰기. 마치 귀중한 걸 잃어버리는 듯한 기분이 들겠지만 자유로워질 수 있다.

⑨ 사방이 막히면 다음에 절대 일어나지 않을 일의 목록을 만든다. 그러면 대개 막힌 곳에서 빠져나올 수 있는 소재가 나타날 것이다.

⑪ 아이디어를 종이에 적어야 수정을 시작할 수 있다. 계속 머릿속에만 남아 있으면 그 완벽한 아이디어를 누구와도 공유하지 않게 될 것이다.

이 22개의 규칙은 고착 상태에서 벗어나기 위한 공식이다. 코츠가 정확히 그렇게 말한 건 아니지만 그런 식으로 작동한다. 하지만 이것이 서사적 글쓰기를 시작하거나 막혔을 때 빠져나올 수 있는 유일한 규칙은 아니다. 시나리오 작가인 켄 미야모토Ken Miyamoto는 지난 100년 동안 등장한 가장 위대한 영화 일부에 적용되는 10가지 서사 구조 목록을 발표했다. "시나리오 구조는 신화나 고양이를 구하는 것과 아무런 관련이 없습니다." 미야모토는 이렇게 말문을 연다. "모든 건 시나리오 작가가 자기 이야기를 전달할 방식을 결정하기 위한 기본적인 선

택에 달려 있습니다. 실제로 매우 쉬워요. 어떤 구조를 이용할 수 있는
지만 알면 됩니다." 미야모토는 여러 가지 옵션 중에서 〈스타워즈〉〈레
이더스Raiders of the Lost Ark〉〈다이 하드Die Hard〉 같은 액션 영화 플롯에
해당되는 3막 구조(설정, 갈등, 해결)를 설명한다. 그에 반해 실시간 구
조는 〈12인의 성난 사람들12 Angry Men〉이나 TV 드라마 〈24〉의 경우처
럼 그 순간 벌어진 사건을 따라간다. 그 외에 다중 타임라인, 역순 구
성, 영화 마지막 부분에 다시 시작점으로 돌아가는 순환 구조 같은 것
도 있다.

다른 작가들의 다른 규칙은 구조적이기보다 전체론적이고 포괄
적이다. 〈사우스 파크South Park〉 제작자인 트레이 파커Trey Parker와 맷 스
톤Matt Stone은 뉴욕대학교 영화학과 학생들을 만나서 서사를 만들어가
는 과정을 설명했다.[5] "우리는 정말 간단한 규칙을 발견했습니다"라고
파커는 말한다. "이야기의 윤곽을 이루는 강렬한 비트를 받아들여야
해요. 그런데 만약 그 비트 사이에 '그다음에'라는 단어가 들어가면 기
본적으로 망하게 되어 있어요. 이야기가 상당히 지루해지기 때문입니
다." 파커는 "당신이 적어놓은 모든 비트 사이에는 '그러므로'나 '하지
만'이 들어가야 합니다." 그는 더 구체적인 예를 들어서 구조를 설명한
다. "당신에게 아이디어가 떠올랐는데 '이런 일이 생기고' 그다음에 '저
런 일도 생기고' 하는 식으로 진행되어선 안 됩니다. '이런 일이 생기면
따라서 저런 일도 생기지만 이런 일이 생겼을 때는 저런 일도 생기게
된다 ······ ' 하는 식이 되어야 하죠." 스톤이 말을 이어갔다. "신진 작가
들이 쓴 대본을 많이 받아보는데 다들 '이런 일이 생기면 그다음에는

이런 일이 생기고 그다음에 또 이런 일이 생기고 ……' 하는 식으로 씁니다. 그럴 때면 '내가 대체 이걸 왜 보고 있는 거지?'라는 생각이 들어요."

단순화는 효과적이지만 우리 직관과 완전히 반대되기 때문에 사람들이 계속하지 못하는 경우가 많다. 어떤 이유로든 사람들은 주어진 상황에서 불필요한 걸 제거하거나 단순화시킬 생각을 하기 전에 뭔가를 추가하거나 복잡하게 만들 가능성이 높다. 몇 년 전 엔지니어이자 행동 디자인 전문가인 라이디 클로츠Leidy Klotz가 아들 에즈라가 레고 블록을 가지고 노는 모습을 보고 한 이야기다.[6] "당시 내 아들은 두 살 반 정도였고 우리는 레고 다리를 만들고 있었어요. 다리의 한쪽 기둥이 다른 기둥보다 길었기 때문에 다리를 평평하게 만들려고 몸을 돌려서 짧은 기둥에 추가할 블록을 집었죠. 그런데 다시 돌아보니 에즈라가 긴 기둥에서 블록 하나를 제거한 상태였어요." 클로츠는 요소를 제거했을 때 더 나은 디자인이 나오는 경우가 종종 있다는 사실을 알고 있었지만 그 구조물에서 뭔가를 빼기보다는 더하려고 하는 자기 본능에 놀랐다. "우리가 자주 이야기하는 것 중 하나가 페달 없는 미니 자전거인 밸런스 자전거입니다. 이건 두 살짜리 아이도 자전거를 탈 수 있게 해준 물건이죠. 두 살짜리 아이가 그걸 타고 움직이는 모습을 보면 내가 어릴 때는 그런 물건이 없었다는 사실 때문에 슬퍼지기도 해요. 그래서 찾아낸 돌파구는 페달을 떼는 것이었어요." 수십 년 동안 엔지니어들은 보조 바퀴를 추가했지만, 페달을 제거하는 편이 아이들에게 자전거 타기와 관련된 주요 기술인 균형 잡는 법을 가르치는 데 훨씬 효과적이다.

　클로츠는 자기가 관찰한 내용을 실험실로 옮겨서 200명의 실험 참가자들에게 퍼즐을 제시했다. 그들에게 레고 블록으로 만든 천장 아래에 조각상이 서 있는 작고 불안정한 레고 구조물을 줬다. 천장은 더 안정적이고 큰 블록들 위에 놓여 있는 작은 조각 하나를 통해 균형을 이루고 있다. 이들에게 주어진 과제는 천장에 일반 블록을 하나 올려놓아도 구조물이 무너지지 않게 하는 것이다. 이를 위해서는 구조물에 블록 탑을 추가해서 지붕을 고정시키거나 아니면 중간의 작은 조각을 제거해서 천장이 더 크고 안정적인 블록 위에 직접 놓이게 하면 된다. 클로츠는 작업을 완료한 사람에게는 상금이 주어지지만 구조물에 블록을 하나 추가할 때마다 10센트씩 내야 한다고 말했다. 참가자 중 중간에 놓인 작은 블록을 제거한 사람은 41퍼센트뿐이었다. 비용을 내야 하는데도 불구하고 블록을 추가한 사람들은 빼는 것보다 더하는 것에서 직관적인 매력을 느낀다는 걸 보여준다. 이내 '블록을 제거하는 건 무료'라는 조건을 내걸자 61퍼센트가 중간 블록을 제거했다. 이는 부드러운 주의 환기를 통해 이런 직관적 오류를 부분적으로나마 해결할 수 있음을 알려준다. 클로츠와 동료들은 여덟 차례 실험을 반복했고 전부 똑같은 효과가 나타났다. 빼는 걸 권장하지 않는 이상 사람들은 요소를 제거해서 문제를 단순화하기보다 복잡성을 추가해서 문제를 해결하려는 경향이 있다.

　클로츠의 연구는 흥미롭지만 실질적으로 중요하기도 하다. 무언가를 더하는 행위는 비용과 시간을 많이 요구한다. 엔지니어인 클로츠의 작업에는 물리적인 재료도 필요하므로 고착 상태에 빠질 경우 문제가 더 커지는데 이때 단순화, 제거, 능률화로 고착 상태로부터 벗어날 수 있다. 장애물을 피하거나 극복하게 해주고 비용도 적게 든다.

단순화는 좋은 시작 지점이지만 그냥 알고리즘과 공식만 적용하는 게 아니라 더 발전시켜야 할 부분이 있다. 만약 그것만으로 충분하다면 모든 변호사, 의사, 시나리오 작가, 엔지니어는 동일한 기본 전술을 고수할 것이다. 최고의 인재들은 분명히 뭔가 다른 걸 한다. 그들은 조립식 구조를 초월하는 비밀 소스를 작품에 주입한다. 픽사 스토리텔러인 엠마 코츠도 이걸 알아차렸다. 코츠가 트위터에 올린 목록은 '규칙'으로 유명해졌지만 그녀는 이 용어를 재빨리 수정했다. 그녀는 자기 트위터 프로필에 "과거 픽사에서 …… 22가지 이야기 규칙을 썼지만 그걸 '규칙'이 아니라 '지침'이라고 불렀어야 했다"라고 적어놓았다.[7] 코츠에게 이 지침은 도약대였다. 지침은 중요하지만 결국 선택 사항이기도 하다. 최고의 작가는 언제 그 지침을 따르고 언제 버려야 하는지, 정통성과 인습 타파를 어떻게 결합시켜야 하는지 정확히 알고 있다. 규칙, 지침, 공식, 알고리즘(당신이 속한 분야에서 그걸 뭐라고 부르든 상관없다)은 귀중한 보조 도구지만 그걸 항상 고수하는 것도 효과적이지는 않다. 중요한 건 따라야 할 때와 저항해야 할 때가 언제인지 배우는 것이다. 그리고 역설적이게도 저항을 실험하는 가장 손쉬운 방법은 본인에게 제약을 가해서 스스로를 제한하는 것이다.

줄일수록 풍부해진다

화가 필 핸슨Phil Hansen은 오랫동안 점묘법을 이용해서 작품을 그렸다. 붓으로 종이나 캔버스를 계속 콕콕 찍으면서 수많은 점을 서로 다른 거리에 배치한 뒤 멀리서 보면 윤곽이 드러난다. 수천 개의 점이 브루스 리Bruce Lee나 미켈란젤로의 다비드상처럼 보이는 것이다. 핸슨은 뛰어난 기술력으로 미술 학교에 진학했고 혁신적인 젊은 인재로 명성을 얻기 시작했다.

어느 날 핸슨은 자기가 그린 점묘화의 점들이 올챙이를 닮기 시작했다는 걸 알아차렸다. 예전에는 점이 촘촘하고 완벽하게 둥글었는데 이제는 틀림없는 물결 모양 선이 뒤따랐다. 손떨림 증상이 생긴 것인데, 그가 창조하는 예술 작품은 엄청난 정확성을 필요로 했기 때문에 그는 좌절했다. "이것 때문에 예술가가 되려는 내 꿈은 무너지고 말았습니다."[8] 그는 캘리포니아 롱비치에서 열린 TED2013 콘퍼런스에서 청중들에게 이렇게 말했다.

처음에는 병에 맞서 싸웠다. 그는 붓을 점점 더 꽉 쥐고 의지로 떨림을 극복하려고 애썼다. 하지만 이 방법은 문제를 더 악화시키기만 했다. 관절 통증과 반복적인 스트레스로 인해 떨림이 심해졌다. 문제가 악화되자 펜과 붓뿐만 아니라 어떤 물건도 잡을 수 없게 되었다. 낙담한 그는 미술 학교와 미술계를 완전히 떠났다.

하지만 핸슨은 미술이 그리웠다. 자신의 예술적 능력을 다시 발휘하고 싶었지만 손이 가만히 있길 거부하는 상황에서 어떻게 캔버스에 작은 점을 그릴 수 있을지 상상하기도 어려웠다. 그는 신경과 전문의를 만났고 충격적인 소식을 들었다. 떨림은 영원히 사라지지 않을 것이며, 장기간 캔버스에 점을 찍는 바람에 만성적인 신경 손상이 생긴 것이라는 의사의 진단은 핸슨의 상처에 소금을 문질렀다. 핸슨이 진료실을 나서려는데 의사가 이렇게 말했다. "그냥 그 떨림을 받아들이는 게 어때요?"

핸슨은 스스로 선택하지 않은 제약을 짊어지고 있다. 이건 그가 갈망하는 방식으로 그림을 그리지 못하게 방해하는 요소다. 정밀도에 의존하는 화가에게 만성적인 떨림만큼 치명적인 장애물도 드물 것이다. 하지만 "떨림을 받아들이라"라는 말은 핸슨이 할 수 있는 일에 관심을 집중시키는 이상하고도 역설적인 효과를 발휘했다. 예술가로 살아가려면 평소의 시각이 매우 중요하다. 캔버스에 표현하고 싶은 것을 마음의 눈으로 볼 수 있어야 한다. 만들고자 하는 하나의 이미지와 피하고 싶은 무한한 이미지를 구별해야 한다. 세상을 선명하게 보는 능력과 자신의 비전을 예술로 바꾸는 능력이야말로 예술가로서 핸슨이 가진 재능의 중심이었다. 그리고 더 중요한 점은 그 능력은 손상되지 않고 온전했다는 것이다.

의사를 만나고 집에 돌아간 핸슨은 연필을 잡았다. "그냥 손이 계속 떨리게 놔두기 시작했어요." 그는 당시의 일을 이렇게 회상했다. "그리고 마구 휘갈겨 그린 듯한 그림을 완성했습니다. 그건 내가 궁극적으로 추구하는 유형의 예술은 아니지만 그래도 기분이 좋았습니다. 그리고 더 중요한 건 손 떨림을 받아들이고 나자 내가 여전히 예술 작품을 만들 수 있다는 사실을 깨달았다는 것이죠. 그냥 내가 원하는 작품을 만들 다른 방법을 찾기만 하면 되는 것이니까요."

핸슨이 만들고 싶은 예술품은 여전히 점묘법의 파편화에 의지했다. 그는 '작은 점이 모여 통일된 전체를 만들어내는 모습을 보는 걸' 좋아했다. 그래서 손을 사용하는 대신 발에 검은 물감을 묻히고 발바닥으로 점을 찍었다. 그리고 각목을 사용해서 물감을 칠하거나 심지어 토치 램프로 캔버스를 그슬리는 방법도 썼다. 물감을 칠하는 방법이 바뀌면서 작품 크기는 더 커졌지만 그의 초기 작품을 위대하게 만들었던 파편화 기법과 비전은 그대로 유지되었다.

한동안 핸슨은 다시 그림을 그릴 수 있게 된 것이 매우 기뻤지만 처음의 흥분이 가라앉자 창조적인 벽에 부딪혔다. 처음에는 고등학교와 대학교 때부터 쓰던 오래된 도구가 문제라고 생각했다. 이제는 월급도 받겠다 그는 화구상에 가서 '미친 듯이' 쇼핑을 했다. 장비란 장비는 다 구입했지만 여전히 고착 상태에서 벗어날 수 없었다. 그는 새로운 도구를 구입해 자신에게 더 많은 선택권을 주려고 했지만 오히려 더 깊은 수렁에 빠져들었을 뿐이다. 복잡성은 해결책이 되지 못했다. 조건을 제약하는 게 열쇠였다.

이전에 갖지 못했던 모든 선택 때문에 오히려 무력해졌다는 사실을 깨달았습니다. 그때 떨리는 손에 대해 다시 생각해보게 되었죠. 그러곤 이렇게 다짐했어요. "손 떨림을 받아들이자." 그리고 창의력을 되찾고 싶으면 고정관념에서 벗어나 생각하려는 노력을 그만두고 다시 그 안으로 들어가야 한다는 걸 깨달았어요. '한계를 정해두면 오히려 더 창의력을 발휘할 수 있지 않을까?' '단 1달러어치 재료만 가지고 작품을 만든다면 어떨까?' 하는 생각이 들었습니다.

어느 날 저녁 핸슨은 동네 스타벅스에서 무료로 주는 추가 컵 50개를 요청했다. 놀랍게도 매장에서는 아무것도 묻지 않고 컵을 내줬다. 덕분에 핸슨은 단돈 8센트로 작품을 하나 완성했다. "한계를 없애려면 먼저 한정된 상태 안에 있어봐야 한다는 걸 명확하게 깨닫는 순간이었습니다."

곧 핸슨은 점묘법이 아니라 그의 작품에 부과된 인위적인 제약으로 유명해졌다. "한계 안에서 생각하는 이런 방식을 캔버스에도 적용하기 시작했습니다." 그는 이렇게 회상했다. "캔버스에 그림을 그리는 대신 내 가슴에만 그림을 그릴 수 있다면 어떻게 될까요? 그래서 내 몸에 30개의 이미지를 한 번에 하나씩 층층이 겹쳐 그렸는데 하나하나다 내 삶을 나타내는 그림이었습니다. 아니면 붓 대신에 가라데 손동작을 이용해서 그림을 그린다면 어떨까요? 그래서 물감에 손을 담그고 캔버스를 공격했습니다. 사실 너무 세게 치는 바람에 새끼손가락 관절에 멍이 들어서 몇 주 동안 안 없어지기도 했어요."

핸슨은 장애가 시작된 이후 원치 않는 제약도 단순화의 매개체가 된다는 걸 발견했다. 다른 우주에서라면 점묘화가로 오랫동안 행복한 경력을 쌓았을 수도 있겠지만, 이 우주에서는 새로 얻은 제약 안에서 일해야만 했다. 그 결과 그는 지구상의 다른 모든 예술가들과 차별화되는 정말 새로운 그림을 그렸다. 인상파 화가 조르주 쇠라Georges Seurat와 폴 시냐크Paul Signac가 1886년에 이 기법을 개발한 이후 수많은 점묘파 화가들이 생겼지만 필 핸슨 같은 그림을 그리는 화가는 없을 것이다.

핸슨의 사례에서 알 수 있듯이 제약은 사람들이 명백한 방법을 버리고 참신한 방법을 추구하도록 한다는 점에서 결정적인 역할을 한다. 이런 통찰은 팀 구성원들에게도 적용된다. 예를 들어 대부분의 프로 농구팀은 시즌 내내 거의 매 순간 코트에서 활약하는 한두 명의 스타 선수에게 의지하지만 그들보다 실력이 떨어지는 팀 동료들은 선수 교체를 통해 계속 코트와 벤치를 오가게 된다. 스타 선수들은 거의 모든 플레이에 관여하며 팀원들이 패스를 시도할 때마다 기본 옵션 역할을 한다. 하지만 이 스타 선수들이 부상을 당하면 어떻게 될까?

부상이 경기력에 미치는 영향을 조사하기 위해 한 연구팀에서 1992~2016년 사이에 있었던 농구 경기 2만 8000개를 분석하면서 스타 선수들이 일시적으로 출전하지 않는 기간에 초점을 맞췄다.[9] 코트에 있는 5명의 선수를 A, B, C, D, 그리고 스타 선수를 가리키는 S라고 칭한다고 가정해보자. 보통 공은 A → S → B → S → C → S → D → S 와 같은 순서로 흐른다. 스타 선수는 계속 중간 마디 역할을 하면서 주변에 있는 A, B, C, D 선수보다 두세 배 자주 공을 만진다. 다른 선수들은 스타 선수와 공을 주고받는 법은 배우지만 서로 협력하는 방법은 배우지 않는다. 시간이 지나면 상대 팀도 이 패턴을 파악해서 적수의 움직임을 예측할 수 있게 된다. 그런데 스타 선수가 경기에 나오지 못하게 되면 팀이 큰 곤경에 처한다. 특히 여러 경기를 결장할 정도의 부상을 입으면 팀은 완전히 새로운 전략을 짜야 한다. 이제 코트에는 A, B, C, D 선수와 임시로 스타 선수를 대신할 E 선수가 있다. 하지만 이들 중에는 스타가 없기 때문에 공이 선수들 사이에서 더 공평하게 흐른다. 이제 공은 A → B → C → D → E → C → A → E → D → B와 같은 경로를 따라 움직인다.

팀을 재정비하는 건 어려운 일이지만 이런 제약이 장기적으로는 도움이 된다. 팀원들이 더 다재다능해지는 반면 상대방의 예측 가능성은 떨어지므로 결국 스타 선수가 부상당하기 전보다 더 나은 팀이 된다. 이걸 보여주는 가장 좋은 증거는? 스타 선수가 돌아오면 곧바로 코트에 복귀하지만 그가 공을 소유하는 시간은 줄어들고 팀이 승리하는 횟수는 늘어나니 전체적으로 스타 선수가 부상당하기 전보다 성적이 좋아진다. "문제 해결을 위해 S에 의존할 수 없다"라는 제약이 생기자 팀이 고착 상태에서 벗어나서 그동안 안일함에 가려져 있던 완전히 새로운 전략적 옵션이 보이는 것이다.

스타 선수라는 옵션을 제거하는 방법은 다른 상황에서도 효과가 있다. 2014년 2월 5일부터 6일까지 48시간 동안 노조 파업으로 인해 런던 지하철의 정상 운행이 불가능해지고 전체 역의 63퍼센트가 폐쇄되었다. 이 폐쇄된 역은 많은 이들에게 '스타 선수', 즉 집과 직장을 오가는 여정의 중심이었다. 파업 기간 동안 수백만 명의 런던 시민들은 파업의 영향을 받지 않은 인근 역에서 새로운 통근 열차로 실험해야 했다. 런던 지하철 지도를 보면 인공적으로 곧게 펴놓은 색색의 라인이 지그재그로 달리는 실제 지하철 노선과 상당히 다르다는 걸 알 수 있을 것이다. 이 지도는 각 역 사이의 거리를 정확하게 보여주기 위한 게 아니라 이용자의 편의를 위해 디자인된 것이다. 따라서 다양한 경로를 실험해보지 않은 통근자는 통근 시간이 불필요하게 늘어날 수 있는 경로를 택해서 계속 고수하기도 한다.

한 경제학자팀에서는 파업이 의도치 않은 이익을 안겨줄지도 모른다고 생각했다.[10] 그래서 파업이 끝난 뒤에도 새로 찾아낸 노선을 고수하는 통근자가 얼마나 많은지 조사하고 새로운 노선이 시간을 얼마나 절약하는지 추정했다. 그 결과 파업 때문에 통근자의 약 5퍼센트가 새로운 경로를 이용하게 되었고 통근자들이 절약한 시간을 전부 합치면 약 1500시간 정도 된다는 걸 알아냈다. 대체교통수단을 이용할 수 없는 이 상황이, 최적이 아닌 이동 경로에 매여 있던 통근자들에게 놀랍도록 효과적인 고착 방지제 역할을 했다.

신경 손상, 스포츠 부상, 교통 파업 같은 사례는 원치 않는 불청객이지만 이를 통해서 자신에게 인위적인 제약을 가하는 사람들을 찾아볼 수 있다. 이를 위해서는 통찰력이 필요하다. 제약이 오히려 자신을 해방시킬 수 있다는 역설을 받아들여야 하기 때문이다. 잘 알려진 예 중 하나는 경제계 거물인 워렌 버핏Warren Buffett의 '20개 슬롯 규칙'이다.[11] 버핏의 오른팔인 찰리 멍거Charlie Munger는 거의 30년 전에 한 경영대학원 졸업식 연설에서 이 아이디어를 설명했다. "워렌은 우리가 20개의 칸으로 나뉜 티켓을 하나만 받아서 평생 딱 그만큼만 투자해야 한다는 제약이 주어지면 결국 재정적 복지가 향상될 것이라고 말했습니다. 카드 칸에 구멍을 다 뚫으면 더 이상 투자를 할 수 없습니다.

언스턱

이런 규칙이 있어야 자기가 한 일을 정말 신중하게 고민할 테고 그렇게 고민한 것에 책임을 져야 합니다. 그러면 훨씬 잘하게 될 거예요."

버핏의 전략은 주식 거래자들이 가장 중요한 것에 집중하도록 한다는 점에서 명확한 결론을 이끌어낸다. 그들이 평생 20가지 종목에만 투자할 수 있다면 한계 전략이나 매우 불안정한 단기 주가 움직임을 예측하는 일에 얽매이지 않을 것이다. 그 전략의 핵심은 돈을 버는 비결은 아무것도 하지 않는 것이며, 지속적으로 건전한 투자를 유지하면서 '복리의 기적'이 효과를 발휘하기를 기다리면 된다는 것이다.

창의성 분야에도 동일한 규칙이 적용된다. 프랑스 화가 피에르 술라주Pierre Soulages는 1979년부터 오직 검은 물감만 사용해서 그림을 그렸다.[12] 2019년에 100세를 맞이한 술라주는 색상 팔레트를 단순화한 자기 작품은 다양한 질감의 검은 안료에 빛이 비치는 모습을 지켜보는 감정적 경험에 의존한다고 말한다. 그는 "난 사방에 물감을 늘어놓는 혼란스러운 예술가의 신화를 믿지 않습니다"라고 말했다. 색상 선택은 많은 화가에게 중요한 결정이다. 그건 술라주가 태어나기 직전, 절정에 이르렀던 프랑스 인상주의 운동의 토대를 형성했는데, 그중 클로드 모네 같은 화가들은 상상할 수 있는 모든 색상의 물감을 캔버스에 두껍게 칠했다. 반면에 술라주는 검은색만 사용한 덕에 자신의 예술적 에너지를 다른 결정에 자유롭게 활용할 수 있었다.

이와 비슷한 예로, 일부 작가들은 3행 5-7-5음절 구조를 가진 형식적인 하이쿠의 제약에 맞춰서 글을 쓰거나 비교적 흔한 약강 5보격으로부터 그보다 희귀한 5행 스탠저, 9행시, 심지어 피보나치 구조에 이르기까지 다양한 시 형태의 운율 제약을 지키면서 작업을 한다. 진정한 도전을 원한다면 여섯 단어로 된 회고록을 써보자. 그러면 자신의 존재 의미와 관련된 필수적인 요소들에 집중하게 될 것이다. 이런 방법은 예술적으로는 제한이 많지만 역설적으로 상당히 자유롭다. 선택 범위가 축소되면 남은 옵션으로 자유롭게 창의력을 발휘할 수 있다.

자기 삶의 많은 부분을 최대한 자동화하면 제약을 통한 단순화 철학을 보다 광범위하게 적용할 수 있다. 자동화는 결정 지점을 아예 제거함으로써 옵션을 제한한다. 예컨대 다양한 옵션 중 하나를 선택하는 게 아니라 기본 옵션을 따르는 것이다. 이런 적응형 도구는 거의 모든 상황에서 효과적이다. 휴대전화를 자주 잃어버리는가? 하루 종일 휴대전화를 놔두는 기본 장소를 한두 개 정하자. TV 프로그램을 의도했던 것보다 더 많이 보는가? 알람을 설정하거나 스크린을 너무 오래 들여다보고 있으면 프로그램 설정에서 시청 시간을 제한하는 식으로 한 번에 두 회차 이상 보지 않는 걸 기본 원칙으로 정하자. 점심이나 저녁으로 뭘 먹을지, 어떤 옷을 입을지 결정하는 데 어려움을 겪는가? 이런 결정을 요일별로 미리 정해놓고 그걸 기본값으로 사용하면 제한된 의사 결정 리소스를 통해 더 중요한 결정을 내릴 수 있다. 버락 오바마 Barack Obama가 항상 같은 색의 양복만 돌아가며 입고 스티브 잡스가 검은색 터틀넥 스웨터만 반복해서 입게 된 것도 다 이런 철학에서 비롯되었다고 볼 수 있다. 더 중요한 작업을 위해 정신적 에너지를 아끼는 것이다.

◆ ◆ ◆

단순화는 유연하고 강력한 도구이며 고착 상태에서 벗어나기 위한 첫 번째 단계다. 다음 단계는 남은 옵션을 결합할 가장 좋은 방법을 찾는 것이다. 이런 결합과 구성은 대부분의 사람들이 생각하는 것보다 훨씬 중요하다. 이는 인간의 독창성이 박동하는 심장이며 거의 모든 창의적 사례는 둘 이상의 기존 아이디어의 결합을 통해 이룬 것이다.

key point

- 도전과 경험의 패턴을 적극적으로 찾자. 패턴은 처음 보는 걸 이해하고 단순화하는 데 도움이 되므로 이런 장벽이 덜 부담스러워진다.

- 가장 훌륭한 문제 해결 기술 중 하나는 중요한 걸 인식하는 게 아니라 중요하지 않은 걸 인식하는 것이다. 모든 문제를 근본적인 문제로 축소하면 훨씬 쉽게 극복할 수 있다.

- 우리는 대개 상황을 더 복잡하게 만들려 하지만, 가장 좋은 해결책은 단순화하는 것이다. 뺄 방법을 먼저 모색한 다음 더하는 걸 고려하자.

- 규칙과 알고리즘은 중요하지만 대부분 선택 사항이다. 규칙을 맹목적으로 적용하기 전에 꼭 필요한지 물어보고 대안을 고려한 다음, 최선이라고 생각되는 경우에만 적용한다.

- 때로 자신에게 인위적인 제약을 가하자. 그러다가 제약이 사라지면 성과가 높아지고, 그동안 동일한 방식으로 해결해온 문제에 대해 미묘하게 다른 새로운 방식을 찾게 된다.

8장

직진하지 말고 우회하라

밥 딜런은 과연 오데타의 곡을 훔쳤을까

진짜로 갇힌 것과 자신에게 너무 많은 걸 요구하는 바람에 갇힌 느낌이 드는 것 사이에는 중요한 차이가 있다. 예를 들어 창의적인 사람이 자기 창의력에 문제가 생겼다고 말하는 경우, 이 말의 진짜 의미는 본인의 높은 기준을 충족하지 못했다는 것이다. 화가는 언제나 캔버스에 물감을 칠할 수 있고 작가는 언제나 단어를 나열할 수 있다. 비록 그렇게 탄생한 이미지와 문장이 세상을 바꾸지 못하더라도 말이다. 진정으로 훌륭한 아이디어와 제품을 만들고 싶다면, 자신의 목표를 일시적으로라도 낮추는 것이 좋다. 높은 기준을 가진 전문가가 보기에는 별 차이 없어 보일 수도 있지만 이 방법은 매우 중요하다. 독창성을 기준 삼아 성공을 측정하는 경우에는 특히 그렇다. 대부분의 영역에서 진정한 독창성을 찾기 어렵기 때문이다. 독창성을 추구하는 과정에서 고착 상태로부터 벗어나는 가장 좋은 방법은 새롭고 창의적인 아이디어 하나를 찾기보다 오래된 아이디어 둘을 결합시켜서 새로운 아이디어를 형성하는 것이다. 1960년대부터 어마어마한 경력을 쌓기 시작한 젊은 가수의 경우에게는 확실히 그 방법이 효과적이었다.

로버트 짐머맨Robert Zimmerman은 1950년대에서 1960년대로 넘어가던 시기에 미네소타대학교 신입생이었다. 짐머맨은 학교에 입학하자마자 지역 커피숍에서 노래를 부르고 기타를 연주하기 시작했다. 가끔 자신을 밥 딜런Bob Dylan이라고 소개하기도 했지만 1962년까지는 공식적으로 로버트 짐머맨이라는 이름을 썼다. 짐머맨은 다양한 음악적 정체성을 실험하던 중 어떤 음반을 듣고 로큰롤에서 포크 쪽으로 방향을 틀었고, 이로 인해 서양 대중음악의 흐름이 바뀌었다. 짐머맨은 동네 레코드 가게를 둘러보다가 포크 가수 오데타Odetta가 1957년에 발매한 〈발라드 앤 블루스Ballads and Blues〉라는 음반을 샀다.[1] 나중에 그는 이 음반을 처음 들었을 때를 이렇게 회상했다. "당장 나가서 내 일렉트릭 기타와 앰프를 플랫 톱 깁슨Gibson이라는 어쿠스틱 기타로 바꿨습니다. …… 바로 그 자리에서 음반에 실린 거의 모든 곡을 익혔고 심지어 해머링 온hammering-on(낮은음에서 높은음으로 진행할 때 망치로 때리듯이 연주하는 주법-옮긴이) 스타일까지 차용했죠." 그해에 미네소타에 들른 오데타는 짐머맨과 잠깐 만나 자기보다 열 살 어린 이 젊은 음악가를 칭찬했다.

짐머맨은 오데타와 "사랑에 빠졌다"라고 했다. 그는 1학년 말에 대학을 중퇴하고 꿈을 실현하기 위해 뉴욕으로 이주했는데, 1961년에 오데타가 노예 제도에 반대하는 흑인 영가인 〈노 모어 옥션 블록 포 미 No More Auction Block for Me〉를 부른 공연에서 그녀를 다시 만났다. 이건 남북전쟁 때 흑인 군인들이 행진하면서 부른 노래인데 노예로 살아온 옛 시절을 한탄하면서 자신들의 노예 생활이 시작된 장소인 '경매대'로 다시는 돌아가지 않겠다고 맹세하는 내용이다. 짐머맨에게 큰 감동을 안겨준 이 노래는 그의 기억 속에 완전히 뿌리내렸다. 그리고 그가 첫 번째 스튜디오 앨범을 발표하고 정식으로 이름을 밥 딜런으로 바꾸고 상업적 스타로 성장하기 전까지는 조용히 때를 기다렸다. 이후 두 번째 앨범을 준비하던 딜런은 자신의 첫 번째 대히트곡 중 하나인 〈바람만이 아는 대답Blowin' in the Wind〉을 녹음했다.

밥 딜런에 대해 계속 듣게 될 설명 하나는 독특한 사람이라는 것이다. 사람들은 그의 음악에 대한 느낌과 상관없이 딜런 같은 사람은 없다고 여기는 듯하다. 본인도 매우 독특한 인물인 영화감독 데이비드 린치David Lynch는 딜런에 대해 이렇게 말했다. "그에게는 특유의 기질이 있는데 그게 계속 풍겨나와요. 그런 사람은 찾기 힘들죠. 그는 독특하고, 그냥 …… 멋있어요." 로큰롤 명예의 전당에 오른 잭슨 브라운 Jackson Browne은 "가장 큰 영향을 준 사람? 시기마다 그런 사람이 여러 명 있었지만 아무래도 가장 많이 영향을 받은 건 단연 밥 딜런이죠. 그는 내가 열두 살 때쯤 등장해서 작곡과 관련된 모든 규칙을 바꿔놓았습니다"라고 말했다. 존 멜런캠프John Mellencamp도 딜런을 "최고의 작곡가"라고 말했다. "누구도 그만큼 좋은 곡을 쓰지 못했고 앞으로도 그렇게 좋은 곡은 나오지 않을 겁니다."

놀라운 점은 딜런의 독창성에 대한 이 모든 주장에도 불구하고 〈바람만이 아는 대답〉이 〈노 모어 옥션 블록 포 미〉와 매우 비슷하게 들린다는 것이다. 두 곡은 동일한 멜로디로 시작하고 처음부터 끝까지 똑같은 구조를 따른다. 딜런은 물론 오데타도 알고 있는 사실이다. 오데타는 이 문제를 기분 좋게 받아넘겼지만 두 곡이 우연으로 치부할 수 없을 만큼 겹친다는 걸 인정했다. 2008년에 오데타가 사망하자 《뉴욕타임스》는 최근에 녹화한 인터뷰 동영상을 공개했다.

> 인터뷰 진행자: "그가 당신 노래를 마음대로 훔쳤기 때문에 ……."
> 오데타(싱긋 웃으면서): "아니, 아니, 아니에요. 우리는 …… 그러니까 포크 음악계에서는 …… 그걸 훔쳤다거나 도용했다고 말하지 않아요. …… '포크의 전통을 전수'하는 거죠. 무슨 말을 하느냐가 아니라 그 말을 어떻게 전하느냐가 중요해요. 그 영향력은 사람들이 자기만의 것을 드러낼 수 있도록 문을 활짝 여는 열쇠 역할을 했기 때문이죠. 그러니 나는 그가 뭔가 들은 것을 내 공으로 돌릴 수는 없어요"

이렇듯 딜런처럼 진짜 독창적인 사람도 도용이나 차용 또는 포크의 전통을 전수하는 경향이 있다.

순수한 창작은 없다

가장 관용적이지 못한 태도부터 가장 관용적인 태도에 이르기까지, 노골적인 유사성 사례를 설명하는 방법이 3가지 있다. 첫 번째는 창조적인 사람은 항상 속이고 거짓말하고 훔치므로 그들이 독창성을 위해 노력한다고 믿는 사람은 순진하다는 것이다. 이 견해에 따르면 음악가, 화가, 작가, 기타 창의적인 결과물을 생산하는 사람들은 본질적으로 편법을 써서 과거의 성공작을 발굴해낸 뒤 살짝 모양을 바꿔서 자기가 만들었다고 주장한다. 난 이런 경우는 드물다고 생각한다. 다른 이들의 작품을 적극적으로 표절하려는 창작자는 거의 없다. 다른 이유 때문이 아니라 처벌이 엄격하고 표절자는 대부분 적발되기 때문이다.

두 번째는 인간에게는 원래 잠복 기억이란 게 있다는 것이다.[2] 잠복 기억은 잊어버린 기억을 새로운 아이디어라고 착각할 때 발생하며, 이는 의도치 않은 표절을 설명할 때 주로 나오는 주장이다. 어릴 때 몇 번 들은 '생일 축하' 노래가 수십 년 뒤 어른이 되었을 때 갑자기 떠오른다고 가정해보자. 어릴 때 그 노래를 들었던 사실을 잊어버리고 자기가 즉흥적으로 만든 곡이라고 착각할 수도 있고, 새로운 곡을 작곡하다가 무심코 '생일 축하' 노래의 멜로디를 베낄 수도 있다. 우리는 항상 이런 식으로 새로운 아이디어를 접한다. 그리고 그 아이디어를 언제 어디서 어떻게 접했는지보다는 그 내용을 더 오래 기억한다. 아이디어의 출처는 잊어버린 채, 마치 우리 머릿속에 기적같이 영감이 떠오른 것처럼 이야기한다. 이 설명과 첫 번째 설명의 차이점은 잠복 기억은 의도적인 게 아니므로 의도적으로 남의 아이디어를 훔치는 것만큼 부정직한 행동은 아니라는 것이다. 난 잠복 기억은 비교적 흔하며 비슷비슷한 노래나 책, 예술 작품 들이 왜 계속 생겨나는지 이를 통해 설명할 수 있다고 생각한다.

세 번째는 세상에 진정한 독창성 같은 건 없으며 서로 겹치는 정도만 다르다는 것이다. 이는 나의 견해와도 유사하고, 돌파구를 찾는 이들에게도 기회를 제공하다는 점에서 이런 관점은 필요하다. 간단히 말해서 세상 모든 것은 다른 것들의 리믹스다. 딜런은 오데타를 리믹스했고 오데타는 그녀가 살면서 만난 수천 명의 예술가를 리믹스했다. 어떤 리믹스는 다른 리믹스보다 노골적이지만 모든 창작품은 이전에 존재한 작품의 어깨를 딛고 서 있다.

오늘날 가장 유명한 창작자 대부분은 차용이 고질적인 문제라는 걸 알고 있다. 대중들이 10대 아티스트 올리비아 로드리고Olivia Rodrigo가 엘비스 코스텔로Elvis Costello의 〈펌프 잇 업Pump It Up〉을 표절했다고 비난하자 코스텔로는 "뭐 어떻습니까! 세상은 원래 그렇게 돌아가는 법이죠. 다른 작품의 부서진 조각을 가지고 새로운 장난감을 만들면 됩니다"라고 말했다. 너바나Nirvana의 드러머 데이브 그롤Dave Grohl은 1991년에 이 밴드의 대히트곡인 〈스멜스 라이크 틴 스피릿Smells Like Teen Spirit〉을 주도하는 쿵쿵거리는 비트를 담당했다. 그롤은 음색이나 스타일이 1990년대 초반의 시애틀 그런지 밴드와 완전히 달랐던 디스코 밴드를 비롯해 전혀 예상치 못한 곳에서 아이디어를 차용하는 것에 더할 나위 없이 개방적이었다.[3] 그롤은 인터뷰에서 "난 디스코 밴드인 갭 밴드Gap Band와 카메오Cameo, 디스코 드러머인 토니 톰슨Tony Thompson의 모든 곡에서 많은 걸 빌려왔습니다"라고 인정했다. 퀘스트러브Questlove는 작가이자 악기를 6~7개 다루는 음악가이자 7~8개 밴드에서 핵심 역할을 하는 다재다능한 인물인데, 그 역시 자기 음악에 뚜렷한 독창성과 자유로운 차용이 모호하게 뒤섞여 있다는 사실을 인정했다. 그는 이렇게 말했다. "모든 노래의 DNA는 다른 노래에 존재합니다. 모든 창의적인 아이디어가 다른 아이디어에서 파생되는 것처럼 말이죠."

독창성에 대한 이런 너그러운 해석이 중요한 이유는 우리를 더없이 자유롭게 해주기 때문이다. 완전히 새로운 걸 시도하려다가 아무것도 할 수 없게 된다. 나는 새롭고 특이한 것을 찾는 수십 개의 스타트업과 수십 명의 기업가들을 상대로 컨설팅을 진행했는데, 그들이 가장 흔하게 직면하는 장애물 중 하나가 심오한 독창성을 추구하는 것이다. 그들은 사람들에게 실제로 필요한 점진적인 혁신을 추구하는 게 아니라, 자꾸 아무도 원하지 않는 급진적인 혁신을 추구하려 한다. 대개의 경우 성공은 적절한 변화, 두세 가지 기존 요소의 새로운 조합, 아직 완성되지 않은 아이디어나 제품의 향상된 버전 등에서 비롯된다.

그래도 확신이 생기지 않는다면 오늘날 가장 성공적인 제품과 아이디어를 유심히 보자. 과거의 발명가와 창작자들에게 빚진 게 전혀 없는 정말 독창적인 제품과 아이디어를 몇 가지 찾아보자. 2장에서 구글이 검색 엔진 시장의 스물두 번째 진입자라고 이야기했다. 구글은 이전에 등장한 검색 엔진보다 훨씬 나은 성능을 발휘했지만, 근본적으로 새로운 건 아니었다. 아마존은 최초의 온라인 상점 또는 서점은 아니었지만, 제프 베조스의 감독 하에 세계 최고의 제품 유통업체가 되었다. 예전에는 한 지역에서 다른 지역으로 이동하는 데 몇 주가 걸렸던 제품을 아마존을 통해 구입하면 몇 시간 혹은 며칠 만에 받아볼 수 있게 되었다. 애플과 마이크로소프트Microsoft는 세계 최초의 컴퓨터 회사가 아니었고, 운영 체제부터 태블릿, 휴대전화, 노트북에 이르기까지 그들이 만든 제품도 최초로 출시된 제품이 아니었다. 하지만 애플과 마이크로소프트는 경쟁자들의 장점을 빌리고 약점은 버림으로써 기존의 동종회사를 앞질렀다. "제품과 기업을 충분히 거슬러 올라가보면 원래의 출처를 찾을 수 있다!"라고 하는 사람은 승산 없는 게임을 시작하는 것이다. 물론 최초의 컴퓨터를 찾을 수는 있겠지만 창작자의 머릿속을 들여다보면 주변 분야는 물론이고 별로 가깝지 않은 분야에서도 많은 영향을 받은 걸 보게 될 것이다. 흔히 천재들의 신화에서 이야기하는 독창성은 허구이며, 이전보다 효과적으로 아이디어를 차용한 것뿐이다.

이런 형태의 독창성은 둘 이상의 기존 개념, 즉 독창적이지 않은 개념의 새로운 조합을 찾아야 하기 때문에 '재조합'이라고 부른다. 데이브 그롤이 펑크와 디스코를 결합해서 너바나의 그런지 드럼 사운드를 만들거나 애플이 스마트폰과 노트북을 결합시켜서 아이패드 태블릿을 만든 것이 좋은 예다.

유에서 유를 창조하라

내가 가장 좋아하는 재조합 사례 중 하나는 당시 57세였던 기술 기업가이자 무선 업계 명예의 전당에 헌액된 최초의 여성인 알린 해리스Arlene Harris의 아이디어다.[4] 대부분 20~30대인 기술 기업가들은 자신들과 같은 연대의 소비자들에게 관심을 집중한다. 이런 인구 통계학적 특성 때문에 기술 시장에는 젊은이들을 위해 설계된 제품은 넘쳐나지만 노인을 위해 설계된 제품은 거의 없다. 사실 나이 든 사람들이 젊은이보다 경제적으로 여유롭고 또 자신들의 요구에 맞는 제품을 열렬히 찾고 있기 때문에 이건 타당하지 않은 접근법이다.

업계 사람들 대부분이 노인을 무시한 반면 알린 해리스는 그들에게 관심을 기울였다. 그녀는 시장에서 주류가 된 휴대전화는 사용법이 너무 복잡하고 버튼이 너무 작으며 노인들이 곤경에 처했을 때 이를 활용하기 어려워한다는 걸 알았다. 이렇게 외면된 고객들의 목소리에 귀를 기울이는 건 자선 행위가 아니라 슬기로운 기업가 정신에서 우러나온 행동이다. 해리스는 "혁신의 선두에서 일하는 이들은 사람들이 원하는 걸 만드는 데만 너무 집중합니다"라고 말한다. "백미러를 들여다보면서 '이제 기술도 더 발전했는데 지금까지 미뤄왔던 일 중에 더 잘할 수 있는 게 뭘까?'라고 자문하지 않고 말이죠. 멋진 물건에 자금을 대는 것과 더 나은 문화를 구축할 수 있는 라이프스타일 개선에 자금을 대는 것 사이에는 큰 차이가 있습니다."

해리스는 이런 '더 나은 문화'를 구축하기 위해 2005년에 무선 업계의 선구자 마틴 쿠퍼Martin Cooper와 손잡고 휴대전화 회사 그레이트콜GreatCall을 설립해 지터버그Jitterbug라는 휴대전화를 설계했다. 지터버그는 새롭거나 독창적인 제품은 아니었다. 고무로 된 커다란 버튼과 크고 밝은 화면이 장착된 일반적인 플립 폰이었다. TV 광고에서는 제2차 세계대전 때 지터버그 춤을 추는 젊은이들의 모습을 보여주면서 지터버그 사용자들은 전용 핫라인을 통해 개인 서비스를 이용할 수 있다고 설명했다. 헤드셋을 착용한 상담원이 "켈리 부인, 전화 연결해 드리겠습니다"라고 말하는 장면도 나온다. 지터버그 광고를 20~30대 MBA 학생들에게 보여주자 처음에는 우습다는 분위기였으나 해리스가 이 휴대전화로 수백만 달러를 벌었다는 사실을 알고는 이내 조용해졌다. 해리스는 전통적인 휴대전화와 간과된 시장이라는 2가지 요소를 독창적인 방식으로 결합시켰다. 해리스와 지터버그는 애플이나 삼성 같은 거대 기업들이 지배하는 과열된 휴대전화 시장에서 경쟁하는 대신 자신만의 틈새 시장에서 살아남았다. 해리스는 곧 스크린 기반의 스마트폰부터 개인용 비상 경보기에 이르기까지 다양한 신제품을 설계하기 시작했고 결국 전자제품 대기업인 베스트바이Best Buy에 거의 10억 달러에 회사를 넘겼다.

이처럼 재조합은 비즈니스, 미술, 음악 및 기타 모든 분야에서 둘 이상의 기존 개념을 새로운 방식으로 혼합함으로써 실시할 수 있다. 밥 딜런이 성공한 것은 블루스와 시, 어쿠스틱 포크를 결합하는 새로운 방법을 발견한 덕분이다. 해리스는 젊은이를 위해 고안된 제품을 개조해서 비교적 여유 자금이 있는 노인 세대를 위한 제품을 만들었다. 딜런과 해리스가 각자의 업계에서 고착된 상태를 벗어나기 위해 사용했던 원칙은 다른 상황에서도 똑같이 적용된다. 이때 비결은 결합했을 때 새롭고 유용한 것을 만들 수 있는 기존 개념 2가지를 찾아내는 것이다.

독창성에 대한 이런 이해를 활용해서 고착 상태에서 벗어날 수 있는 좋은 방법 하나는 훌륭한 아이디어와 관찰 내용을 일지에 기록하고 이용하는 것이다. 나는 이 작업을 오랫동안 해왔기 때문에 이제는 자동으로 하는 수준이 되었다. 제품, 예술품, 문제 해결책, 글 등에서 좋은 아이디어를 발견할 때마다 그걸 다목적 문서에 저장한다. 이제 거의 20년이 되어가는 이 문서에는 훌륭한 아이디어가 수천 개나 담겨 있다. 몇 년 전에는 이 문서를 더 유용하게 만들고 싶다는 마음에 한차례 주제별로 느슨하게 정리를 실시했다. 까다로운 글을 쓰거나 고객의 사업 문제에 대한 해결책을 고심하다가 막힐 때면 그 문서에서 무작위로 2가지 아이디어를 고른다. 다음 예시는 '기술' 관련 주제에서 찾아낸 2가지 아이디어다.

아이디어 #487: 알람을 끄려면 반드시 그 위에 시계를 올려놓아야만 하는 자명종 매트. 일시 정지 버튼을 누르고 늦잠 자는 걸 막아준다.[5]
아이디어 #522: 플랫폼 기본 설정을 '다음 에피소드 재생을 시작하려면 플레이 버튼을 눌러야 한다'에서 '15초 안에 자동으로 다음 에피소드가 재생되기 시작한다'로 바꾼 넷플릭스의 '자동 재생' 기능.[6]

이 책을 쓰기 전에 출간한 《멈추지 못하는 사람들Irresistible》에서는 사람들이 스크린에 시선을 고정시킨 채로 왜 그렇게 많은 시간을 보내는지 탐구했다.[7] 넷플릭스가 자동 재생(아이디어 #522) 기능을 도입한 2012년 이후로는 대부분의 시간이 플랫폼에서 TV 프로그램을 몰아보는 데 사용되었다(2012년 전까지는 '몰아보기'라는 용어가 거의 존재하지 않았다. 이런 용어가 세상에 도입된 것은 넷플릭스 때문이다). 자동 재생은 다른 에피소드를 자동으로 시작함으로써 TV 시청을 중단할 수 있는 개인의 능력을 차단시킨다. 새로운 에피소드가 시작되면 몇 초 혹은 몇 분 안에 해당 에피소드나 시즌이 끝날 때까지 해결되지 않는 새로운 줄거리가 등장하곤 한다. 초반에 이런 미끼가 나오지 않으면 사람들이 빨리 시청을 중단하기 때문에 일찍부터 관심을 끌 수 있도록 프로그램 대본을 쓰는 것이다.

자명종 매트(아이디어 #487)는 넷플릭스와 명확한 관계는 없지만 자동 재생의 유혹에 대한 손쉬운 해결책을 제시한다. 깊게 잠든 사람들이 알람을 끄기 위해 몸을 움직이도록 하는 자명종 매트는 2가지 중요한 결과를 낳는다. 일시 정지 버튼을 누른 뒤 늦잠 자는 것을 방지하고 또 잠자리에서 일어나야 하기 때문에 몸을 움직일 수밖에 없다. 자동 재생 기능은 넷플릭스 시청자들이 바로 이 과정을 하지 못하도록 방해한다. 한 회에서 다음 회로 넘어가는 과정을 모호하게 만들어서 "딱 한 회만 더 보자"라고 생각했던 것이 실제로는 새벽 4시까지 6회나 더 보게 되는 것이다. 이때 해결책은 시청할 프로그램의 에피소드 수를 결정하고 해당 에피소드가 끝나는 시간에 울리도록 알람을 설정하는 것이다. 그리고 중요한 건 자명종을 다른 방이나 TV와 멀리 떨어진 곳에 놔둬서 거기까지 걸어가야만 끌 수 있게 하는 것이다. 주변에서 계속 알람이 울리면 아무 생각 없이 계속 TV를 보기 힘들고 알람을 끄려고 일단 일어서면 그동안 사로잡혀 있던 프로그램에서 벗어날 수 있다. 이건 디지털 문제에 대한 간단한 아날로그식 해법이다. 자동 재생이라는 쓸모없는 아이디어와 자명종 매트라는 유용한 아이디어를 결합시켜서 아주 독창적이지는 않지만 효과적인 혁신을 이뤄냈다.[8]

뜻밖의 방향 전환이 예상치 못한 결과를 가져다준다

둘 이상의 아이디어를 결합시켜서 새로운 아이디어를 만들 때는 기존 아이디어를 둘러싼 경계를 완화시켜야 한다. 그 경계를 원래의 목적에 따라 너무 엄격하게 고수한다면 그것이 상호작용하는 방식을 간과하게 될 것이다. 골프계에서 자주 사용하는 은유를 빌려오면 이런 '정신적 민첩성'을 쉽게 이해할 수 있다.

나는 골프를 거의 치지 않고 실력도 형편없지만 샘 스니드Sam Snead의 조언을 통해 골프를 하는 방식에 큰 변화가 생겼다. 스니드는 1930년대부터 1970년대까지 수십 년 동안 경기를 지배한 미국 골프 선수다. 스니드의 스윙은 우아함과 힘을 절묘하게 지녔다. 잭 니클라우스Jack Nicklaus는 이를 "완벽하다"라고 말했고 게리 플레이어Gary Player는 "세상에서 가장 훌륭한 골프 스윙"이라고 평했다. 스니드에게 비법을 물어보자 그는 모든 게 그립에 달려 있다고 말했다. "작은 새를 잡을 때와 같은 압력으로 골프채를 잡아야 합니다.[9] 날아가지 않을 정도로 꽉 잡아야 하지만 뼈가 으스러지지 않을 정도로 부드러워야 하죠." 난 새를 잡아본 적은 없지만 골프채를 휘두를 때마다 새 한 마리가 손에 앉아 있다고 상상했고 그런 이미지 트레이닝 덕분에 골프 실력을 약간은 향상시킬 수 있었다.

스니드의 조언은 골프 분야에서만 유용한 게 아니다. 이 방법은 고착 상태에서 벗어나려고 할 때도 도움이 된다. 밥 딜런이 일렉트릭 기타를 버리고 어쿠스틱 깁슨을 선택했을 때나 알린 해리스가 노년층을 대상으로 제품을 판매하기로 결심했을 때, 두 사람 다 자신의 아이디어를 작은 새처럼 단단하면서도 부드럽게 감싸는 민첩한 모습을 보여줬다. 해리스는 제품을 계속 설계하고 판매하는 동안 자기가 아는 것을 고수했지만, 기술은 젊은이를 위한 것이라는 신조를 버림으로써 그 지식을 자유롭게 활용했다. 딜런이 어쿠스틱 포크라는 새로운 세계를 맛본 뒤 새로운 걸 시도하려고 했던 것처럼 해리스도 새로운 통찰 앞에서 유연하게 대처했다.

쉽게 말해서 작은 새를 부드럽게 감싸 안으면 방향 전환(피벗)에 대비할 수 있다. 방향 전환은 둔해지는 걸 피하려고 할 때 중요한 인지 기술이다. 방향을 전환하려면 장차 새로운 방향으로 큰 도약을 이룰 가능성을 위해 오늘 당장 앞으로 나아가는 걸 포기해야 한다. 그런 새로운 방향을 찾으려면 지금까지 걸어온 길이 최선의 길이 아닐 수도 있다는 생각에 열려 있어야 한다.

애착이 가는 아이디어를 작은 새처럼 붙잡고 있는 방향 전환에 관해서는 화학자 데이비드 브라운David Brown의 놀라운 사례에서 찾아볼 수 있다.[10] 브라운은 1990년대 초에 대형 제약회사에서 일했는데, 그의 팀은 8년 동안 새로운 심장약을 개발했다. 8년은 하나의 결과를 얻기 위해 투자하기에는 너무 긴 시간이지만, 브라운 같은 화학자에게는 수천 명의 생명을 구할 약물을 발견하는 것보다 더 중요한 일은 거의 없었다. 안타깝게도 그들의 노력은 아무 성과도 거두지 못했다. 브라운은 자기 팀이 돌파구를 찾거나 아니면 해체되는 2가지 결과 중 하나를 맞게 되리라는 걸 알고 있었다.

결과적으로 팀은 수백 가지 신약을 테스트했지만 하나도 성공하지 못했다. "이전 분기와 마찬가지로 임상 개발 위원회 앞에서 돈을 낭비했다는 이유로 호된 비판을 받았습니다"라고 브라운은 회상했다. "그리고 '9월까지 괜찮은 데이터를 얻지 못하면 프로젝트를 종료하겠다'라는 최후통첩을 받았습니다." 프로젝트 종식을 예상한 팀은 필사적으로 마지막 임상 시험을 준비했다. "사람들이 어찌나 실패의 냄새에 빠르게 반응하는지, 프로젝트가 엎어지기 직전에는 아무도 회의에 참석하지 않았어요. 그만큼 아슬아슬한 상황이었죠."

하지만 이 일은 브라운과 그의 팀에게 변곡점이 되었다. 그에게는 희망이 하나 남아 있었는데, 코드명이 UK-92480인 흉부 압박감을 치료하기 위해 만든 약물이었다. 1993년에 웨일즈 광부들이 그 약의 임상 시험에 참여하는 데 동의하면서 시험이 시작되었다. 열흘 뒤, 광부들이 연구팀 본사에서 열린 소규모 포커스 그룹 모임에 참석했다. 브라운은 가장 초기에 열린 포커스 그룹 모임 중 하나에 참석했을 때와 마찬가지로 약이 여전히 효과가 없다는 사실에 실망했다. 모임이 끝날 무렵 브라운은 광부들에게 혹시 다른 눈에 띄는 변화나 이야기하고 싶은 게 있는지 물어봤다. 남자들 중 한 명이 손을 들고 말했다. "음, 평소보다 밤에 발기를 자주 했던 것 같아요." 브라운은 다른 사람들도 웃으면서 "우리도 그랬어요"라고 말한 걸 기억했다.

여기서 브라운이 즉흥적으로 던진 추가 질문은 수백억 달러의 가치가 있는 것으로 밝혀졌다. 그와 팀원들은 자기도 모르는 새에 비아그라Viagra를 발견한 것이다.

실제 당시 브라운의 팀원들은 대부분 실의에 빠져 있었다. 화이자Pfizer에서 브라운과 함께 일한 동료 이안 오스텔로Ian Osterloh는 팀이 실패했다고 생각했다. "당시에는 '이건 정말 엄청난 소식이야. 우리가 뭔가를 발견한 거야. 프로그램 방향을 전환해야 해'라고 생각하는 사람이 아무도 없었습니다." 그러나 브라운은 새로운 방향을 받아들였다. 그는 이 최신 장애물을 실패와 동일시하는 게 아니라 한 사람의 당혹스러운 부작용이 다른 사람에게는 뜻밖의 선물이 될 수 있다는 걸 깨달았다.

브라운은 관리자들에게 후속 연구를 위한 자금을 지원해달라고 간청했다. "발기 부전 연구를 위해 15만 파운드가 필요합니다." 브라운은 연구 개발 책임자에게 말했다. "돈을 줄 때까지 당신 사무실에서 나가지 않을 겁니다." 1993년 말에 브리스톨에서 첫 번째 임상 시험이 시작되었고 이후 프랑스, 노르웨이, 스웨덴에서도 이어졌다.

브라운의 통찰력 덕에 화이자는 1998년부터 2018년 사이에 이

약으로 거의 400억 달러를 벌어들였고, 전 세계 시장에 비슷한 브랜드 약품과 카피 약품을 파는 경쟁사들이 우후죽순으로 늘어났다.

실패한 심장약의 잿더미에서 발기 부전 치료제라는 수익성 있는 해결책이 나타났다. 브라운이 심장약에서 발기 부전 치료제로 선회한 것은 비즈니스 업계에서 인기 있는 일화다. MBA 학생들과 이 문제를 토론할 때면 그들은 데이비드 브라운에게서 자신의 모습을 발견한다고 했다. 자기들도 '실패한' 임상 시험에서 번뜩이는 기회를 발견할 수 있으리라고 기대하는 것이다. 하지만 사실 브라운이 가진 기술은 매우 드문 데다 대부분의 사람들에게 직관적으로 다가오지도 않는다. 브라운의 팀원들도 브라운이 프로젝트를 접는 대신 방향을 전환했기 때문에 오늘날 비아그라가 존재하게 되었다고 인정한다. 그는 성공적인 약품 개발에 필수적인 여러 가지 기술을 갖추고 있었다. 실패 속에서 기회를 인식하는 능력, 예비 시험에서 수십 번이나 실패한 뒤에도 추가 시험을 진행할 수 있는 추진력, 그리고 실망감을 억누르고 올바른 질문을 던진 뒤 상대방의 대답에 주의를 기울이는 능력 같은 것 말이다.

브라운의 기술은 대부분 학습 가능한 것들이다. 적절한 질문을 던져야 할 때를 알고 습관적으로 그런 질문을 던지는 게 기본이다. 실패를 감지하거나 다른 장애물이 접근할 때마다 다음과 같은 고전적인 방향 전환 질문을 던져보자. 첫째, 이 시도에 붙잡을 만한 가치가 있는가, 아니면 완전한 실패인가? 다시 말해, 비록 이 시도가 계획대로 진행되지는 않았지만 여기서 배울 수 있는 점은 무엇인가? 희망이 보이는가? 두 번째 질문은 약간의 수정을 통해 결과를 바꿀 수 있을지 여부다. 어떤 부분을 다르게 할 수 있을까? 제약 업계에는 비아그라처럼 한 분야에서의 실패를 다른 분야에서의 성공으로 바꾼 사례가 종종 있기 때문에 임상 시험이 실패했을 때 후속 질문을 던지는 게 매우 중요하다. 브라운은 이를 알고 있었고 그 약이 의도하지는 않았지만 잠재적으로 수익성 있는 다른 용도가 있을지도 모른다는 생각에 사로잡혔던 것이다.

이런 식의 방향 전환은 제약 업계에만 국한된 게 아니다. 윌리엄 리글리 주니어William Wrigley Jr.는 브라운보다 한 세기 앞서 비누를 팔기 위해 필라델피아에서 시카고까지 출장을 갔다. 훗날《뉴욕타임스》에 실린 리글리의 부고 기사에는 이렇게 적혀 있었다. "단돈 32달러를 자본으로 간주하지 않는다면 그는 맨손으로 사업을 시작한 것과 다름없다. 그에게는 영향력도 없고 도와줄 사람도 없었다. 그가 가진 건 용기와 진취성, 그리고 결코 실망하지 않는 낙관적인 정신뿐이었다."[11] 리글리의 아버지는 비누 상인이었기 때문에 윌리엄 주니어에게는 비누 판매가 자연스러운 길이었다. 비누는 비교적 쉽게 만들 수 있기 때문에 비누 사업은 경쟁이 치열했다. 몇 가지 기본적인 화학 법칙을 따르면서 필요한 재료를 일정한 비율로 섞기만 하면, 당신도 1890년대에 리글리와 다른 많은 비누 상인들이 팔던 비누를 만들 수 있다. 비누는 흔한 상품이었고 어느 제품이나 다 품질이 뛰어났기 때문에 리글리는 제품을 차별화할 요소를 도입했다. "경쟁이 치열했지만 리글리는 고객들에게 사은품을 주는 방법을 써서 꽤 수익을 냈다"라고《뉴욕타임스》는 말한다. 비누를 하나 살 때마다 작은 베이킹파우더를 한 봉지씩 줬던 것이다.

베이킹파우더를 공짜로 나눠준 건 현명한 선택이었다. 1800년대에서 1900년대로 넘어갈 무렵부터 제빵이 대중적인 취미 생활이 되었기 때문에 리글리의 보너스는 그 회사의 인기 제품이 되었다. 곧 고객들은 비누보다 베이킹파우더에 대한 질문을 더 많이 하게 되었다. 화이자의 데이비드 브라운처럼 리글리도 이런 신호에 민감했다. 그 결과 리글리 비누 회사는 리글리 베이킹파우더 회사로 바뀌었다.

리글리는 제품을 판매할 때 계속해서 사은품을 제공했는데 이번에는 대용량 베이킹파우더를 한 봉지 사면 껌 두 통을 끼워줬다. 최초의 막대형 껌(처음에는 감초 맛, 그다음에는 과일 맛)은 1870년대와 1880년대에 출시되었기 때문에 리글리는 참신함과 저렴함이 조합된 이 제품이 사은품으로 제격이라고 판단했다. 그의 생각이 옳았다. 약간 데자뷰 같긴 하지만 곧 껌이 베이킹파우더보다 인기가 많아졌고 리글리는 두 번째 방향 전환을 시도했다. 그는 이제 비누나 베이킹파우더가 아니라 스피아민트와 쥬시프루트 껌을 팔았다.

리글리의 영업 재능은 제품을 바꾸는 것에서 끝나지 않았다. 처음에 그는 껌을 충동적인 제품이라고 생각했다. 다시 말해, 애초에 식료품 값을 내기 위해 슈퍼마켓 계산대에 줄을 서 있다가 별생각 없이 살 수 있는 그런 제품이라고 여긴 것이다. 하지만 그런 충동구매는 제한적이었다. 리글리는 사람들이 쇼핑을 마친 뒤 자제력이 부족해진 상태에서 충동적으로 껌을 사는 게 아니라 자기 회사 껌을 적극적으로 찾아서 구입하길 원했다. 그래서 수천 개의 미국 가정에 샘플을 보내고 자기 집을 담보로 삼아 대출을 받아서 대대적인 광고 캠페인을 벌였다. 이 캠페인을 계기로 "나쁜 습관이었던 것이 일반적인 관행이 되었다"라고 《뉴욕타임스》는 설명했다. 리글리는 식사 후에 껌을 씹으면 입냄새가 줄어들고 치아가 깨끗하고 건강해지며 과식을 해도 몸이 덜 붓고 속도 불편하지 않다고 주장했다. 제1차 세계대전 때는 껌이 갈증을 없애고 신경을 진정시킨다고 군대를 납득시켰다. 이건 충동구매하는 제품의 속성이 아니라 필수품의 특징이었다. 덕분에 리글리가 판매하는 제품의 가치는 치솟았고 1929년에는 《타임》지 표지에도 등장하게 되었다.

스페셜리스트가 아니라 제너럴리스트가 돼라

브라운과 리글리가 방향을 전환하는 방식은 인상적이지만 특이하지는 않다. 방향 전환을 피하려면 사업에서든 삶의 다른 부분에서든 처음부터 끝까지 항상 올바른 결정을 내려야 한다. 하지만 돌이켜보면 자신의 과거가 방향 전환으로 가득하다는 걸 알게 될 것이다. 방향 전환을 피한다는 건 마음을 절대 바꾸지 않는다는 뜻이다. 첫 데이트를 한 사람과 결혼하는 것, 어릴 때 꿈꾸던 첫 번째 직업을 추구하는 것, 평생 같은 마을에서 사는 것 같은 거다. 인간은 사는 동안 계속해서 발전하고 성숙해지며 그에 따라 기호와 태도도 변한다. 우리는 끊임없이 배우고 성장하기 때문에 변화는 불가피하다.

브라운과 리글리의 민첩성은 샘 스니드가 해준 조언의 전형적인 예다. '골프 클럽'을 '아이디어'로 바꾸기만 하면 된다. "작은 새를 잡을 때와 같은 압력으로 아이디어를 유지해야 한다. 날아가지 않을 정도로 꽉 잡아야 하지만 으스러지지 않을 정도로 부드러워야 한다." 실제로 이 말의 의미는 아이디어의 어떤 부분을 단단히 잡고 어떤 부분을 부드럽게 잡아야 변화하고 성장할 수 있는지 알아야 한다는 것이다. 브라운은 하루아침에 화가나 회계사가 되겠다고 결심하지 않았다. 그는 계속 화학자로 살았지만 자기 기술을 새로운 목표에 적용한 화학자였다. 리글리는 성격이 매우 다른 제품 3가지를 팔았지만 항상 '고객에게 사은품을 제공하는 것'의 가치를 인식하고 고객들의 목소리에 늘 귀를 기울였다.

이런 아이디어는 약품이나 껌을 만들지 않는 경우에도 중요하며 어떤 상황에나 쉽게 적용할 수 있다. 이 세 단계만 지키면 되는데, 이전 장에서 설명한 갈등 감사와 중복되는 부분도 있다. 문제를 분리하고, 잠재적인 해결책이나 향후 경로를 나열한 뒤, 최상의 해결책을 선택하는 것이다.

이건 반무프VanMoof라는 네덜란드 자전거 회사의 공동 설립자인 티스 까를리에Ties Carlier가 2015년에 자사의 고가 자전거가 구부러지고 파손된 채로 미국 가정에 배송되었을 때 취한 접근 방식이다.[12] "우리는 2015년부터 미국으로 자전거를 배송하기 시작했다." 회사 블로그에 올라온 글은 이렇게 시작한다. "문제는 많은 자전거가 파손된 상태로 고객에게 도착했다는 것이다. 고객들이 짜증 낼 만한 상황인 데다, 우리도 막대한 비용을 감수해야 하는 일이었다. 단언할 수는 없지만 미국 배송업체가 우리가 기대했던 만큼 신경을 쓰지 않은 것 같았다." 문제가 명확했기 때문에 까를리에는 선택 가능한 방법을 고민했다. 그는 다양한 운송업체들을 이용해봤지만 결과는 비슷했다. 그다음에는 여러 가지 새로운 포장 방법을 제시했다. 더 무겁고 튼튼한 포장재를 고려했지만 모두 비싸고 다루기가 힘들어서 이를 업그레이드해도 상당한 수준의 파손은 피할 수 없었다. 자전거는 분명 골판지 상자에 담아서 배송할 수밖에 없는데, 배송업체가 상자를 조심스럽게 다루도록 하기 위해서는 뭘 할 수 있을까?

까를리에는 자신에게 간단한 질문을 던졌다. 배송업체가 골판지 상자를 조심스럽게 취급하는 경우가 있는가? 조사 결과 반무프 제품의 경우 배송 중 파손율이 TV보다 훨씬 높다는 걸 알게 됐다. TV도 깨지기 쉬운 제품이고 반무프와 비슷한 모양의 상자에 담아서 배송하는데도 깨지거나 파손된 채로 배송되는 TV가 거의 없는 이유는 상자 자체가 '취급 주의!'를 외치고 있기 때문이다. 배송 기사들이 취급 부주의로 인해 TV가 부서졌다는 말을 듣지 않으려고 조심스럽게 다루는 게 분명했다. 그래서 까를리에는 가장 저렴하면서도 쉬운 방법을 택했다. 상자 제조업체에게 반무프 상자에 TV 그림을 인쇄해달라고 요청한 것이다. 거짓말을 한 건 아니었다. 상자에는 여전히 자전거 그림도 인쇄되어 있고 안에 자전거가 들어 있다는 설명도 적혀 있었다. 다만 커다란 TV 그림이 상자를 거의 뒤덮다시피 한 것뿐이다.

"그 작은 변화가 엄청난 영향을 미쳤다"라고 반무프의 블로그는 설명한다. "배송 중 파손율이 갑자기 70~80퍼센트 감소했다. 우리가 판매하는 자전거의 80퍼센트가 온라인으로 판매되며 지금도 배송 상자에 TV를 인쇄하고 있다. 현재 6만 대 이상의 자전거가 전 세계 라이더들에게 직접 배송되었다." 까를리에로서는 상당히 불만스러운 일이겠지만 곧 다른 회사들도 똑같은 방식을 이용하기 시작했다. 까를리에는 인터뷰에서 "우리는 가능한 한 오랫동안 이 속임수를 유지하려고 노력했습니다"라고 말했다. "그런데 뉴욕에 있는 우리 매장을 찾은 한 기자가 트위터를 통해 그 사실을 세상에 공개했습니다. …… 우리 같은 방법을 쓰는 회사가 많아질수록 효과가 떨어질 겁니다." 상자 디자인을 바꾼 까를리에의 방식은 확고하면서도 유연한 스니드의 접근 방식을 완벽하게 표현한 것이다. 까를리에는 반무프 자전거를 골판지 상자에 담아 배송해야 한다고 주장하면서도, 상자 디자인을 바꾸면 운송회사가 자전거를 더 조심스럽게 다루도록 유도할 수 있다는 사실을 유연하게 인정했다.

밥 딜런, 데이비드 브라운, 윌리엄 리글리, 티스 까를리에 …… 이들의 공통된 특징은 전문 지식에서 벗어나 초보다운 태도를 받아들였다는 것이다. 딜런은 일렉트릭 기타 전문이었지만 어쿠스틱 포크를 시도했다. 브라운은 10년 동안 심장약을 연구했지만 발기 부전 연구로 방향을 틀었다. 리글리는 베이킹파우더와 껌을 팔기 전까지 비누 전문가였다. 자전거에 대해서는 잘 알지만 포장법은 잘 몰랐던 까를리에는 배송 과정에서 생기는 파손 사고를 80퍼센트나 줄일 수 있는 포장 방법을 고안했다.

이 넷 모두 새로운 분야의 초보자였지만 초보자에게는 전문가보다 놀라운 장점이 하나 있다. 지식의 족쇄에 얽매이지 않는다는 것이다.[13] 자기가 이미 알고 있는 걸 모르게 할 수는 없지만, 이런 기존의 지식은 창의성을 제한하는 경향이 있다. 일반적으로 이건 문제가 되지 않는다. 대개의 경우 과거에 효과가 있었던 건 미래에도 계속 효과가 있을 것이다. 하지만 돌파구를 찾거나 새롭고 창의적인 방법을 모색할 때는 전문 지식이 광범위한 사고를 방해할 수도 있다.

전문 지식은 인지 과학자 허브 사이먼이 '계층적 정보 구조hierarchical information structure'라고 부르는 것을 제공해서 다양한 아이디어가 조화를 이루는 방식을 깨닫게 해준다. 1962년 사이먼은 전문 시계 제작자가 시계를 조립할 때 어떻게 계층적 정보에 의존하는지 설명했다. 복잡한 시계는 복잡한 퍼즐을 형성하는 수백 개의 작은 부품으로 이루어져 있다. 각 부품마다 러그, 크라운, 푸셔, 진동추 같은 이름이 있으며 이 부품들이 결합되어 시계를 이루는 작은 하위 부속품을 형성한다. 속도를 측정하는 타키미터에는 12개의 부품이 들어가고 초침을 움직이는 메커니즘에는 24개의 부품이 들어갈 수 있다. 전문적인 시계 제작자가 시계의 특정한 부속품을 조립하는 동안 전화가 와서 방해를 받는 경우, 전화를 끊은 뒤에 중단한 부분부터 다시 작업을 시작할 수 있으므로 작업 시간이 몇 분밖에 허비되지 않을 것이다. 이전에 조립해서 완성한 하위 부속품은 그대로 남아 있다.

반면 초보 시계 제작자는 자신의 지식을 체계화할 수 있는 계층적 정보가 아직 없다. 초보의 눈에는 퍼즐이 말도 안 되게 복잡해 보일 수 있고, 각 부품을 다른 부품과 완전히 분리된 것으로 여기면서 지침에 따라 한 번에 한 단계씩 조립해야 할 수도 있다. 만약 전화 때문에 작업이 방해를 받는다면 시계 전체를 처음부터 다시 조립해야 할지도 모른다고 사이먼은 말했다.

시계를 조립하려면 창의성과 반대되는 재능이 필요하다. 시계 부품 일부를 창의적으로 재배열해놓고 시계가 작동하기를 기대할 수는 없다. 시계 제작에서 정확성과 손재주는 환영받지만 창의성은 외면받는다. 반대로 특정한 제한이 없는 다른 작업은 정확성보다 창의성을 더 높게 쳐준다. 이런 경우에는 계층적 정보 구조를 채택하는 게 비생산적일 수 있다. 연구진이 두 그룹의 학생들에게 한 시간 동안 레고 블록 수백 개를 사용해서 외계인을 만들어보게 한 연구에서도 그런 일이 일어났다.[14] 학생들 중 절반은 초보자를 대표했다. 그들이 사용할 레고 조각은 허브 사이먼의 단층 정보 구조를 모방해서 무작위로 섞여 있었다. 반대로 '전문가' 그룹의 경우 블록을 48개의 하위 그룹으로 분류했고 각 그룹마다 모양과 색상이 동일한 블록이 포함되어 있었다. 이 48개의 하위 그룹은 허브 사이먼이 60년 전에 설명한 시계를 구성하는 하위 부속품과 유사했다. 초보자의 블록은 무질서하게 흩어져 있지만 전문가는 깔끔하게 그룹으로 나뉘어 있었다.

아마 전문가들이 작업을 더 쉽게 수행할 거라고 생각할지도 모른다. 그들은 조각을 뒤질 필요 없이, 그저 외계인을 만들면 되었다. 하지만 초보자들이 엉뚱한 외계인을 만드는 데 도움이 된 건 오히려 '구조 부족'이었다. 독립적인 평가단은 초보자들이 만든 외계인이 더 창의적이고 지구상에 존재하는 생명체와 유사점이 적다고 판단했다. 이건 초보자들이 작업에 더 많은 시간을 할애하고 전문가보다 많은 옵션을 탐색하면서 더 깊게 생각했기 때문이다. 더 적게 알고 더 많이 고군분투한 덕분에 더 많은 창의성을 발휘할 수 있었다.

이건 실험실 밖에서도 마찬가지다. 1994년 팝 아티스트 씰Seal은 〈키스 프롬 어 로즈Kiss from a Rose〉라는 노래를 발표했다. 씰은 이 노래로 그래미상을 3개 수상했고 몇 주간 다양한 글로벌 차트 정상에 올랐으며 전 세계에서 수백만 장의 음반 판매고를 올렸다. 1980년대 후반에 씰이 단독으로 작곡한 이 노래는 팝 차트에 오른 다른 어떤 노래와도 달랐다. 2021년에 음악 프로듀서이자 유명 유튜버인 릭 비토Rick Beato가 이 노래에 대해 탐색한 32분짜리 동영상을 공개했다.[15] 비토는 이 노래의 매력을 훌륭하게 분석했지만 당신이 음악 전문가가 아니라면 그의 해설을 이해하기 어려울 것이다. "이 노래는 차용화음의 좋은 예"라고 비토는 설명한다. "난 항상 노래의 이론적인 부분에 대해 이야기하는 걸 좋아합니다. 그게 노래를 위대하게 만들기 때문이죠." 그는 계속해서 '으뜸화음'이니 '플랫 6도와 플랫 7도' '자리바꿈' 같은 음악학적인 신비에 대해 이야기한다.

하지만 비토가 올린 동영상의 핵심은 씰과의 대화 내용이다. "멜로디가 정말 복잡하군요." 비토는 감탄하면서 대화를 시작했다. "그 특이한 음정 점프, 그런 걸 어떻게 생각해내는 거죠?" 씰은 다음과 같이 대답했다.

내가 할 수 있는 가장 좋은 설명은 남들이 실제로 그런 일을 하지 못할 거라든가 그런 일이 정말 특이하다는 사실을 몰랐다는 것입니다. 내가 그 노래를 썼을 때는 그게 옳은 일처럼 느껴졌거든요. …… 모든 게 정말 삽시간에 일어났어요. 그냥 어느 날 오후에 두세 시간 정도 걸려서 썼고 사실 멜로디에 대해서는 별로 생각하지도 않았습니다.

씰이 겸손해서 그렇다고 하더라도 그의 소박한 설명과 비토의 세련된 표현은 눈에 띄는 대조를 이룬다. 비토는 씰이 곡을 쓰는 데 걸린 시간보다 더 오랜 시간을 들여서 곡을 분석한 듯하다. 이론과 전문 지식에 얽매이지 않는 씰의 접근 방식 덕분에 지난 수십 년간 팝 음악계가 만들어낸 다른 음악과 다르게 들리면서 동시에 완벽하게 귀에 쏙쏙 들어오는 노래가 탄생했던 게 분명하다.

이건 비토에게 맞는 주제다. 그는 씰과 인터뷰한 지 몇 달 뒤에 독보적인 스타일을 지닌 또 다른 팝계의 거물인 스팅Sting을 인터뷰했다. 이번에도 비토는 스팅이 사용하는 방식의 복잡성을 탐구하는 것부터 시작했다.

〈포트리스 어라운드 유어 하트Fortress Around Your Heart〉 같은 노래는 멜로디가 매우 풍부하지만 조바꿈을 세 번이나 합니다. 진행 방식도 아주 이상하지만 우리 귀에는 완전히 정상적으로 들리죠. 그런 다음 G, Em, D/F#, G, C, Am, C, D로 구성된 후렴이 나와요. …… 어떻게 그런 노래를 만들 생각을 한 걸까요?

스팅의 반응도 씰과 매우 비슷하다.

3개의 화음으로 시작해서 그냥 모험을 떠난 겁니다. 그걸 찾아내자 저절로 곡이 나왔고, 그냥 음악이 다음에 향할 방향을 알려주는 은총받은 상태로 있어야 했습니다. …… 난 정식 교육을 받은 음악가가 아니에요. 화음이 날 올바른 방향으로 이끌어줄 거라는 믿음이 있을 뿐이죠. 이를 위해서는 다른 종류의 근육을 움직여야 하기 때문에 나로서는 훈련받은 음악가들이 부러울 따름입니다. 내가 아는 사람 가운데 연주에 뛰어난 훌륭한 음악가들도 작곡은 전혀 하지 않거든요.

스팅에게는 멜로디가 전부 예술인 반면 비토가 생각하는 음악은 과학이 상당히 가미된 예술이다. 이건 비토의 주요 수입원인 음악학의 이론적인 부분이다. 스팅은 이것에 저항했다. 씰과 마찬가지로 스팅에게도 최고의 멜로디는 전문 지식의 산물이 아니라 소박한 행위와 탐구의 결과물이다. 그렇다고 분석이나 평론을 하면서 창작도 하는 비토를 비하할 생각은 없다. 전문 지식이 항상 약점인 건 아니다. 하지만 스팅과 씰의 사례는 아는 게 적다고 해서 항상 문제가 되는 건 아님을 증명한다.

◆ ◆ ◆

이 장에서 소개한 음악가, 기업가, 과학자 들이 고착 상태에서 벗어나거나 애초에 그런 상태에 빠지는 걸 피한 방식을 보면 무술적인 특성이 있다. 그들은 갈등에 직면했을 때 격렬하게 몸부림치기보다 가벼운 터치를 선택했다. 밥 딜런과 알린 해리스 같은 사람은 새로운 아이디어는 대부분 기존 아이디어의 어깨를 딛고 서 있음을 인정하는 독창성의 점진적인 정의를 받아들였다. 이 정의에 따르면 완벽한 독창성이란 근거 없는 믿음일 뿐이고 철저하게 새로워야만 앞으로 나아갈 수 있다고 믿는 순간 인간은 무력해진다. 데이비드 브라운과 윌리엄 리글리가 보여준 것처럼 전략이나 접근 방식을 바꿀 때도 가벼운 터치가 중요하다. 전문성 부족이 항상 그렇게 나쁜 것만은 아니다. 대부분의 사람들이 삶의 일부 영역에서는 전문가이고 다른 많은 영역에서는 초보자라는 걸 생각하면 믿을 수 없을 정도로 자유로운 기분이 들 것이다. 완전히 무지해서는 안 되겠지만 심오한 전문 지식은 종종 고착 상태에서 벗어나는 게 아니라 오히려 더 빠져들게 만드는 완고한 태도를 형성한다. 이런 문제를 방지하는 방법 하나는 전문 지식을 팀 전체에 분산시키는 것이다. 다양한 그룹에서 일하고 문제 해결을 위해 함께 노력하면서 다른 이들을 통해 자신의 부족한 부분을 채우는 것이다. 이 장에서 설명한 많은 개인의 성공 뒤에는 매우 중요한 지지자 팀이 존재한다. 다음 장에서는 크라우드소싱이 어떻게 혁신을 주도하는지 살펴보자.

key point

- 큰 도약을 이룰 기회만 찾으려고 하지 말고 상대적으로 작은 단계부터 밟아가자.

- 세상에 진정으로 독창적인 건 없다. 그러니 급진적인 독창성을 추구하지 말자. 무력감만 느끼게 될 뿐이다.

- 둘 이상의 기존 아이디어를 효율적으로 조합하기 위해 노력하자. 우리가 새롭고 혁신적이라고 여기는 것들 대부분은 이런 식으로 추진된다.

- 생각을 가볍게 유지하면서 방향을 전환하거나 조정할 기회를 찾자.

- 초심자를 포용하자. 전문가가 되면 시야가 점점 좁아져서 초심자처럼 유연한 자세로 접근하기란 거의 불가능하다. 좁아지고 깊어지는 쪽으로 서둘러 달려가지 말자.

9장

외부의 목소리를 들어라

습관이 당신을 자유롭게 해줄 것이다

인간의 뇌는 세계에서 가장 수단이 좋은 기계 중 하나다. 이걸 이용해서 인간은 질병을 치료하고 국가를 이끌고 우주를 왕복하는 로켓을 발명했다. 하지만 뇌는 욕심이 많다. 뇌를 사용하려면 하루에 수백 칼로리의 열량을 공급해야 하고 뇌가 완료하도록 요구한 모든 작업을 위해 기꺼이 시간과 관심, 에너지를 쏟아야 한다. 인간은 완벽하지는 않아도 대체로 만족스러운 작업을 수행하는 패턴과 습관을 개발해서 과제를 처리한다. 예를 들어 수많은 제품 중에서 탄산음료를 하나 고를 때 매번 라벨을 일일이 확인하지 않는다. 대신 과거에 마음에 들었던 몇 가지 옵션 중에서 하나를 선택할 수 있다. 걷기와 자동차 운전은 대부분의 사람들이 거의 반사적으로 수행하는 작업이다. 걷거나 운전하는 동안 마음이 이리저리 방황하는 것도 그만큼 다른 일에 쏟을 여분의 두뇌 자원이 있기 때문이다.

이런 자동 조종 모드로 살아갈 때의 단점 하나는 때로 너무 판에 박힌 생활을 하고 있는 걸 깨닫게 된다는 것이다. 일상생활을 단순화하는 전략과 습관이 너무 고착된 나머지 새로운 걸 시도해야 할 때도 벗어나기가 어렵다.

좋은 소식은 당신의 전략과 습관이 아마 나와는 상당히 다를 것이라는 점이다. 우리는 서로 다른 환경에서 다른 삶을 살아왔고 성격과 재능, 태도, 가치관도 다르다. 내 습관은 나를 틀에 박힌 생활로 이끌 수 있지만 당신의 습관이 오히려 나를 자유롭게 해줄 수도 있다. 지난 60년 동안 TV 드라마 〈닥터 후Doctor Who〉팀에서 일한 창작자들 사이에서도 바로 그런 일이 일어났다.[1]

이단아를 유입하라

〈닥터 후〉는 전 세계에서 가장 오래 방영된 TV 프로그램이다. 1963년 11월 23일 오후 5시 16분에 BBC TV에서 첫 회가 방송되었는데, 전날 발생한 존 F. 케네디John F. Kennedy의 암살 사건을 보도하느라 예정보다 8초 늦게 시작했다. 이 드라마는 파란색 공중전화 박스를 타고 시간 여행을 하는 닥터라는 외계인 캐릭터를 중심으로 진행된다. 닥터는 지구라는 행성에 매료되어, 인간의 모습을 하고 인간 동료들과 여행을 하면서 무고한 사람들을 위험한 상황에서 구해낸다. 그는 수세기 동안 삶을 이어왔는데 그건 치명적인 상처를 입을 때마다 영혼이 새로운 인간의 몸으로 이동하기 때문에 가능한 일이다. 이 드라마가 그토록 오랫동안 장수할 수 있었던 비결은 이런 장치 덕분이다. 기존 배우가 드라마에서 하차할 때마다 제작진은 닥터 역할을 맡을 새로운 배우를 캐스팅할 수 있었다. 드라마가 진행된 60년 동안 13명의 배우가 닥터 역을 맡았는데, 어떤 배우는 장편 영화에 출연하기도 했고 어떤 배우는 6년 넘게 계속 출연하기도 했다.

〈닥터 후〉의 39개 정규 시즌과 18개 스페셜 시즌은 100개 이상의 국가에서 방송되었다. 이 드라마는 박물관 전시회, 스핀오프, 팬 픽션, 서적, 굿즈에 영감을 주었고 〈심슨 가족The Simpsons〉 〈사우스 파크〉 〈패밀리 가이Family Guy〉 〈퓨처라마Futurama〉 〈스타트렉: 더 넥스트 제너레이션Star Trek: The Next Generation〉 등에 소개되었다. 이 드라마의 절정기였던 1970년대에는 회당 평균 1100만 명의 시청자를 끌어모았다. 지금은 시청자 수가 그 절반 정도지만, 영국 시청자 감상 지수에서는 여전히 100점 만점에 90점을 기록하고 있다.

배우들과 마찬가지로 이 드라마의 크리에이티브팀도 끊임없이 바뀐다. 각 에피소드는 제작자, 감독, 작가라는 3가지 '핵심' 역할 중 하나를 맡은 창의적인 예술가들이 주도한다. 전체적으로 볼 때 에피소드 한 편당 3가지 역할을 수행하는 창작자가 총 2~5명 정도 있다. 다른 예술가들과 마찬가지로 이 창작자들에게도 자기만의 스타일이 있다. 그들은 개인적인 경험, 훈련, 그리고 독특한 기호라는 렌즈를 통해 각 에피소드를 구성한다. 예를 들어 〈닥터 후〉 에피소드 15편을 감독한 그레임 하퍼Graeme Harper는 열악한 사회 환경을 주로 다루는 감독인 반면, 에피소드 47편을 감독한 필 콜린슨Phil Collinson은 시트콤과 코미디 분야에서 경력을 쌓은 사람이다. 에피소드 50편을 제작한 존 네이선 터너John Nathan-Turner는 폭력적인 줄거리에 더 개방적이었고 이 드라마가 수익성 높은 미국 시장에 어필할 수 있어야 한다고 강력하게 주장했다.

〈닥터 후〉는 이렇게 장수했는데도 불구하고, 혹은 그런 장수 때문에 많은 난관을 겪어야 했다. 1980년대 후반이 되자 시청자 수가 거의 70퍼센트 가까이 줄었고 BBC는 무기한 방영 중단을 결정해 결국 16년이나 제작이 중단됐다. 〈닥터 후〉는 2005년에 다시 돌아와 대대적인 축하를 받았지만 시청률이 떨어질 때마다 다시금 종영설이 돌았다.

이 드라마의 최고점과 최저점은 팀 역학을 전문으로 하는 연구진들의 관심을 끌었다. 〈닥터 후〉는 제작팀끼리 마음이 맞아서 잘 화합할 때 성과가 가장 좋은가, 아니면 다양성이 그들의 미덕인가? 그들은 제작팀이 일관된 태도를 보이는 편이 이득이라고 생각할지도 모른다. 감독은 친숙한 작가들에게 좋은 아이디어를 끌어내는 방법을 배울 수 있고, 프로듀서는 최고의 줄거리를 만드는 작가와 감독의 성향을 파악할 수 있으니 말이다. 따라서 이런 친숙한 관계 덕분에 고착 상태에서 벗어나게 될지도 모른다. 한 연구팀은 50년간 방영된 〈닥터 후〉 에피소드를 샅샅이 조사한 뒤 다음과 같은 질문을 던졌다. 장기간 진행되는 드라마의 제작진은 익숙하거나 폐쇄적인 네트워크에서 작업할 때 정체될 가능성이 높은가 아니면 번창할 가능성이 높은가?

연구진은 각 에피소드에 관한 모든 종류의 데이터를 수집하는 것부터 시작했다. 누가 제작팀에 속해 있었는가? 그들은 드라마의 다른 에피소드 혹은 〈닥터 후〉 이외의 다른 프로그램에서 어느 정도까지 함께 일했는가? 시청자들은 그 에피소드에 대해 어떻게 느꼈는가? 〈닥터 후〉 전문가들은 해당 에피소드가 얼마나 창의적이라고 생각했는가? (연구팀에는 헌신적인 〈닥터 후〉 학자들이 모인 소그룹이 포함되어 있었다.) 특정 에피소드의 아이디어가 〈닥터 후〉의 과거 맥락에 비춰볼 때 특이했는가, 아니면 과거와 유사한 별로 창의적이지 않은 주제를 다뤘는가? 데이터를 수집한 연구진은 네트워크 비중복성이라는 개념 값을 측정할 준비가 되었다. 간단히 말해 드라마가 방영되는 동안 제작팀에 새로운 인물이 투입되었을 때 이익을 얻었는가 아니면 네트워크가 폐쇄적일 때 더 성공할 가능성이 높았는가를 논의했다.

그 대답은 모호한 부분이 전혀 없이 명확했다. 대부분의 창작자들은 익숙한 팀과 일하는 걸 선호하지만 익숙함은 갈등을 낳는다. 최고의 에피소드는 새로운 인물과 함께 했을 때 탄생했다. "예술가를 둘러싼 네트워크가 폐쇄적일수록 작품의 창의성이 떨어진다"라고 연구진은 썼다. 제작진은 새로운 팀원들과 함께 일할 때, 특히 그 팀원이 과거에 매우 다른 분야에서 일한 경험이 있을 때 도움을 받는다. 비중복성 또는 참신함은 획기적인 돌파구를 마련했고 때로는 드라마가 정체기에서 벗어나 창의적인 회복기를 맞이하기도 했다.

새로운 인물들과 함께 일하면 적어도 2가지 이유 때문에 창의력과 관련된 고착 상태에서 벗어날 수 있다. 첫 번째는 새로운 사람이 신선한 아이디어를 가져오기 때문이다. 그들의 창의적 사고는 내용이 다양하고 사람들 사이에서 주고받는 의견이 다른 참신한 아이디어로 떠오른 것이기도 하다. 두 번째 이유는 그냥 분위기를 바꾸는 것만으로도 가치가 있기 때문이다. 오래된 습관을 고수하는 것이 고착 상태에 빠지는 원인 중 하나라면, 새로운 사람을 데려올 경우 억지로라도 새로운 사고방식을 받아들이게 된다. 연구진의 설명에 따르면 이건 단순히 새로운 콘텐츠하고만 관련된 게 아니라 오래된 콘텐츠를 재구성하는 것과도 관련이 있다. 새로운 인물은 "신선한 관점을 받아들이도록 자극해서 제작진이 낡은 개념을 다른 방식으로 활용할 수 있게 된다."

〈닥터 후〉 외의 다른 부분에서도 비중복성의 가치를 계속 확인할 수 있다. 2000년은 픽사 애니메이션 스튜디오의 인기가 최고조에 달했을 때다. 픽사는 1995년부터 1999년까지 〈토이 스토리〉 〈벅스 라이프A Bug's Life〉 〈토이 스토리 2〉를 발표했는데, 이 세 영화는 영화 산업이 애니메이션을 인식하는 방식을 바꿔놓았다. 전통적으로 애니메이션 영화는 아이들을 위한 것이었기에, 어린 관객들에게 어필할 수 있는 2차원 캐릭터를 써서 단순한 아이디어를 다뤘다. 하지만 1995년에 나온 장편 애니메이션 〈토이 스토리〉는 어린이와 어른 모두의 마음을 움직이는 주제를 택해서 양쪽 관객 모두에게 어필했다. 시각 효과가 아주 사실적이지는 않았지만 1990년대 중반 이전까지는 불가능했던 수준으로 입체감과 질감을 잘 살렸다. 1972년에 아카데미 시상식은 영화계에 공헌한 작품을 기리기 위한 특별업적상을 도입했다. 특별업적상은 영화 매체의 기존 경계를 초월한 공로를 인정하기 위해 몇 년에 한 번씩 수여된다. 1977년에는 〈스타워즈〉가 '외계인, 생물체, 로봇 목소리'를 잘 구현해서 상을 받았고, 1990년에는 〈토탈 리콜Total Recall〉이 '시각 효과'로 상을 받았다. 〈토이 스토리〉는 1995년에 '최초의 장편 컴퓨터 애니메이션 영화'로 열다섯 번째 수상작이 되었다.

세 번의 성공을 거둔 픽사는 이미 잘하고 있는 일, 즉 멋지게 렌더링된 애니메이션으로 구현된 훌륭한 스토리를 계속 만드는 것에 만족할 수도 있었다. 하지만 픽사 창립자들은 비중복성을 추구했다.[2] 그들은 스튜디오 사람들이 게을러지거나 안일해질 것을 걱정했다. 그래서 자기들과 매우 다른 방식으로 일하는 브래드 버드Brad Bird라는 외부인을 영입해서 조직에 활기를 불어넣었다. 버드는 픽사의 스티브 잡스, 에드 캣멀Ed Catmull, 존 래시터John Lasseter가 자신에게 접근했을 때를 다음과 같이 회상했다. "그들은 실제로 이렇게 말했습니다. '우리가 유일하게 두려워하는 것은 모든 걸 이해한 것처럼 느끼는 안일함입니다. 그러니 당신이 와서 분위기를 쇄신해주길 바랍니다. 당신이 하는 일이 말이 안 된다고 생각하면 이의를 제기하겠지만 당신이 우릴 설득할 수 있다면 지금까지와 다른 방식으로 일할 겁니다.'"

픽사의 예술가들은 당연히 영화를 위해 만든 모든 이미지가 완전한 상태가 되도록 노력했다. 그들은 순수주의자였다. 이 회사의 시그니처는 놀라운 애니메이션이었기 때문이다. 이건 1995년에 픽사에게 특별업적상을 수여한 아카데미 시상식도 인정한 사실이다. 그래서 애니메이션 제작자들은 특정한 이미지가 완벽하게 완성되지 않았다 싶으면 영화 개봉을 늦추곤 했다.

그런데 버드는 상황을 다르게 바라봤다.

그들이 순수주의를 버리도록 해야 했다. 컴퓨터에서 작업을 마무리하는 데 시간이 너무 오래 걸리면 내가 '편법'을 써서라도 애니메이션을 완성할 생각이라는 걸 알고 난 직원들은 겁에 질렸다. 난 이렇게 말했다. "꼭 컴퓨터 시뮬레이션 프로그램을 이용해서 물을 표현할 필요는 없어요. 프로그램이 제대로 작동하지 않으면 수영장에서 물보라를 촬영해서 그냥 합성하기만 해도 나는 만족합니다." 이 말에 직원들은 아연실색했다. 물론 실제로 수영장 물보라를 촬영한 적은 없다. …… 하지만 이런 식으로 말하면 우리가 모든 각도에서 작동하는 걸 만들 필요가 없다는 걸 이해하는 데 도움이 된다. 모든 샷이 동일하게 만들어지는 건 아니다. 어떤 샷은 완벽해야 하고 어떤 샷은 아주 훌륭해야 하지만 어떤 샷은 분위기를 깨지 않을 정도로만 괜찮으면 된다.

애니메이션 영화 제작 과정을 터득한 버드는 때때로 훌륭한 작품을 제시간에 완성할 수 있는 유일한 방법은 작업을 빨리 진행하는 것임을 깨달았다. 그는 또 비중복성의 가치를 매우 신봉했기 때문에 새로운 애니메이션 제작자를 대거 영입하고 소위 '이단아'가 분위기를 바꾸게 했다. 버드는 "그들 대부분이 불평분자였어요"라고 회상했다. 그들에게는 크고 새로운 아이디어가 있었지만 이미 기존의 방식이 자리잡혀 있었기 때문에 그들의 아이디어를 실행에 옮길 기회가 거의 없었다. "그래서 이단아들에게 자기 이론을 증명할 기회를 줬고 덕분에 이곳에서 많은 일을 진행하는 방식을 바꾸게 되었습니다. …… 이 모든 게 픽사 경영진이 정신 나간 아이디어를 시도해볼 수 있도록 허락해준 덕이죠."

버드가 픽사를 위해 처음 작업한 두 영화가 〈인크레더블〉과 〈라따뚜이Ratatouille〉였다. 〈인크레더블〉은 2004년, 〈라따뚜이〉는 2007년에 아카데미 장편 애니메이션상을 받았다. 특히 〈라따뚜이〉는 버드가 영화 작업을 시작할 때 이미 반쯤 실패한 작품이었다. 주인공 레미를 제외한 모든 쥐가 두 발이 아닌 네 발로 걸어야 한다는 주장을 비롯해 버드가 이룬 수많은 변화가 이 영화의 성공을 이끌었다. 하지만 버드가 업계에서 유명해진 이유는 이단아적인 애니메이터, 즉 다른 감독들이 간과했던 색다른 관점을 지닌 외부인과 함께 일하고 싶다는 열망 때문이었다.

버드는 이단아들은 다르기 때문에 가치가 있는 것이라고 생각했다. 그들이 업계에서 가장 재능 있는 창작자든 아니든 상관없이 그들의 의견 차이 때문에 제작팀은 새로운 관점에서 사물을 바라볼 수밖에 없었다. 버드는 자기 팀이 창작의 벽에 부딪혔을 때 이런 색다른 관점을 장착한 덕에 고착 상태에서 벗어날 수 있었다고 인정했다. 이단아가 주류에서 성공하기 어려운 건 분명하다. 그들은 기존 네트워크의 가장자리에 위치하기 때문에 일반적인 규범과는 다소 느슨하게 연결되는 경향이 있다. 이단아의 주된 역할은 연구진이 긍정적인 충격이라고 부르는 새로운 관점을 제공하는 것이다. 〈닥터 후〉 연구원의 말에 따르면, "기존 네트워크에 새로운 관계가 추가되면 긍정적인 충격이 발생해서 네트워크 안의 개인이 함께 일하고 조율하는 방식을 재고하게 됩니다."

하지만 이단아와 관련된 중요한 사실과 곤경에 처했을 때 항상 외부인에게 조언을 구해야 하는 이유가 있다. 실험 결과 외부인은 아무리 무능한 사람이라도 팀을 발전시키는 것으로 나타났다. 그들이 반드시 귀중한 조언을 해주거나 천재일 필요가 없다. 그냥 남들과 다르기만 하면 된다. 한 연구에 따르면 우리는 최고의 성과를 올리는 사람이 평범한 사람보다 좋은 조언을 해준다고 생각하지만, 사실 그들의 조언은 똑같이 도움이 된다.[3] 단어 순서를 바로 맞추는 퍼즐의 경우(예: MYRDEA라는 문자를 다시 정렬해서 DREAMY로 바꾸는 등) 전문적인 해독가가 평범한 해독가보다 나은 조언을 해줄 거라고 기대할지도 모른다. 하지만 이 작업을 완수할 때와 퍼즐 푸는 방법을 설명할 때는 서로 다른 능력이 필요하다. 뛰어난 사람과 평범한 사람의 유일한 차이는 뛰어난 사람이 유독 조언을 많이 해주는데, 그 조언이 언제나 더 좋은 게 아님에도 우리는 그걸 더 나은 조언이라고 착각한다는 것이다.

또 다른 연구에서는 서로 모르는 사람들끼리 온라인 퍼즐을 풀기 위해 모였다. 그들은 서로 상호작용은 할 수 없었지만 각자 다른 사람의 움직임은 볼 수 있었다. 그 퍼즐은 그룹 전체가 협력해야만 풀 수 있었는데, 꽤 어려운 작업이라서 때때로 실패하기도 했고 해결책을 찾기까지 많은 시도를 해야만 했다. 실험의 한 버전에서는 네트워크 참가자들이 모두 해결책을 찾기 위해 노력하는 인간이었다. 그러나 다른 버전에서는 일부 플레이어가 사실은 '번거로운 봇'이거나 때때로 잘못된 결정을 내리는 인공 지능 에이전트였다. 이 번거로운 봇들은 무능한 이단아였다. 그들의 유일한 역할은 이따금씩 계산되지 않은 행동을 하는 것이었는데 이로 인해 다른 플레이어들은 좌절하면서 퍼즐을 풀기 위한 새로운 전략을 모색할 수밖에 없는 상황이 되었다.

봇은 '번거로울' 때도 있지만 한편으로는 인간 플레이어들이 보다 안정적이고 빠르게 해결책을 찾도록 도와줬다.[4] 연구진은 "그들과 연결된 인간의 임무를 더 쉽게 만들어줄 뿐만 아니라 그룹 내의 다른 인간들과 상호 작용하면서 인간의 게임 플레이에 영향을 미치는 등 많은 이득을 안겨줬다"라고 썼다. 분위기를 바꾸는 사람(혹은 봇)이 남에게 별로 도움이 되지 않거나 유능하지 않더라도 분위기를 바꾸는 것 자체는 가치 있는 일이다. 봇이 주어진 작업을 잘하지 못하는 건 중요하지 않다. 중요한 건 그들이 남들과 다르다는 것이다.

꼼짝할 수 없는 상황에 처했을 때의 대처 방안은 명확하다. 다른 새로운 사람과 자신의 상황을 공유하는 것이다. 현명한 전문가와 상의하는 것도 좋지만 딱히 그렇지 못하더라도 그냥 새로운 사람에게 말하는 것만으로도 가치가 있다. 우리는 자신의 습관과 패턴을 알아차리지 못하는 경향이 있는데 애초에 우리를 고착 상태에 빠뜨린 게 바로 그런 습관과 패턴이다. 기존 인물과는 달리 외부인은 우리로 하여금 타성에 빠지지 않도록 하기 때문에 그동안 잠재되거나 숨어 있던 아이디어가 겉으로 드러난다.

다양성이 성과를 이끈다

비중복성보다 좀 더 친숙한 용어는 다양성이다. 중복되지 않는 외부인과 많이 상담할수록 다양한 조언을 들을 수 있고 개인의 완고한 기본값을 넘어설 가능성이 높아진다. 인간은 수천 년 동안 꼼짝 못 하는 상황에 처했다가 빠져나오기를 반복했지만, 그 대부분의 시간 동안 규모가 작고 비슷한 생각을 가진 동종 집단 안에서 장애물과 씨름했다. 이런 집단 구성원은 서로를 너무 잘 알고 가까운 곳에 사는 경우가 많기 때문에 그만큼 다양성이 부족했다.

시행착오보다 과학적인 방법을 선호하기 시작한 뒤에도 연구팀은 동질성을 유지했다. 그들은 대부분 나이가 많고 부유하며 관습적인 교육을 받은 백인 남성으로 구성되어 있었다. 1980년대와 90년대 들어 의료계에 진출하는 여성이 많아지면서 골다공증, 완경, 유방암 등 여성에게 영향을 미치는 질병과 건강 문제로 관심이 옮겨갔다.[5] 이런 변화의 일부는 의학 연구팀에 속한 여성들이 남성 연구자들은 거의 관심을 갖지 않던 새로운 방향으로 팀을 끌고 갔기 때문이다. 이전까지는 심지어 인간의 행동을 조사하기 위해 고안된 의학 실험마저도 남성에게 초점을 맞추는 경향이 있었다. 1958년에 시작된 볼티모어 노화 종단 연구는 '일반적인 인간 노화'를 탐구하기 위해 고안되었지만 처음 20년 동안은 남성 참가자만 모집했다. 또 의사건강연구의 연구진은 매일 적은 양의 아스피린을 복용하면 심장병을 줄일 수 있다고 권고했지만, 이 결론 또한 2만 2000명의 남성 참가자에게서 얻은 데이터만을 바탕으로 한 것일 뿐 여성 대상의 연구는 전혀 진행되지 않았다. 1982년의 다중 위험 요인 조절 실험(MRFIT이라고 줄여서 부른다)에서도 식단과 운동이 심장 질환에 미치는 영향을 탐구했지만, 실험 참가자는 1만 3000명의 남성뿐이었다.

한 연구팀은 이렇게 흩어져 있는 사례에 불만을 품고, 의학 연구팀의 성별 다양성과 혁신성 사이의 관계를 탐구하기 위해 거의 700만 개 가까운 출판물을 샅샅이 뒤졌다. 그 논문은 2000~2019년 사이에 총 700만 명의 의학자들이 1만 5000개의 저널에 기고한 것이다. 학문 분야에서는 시간이 지날수록 반향실 효과가 발생하는 경향이 있다. 동일한 소규모 연구진이 서로의 연구 결과를 인용하면서 갈수록 협소한 질문을 던지며 조금씩 발전해가는 것이다. 하나의 거대한 지적 도약이 수백 수천 개의 관련 논문을 낳고 결국 이로 인해 해당 분야에 지적 장애물이 생긴다. 반면 고착되지 않은 분야에서는 관련 분야의 새로운 연구자를 유입시키고 중복되지 않은 연구자의 논문을 인용하면서 반향실 효과가 생기는 걸 피한다. 다양성을 조사한 연구진은 남성과 여성 연구원이 골고루 포함된 팀이 새로운 연구를 통해서 새로운 분야의 새로운 연구원들을 끌어들일 가능성이 높다는 걸 발견했다. 또 구성원이 다양한 팀은 남들에게 중대한 영향을 미칠 가능성도 높았다. 혼성 연구원으로 구성된 대규모 팀은 단일 성별로 구성된 대규모 팀보다 '히트' 논문을 16퍼센트 자주 발표했다.

이는 비즈니스 업계도 마찬가지다.[6] 한 연구에서 35개국의 24개 산업 분야에 종사하는 1000개 이상의 기업들의 성과를 조사한 결과,

성별 다양성을 지지하는 국가와 기업의 성과 간에 긴밀한 연관성이 있다는 걸 발견했다. 스타트업 기업가들을 성별이 다양한 팀이나 성별이 동일한 팀에서 일하도록 무작위로 할당한 두 번째 연구팀은 다양성이 혁신을 주도한다는 사실을 확인했다. 1년 동안 살펴본 결과 성별 분포가 거의 균등한 팀이 성별 분포가 불균형한 팀보다 성과가 좋았다. 세 번째 과학자팀은 실험 참가자들을 성별이 다양한 팀 또는 다양하지 않은 팀에서 일하도록 무작위로 배정했다. 그리고 이들 역시 다양성이 혁신을 주도한다는 걸 알아냈다. 다양성은 그룹, 팀, 회사, 심지어 분야 전체의 발전을 저해하는 헤어나오기 힘든 상황을 피하게 해준다.

전 NBA 농구 선수 셰인 베티에Shane Battier는 다양성을 통해 곤경에서 벗어날 수 있음을 증명한 훌륭한 사례 연구 중 하나다.[7] 2001년부터 2014년까지 NBA에서 뛰었던 베티에는 많은 면에서 특이했다. 농구와 관련된 전통적인 측정 기준으로 따지면 그는 평범한 축에 속했다. 마이클 루이스Michael Lewis는 《뉴욕타임스매거진New York Times Magazine》에서 베티에에 대해 "그는 득점을 많이 하거나 리바운드를 많이 잡거나 블록이나 스틸, 어시스트를 많이 하지 않았다"라고 썼다. 베티에가 휴스턴 로키츠Houston Rockets에서 뛰었을 때 그 팀 단장은 베티에를 가리켜 "기껏해야 대수롭지 않은 NBA 선수에 불과합니다"라고 말했다.

하지만 베티에는 다른 부분에서 여느 NBA 선수들과 달랐다. NBA 선수들은 대부분 총명하지만 베티에는 학자였다. 그는 디트로이트 컨트리 데이 스쿨을 평점 3.96으로 졸업했고 다방면에서 뛰어난 덕에 교장상까지 받았다. 매 경기 전에는 코치가 상대 팀에 대한 정보(각 선수가 득점할 가능성이 가장 높은 곳과 낮은 곳, 가장 강한 숏과 약한 숏 등)를 알려줬다. "베티에는 우리가 그런 정보를 알려주는 유일한 선수"라고 코치는 말했다. "우리는 그에게 엄청난 분량의 데이터를 주고 체로 걸러내게 합니다. 대부분의 농구 선수는 골프 선수와 비슷하거든요. 그들이 생각에 잠긴 채로 클럽을 휘두르는 걸 바라지는 않을 테니까요."

배티에는 밤마다 자료를 뒤지면서 상대편의 특이점을 활용하는 법을 배웠다. 그는 특정 팀이 한두 명의 선수에게 의존한다는 걸 깨닫고 수비를 통해 그 선수들을 무력화시키는 방법을 고민하며 시간을 보냈다. 또 특정 선수는 오른쪽보다 왼쪽에서 숏을 잘 쏘니까 그 선수를 오른쪽으로 몰아넣어야 한다는 것도 깨달았다. 그는 두루 통용되는 방식으로 경기를 하는 게 아니라 특이하고 남다른 방식으로 플레이를 하면서 팀 동료들에게 더 많은 공간을 제공했다. 베티에는 모든 상대 선수를 이용 가능한 약점을 지닌 별개의 도전으로 받아들였다. 세부 사항에 대한 이런 관심은 배티에의 비범한 이타심과 딱 들어맞았다. 대부분의 프로 선수들은 자기 중심적이지만 베티에는 늘 팀을 최우선으로 생각하는 모습을 보였다. 그는 매일같이 본인의 스탯은 악화되더라도 자기 팀이 추가적인 점수를 얻을 수 있는 전략을 택했다. 그의 사심 없는 행동이 미치는 영향을 데이터로 측정하기는 어려웠다. 기존의 통계에는 '사심 없는 행동'이 포착되지 않기 때문이다. 그가 코트 위에서 부리는 마법을 포착하려면 다른 스탯, 즉 플러스-마이너스라고 하는

지표를 개발해야 했다.

플러스-마이너스는 특정 선수가 코트에 있을 때 팀의 점수에 어떤 영향을 미치는지 측정한다. 예를 들어 플러스-마이너스 5는 그 선수가 코트에 있을 때 그의 팀이 상대 팀보다 5점 더 득점하는 경향이 있음을 뜻한다. 당연히 리그에 속한 모든 선수의 평균점은 항상 0이어야 한다. 한 시즌 동안 주전 선수는 플러스 2, 올스타 선정 선수는 플러스 4, 올-NBA 선정 선수는 플러스 6을 기록할 수 있는데 베티에도 경력 전반에 걸쳐 평균 플러스 6을 기록했다. 성적이 좋았던 해에는 플러스-마이너스가 10을 넘었는데 이는 마이클 조던Michael Jordan과 르브론 제임스LeBron James의 전성기 점수와 맞먹는다. 베티에의 플러스-마이너스 점수는 천문학적이었는데 특히 평범한 수준이었던 그의 다른 스탯과 비교하면 더욱 그렇다. "난 그를 레고라고 부릅니다." 로키츠의 코치는 이렇게 말했다. "그가 코트에 있으면 모든 조각이 서로 맞춰지기 시작합니다." 통계적으로 볼 때 코트에 플러스 6 선수가 있고 없고에 따라 한 시즌에 60승을 기록하느냐 40승을 기록하느냐가 나뉜다. 이건 2가지 중요한 면에서 뛰어난 선수를 뛰게 했을 때 생기는 효과다. 그는 수비를 통해 상대방을 좌절시키는 방법을 리그의 어떤 선수보다 잘 알고 있었고 또한 매우 이타적이었다.

다음과 같은 예를 통해서도 베티에가 뛰어난 정체 탈피 효과를 발휘했음을 알 수 있다. 그가 멤피스 그리즐리스Memphis Grizzlies에 드래프트되었을 때 그리즐리스는 전체 경기 중 28퍼센트만 이기고 있었다. 베티에가 팀에서 뛴 지 3년째 되던 해에는 61퍼센트를 이겼다. 그런 뒤 베티에는 41퍼센트의 승률을 기록한 로키츠로 이적했다. 베티에가 로키츠에서 뛴 첫 번째 시즌에 승률이 63퍼센트로 올랐고 그 다음 시즌에는 67퍼센트가 되었다. 그 시즌에 로키츠는 22연승을 기록했는데 그보다 많은 연승을 기록한 팀은 75년의 NBA 리그 역사상 단 세 팀뿐이다. 베티에의 팀은 그가 경기에 나설 때 더 많은 승리를 기록했고, 심지어 스탯이 베티에보다 훨씬 뛰어난 올스타 선수들이 포진한 강팀들도 그가 있으면 어려움을 겪는 모습을 보였다. 이런 상황이 생긴 건 선수로서 베티에가 지닌 별난 특성 때문이다. 그는 현재의 상황에서 벗어나기 위해 노력했고 팀원들도 정체를 깨고 더 효과적으로 경기를 할 수 있게 도와줬다.

베티에는 그의 팀에는 분명 선물이었지만 자칫 결속력을 손상시킬 위험 요인이기도 했다. 농구 코트에 베티에 같은 선수가 5명 있어서 각자 다른 선수들과 완전히 다른 방식으로 경기를 한다고 상상해보자. 베티에는 팀 분위기를 바꾸고 전통적인 방식으로 플레이하는 동료들이 가장 잘하는 걸 할 수 있도록 길을 열어줬지만, 베티에 같은 선수 5명으로는 훌륭한 팀을 만들지 못한다. 단지 비중복성을 넘어서는 다양성이 강조되는 이유이기도 하다.

집단지성을 활용하라

다양한 아이디어가 언제 가장 유용한지에 대한 연구는 이미 넘쳐난다.[8] 결론적으로 이 연구 결과는 작업이 복잡할 때, 습관과 고착된 전략에 저항할 수 있을 만큼 참신할 때, 문제 해결과 혁신, 창의성이 필요할 때 다양성이 특히 도움이 된다는 주장에 동의한다. 이 기준은 혁신에 의존하는 거의 모든 작업에 해당된다. 난제는 과거에 효과가 있었던 검증된 방법에 좌절스러울 정도로 저항하므로 이를 극복하려면 창의성과 혁신이 필요하다.

진단이 미확정된 질병을 앓는 사람을 예로 들어보자. 이 사람은 병원에 수십 번씩 드나들면서 10만 달러를 썼지만 확실한 진단을 받지 못했다. 이건 기업가 재러드 헤이먼Jared Heyman이 희귀한 유전 질환으로 3년간 병상에 누워 지낸 자기 여동생에 대해서 했던 이야기다. 다행히 그녀는 다양한 분야의 전문가들이 모인 대규모 집단의 관심을 끌었다. 결국 그들이 진단명을 찾아냈고 헤이먼은 여기서 영감을 받아 2012년에 크라우드메드CrowdMed를 설립하게 되었다.[9]

위키피디아Wikipedia가 백과사전 집필을 집단 작업으로 바꾼 것처럼 크라우드메드는 헤이먼의 경험을 대규모로 복제해서 진단을 크라우드소싱 작업으로 전환했다. 이 서비스에 가입한 환자들은 매달 사용료를 내고 자신의 의료 기록을 공유한 뒤, 크라우드메드에 소속된 1만 명의 '탐정'들이 문제를 진단해주기를 기다린다. 이 서비스에 따르면 크라우드메드의 특이한 점은 형사들 넷 중 하나는 '의학계에서 일하거나 의학 공부를 한 적이' 없다는 것이다. 이런 비중복적이고 별난 소수가 플랫폼 성공의 비결이다. 이 회사 CEO인 다니엘 존스Danyell Jones는 "사실 이건 다분히 의도적이다. 반직관적인 태도로 들리겠지만 이런 다양성은 중요하다. 기존의 의학계에서 찾아낸 결과에 오류가 있다면 이는 정형화된 진료 체계에서 발생하는 중복의 오류일 수밖에 없기 때문이다"라고 말한다. 이 소수의 탐정들은 '침술사' '청각학자' '치과의사' '교육 심리학자' '족부 의학 전문의' '전문 임상 상담사' '언어 병리학자' 등 서로 별 관계가 없는 직업에 종사한다.

탐정으로 등극하려면 몇 단계 심사를 거쳐야 하고 가치 있는 제안을 한 사람은 보너스를 받는다. 진단과 관련된 미스터리를 해결하면 현금 보상을 받고 사이트에서 등급이 높아진다. 크라우드메드는 각 사례마다 철저한 심사를 거친 담당자를 지정해서 신빙성 없는 제안을 할 가능성을 최소화한다. 크라우드메드 이용자 중 일부는 제안된 진단 중 가장 가능성이 높은 것에 베팅하는데, 특허까지 등록한 이 베팅 과정을 통해 우수한 결과가 나오는 경향이 있다. 플랫폼 사이트는 "우리에게 의료 진단을 받은 환자의 75퍼센트 이상이 의사를 통해 최종적으로 크라우드메드의 진단이 정확하다는 확인을 받았다고 말한다. 이게 바로 우리가 성공했다는 증거다"라고 주장한다. 2013년 5월부터 2015년 4월까지 이 사이트에 대해 진행된 독립적인 학술 평가에서도 비슷한 결과가 나왔다. 거의 400명이 이 사이트를 통해 진단을 받았는데 그들 대부분은 이미 다섯 곳 이상의 병원에 가서 1만 달러 이상의 의료비를 지출한 상태였다. 하지만 이 프로그램에 참여함으로써 대부분이 크라우드소싱을 통해 올바른 진단에 더 가까이 다가갈 수 있는 통찰력을 얻었다고 보고했다.

더 이상 확실한 진단 채널이 없다고 판단되기 전에는 크라우드메드로 눈을 돌리는 일이 없겠지만, 데이터에서 알 수 있듯이 애초에 크라우드메드는 오도 가도 못 하는 상황에 처한 이들을 위한 것이다. 이 환자들은 몇 년간 고통을 겪었기 때문에 올바른 해결책에 목말라 있다. 이들이 명확한 진단 근거를 원하는 건 아니다. 답이 명백했다면 이미 다른 의사가 답을 찾았을 것이기 때문이다.

크라우드소싱이 문제 해결사 역할을 하는 건 그렇게 새로운 현상이 아니다. 1714년 영국 정부는 바다에서 선박의 위치를 추적할 수 있는 간단한 방법을 제시하는 시민들에게 상금을 줬다. 제안한 값이 평균 수준에 그칠 때는 1만 파운드(현재 가치로 약 150만 파운드)의 상금을 받았고, 오차 범위가 56킬로미터 이내로 정확한 경우에는 2만 파운드를 받았다. 이런 크라우드소싱이 가능했던 이유는 18세기에 군중에게 다가갈 수 있는 몇 안 되는 기관 중 하나인 정부가 운영했기 때문이다.

오늘날처럼 일반인까지 크라우드소싱이 가능했던 적은 없다. 요즘에는 거의 누구나 인터넷을 통해 군중을 모집할 수 있기 때문이다. 메타필터MetaFilter, 애스크닷컴Ask.com, 아마존 메커니컬 터크Amazon Mechanical Turk, 레딧Reddit 같은 사이트는 수백만 개의 질문에 수십억 명의 시선이 쏠리는데 그중 많은 질문은 고착 상태에 빠져 좌절한 사람들의 애원에 가깝다. 심지어 지미 초이Jimmy Choi의 경우처럼 딱히 해결책을 찾지 않던 사람도 크라우드소싱에서 얻은 조언을 통해 좌절을 극복하는 경우가 있다. 초이는 조기 발병한 파킨슨병을 앓고 있는 엘리트 운동선수다. 틱톡TikTok 팔로워 수가 20만 명이 넘는 그는 그곳에서 자신의 인상적인 보디빌딩과 운동선수로서의 업적, 그리고 일상 속에서의 파킨슨병 경험을 기록한 동영상을 공유한다. 2020년 12월 27일, 초이는 플라스틱 통에 담긴 작은 알약을 집으려고 애쓰는 자기 손에 초점을 맞춘 짧은 영상을 게시했다. 이 영상에는 다음과 같은 자막이 달려 있었다.[10]

제약회사 임원: "이제부터 파킨슨병 환자를 위한 알약은 최대한 작게 만들자고!"
제약회사들아 …… 우리를 좀 알려고 해봐! 파킨슨병 인식을 높이려는 분들에게는 미안하지만 가끔 몸을 움직이려고 할 때마다 화가 치밀어 오른다고!!

초이의 게시물은 디자이너와 엔지니어 수십 명의 관심을 끌었다. 그들은 곧 파킨슨병 환자를 위해 더 나은 약병을 디자인하기에 이르렀는데, 그중 한 명이 브라이언 알드리지Brian Alldridge다. 그는 그래픽 디자이너로 많은 경험을 쌓은 비디오 예술가였지만 제품 디자인 경험은 없었다. 그럼에도 숱한 노력 끝에 결국 3D 인쇄가 가능한 제법 쓸 만한 약병을 고안해냈다. 작동 원리는 간단했다. 알약이 병 밑부분에 있는 작은 공간에 떨어지면 수직 튜브가 회전하면서 그 부분 위로 올라와서 환자가 보드카를 들이키듯이 알약을 먹을 수 있는 구조였다. 알드리지는 3D 프린터를 사용해본 경험이 거의 없었기 때문에 병을 만들려는 그의 첫 번째 시도는 실패했다. 그리고 바로 여기서 크라우드소싱의 마법이 시작되었다. 안토니 샌더슨Antony Sanderson을 비롯해 틱톡의 3D 프린팅 애호가들이 작업을 이어받았다. 샌더슨은 이 프로젝트에 몇 시간을 매달려서 결국 제대로 작동하는 시제품을 만들었다. 그리고 다른 이들의 도움과 함께 약이 쏟아지는 걸 방지하기 위해 병에 4분의 1 회전을 추가하는 등 디자인의 세부적인 부분을 손봤다.

초이는 최종적으로 완성된 제품에 만족했다. 그는 이 병을 사용하면 "불안감이 사라진다"라고 말했다. "시간은 좀 걸리지만 공공장소에서 알약을 바닥에 쏟을 위험이 거의 없다." 이 병은 현재 엣시Etsy라는 전자상거래 사이트에서 5달러에 구입할 수 있으며 판매액은 전액 마이클 J. 폭스 파킨슨병 재단Michael J. Fox Foundation for Parkinson's Research에 기부된다. 알드리지는 제품 특허를 출원해서 일반에 공개할 계획이다.

자문자답도 방법이다

지미 초이는 운 좋게도 도움을 줄 수 있는 사람들의 관심을 끌었지만, 이렇게 딱 맞는 불특정 다수를 만나는 게 쉬운 일은 아니다. 이런저런 이유 때문에 혼자 힘으로 고착 상태에서 빠져나와야 하는 경우가 있게 마련이다. 하지만 혼자서도 다양한 정보를 시뮬레이션할 수 있는 방법이 있다. 바로 '내부 군중'의 지혜를 빌리는 것이다.

이 장의 내용은 대부분 군중이 개인보다 현명하다는 생각을 바탕으로 하는데, 특히 군중 구성원이 다양할 때는 더 그렇다. 크라우드메드 CEO의 말처럼 획일적인 집단은 동일한 오류를 반복하기 때문에 까다로운 문제를 해결하기보다 더 복잡하게 만들 가능성이 높다. 우리 각자는 한 명의 인간이기 때문에 당연히 '다양성'과는 거리가 매우 멀다. 우리는 자기 삶의 경험, 성격, 재능, 단점 등을 통해 만들어진 하나의 렌즈를 통해 모든 문제를 바라본다. 하루아침에 새로운 전문성을 개발하거나 어떤 편견이나 태도를 방해가 된다는 이유로 당장 떨쳐버릴 수는 없다. 하지만 자신을 곤경에 빠뜨릴 위험이 있는 편견과 태도를 알아내서 이를 바탕으로 렌즈 초점을 다시 맞추는 건 가능하다.

자가 점검을 위한 방법 중 하나는 스스로가 자신의 치료사가 되는 것이다.[11] 2019년에 한 심리학자팀에서 사용자 본인 몸의 아바타(이상하게 실제처럼 보이는)와 지그문트 프로이트Sigmund Freud의 아바타 사이를 오갈 수 있는 가상 현실 환경을 만들었다. 특유의 흰 수염을 기른 프로이트 아바타는 회색 양복에 가는 검은색 넥타이를 맨 차림으로 연구 참가자의 맞은편에 앉아 있다. 세션을 시작하기 전에 참가자들은 해결하고 싶은 문제를 공유했다. 가장 일반적인 난제는 사회적 불안, 가족 문제, 직장 문제 등이었다. 예를 들면 이런 식이었다.

"사람들 앞에서 이야기하다보면 긴장해서 어쩔 줄 모르게 되고 일이 잘 풀리지 않을 것 같다는 기분이 든다. 그래서 손을 가만히 두질 못하고 손바닥에는 땀이 차는데 이런 감정을 다스리고 싶다."
"취업해야 한다는 생각을 할 때마다 극심한 불안을 느낀다. 내가 모르는 직업에 직면할 준비가 안 된 것 같다."

연구 참가자 중 절반은 프로이트 아바타가 자기 문제를 좀 더 신중하게 고려하라는 지침을 전달하는 동안 자기 아바타 역할에 머물러 있었다. 프로이트 아바타는 문제를 자세히 설명해달라고 했고 곧이어 그 문제를 새로운 관점에서 생각해보라고 했다.

프로이트의 역할과 자신의 역할을 번갈아 수행한 나머지 절반은 마치 방에 두 사람이 있는 것처럼 효과적으로 자신과 소통했다(플랫폼 측에서는 다른 사람에게 말하는 느낌을 제대로 내려고 프로이트를 연기할 때 그들의 목소리를 바꿨다).

자신과 프로이트의 아바타를 오가는 상황을 겪은 참가자들은 그 경험에 감동했다. 일주일 뒤 그들은 실험실을 다시 찾아서 그 대화가 자신에게 어떤 영향을 미쳤는지 이야기했다. 프로이트의 아바타와 일반적인 형태의 대화를 나눈 사람들에 비해 직접 프로이트 역할을 해본 이들은 상담 세션 뒤에 전과 다르게 행동하게 됐다고 보고할 가능성이 3배 더 높았다. 문제가 부분적으로나마 해결됐다고 느낄 가능성은 4배 더 높고, 문제 해결에 더 집중하게 됐다고 말하는 이들도 2배나 많았다.

이 경험을 재현하는 데 가상 현실이라는 조건은 크게 중요하지 않다. 필요한 건 자신과의 대화인데 이때 대화의 두 번째 당사자는 첫 번째 당사자에게 일부러 반대 입장을 취해야 한다. 당신이 처한 상황이 다른 사람 탓이라고 생각한다면, 비판하는 입장에 놓인 자아가 여러분에게 이 상황에서의 역할을 다시 생각해보라고 요구할 수 있다. 불안하거나 두렵다면 그 자아는 "일어날 수 있는 최악의 일은 무엇인가?"라고 물을 것이다. 이 경험이 유용한 이유 중 하나는 이인칭 시점에서 상황을 바라보면 당신을 곤경에 빠뜨리는 많은 감정적 짐에서 벗어날 수 있기 때문이다. 본인의 입장에 있을 때보다 가상의 치료사 입장이 되면 더 합리적이고 초연해질 수 있다.

프로이트 실험은 진행하기 어렵고 비용도 많이 든다는 점을 고려해 연구진은 60명 미만의 참가자를 모집했다. 그러나 대규모 연구에서도 비슷한 결과가 나왔다. 2008년에 인지 심리학자 2명이 '내부 군중의 지혜wisdom of inner crowds' 가설을 제시하면서 사람들에게 똑같은 추정을 두 번 하게 하자 그 추정치의 평균이 한 번만 추정했을 때보다 더 정확했다.[12] 그들은 전 세계 공항의 몇 퍼센트가 미국에 있을까? 세계 성인 인구의 몇 퍼센트가 읽고 쓸 수 있을까? 같은 질문을 했다. 이 연구 참가자 중 절반은 첫 번째 추정 직후에 두 번째 추정을 했고, 나머지 절반은 3주 뒤에 두 번째 추정을 했다. 첫 번째 추정치를 잊어버리면 두 번째 추정치는 완전히 다른 사람이 한 것처럼 독립된 결과가 나오기 때문에 시간 지연은 중요하다. 연이어서 추정한 2가지 답변의 평균은 단독 답변보다 6퍼센트 정확한 반면, 3주의 간격을 두고 추정한 2가지 답변의 평균은 단독 답변보다 16퍼센트 더 정확했다.

2022년에 발표된 후속 실험에서도 비슷한 결과가 나왔다. 성인 6000명에게 2가지 추정치를 이야기하게 했는데, 이때 첫 번째 추정치가 자기와 의견이 다른 사람이 말한 것이라고 상상했을 때, 평균적으로 더 정확한 결과가 나왔다. 이런 의견 차이를 염두에 두게 하자 자기가 처음에 잘못 생각했을지도 모른다고 여기면서 초반의 편견과 오해 중 일부를 극복하게 되었다.

내부 군중의 지혜는 최후의 수단이지만, 다른 사람과 상담할 때도 한 명 이상과 이야기하는 게 훨씬 효과적이다. 연구진은 자신에게 똑같은 질문을 두 번 던져서 얻은 답은 자신의 답과 무작위로 고른 다른 사람의 답을 결합시켰을 때에 비해 정확도가 10퍼센트밖에 안 되고, 3주 뒤에 본인이 두 번째 답을 했을 때에 비하면 정확도가 3분의 1 정도라고 계산했다. 문제는 시간이 지난 뒤에 재검토한 답도 여전히 첫 번째 답변과 일정 부분 겹친다는 것이다. 당신은 3주 뒤에도 계속 같은 사람이기 때문에 당시의 편견과 결점이 그대로 남아 있을 것이다.

이 연구를 토대로 삼은 다른 연구자들은 어떻게 하면 우리 내부의 군중과 잘 상의할 수 있을지 궁금해했다. 자신을 둘로 나눴을 때 다음과 같이 물어보자.

첫째, 자신의 첫 번째 추정치가 정확하지 않다고 가정한다.

둘째, 왜 그렇게 됐는지 이유를 몇 가지 생각한다. 어떤 추정과 고려가 잘못되었을지 추정해본다.

셋째, 이런 새로운 고려 사항이 의미하는 바가 무엇인지 생각한다. 첫 번째 추정치가 너무 높았는지 아니면 너무 낮았는지 생각해보자.

넷째, 새로운 관점을 바탕으로 다른 내용으로 두 번째 추정을 시작한다.

이 방식은 숫자 없이도 써먹을 수 있다. 다른 연구에서는 참가자들에게 자신의 원래 견해와 반대되는 걸 고려해보라고 하거나 '잠시 자기가 틀렸다고 상상한다면 정확히 어떻게 틀렸겠는가?' 같은 질문을 했다. 내부 군중과 상담할 때는 극복해야 할 난제에 맞게 질문을 조정하는 식으로 융통성을 발휘할 수 있다. 후속 답변이 첫 번째 시도보다 괜찮은 경우도 있기 때문에 종종 재고할 가치가 있다.

한 실험에서 참가자들에게 새로운 운동 기구 4가지를 발명해보라고 요청했다. 참가자들은 자신의 첫 번째 아이디어가 최고라고 여기는 경향이 있었지만 별도의 소비자 패널은 대부분 두 번째 아이디어가 첫 번째 아이디어보다 우수하다고 평가했다. 두 번째가 더 추상적이고 특이하며 여러 가지 면에서 더 놀라웠다. 발명가들이 운동 기구의 본질에 대한 기존의 생각을 넘어서야 했기 때문이다.

◆ ◆ ◆

인간이 수천 년 동안 무리를 이루어 번창한 건 우연이 아니다. 부족이든 거대 도시든 우리는 이웃의 약점을 보완해주고 이웃은 우리 약점을 보완해주기 때문에 함께 있을 때 무엇이든 잘 이겨낼 수 있다. 문제가 복잡하고 까다로울수록 또 정보가 다양할수록 군중의 가치는 높아진다. 진짜 군중이 없더라도 자신에게 똑같은 질문을 두 번 던지는 게 첫 번째 본능에만 의존하는 것보다 낫다.

자신에게 똑같은 질문을 두 번 던지는 건 쉽지만 본능에 의문을 제기하는 사람은 거의 없을 것이다. 그 순간 안내를 받거나 재고하도록 배워야 한다. 그러나 우리 중에는 모든 난제가 성공으로 향하는 길을 정하기 전에, 여러 가지 대안을 기꺼이 시험할 기회로 여기는 자발적인 실험자들이 있다. 다음에 이어질 세 챕터에서는 이들이 다른 사람들과 다른 점은 무엇인지, 왜 그들은 정체에 빠지는 일이 비교적 드물고 빨리 빠져나오는 경향이 있는지, 그리고 문제를 헤쳐나가는 그들의 방식에서 무엇을 배울 수 있는지 살펴본다. 그중 첫 번째는 1988년에 미국 올림픽팀에 도전한 데이브 버코프Dave Berkoff라는 선수다.

key point

- 가급적 많은 사람들의 의견을 들어보자. 초보자와 검증되지 않은 외부인이라도 그가 가진 다양성의 가치를 존중하자.

- 뛰어난 이단아를 영입하자. 우수한 사내 전문가들이 이미 한두 번 실패한 후에는 특히 더 나을 가능성이 높다.

- 간단한 작업은 방법 하나만으로도 해결할 수 있지만, 복잡한 작업은 크라우드소싱을 활용하자.

- 나만의 심리 치료사가 되는 법을 배우자. 타인이 할 수 있는 방식으로 자신의 결정에 의문을 제기하는 것이다. 이를 매번 다른 시각으로 바라보며 답하는 연습을 해보자.

4부

행동의 돌파구

습관부터 바꿔라

10장

새로움을 추구하라

콤플렉스도 실험 정신으로 극복할 수 있다

남자 엘리트 수영 선수들은 일반적으로 키가 크고 어깨가 넓으며 자기 일에 몰두한다.[1] 세계 기록을 세운 선수들은 평균 몸무게가 91킬로그램이고 키는 191센티미터 이상이다. 그들은 훈련 세션당 최대 19킬로미터까지 헤엄을 치고 일주일에 열 번씩 수영을 하며 종종 하루 두 차례의 운동 중 첫 번째 운동을 새벽 4시에 시작한다. 수영을 하지 않을 때는 체력 단련을 하고는 식사를 하거나 잠을 자는 패턴을 반복한다.

1980년대 중반에 야심 찬 대학 배영 선수였던 데이브 버코프는 수영 선수들의 이런 타고난 신체 조건과 획일화된 연습 패턴을 큰 걸

림돌로 여겼다.[2] 버코프는 대부분의 엘리트 수영 선수들보다 키가 10 센티미터 이상 작고 체중은 18킬로그램이나 덜 나갔으며 결정적으로 수영 연습을 싫어했다. 1988년에 버코프를 만난 호주 수영 코치 로리 로렌스Laurie Lawrence는 버코프가 수영장 주변을 돌아다니는 거인들보다 훨씬 작은 걸 보고 놀랐다.[3] 로렌스는 이렇게 말했다. "그 아이는 상당히 작았어요. 여자들의 눈길을 전혀 끌지 못할 정도로 왜소한 체격이었죠. 그래서 '이 녀석은 여기 있으면 안 돼'라고 생각했습니다."

수영으로 유명한 일류 대학들의 선수 스카우터들은 버코프를 무시했고 그래서 그는 수영 실력이 아닌 뛰어난 성적을 이용해 하버드에 입학했다. "나는 뛰어난 신입생은 아니었습니다"라고 버코프는 말했다. "고등학교 시절 수영 경력은 괜찮은 편이었지만 그렇다고 아주 훌륭한 정도는 아니었기에 많은 관심을 받지 못했습니다." 하버드의 학업 프로그램 자체는 훌륭하지만, 엘리트 수영 선수들에게는 예외였다. "하버드는 운동 선수에게 장학금을 주지 않는 학교였어요. 그곳에 간 건 팀의 일원이 되고 싶어서지 돈을 준다고 해서가 아니었어요." 버코프의 말이다. 이런 어려움에도 불구하고 버코프는 1988년 서울 올림픽 때 미국 배영 선수단에 뽑히길 꿈꿨다.

그럼에도 버코프는 경쟁심이 왕성하지 않았고 신체 조건도 불리한 상황을 극복하지 못해 실의에 빠져 있었다. "수영은 지루했습니다. 난 연습하는 데 어려움을 겪었지만 코치들은 항상 내가 더 열심히 노력하길 원했어요." 한동안 버코프는 미국 배영 선수들 중에서 5~6위를 기록했는데 꽤 좋은 성적이었지만 올림픽팀에 들어갈 정도는 아니었다. 이런 간극 때문에 그의 연습 의지는 더 약화됐다. 만약 해결책이 있다면 버코프에게 훈련 동기를 부여하는 동시에 신체 조건을 초월할 수 있게 해주는 그런 해결책이어야만 했다.

여러 가지 단점에도 불구하고 버코프는 만족할 줄 모르는 호기심을 가지고 있었고, 실험에 개방적이었다. 다른 수영 선수들은 기본적으로 당시에 지배적인 기술을 사용했지만 버코프는 모든 것에 의문을 제기하는 성향이 있었다. 더 좋은 기술을 찾을 수 있다면 왜 다른 사람과 똑같은 기술을 써서 수영을 더 잘하려고 애쓰겠는가? 실험을 대하는 버코프의 이런 태도는 하버드의 혁신적인 코치 조 버날Joe Bernal과도 잘 맞았다. 버코프가 새로운 기술을 시도하는 건 좋아하지만 연습은 싫어한다는 걸 알게 된 버날은 긴 연습 시간이 끝난 뒤에 새로운 기술을 가르치는 방법으로 그가 훈련에 더 집중하도록 독려했다. 그들은 함께 다양한 실험을 통해 버코프의 기술을 개선해나갔다.

"조는 새로운 기술을 실험하기 위해 기꺼이 시간을 쏟는 그런 코치였습니다"라고 버코프는 회상했다. "그는 우리에게 '남보다 우위를 차지하고 싶으면 뭔가를 해야 한다'라고 말했어요." 먼저 경기 출발점부터 시작해서 전체적인 과정을 각각의 구성 요소로 세분화했다. 배영 선수는 물속에서 짧은 시간을 보내는 것부터 시작하는데 버코프는 수영 선수의 몸이 완전히 물에 잠겨 있으면 물 위에서 수영할 때보다 속도가 82퍼센트 빨라진다고 계산했다. 1000분의 1초 단위로 순위가 결정되는 스포츠에서 82퍼센트의 차이는 실로 엄청난 것이다. 버코프는 돌파구를 마련하려면 최대한 많은 시간을 물속에서 보내야 한다고 판단했다.

　물속에서 시간을 보낸다는 건 쉬운 일처럼 들리지만 몇 초 이상 잠수할 때마다 몸이 반발했기 때문에 버코프는 그 기술을 거의 포기했다. 사람의 몸은 물에 잠기자마자 다시 떠오르기 시작한다. 신선한 산소를 공급받지 못하면 질식할 수도 있기 때문이다. 그래서 버코프가 그 한계를 초월하기 전까지 인간은 수천 년 동안 수면 위에서 헤엄쳐 왔다. 버코프는 최대한 오랫동안 물속에서 돌핀킥을 하면서 이런 충동에 저항하도록 몸을 훈련시켰다. 처음에는 15미터 헤엄친 뒤 수면으로 올라가야 했지만 몇 달이 지나자 40미터, 즉 올림픽 규격 수영장 첫 코스의 80퍼센트를 수중에 머물 수 있을 정도로 몸이 단련되었다.

　버코프의 기록적인 경기는 1987년에 텍사스주 오스틴에서 열린 NCAA 전국 대회에서 나왔다. 그는 100야드 배영 부문에서 NCAA 기록을 경신했다. 이듬해에는 1988년 서울 올림픽을 준비하는 올림픽 선발전에서 100미터 세계 기록을 두 번이나 깼다. 그는 올림픽 400미터 혼계영 단체전에서는 금메달을 땄지만 100미터 결승전에서는 일본의 스즈키 다이치에게 밀려났다. 스즈키는 선명하지 않은 비디오 영상을 통해 버코프의 기술을 배운 뒤 첫 번째 코스를 도는 동안 버코프만큼 긴 시간을 물속에 머물렀다.

　해설자들은 버코프의 방법을 '버코프 블라스토프Berkoff Blastoff'라고 불렀고 이는 스포츠계에 혁명을 일으켰다. 올림픽 100미터 배영 결승전에서 한 해설자는 이렇게 말했다. "이것 보십시오! 경기가 시작된 뒤 10~20미터 동안 수면에 있는 선수는 3명뿐이고 5명은 수중에 있습니다." 또 다른 해설자는 "버코프가 이걸 35미터 출발과 65미터 수영으로 바꿔놓았습니다!"라고 말했다. 시상대에는 스즈키, 버코프, 이고르 폴랸스키Igor Polyansky가 올랐는데 세 사람 모두 경기 시간의 첫 3분의 1을 물속에서 보냈다.

블라스토프는 매우 효과적이어서 스포츠계 판도를 뒤흔들 정도였다. 1988년 올림픽이 끝난 뒤 국제 수영 연맹 FINA는 배영과 관련된 기존의 4가지 규칙에 다섯 번째 규칙을 추가했다.

수영 선수 몸의 일부가 경기 내내 수면 밖으로 나와 있어야 한다. 턴할 때와 출발과 턴 이후 10미터 이하의 거리(나중에 15미터로 증가)에서는 수영 선수의 몸이 물에 완전히 잠겨 있어도 되지만, 이후에는 머리가 수면 밖으로 나와 있어야 한다.

《뉴욕타임스》는 〈혁명을 포기해야 하는 가장 빠른 배영 선수〉라는 제목의 기사에서 FINA가 젊은 수영 선수들이 쓰는 위험한 기술을 규제하면서 "그건 배영이 아니다"라고 주장했다는 점에 주목했다. 버코프는 그런 변화가 탐탁치 않았다. 이건 혁신과 실험이 성공으로 향하는 합법적인 길이라는 그의 생각에 반하는 조치였다. 버코프는 이렇게 말했다. "FINA가 한 일에 매우 화가 납니다. 애초에 이 경기가 끝난 뒤 은퇴하겠다고 1년 전부터 결심한 상태였기 때문에 그들이 이런 식으로 나온다 해도 나한테는 별 타격이 없습니다. 하지만 미래의 수영 선수들, 이제 막 운동을 시작한 아이들을 생각하면 이건 부끄러운 일이에요."

버코프가 생각하는 성공에는 수영을 빨리 하는 것과 똑똑하게 하는 것의 2가지 요소가 있다. "FINA는 항상 보수적이었습니다. 그들이 한 번이라도 독창성을 인정해준 걸 본 적이 없어요." 버코프는 속도와 비법은 둘 다 정당한 것이고 FINA는 혁신보다 전통을 우선시함으로써 스포츠를 약화시켰다고 주장했다. FINA는 완벽한 체격을 지닌 수영 선수의 타고난 재능을 버코프 같은 수영 선수가 힘들게 얻은 재능보다 높이 샀다. 노력해서 얻은 재능은 평등하다. 기술과 진취성을 적절히 조합하면 누구나 성공할 수 있다. 그럼에도 불구하고 100만 명 중에 하나 있을까 말까 한 생리 기능과 천부적인 재능을 가진 사람에게 특권을 부여하면 그런 평등한 요소는 사라지고 만다.

조직화된 스포츠와 다르게 미술, 음악, 사업, 글쓰기, 육아, 인간관계 등의 방법을 결정하는 확고한 규칙은 거의 없다. 대개의 경우 더 나은 방법이 존재하며 그런 변화를 이루는 데 아무런 문제도 없다. 고착 상태에서 벗어나는 능력이 뛰어난 사람들은 늘 실험에 굶주려 있다. 그들은 새로운 기술과 전략을 시도하는 데 개방적이며 실험을 통해 이를 입증해내기 때문에 현 상황에 집착하는 사람들보다 돌파구를 빨리 찾는다.

전투기 조종사인 존 보이드John Boyd 대령도 버코프처럼 현상 유지를 거부했다.[4] 보이드는 전투기 무기 학교를 수석으로 졸업했고 전투기 조종사 교관이 되었다. 버코프와 다르게 보이드는 타고난 재능이 많았다. 그는 다른 조종사들보다 빠르게 반응하고 빠르게 조종했다.

교관으로 일할 때는 모의 공대공 전투에서 40초 이상 자기를 피할 수 있는 젊은 조종사에게 40달러를 주겠다고 제안했다. 그는 학생들 대부분을 20초 안에 물리쳤고 절대 지는 법이 없었다. 아쉽게 패배한 사람들은 가장 가까운 술집에 모여 친구들과 함께 모의 훈련 때의 움직임을 하나하나 되새겨보곤 했다.

그런 재능에도 불구하고 보이드는 만족하지 않았다. 그도 버코프처럼 실험을 통해 새로운 방법을 시도하고 자신에게 가장 적합한 전략을 기록하고 공유하는 걸 갈망했다. 공학 학위를 취득한 보이드는 1959년에 훗날 미 공군의 첫 번째 전술 매뉴얼이 될 문서를 작성하기 시작했다. 그는 하루에 두세 시간씩만 자면서 한 달만에 개요를 완성했다. 그리고 자기 아이디어를 녹음기에 대고 설명하기 시작했다. 그 결과 존 보이드 대위의 《공중전 연구Aerial Attack Study》라는 150쪽짜리 매뉴얼이 완성되었다. 그 매뉴얼은 얼마 안 가 공군 조종사들의 표준 교본이 되었다. 보이드는 초판을 600부 인쇄했는데 열성적인 학생과 교관들 덕에 하루 만에 완판시킬 수 있었다.

보이드의 방식에는 실험에 대한 열정과 엔지니어로서 받은 훈련이 고스란히 반영되어 있다. 시간이 지나면서 공대공 전투 방식을 더 갈고닦은 그는 전투가 끝날 때까지 빠르게 반복하는 4단계 루프를 개발했다. 종이에 기록된 이 루프는 전투기 조종사들에게 교전법을 가르치기 위해 고안된 것이지만 '경쟁적인 비즈니스 관행, 스포츠, 개인적인 관계에서도' 사용 가능하다. 승리의 열쇠는 하늘에서든 일터에서든 아니면 다른 곳에서든 상대보다 더 빠르고 효율적으로 루프를 완료하는 것이라고 보이드는 말했다.

OODA라 불리는 이 루프는 고착 상태에서 벗어날 수 있는 방법으로 관찰observe, 방향 설정orient, 결정decide, 행동act 4단계에 따라 진행된다. 첫 번째 단계인 관찰은 전투원에게 상황을 최대한 정확하게 해석하도록 요구한다. 데이브 버코프에게 이건 2가지 문제점을 인식하는 걸 의미했다. 그는 전통적인 훈련이 싫어서 피했고, 타고난 재능만으로 경쟁할 수 있을 만큼 키가 크거나 상체가 길지 않았다. 자기가 왜 고착 상태에 빠졌는지 모른다면 거기서 벗어날 수 없다.

보이드는 두 번째 단계인 방향 설정을 가장 중요하게 여겼다. 상황을 살핀 다음에는 효과적인 실행 계획을 수립해야 한다. 우리 성향은 문화적 신념, 태도, 성격, 교육 경험, 유전적 유산 등 오랜 기간에 걸쳐 발생한 온갖 종류의 요인에 따라 달라진다. 버코프는 매우 총명하고 호기심이 강하고 고등 교육을 받았지만 유전적으로 특별히 재능이 있는 사람은 아니었다. 이런 이력 때문에 그는 그토록 싫어하는 훈련을 새로운 수영 기술을 위한 시험장으로 여기는 완벽한 실험자가 되었다. 버코프는 이를 통해 2가지 주요 난제를 극복하고, 또 자신의 신체적 한계를 보완할 수 있는 기술적 이점도 발견했다.

다음은 의사 결정 단계다. 선택 가능한 방법을 검토한 버코프는 수면 아래에서 헤엄치면 속도가 더 빨라진다는 걸 깨달았기 때문에 경쟁자들이 모르는 이 정보를 활용해야겠다고 자연스럽게 결정했다. 수중 수영 기술을 연마하기로 결정한 버코프는 그 다음으로 이 결정을 실행하기 위한 구체적인 계획을 세우는 행동 단계에 착수했다. 이건 코치인 조 버날의 조언을 받아 수중 훈련 계획을 세우고 수중 수영에 대한 내성이 커짐에 따라 그 계획을 고수하는 걸 의미했다.

보이드는 OODA가 '루프'인 이유는 공대공 전투 중에도 실생활에서처럼 상황이 변하기 때문이라고 설명했다. 구름이 걷히고 갑자기 내리쬐는 햇빛 때문에 앞이 보이지 않는다면 기존 계획을 수정해야 할 수도 있다. 이 모델의 첫 번째 단계로 돌아가 새로운 사실을 바탕으로 다시 상황을 관찰해야 한다. 버코프도 FINA가 그의 블라스토프 기술을 불법화했을 때와 비슷한 경험을 했다. 하지만 버코프는 수영을 포기하는 대신 새로운 기술을 실험했고 자신의 새로운 훈련 체제에 더 적합하다고 생각되는 새로운 코치를 찾았다. "1988년 올림픽 이후 FINA가 내 기술을 금지시켰을 때 FINA와 회의론자들에게 내가 그들 방식대로 배영을 할 수 있다는 것을 보여주기 위해 1990년에 한 은퇴 선언을 번복하고 1992년 바르셀로나 올림픽에서 메달을 따야겠다고 결심했습니다."

다른 운동선수라면 그만두고 말았을 수도 있지만 버코프는 똑똑하고 호기심이 많을 뿐 아니라 고집이 세고 자존심도 강했다. 그는 예전 코치인 딕 숄버그Dick Shoulberg에게 돌아가서 전통적인 방식의 배영을 다시 배웠다. 그는 목표 거리인 100미터보다 훨씬 먼 거리를 수영하면서 1년을 보냈는데(이를 오버디스턴스 트레이닝overdistance training이라고 하는데 앞서 이야기한 고난 예방 접종 개념과 비슷하다) 이때 자신의 다른 천부적 재능을 이용했다. 버코프는 몸이 유달리 유연하고 체구가 상대적으로 작았기 때문에 남들보다 벽에 딱 붙어서 빠르게 턴을 했다. 덕분에 경기 중간에 귀중한 몇분의 1초를 확보할 수 있었다. 두 번째로 실행한 OODA 루프는 성공적이었다. 버코프는 1992년 올림픽에서 400미터 혼계영 금메달과 100미터 개인 배영 동메달을 획득했다.

특히 OODA 루프 중 처음 두 단계에서는 실험이 핵심이다. 관찰은 문제를 식별하고 잠재적인 해결책을 위한 데이터를 수집하는 것이고, 방향 설정은 데이터를 분석하고 특정한 배경, 능력, 경험이 어떻게 다음 단계를 인도할 수 있는지 결정하는 것이다. 엔지니어 교육을 받은 보이드는 데이터 수집과 실험이 어떤 상황에서든 진전을 이룰 수 있는 가장 좋은 방법이라고 확신했다. 어떤 옵션이 원하는 결과를 안겨줄지 모른다면 어떻게 앞으로 나아갈 수 있겠는가?

실험으로 설득시켜라

실험주의는 2가지 이상의 대안을 신중하게 비교하면 앞으로 나아갈 최선의 길을 찾을 수 있다는 믿음이다. 먼저 테스트해보지 않고서 어떤 경로를 따라가야 하는지 어떻게 알 수 있겠는가? 실제로 데이터를 수집하는 이유는 2가지다. 일련의 접근 방식 가운데 가장 좋은 걸 고르기 위해서, 그리고 이미 답을 안다고 생각하는 경우 다른 이들에게 자신의 방식이 뛰어나다는 걸 확신시키기 위해서다.

이런 믿음으로 인해 1976년 스티븐 스퍼리어Steven Spurrier라는 영국 와인 상인이 처음으로 와인 시음 행사를 열었다.[5] 스퍼리어는 프랑스, 이탈리아, 스페인 같은 전통적인 와인 생산국들의 구세계 와인이 넘쳐나는 도시인 파리에 와인 가게와 와인 학교를 소유하고 있었다. 많은 상인들이 같은 와인을 비슷한 가격에 팔고 있었기 때문에 와인 판매 분야에서 경쟁 우위를 차지하기가 힘들었다.

스퍼리어에게는 몇 가지 선택지가 있었다. 자기 가게와 학교 홍보에 열중할 수도 있었고, 그가 파리에서 사랑받는 구세계 와인만큼 좋다고 믿었던 신세계 캘리포니아 와인의 판촉행사에 힘을 쓸 수도 있었다. 스퍼리어는 레드 와인 10개와 화이트 와인 10개로 구성된 블라인드 테이스팅을 주최해서 2가지 방법을 모두 시도했다. 레드 와인과 화이트 와인 10개 중 6개는 캘리포니아산이고 나머지 4개는 프랑스산이었다. 그는 프랑스에서 가장 유명한 와인 전문가 9명을 초대해서 각 와인을 마시고 평가한 뒤 그게 프랑스 와인인지 미국 와인인지 맞춰보게 했다. 행사는 스퍼리어가 예상한 것보다 순조롭게 진행되었고《타임》지의 한 기자는 '파리의 심판'으로 알려진 이날의 모습을 포착해서 보도했다.

1970년대 중반에는 와인에 대해 조금이라도 아는 사람은 누구나 프랑스 와인이 캘리포니아 와인보다 우수하다고 믿었다. 스퍼리어의 심사위원들도 다르지 않았기 때문에 모든 심사위원은 첫 번째 잔부터 '좋은 와인 = 프랑스산'이라는 간단한 규칙을 활용했다. 하지만 이런 신조는 과거에는 정확했을지 모르지만, 시간이 지나면서 캘리포니아 와인 재배자들과 와인은 갈수록 정교해졌다. "아, 다시 프랑스산이로군." 한 심사위원이 나파 밸리에서 생산된 샤르도네를 홀짝이고는 이렇게 선언했다. 또 다른 사람은 바타드-몽라쉐Bâtard-Montrachet의 향을 맡으면서 이렇게 말했다. "이건 틀림없이 캘리포니아산이야. 향이 없어." 그날 만장일치로 우승작으로 꼽힌 2가지 와인은 샤또 몬텔레나 Chateau Montelena의 1973년산 샤르도네와 스택스 립 와인 셀라 Stag's Leap Wine Cellars의 1973년산 카베르네 소비뇽이었다. 둘 다 나파 밸리에서 생산된 와인이다.

스퍼리어는 이 간단한 실험을 통해 신세계 와인 생산자들에 대해 수 세기 동안 품었던 저항감을 무너뜨리기 시작했다. 완고한 구세계 팬들도 신세계가 괜찮은 제품을 제공한다는 사실을 인정해야 했다. 프랑스 와인을 좋아하는 사람들이 하룻밤 새에 캘리포니아 와인으로 돌아서지는 않았지만 상황이 바뀌기 시작했다. "그 행사 덕분에 우리가 유명해졌습니다." 샤또 몬텔레나 소유주의 아들인 보 바렛 Bo Barrett은 이렇게 말했다. 1983년 스택스 립 와인 셀라 설립자인 워렌 비니아스키 Warren Winiarski는 "꽤 일찍부터 전화벨이 울리기 시작했고, 와인은 물밀듯이 나갔습니다"라고 말했다.

스퍼리어의 실험은 2가지 목표를 달성했다. 신세계 와인이 구세계의 주요 와인과 경쟁할 수 있다는 걸 보여줬고, 신세계 와인도 다시 살펴볼 가치가 있다는 걸 와인계에 납득시켰다. 이 두 번째 결과는 와인 애호가들이 신세계 와인을 평가하는 방식을 바꾼 훌륭한 돌파구가 되었다. 실험적인 블라인드 테스트가 고착 상태에서 벗어날 수 있는 힘을 발휘한 것이다. 병의 라벨을 제거하면 반박할 수 없는 진실만이 남는다.

스퍼리어의 와인 시음 행사에서 확인할 수 있듯이, 실험은 세계

질서에 대한 확고한 가정에 의문을 제기할 수 있는 훌륭한 도구다. 예를 들어 대부분의 선진국은 일주일에 5일간 8시간씩 근무하는 게 전일제 근무라는 생각에 사로잡혀 있다.[6] 하지만 사실 우리가 그 구조에 따라 일을 해야 할 타당한 이유는 없다. 1700년대에 대부분의 미국인은 하루 12시간씩 6일간 일해 일주일에 총 72시간 일했고, 교회에 가는 일요일에만 작업을 중단했다. 산업화가 도래하자 주당 근무 시간이 1860년에는 68시간, 1900년에는 65시간, 1930년에는 50시간으로 줄었다. 대공황기에는 주당 노동 시간이 평균 40시간으로 줄었고, 이 수치는 거의 한 세기가 지난 지금까지 그대로 유지되고 있다. 업무 환경은 1930년대 이후 극적으로 바뀌었는데 왜 우리는 거의 100년 동안 같은 패턴으로 일하는 걸까?

예컨대 일주일에 5일이 아니라 4일만 일하면 어떨까? 2018년 2월 뉴질랜드의 부동산 관리 회사인 퍼페추얼가디언Perpetual Guardian은 6주 동안 이런 주 4일 근무제를 시험해봤다. 이 회사 설립자인 앤드루 반스Andrew Barnes는 240명의 직원들에게 매주 하루씩 쉬는 날을 정해두라는 이야기와 함께 이 실험을 하기 전에 받았던 것과 동일한 액수의 급여를 지급하겠다고 약속했다. 반스는 단순히 관용을 베푼 게 아니라 주 4일 근무가 사업적으로 타당하다고 생각했다. 그는 회사 웹사이트를 통해 "주 4일 근무는 그냥 일주일에 하루씩 쉬는 게 아니라 생산성을 높이고 고객 서비스 기준을 충족하며 개인과 팀의 업무 목표와 목적을 달성하는 것과 관련이 있다"라고 썼다. 생산성은 이 회사의 '주 4일 근무'에 관한 설명에 자주 등장하는 단어다. "퍼페추얼가디언은 전사적 실험을 통해 생산성에 대한 가정을 테스트하기 시작했다 ……
자체적인 생산성 및 유연성 정책을 개발하려는 조직과 공유할 수 있는
유용한 데이터와 통찰력을 얻고자 한다.”

퍼페추얼가디언은 2018년 3월부터 4월 사이에 실험을 진행했으
며 뉴질랜드의 대학 두 곳과 협력해서 이 방식이 생산성 및 직원 만족
도에 미치는 영향을 모니터링했다. 결과는 명확했다. 직원들은 ‘가족,
취미, 할 일 목록 작성, 집 유지 관리’에 더 많은 시간을 할애했다고 보
고했다. 반스는 직원들의 업무 성과를 주의 깊게 살펴본 결과, 직원들
의 업무 효율이 높아지고 고객과 더 많이 소통하며 스트레스를 덜 받
고 일과 삶의 균형을 잘 유지하고 있다는 걸 알게 되었다. 회사 수익이
안정적으로 유지된 데다 전력 비용은 크게 감소했기 때문에 지출도 줄
었다. 반스는 이 정책을 영구화하고 포데이위크글로벌4 Day Week Global
이라는 비영리 커뮤니티를 설립했다. 이런 경향은 2019년까지 지속되
었고, 특히 일과 삶의 균형이 기업들의 시급한 관심사가 된 코로나19
팬데믹 기간에 더욱 심화되었다. “주 4일 근무제를 시행한 기업의 63
퍼센트가 인재를 유치하고 유지하는 게 더 쉬워졌다”라고 이 비영리
단체의 웹사이트는 설명한다. “직원의 78퍼센트는 주 4일 근무를 하면
서 더 행복해지고 스트레스는 줄었다.”

물론 아직 답을 얻지 못한 의문도 있다. 주 4일 근무제가 모든 나
라, 모든 업계에서 효과가 있는 건 아니다. 그것의 이점 중 일부는 호손
효과Hawthorne effect 때문에 생긴 것일 수도 있다. 호손 효과란 회사 환경
을 바꾸는 것만으로도 회사가 근로자들의 복지를 중요시하고 그들을

모니터링하고 있다는 메시지를 줌으로써, 생산성과 직원 스스로 느끼는 복지가 인위적으로 증가하는 현상을 말한다. 하지만 그것만 가지고는 주 4일 근무제의 효과를 다 설명할 수 없다. 퍼페추얼가디언은 지금까지 몇 년 동안 이 정책의 이점을 누리고 있으며 다른 나라의 수십 개 조직들도 장기간에 걸쳐 유사한 이점을 보고했다. 아이슬란드 노동자의 1퍼센트가 2015~2019년 사이에 근무 시간을 단축한 결과 웰빙, 생산성, 효율 면에서 유사한 효과를 누렸다고 했다. 2019년 일본 마이크로소프트 근로자, 2013~2017년 감비아 공무원, 2018~2019년 영국의 여러 기업들도 같은 결과를 얻었다.

여기서 중요한 건 주 4일 근무제가 최적의 방법인지 여부가 아니라 정책 입안자들이 수십 년간 의문의 여지 없이 유지되던 관행을 재고하게 되었다는 것이다. 몇몇 학자들이 작성한 이론적 백서는 실제 현장 실험의 설득력에 비하면 아무것도 아니다. 상황을 바꾸거나 아니면 사람들에게 애초에 상황을 바꿀 필요가 있는지 자문해보게끔 하는 데 있어 실험만큼 강력한 도구는 거의 없다. 이건 퍼페추얼가디언의 앤드루 반스도 아는 사실이고, 40년 전의 스티븐 스퍼리어도 블라인드 테스팅 실험이라는 부드러운 자극 없이는 신세계 와인에 대한 엘리트주의자들의 태도가 바뀌지 않으리라는 걸 알고 있었다.

호기심이 당신을 새로운 세계로 데려다줄 것이다

실험에는 2가지 방법이 있다. 버코프, 스퍼리어, 반스가 실행한 첫 번째 실험은 가능한 해결책을 비교해서 특정한 문제를 해결하는 것이다. 두 번째 방법은 인생을 하나의 긴 실험으로 여기면서 포괄적인 호기심을 품는 것이다. 이 방법의 장점은 처음부터 고착 상태에 빠질 가능성이 적고 뜻밖의 돌파구를 발견할 가능성이 높다는 것이다.

포괄적인 호기심을 품은 어른은 매우 드물지만 대부분의 아이들은 호기심이 많다.[7] 한 추산에 따르면 5세 어린이는 하루에 200~300개의 질문을 하는 반면 성인은 평균 20~30개 정도의 질문만 한다. 인간은 어른이 되면 선천적인 호기심의 90퍼센트를 잃어버리는데 이는 부끄러운 일이다. 호기심은 창의력의 가장 큰 원동력 중 하나고, 따라서 고착 상태에서 빠져나오는 데도 가장 좋은 도구이기 때문이다.

때로는 남달리 호기심이 많은 사람을 만나게 된다. 그들은 규범으로 굳어졌다는 이유만으로 기본값과 관습을 받아들이는 걸 거부한다. 코로나19 팬데믹 초반에 막스 도이치Max Deutsch와 대화를 나눴을 때도 그랬다.[8] 2020년 5월 도이치는 샌프란시스코의 아파트에 갇혀 있었다. 그는 2016년 11월에 1년 동안 새로운 기술 12가지를 실험한 것으로 유명해졌는데, 그는 이걸 M2MMonth to Master 프로젝트라고 불렀다. 첫 번째 달에는 2분 안에 카드 한 벌의 순서를 외우는 방법을 독학했다. 그는 블로그를 통해 매일 겪는 진보와 좌절에 대해 이야기했다. 5일째에는 자신감이 '90퍼센트 선에서 유지되고 있었지만' 7일째가 되자 11월 30일까지 도전을 완료할 수 있을 거라는 확신이 65퍼센트로 줄었다. 11월 24일, 그는 초기의 초조함을 극복하고 1분 47초 만에 카드 한 벌의 순서를 완벽하게 기억해냈다.

막스에게 그해 11월에 암기 기술을 연마하는 데 얼마나 많은 시간을 할애했는지 물어봤다. 수백 시간은 될 것으로 예상했지만 막스는 너무 바빠서 하루 1시간 이상 할애할 수 없었다고 말했다. "어떤 날은 훈련을 45분만 했습니다. 그 일 때문에 내 인생을 포기할 수는 없었어요"라고 했다. 너무 바빴던 탓에 대부분의 훈련은 집과 직장 사이를 오가는 칼트레인Caltrain 통근 열차 안에서 이루어졌다. 그는 이상하게 생긴 '기억 안경'을 쓰고 자리에 앉아서는 다른 이들이 당황해하는 동시에 자신을 못 본 척하는 틈을 타 조용히 카드 목록을 암기했다.

12월에는 사실주의적인 자화상 그리는 법을 독학하기로 했다. 막스는 자기에게 '강한 예술적 성향'이 있다고 주장했지만, 12월 1일에 시도한 첫 번째 자화상은 "슬프게도 나를 많이 닮지 않았다"라고 했다. 그는 한 달 동안 스튜디오 드로잉 강좌를 들으면서 영국 마술사 데렌 브라운Derren Brown의 인상적인 초상화를 그렸다. 그리고 그달 후반부에는 사실주의적인 자화상을 그리는 데 8시간을 쏟았고 마침내 크리스마스 당일이 되어서야 완성할 수 있었다.

막스는 이듬해에도 대부분 시간을 다양한 도전 과제 10가지를 실험하면서 보냈다. 일부는 신체적 과제(뒤로 공중제비 넘기, 연속으로 턱걸이 40개 하기)이고, 일부는 예술적 과제(블루스 기타 솔로 연주, 프리스타일 랩)였으며, 지적인 과제(《뉴욕타임스》 토요일판에 실린 어려운 십자말풀이 완성, 히브리어로 30분 동안 기술의 미래에 대한 대화 나누기)도 있었다. 막스는 처음 열한 번의 도전은 성공했지만 마지막으로 남은 가장 중요한 도전은 불가능해 보였다. 바로 12월에 도전할 '체스 게임에서 세계 챔피언 망누스 칼센Magnus Carlsen 이기기'였다.

체스를 조금이라도 아는 사람이라면 칼센의 명성에 대해 익히 들어봤을 것이다. 당시 스물여섯 살이었던 노르웨이 출신 세계 챔피언은 열세 살 때 이미 체스계의 최상위 타이틀인 그랜드 마스터 칭호를 받았다. 그리고 2010~2012년에 3가지 종류의 변형 체스 게임에서 세계 최고 순위를 차지했고 그 이후 계속해서 순위를 지키고 있다. 체스 역사상 세계 차트 정상에 칼센보다 더 오래 머문 사람은 단 한 명뿐이다.

막스는 블로그에서 칼센과 직접 체스를 두는 건 아니고 칼센의 기량과 플레이 스타일이 그대로 녹아 있는 컴퓨터 프로그램에 도전할 것이라고 설명했다. 막스의 블로그에는 이 열두 번째 도전을 통해 상당히 많은 팔로워가 생겼다. "이 프로젝트는 많은 이들에게 반향을 일으켰습니다. 첫날에는 10명뿐이었던 팔로워가 프로젝트가 끝날 무렵에는 600만 명이 넘게 늘어났어요"라고 막스는 말했다. 막스의 블로그가 큰 인기를 얻자 《월스트리트저널》의 한 기자가 칼센의 매니저를 소개해주겠다고 제안했다. '약간의 쇼맨십'으로 유명한 칼센은 막스와의 만남을 승낙했고, 결국 2017년 11월 중순에 독일 함부르크의 한 호텔 방에서 배후 사정이 매우 다른 두 체스 선수가 만났다.

막스는 뛰어난 체스 선수는 아니지만 그가 지금까지 한 다른 도전과 마찬가지로 기존에 들은 체스 강의를 활용해 실험에 나섰다. 막스는 한동안 꺾이지 않고 자기 말을 잘 지켰다. 칼센은 빌 게이츠를 아홉 수만에 물리쳤는데, 막스는 아홉 번째 수에 치명적인 실수를 저질렀음에도 두 선수가 각각 서른아홉 수를 둔 뒤에야 경기가 끝났다. 엄청난 강적을 상대하는 도전자 입장에서 정말 대단한 실적을 올린 것이다. 큰 감명을 받은 칼센은 막스가 체스에 더 전념한 후에 재대결을 치러볼 것을 제안했다.

막스에 대해 알아야 할 첫 번째 사실은 그의 M2M 프로젝트가 단순한 묘기가 아니라는 것이다. "이건 내가 평생 해온 일의 정점이에요. 이런 형태로 좀 더 노력을 짜임새 있게 하면 멋질 거라고 생각했어요."

막스는 몸에 깊이 배어 있는 실험주의를 설명했다. 그는 어릴 때부터 새로운 취미, 활동, 기술을 실험해보고자 하는 추진력을 타고난 아이였다. "난 아주 호기심이 많은 아이로 자랐습니다. 어린 시절 내내 온갖 흥미로운 일들을 추구했죠. 일곱 살인가 여덟 살 때 생일선물로 저렴한 캠코더를 받았는데 그후 10년 동안 돌아다니면서 영화를 찍고 시각 효과에 대해 배웠어요. 그 뒤에는 음악에 관심이 생겨서 다양한 악기를 배웠고요. 그리고 미술. 그 다음에는 글쓰기, 큐브, 마술 ……" 막스는 M2M 분야만큼이나 다양한 기술을 계속 나열했다.

실험주의는 다른 사람들에게는 닫혀 있는 문을 막스에게 열어주었다. 칼센을 만나서 체스를 둔 건 특전이었지만, 그의 접근 방식이 가진 차별화된 장점은 자랑하고 싶은 욕구나 순간순간의 즐거움을 훨씬 뛰어넘는다. 막스는 각 실험을 통해 탈의실에서 옷을 입어보는 것처럼 새로운 정체성을 시도할 수 있었다. 12가지 M2M 작업을 통해 얻은 가장 중요한 결론은 자신이 배우고자 하는 욕구의 충족과 아울러 생계 유지라는 실질적 보상을 결합시킬 수 있는 기업가가 되는 걸 좋아한다는 것이었다. 이 실험은 막스가 음악 제작, 그림 그리기, 노래, 영화 제작 등 새롭고 창의적인 기술을 한 달 안에 가르쳐주는 전문가와 이용자를 연결시켜주는 온라인 사업 먼슬리Monthly를 시작한 뒤에도 계속되었다. 벤처 사업 지원을 받는 먼슬리는 꽤 높은 수익성을 내고 있다. 현재 막스가 전념하고 있는 이 일의 기원을 거슬러 올라가면, 캠코더를 든 일곱 살짜리 소년이 20년간 진행될 실험을 막 시작하려는 모습을 상상해볼 수 있을 것이다.

막스처럼 되기 위해 인생을 뒤집을 필요는 없다. 막스의 특기는 다른 어른들이 세상을 액면 그대로 받아들일 때, 거기에 반발하면서 아이처럼 "왜?" "왜 안돼?"라고 물으며 더 깊이 파고드는 것이다. 호기심을 키우는 방법에는 여러 가지가 있다. 첫 번째는 지금까지 당연하게 여겼던 개념에 거침없이 질문을 던지는 것이다. 내 친구 중 하나는 다른 사람들이 당연하게 여기는 모든 관례에 반발한다. 예컨대 그는 점심을 먹기 위해 12시 정각에 만나는 걸 거부하면서 아무도 식사하러 오지 않는 시간대인 12시 48분에 만나자고 제안하는 식이다. 그는 "사람들은 왜 항상 정각에 만나는 걸까? 그런 관습을 따르는 게 가치 있는 일일까?"라고 의문을 품다가 이런 생각을 하게 된 것이다. 그는 이 경우 다른 사람들을 따라하는 게 오히려 비생산적이라는 사실을 금방 깨달았고 그래서 점심과 저녁 식사 계획을 세울 때 관습을 깼다.

포괄적인 호기심을 품기 위한 두 번째 단계는 검색하기보다 둘러보는 것이다. 검색할 때는 탐색 중인 주제에 대해 충분히 알고 있어야 대략적인 목표를 염두에 둘 수 있다. 검색을 통해 전문적인 정보를 찾는 건 가치 있는 일이지만 참신한 아이디어가 떠오를 가능성은 낮다.

좋든 나쁘든 기술은 우리를 검색으로 인도한다. 그에 비해 아날로그 세계는 둘러보기에 의존한다. 예를 들어 실제 도서관이나 서점을 돌아다니다보면 이미 관심 있는 주제의 서적을 찾을 가능성이 높지만 완전히 새로운 주제를 우연히 발견할 수도 있다. 둘러보기는 기존 관심사 너머에 있는 세계의 윤곽을 알려줌으로써 호기심을 자극한다. 이를 실행하려면 검색창 사용을 줄이고 드롭다운 메뉴와 버튼을 자주 사용해야 한다. 그리고 현재 자신의 마음을 사로잡고 있는 소수의 주제에 더 깊이 파고들기보다 지금껏 생각해보지 않은 주제에 관한 책과 기사를 읽어야 한다.

마지막으로 포괄적인 호기심을 기르기 위한 세 번째 방법은 자신을 당혹스럽게 하는 사실이나 아이디어, 경험을 꾸준히 기록하는 것이다. 우리는 아는 것보다 모르는 게 훨씬 많지만 대부분 모르는 걸 자세히 조사해보지 않은 채 그냥 넘어간다. 내가 어릴 때 우리 아버지는 국가와 수도 이름, '모호한 단어' 목록을 냉장고 문에 계속 붙여두셨다. 새로운 단어를 접하거나 신문이나 TV에서 어떤 나라에 대해 들을 때마다 그걸 목록에 추가하곤 했다. 이 목록의 즉각적인 효과는 어휘를 늘리고 세계 지리에 대한 이해도를 높이는 것이었지만, 장기적으로는 포괄적인 호기심을 기르고 세상에 대한 감각을 당연하게 받아들이기보다 깊게 탐구해게끔 만들었다.

아이디어의 지도를 만들어라

호기심은 아이디어를 연결시킬 수 있는 영감을 주기 때문에 고착 상태에서 벗어나는 데 효과적이다. 아이디어 연결이란 하나의 개념에서 다음 개념으로 이동하는 경향을 말한다. 점프할 때마다 시작 지점에서 더 멀리 이동하게 되고, 결국 아이디어가 조밀하게 연결된 지도가 완성된다. 라이트Wright 형제가 날개 달린 자전거를 타고 하늘을 나는 인간을 상상할 수 있었던 것은 그들이 자전거 가게를 운영했기 때문일지도 모른다. 그들은 시제품을 만들자마자 하늘을 나는 자전거로는 균형을 잡는 게 거의 불가능하다는 걸 깨달았다. 땅 위에서는 한쪽으로 방향이 자꾸 틀어졌고, 공중에서는 단 1초도 버티지 못하고 날개가 어쩔 수 없이 옆으로 그리고 아래로 쏠렸다. 이런 실패를 공중에서 완벽하게 균형을 이루는 새들의 움직임과 비교해본 형제는 자신들의 생각이 모두 틀렸다는 걸 즉시 깨달았다. 새의 날개는 빠르게 움직이는데 이때 위아래로만 움직이는 게 아니다. 날개 한 부분은 한 방향을 향하고 다른 부분은 완전히 다른 방향을 향하면서 3차원적으로 뒤틀리고 회전한다. 여기에서 아이디어를 얻은 형제는 유연한 날개가 달린 글라이더를 만들어 지속 가능한 비행에 훨씬 가까워졌고 원래의 날개 달린 자전거 개념에서는 멀어지게 되었다. 그들의 아이디어 지도는 자전거, 새, 균형 사이의 연결고리로 인해 한층 두껍고 풍부해졌다.

공기보다 무거운 비행체가 날게 하는 방법은 하나만 있는 게 아니며 모든 문제에는 정답이 있게 마련이다. 호기심을 품으면 그 답을 찾을 가능성이 높아진다. 프로 농구를 예로 들어보자. 모든 경기의 절반은 8점 이하의 차이로 결정되고, 3분의 1은 5점 이하의 차이로 결정된다. 득점포를 통해 얻을 수 있는 점수는 1~3점 사이이므로, 5~8점 차이라고 하면 경기당 3~4개의 중요한 득점포가 경기의 향방을 가른다는 이야기다. 따라서 득점 효율을 조금이라도 향상시킬 수 있는 팀은 적은 점수 차로 졌을지도 모르는 상당수의 경기에서 승리할 수 있다.

몇 년 전까지만 해도 득점 효율에 관심을 보이는 팀은 거의 없었다.[9] 선수마다 선호하는 슛 지점인 '스위트 스팟'이 하나 이상 있는 것 같았는데 그런 스위트 스팟은 매우 다양했다. 어떤 선수는 골대 바로 아래에서 슛하는 걸 선호하고 어떤 선수는 골대 왼쪽이나 오른쪽에서 슛하는 걸 선호했다. 또 장거리 3점 외곽슛을 선호하는 선수도 있다. 2000년대 초반에 각 팀의 가장 일반적인 슛 위치를 매핑해보면 언제나 점들이 무작위로 흩어져 있는 걸 볼 수 있다.

하지만 결국 농구도 효율성 열풍에 휩싸였다. 선수들에게 각자 좋아하는 지점에서 슛을 쏘라고 하는 대신 이제 수학자들이 코트에서 가장 효과적인 슛 위치를 찾기 시작했다. 골대 바로 밑에서 쐈을 때의 성공률이 가장 높아서 슛 시도당 1.20점 이상을 얻을 수 있다. 이건 사실 놀랄 만한 일이 아닌 게, 가까운 거리에서는 슛을 성공시킬 가능성이 높을 수밖에 없다. 하지만 강한 수비수들이 앞을 가로막고 있을 때는 코트의 그 지점에 도달하기가 어렵다. 점수를 올릴 가능성이 높은 또 다른 지점은 3점 라인 바깥의 코트 가장자리 부근이다. 여기에서는 슛 시도당 평균 1.10~1.20점 정도를 올릴 수 있다. 눈에 띄는 무인 지대에서는 득점이 슛 시도당 0.85점 미만으로 떨어지는데 골대 바로 아래를 제외한 2점 득점 구역 대부분이 그렇다. 그래서 2000년대 초반 시즌 동안 가장 인기 있었던 슛 시도 지점을 살펴보면 어떤 지점은 매우 효율적이고 어떤 지점은 매우 비효율적이며 그 중간에 속하는 지점도 있다.

이 지점들 사이의 차이는 엄청나다. 효율적인 지점에서 슛을 100 개 쏘면 비효율적인 지점에서 쐈을 때보다 40~50점을 더 얻을 수 있다. 그리고 우리는 종종 왼쪽이나 오른쪽으로 움직이는 문제에 대해서도 이야기한다.

모든 팀들이 갑자기 이런 효율성 통계를 알게 되기 전까지는 NBA의 어떤 팀도 효율성을 최적화하지 않았다. 업데이트된 슈팅 맵은 2017/2018 시즌 이후 거의 모든 선수가 코트의 가장 효율적인 지점에서 슛을 던졌다는 걸 보여준다.

◆ ◆ ◆

이 방법은 NBA 전략가들만 이용할 수 있는 게 아니다. 라이트 형제처럼 당신도 호기심을 품고 현상에 의문을 제기하기만 하면 된다. 현재의 상황이 최적인가? 아니면 더 낮은 기준을 받아들여도 괜찮은가? 정체에 빠져 있을 때는 새로운 접근법을 찾는 게 훨씬 더 시급하다. 다양한 호기심을 품고 올바른 데이터를 제공하는 실험을 진행하면 잡초를 헤쳐나갈 길을 찾을 가능성이 훨씬 높아진다. 실험하는 데 비용이 많이 들거나 집약적일 필요는 없다. 특정한 책임을 수행하는 시간, 일련의 작업을 처리하는 순서, 다른 사람과 교류할 때의 마음가짐, 창의력이 필요한 직업을 할 때 정신적으로 대비하는 방식 등을 바꾸는 것처럼 간단한 방법으로도 가능하다. 어떤 상황에서든 실험을 해볼 수 있고, 다른 게 효과가 없다면 경험상 기존의 방식이 다양한 옵션 가운데 가장 효과적이라는 걸 확인하게 될 것이다.

실험은 중요하지만 결국 본격적으로 덤벼들 때는 다른 것들을 능가하는 결과를 추구해야 한다. 데이브 버코프는 다양한 수영 기술을 실험한 결과 최대한 오랫동안 물속에 머무는 것의 이점을 발견했다. 막스 도이치는 M2M 프로젝트를 진행하면서 12가지 일에 도전했지만 결국 디지털 기업가 경력을 쌓기로 결정했다. 잘만 진행하면 실험을 통해 참신하고 다양한 아이디어와 해결책을 찾을 수 있을 것이다. 하지만 고착 상태에 빠지는 걸 피하고 싶다면 실험에서 실행으로 전환할 때가 중요하다. 즉, 선택한 옵션을 고수하는 힘든 작업을 위해 노력해야 한다. 버코프의 경우 본능적인 뇌가 얼른 수면으로 올라가라고 재촉했음에도 불구하고 계속 물속에 남아 있는 불편함을 견디도록 몸을 훈련시키지 않았다면 올림픽 메달을 따거나 세계 기록을 깨지 못했을 것이다. 혁신은 실험의 일부일 수 있지만 여기에 실행을 추가하지 않는다면 혁신은 이루지 못할 것이다.

- 수시로 실험하자. 지식은 끊임없이 진화한다. 모든 아이디어는 시간이 지나면 업데이트되며 이런 업데이트는 대부분은 실험을 통해 이루어진다.

- 고착 상태에 빠지면 관찰, 방향 설정, 결정, 행동을 뜻하는 OODA 루프를 빠르게 순환한다.

- 실험은 다른 사람들의 정신적인 정체를 해소하려고 할 때도 유용하다. 이는 새로운 접근법이나 아이디어가 기존의 것을 능가할 수 있다는 가장 설득력 있는 증거다.

- 아이들의 호기심처럼 사물을 궁금해하는 방식을 배우자. 어른들은 시간이 지남에 따라 자연스럽게 호기심을 잃게 된다. 덕분에 집중력은 높아졌을지 모르지만, 고착 상태에 빠지면 벗어나기 어렵다.

- 가능한 모든 것에 대해 데이터를 수집하자. 자신의 생각과 행동에 대한 데이터도 마찬가지다.

11장

운과 재능을 넘어서라

탐색-활용 단계를 거쳐라

2018년에 한 연구팀이 수천 명의 예술가, 영화감독, 과학자 들의 진로를 조사했다.[1] 연구진은 대부분의 근로자들이 경력을 쌓는 동안 한차례 승승장구하는 시기를 경험한다는 걸 알아냈다. 그 황금기는 노동 생애의 약 20퍼센트를 차지하기 때문에 경력 기간의 나머지 80퍼센트를 질 낮은 결과물을 생산하면서 보냈다. 그중 일부는 그 기간 대부분 고착 상태에 빠져 있으면서 양질의 작업을 전혀 하지 못했다. 그렇다고 이 창작자들이 황금기에 더 많은 작품을 만든 것은 아니지만, 그 시기에 만든 작품은 더 창의적이고 영향력이 있으며 가장 유명한 작품이 되었다.

하지만 여기서 연구진을 당혹스럽게 만든 한 가지는 황금기가 무작위로 발생하는 것처럼 보인다는 것이다. 그건 흔한 일이기도 하고, 연구진이 조사한 경력자의 90퍼센트가 적어도 한 번 이상 경험했지만 그 시기는 예측할 수 없었다. 어떤 경력은 황금기로 시작됐고 어떤 경력은 황금기로 끝을 맺었으며 어떤 경력은 중간중간 황금기가 나타났다. 결실을 맺는 시기가 도래하는 때가 이렇게 사람마다 다른 이유를 이해하기 어려웠다.

기존 연구진을 포함한 새로운 연구팀이 그 의문을 더 철저히 조사하기 시작했다.[2] 그들이 올바른 정보를 측정한다면, 황금기의 도래를 예고하는 특징적인 행동을 발견할 수 있을 것이다. 이런 정보가 있으면 신진 예술가, 영화감독, 과학자 들이 황금기가 다가오기를 기다리는 대신 직접 그런 시기를 만들도록 가르칠 수 있다.

3년 뒤 두 번째 연구에서 답이 나왔다. 연구진은 순서만 잘 지키면 황금기를 야기하는 것처럼 보이는 2가지 행동을 확인했다.[3] 그것은 곧 '탐색'과 '활용'인데, 인과고리상 탐색한 다음 잘 활용하면 황금기를 맞이할 수 있다는 것이었다. "우리가 연구한 3가지 직업 유형의 차이에도 불구하고 탐색과 활용, 황금기 사이에 관찰된 연관성이 3가지 영역 모두에 보편적으로 나타나는 것으로 보인다"라고 썼다.

탐색과 활용은 정반대다. 연구진에 따르면 탐색 과정에서 개인은 기존의 역량 범위를 넘어서는 실험과 검색에 참여하게 된다. 때로는 필요한 걸 찾지 못하기 때문에 위험하기도 하지만 효과 없는 접근 방식을 업그레이드할 유일한 방법이기도 하다. 데이브 버코프는 탐색 기간 동안 훗날 버코프 블라스토프라고 불리게 될 수중 기술을 접하게 되었다. 하지만 끝없는 탐색만으로는 충분하지 않다. 물속에서 수영하는 것의 마법적인 힘을 발견한 버코프는 훈련에 훈련을 거듭해야 했다. 이게 그의 활용 기간이었다. 연구진에 따르면 "활용은 개인이 특정 분야에 대한 지식을 쌓고 시간이 지남에 따라 해당 분야에서 기량을 연마할 수 있게 해준다." 활용을 위해서는 한 번에 몇 시간씩 훈련하고 다듬고 미세 조정하는 등 노력을 기울여야 한다. 활용 기간 없이는 돌파구를 마련할 수 없는 게 사실이지만, 이 기간에 정확하고 표적화된 활용이 이루어지지 않는다면 결코 성공하지 못할 것이다.

영화감독 피터 잭슨Peter Jackson은 위대한 성공을 향한 길을 탐색하고 활용했다. 그의 황금기는 〈반지의 제왕Lord of the Rings〉 3부작으로 많은 상을 받은 2000년대 초반에 나타났다. 잭슨은 아카데미 감독상을 수상하면서 자신의 초기 영화들은 "당시 아카데미에서는 주목받지 못할 수밖에 없었습니다"라고 말했다. 코믹 호러, 본인을 소재로 삼아 영화 제작자에 대해 다룬 모큐멘터리mockumentary(허구의 상황을 마치 실제처럼 보이게 하는 다큐멘터리 형식의 장르-옮긴이), 침울한 실제 범죄 이야기 등 다양한 장르가 망라된 잭슨의 초기 감독작들은 광범위한 탐색 기간의 일부였다. 이 영화들은 다양했지만 잭슨은 그걸 통해서 풍부하게 그려진 세계를 창조하는 취향을 발전시켰고, 그 취향을 1990년대 중후반에 감독한 영화에 적용했다. 이것이 활용 단계의 시작이었다. 이때를 기점으로 그는 특수 효과 스튜디오를 공동 설립하고, 영화를 만들면서 〈반지의 제왕〉 3부작을 성공으로 이끈 많은 기술과 방식을 완벽하게 다듬었다. 잭슨의 경력은 황금기 연구진이 제시한 패턴을 완벽하게 모방했기 때문에 연구진은 그의 사례에 흥미를 느꼈다. 그는 1990년대를 대부분 탐색하며 보내고, 2000년대에 들어 그걸 활용하면서 황금기를 맞았다.

잭슨 폴록Jackson Pollock도 피터 잭슨처럼 탐색 과정을 거친 뒤 그걸 활용했다. 폴록은 1942~1946년 사이에 다양한 신기술을 실험했다. 뉴욕에 있는 페기 구겐하임Peggy Guggenheim 갤러리에서 그림을 그리기로 한 계약에 고무된 폴록은 작은 것과 큰 것, 구상화와 추상화, 현실주의적인 것과 초현실주의적인 것까지 다양한 작품을 그릴 수 있게 되었다. 그는 큰 벽화 작업을 하면서 작고 복잡한 작품도 제작했다. 또 맨해튼 화실에서도 그림을 그리고 아내이자 동료 예술가인 리 크라스너Lee Krasner와 함께 사는 이스트 햄프턴의 집에서도 그림을 그리는 등 다양한 작업 장소도 탐색했다. 그는 1946년 말에 5년간 이어진 그의 황금기를 정의하는 '드립 페인팅' 기술을 발견하기 전까지는 하나의 방식을 오래 고수하지 않았다. 이 새로운 기술은 폴록이 탐색을 끝내고 5년간의 활용 기간으로 전환했음을 나타낸다. 이 기간에 그가 만든 작품은 전부 크기가 크고 개념적이었으며 드립 기술이 놀랍도록 다양한 시각적 효과를 만들어냈음에도 불구하고 벽화는 캔버스에 직접 페인트를 붓는 방식에 의존했다. 피터 잭슨과 마찬가지로 폴록의 드립 기술도 그가 탐색 기간에 발견한 많은 요소를 결합한 것이며, 별로 성공적이지 않은 다른 기술은 과감하게 폐기했다.

연구진은 2명의 잭슨뿐만 아니라 다른 여러 창작자들도 탐색-활용이라는 동일한 패턴을 거친 뒤에 황금기를 맞았다는 사실을 증명했다. 여기서는 이 순서를 지키는 게 필수적이었다. 연구진은 "탐색이 먼저 이루어지지 않은 상태에서 활용이 진행되면 그 뒤에 황금기가 도래할 가능성이 예상보다 훨씬 낮아졌다"라고 했다. 특정 지형이 비옥한지 여부를 알기 전에 개발하면 성공 가능성이 낮다. 탐색 뒤에 활용이 뒤따르지 않는 경우에도 상황은 마찬가지였다. "탐색한 다음에 그걸 제대로 활용하지 않으면 탐색기 뒤에 황금기가 발생할 확률이 극적으로 감소한다"라는 게 연구진의 설명이다.

황금기가 어디서 유래했는지 아는 게 중요한 이유는 그것이 모든 곳에서 돌파구를 찾는 사냥꾼들의 꿈과 희망이기 때문이다. 정체기가 우리의 발목을 잡는 시기라면 황금기는 변화와 발전, 성장의 시기다. 2021년에 연구진이 파악한 탐색-활용 콤보가 강력한 이유는 정체기를 변화의 기간으로 바꾸는 방법과 당신의 행동이 정도에서 벗어날 수 있는 지점을 진단하는 도구를 제공하기 때문이다. 어떤 사람은 끊임없이 탐색하며 새로운 목초지를 차례로 돌아다니고, 다음 분야로 넘어가기 전까지는 절대 정착하지 않는 것처럼 보인다. 당신도 아마 그런 사람을 알고 있을 것이다. 또한 그와 반대되는 이들도 있다. 믿을 수 없을 정도로 열심히 노력하고 근면 성실하며 항상 최선을 다하고 일손을 거의 놓지 않지만 자신의 노력이 다른 곳에서 더 큰 결실을 맺을 수 있을지 알아볼 생각은 하지 않는 것이다. 두 부류의 사람들 모두 뭔가를 열심히 하지만 그들이 원하는 황금기를 맞으려면 순서에 맞게 자리를 바꿔야 한다.

다른 전략은 제쳐두고 하나의 전략을 추구하는 데만 너무 많은 시간을 할애하고 있는 건 아닌지 판단하기 전에, 탐색과 활용을 구분하는 방법을 배워야 한다. 좋은 방법 하나는 기회와 요청을 받아들이거나 거절하는 빈도를 살펴보는 것이다. 기회와 요청을 대부분 받아들이는 것은 당신이 탐색 중이라는 신호다. 불확실하거나 새로운 것에 마음이 열려 있는 것이다. 요청을 받아들일 경우 시간을 허비하게 될 수도 있지만 때로는 새로운 기회에 노출되기도 한다. 그런 기회를 찾으면 활용 모드에 돌입하게 되는데 이때는 대부분의 요청을 거절하게 된다. 거절은 당신의 시간과 에너지를 보호해준다. 그래서 여러 번의 수락 과정을 거친 끝에 찾아낸 목초지에 전념할 수 있다. 수락에서 거절로의 전환은 당신이 탐색에서 활용으로 전환했다는 확실한 신호다. 언제 수락하고 언제 거절해야 하는지와 관련된 많은 규칙은 모두 이 기본적인 탐색-활용의 차이를 중심으로 삼는다. 예를 들어 대학에 진학하거나 새로운 경력을 시작하거나 새 도시로 이사할 때는 광범위한 탐색이 중요하므로 새로운 사람을 만나고 새로운 경험을 할 수 있는 기회를 기본적으로 다 받아들여야 한다. 기존의 직업, 친구, 지금 사는 도시에 만족하거나 중요한 사람과 관심사를 위한 시간을 내는 데 벌써 어려움을 겪고 있다면 이럴 때는 활용이 더 가치 있는 일이므로 기본적으로 거절 모드를 취해야 한다.

자기가 지금 탐색 단계에 있는지 아니면 활용 단계에 있는지 파악한 다음에는 전략을 전환할 시기를 결정해야 한다. 전환 시기가 적절한지 여부는 알기 어렵지만, 그 자체로 어느 한쪽 전략에 얽매여 있는 게 아니기 때문에 타이밍이 나빠도 쉽게 해결할 수 있다. 연구진은 둘 사이를 왔다 갔다 할 수 있다는 걸 발견했다. 따라서 활용 단계가 결실을 맺지 못한다는 걸 깨달으면 바로 탐색기로 돌아갈 수 있다. 이런 전환 전략을 '양손잡이'라고 부르는데, 대부분의 사람과 조직이 쉽게 전환을 이루지 못하는 건 두려움과 불확실성 때문이다. 한 연구에 따르면 억지로 전환한 사람들(탐색 단계에서 새로 시작하거나 탐색에서 활용으로 전환하는 사람들)이 자기 결정을 고수한 이들보다 더 성공할 확률이 높다고 한다. 우리는 관성에서 편안함을 느끼기 때문에 잘 작동하는 것처럼 보이는 것에 너무 오랫동안 집착한다. 연구진이 찾아낸 답은 탐색에서 활용으로 넘어가거나 다시 되돌아오는 과정이 대부분 생산적이라는 것이다. 전환은 언제든 가능함에도 불구하고 적시에 전환이 이루어지지 않은 것이 오히려 비생산적이었다.

당시에는 깨닫지 못했지만 나도 25년 전 젊은 대학생이던 시절에 탐색-활용의 순간을 거친 적이 있다. 미국에서는 대부분의 학부생이 전공을 선택하거나 '활용'하기 전에 2년간 탐색하는 시간을 보낸다. 반면 호주에서는 대학에 지원할 때 학과까지 정해서 지원한다. 예컨대 법학과에 입학하려면 상경 계열에 지원할 때보다 점수가 높아야 하고, 상경 계열은 또 예술 계열보다 점수가 높아야 한다. 난 보험계리학을 공부할 수 있는 전액 장학금을 받았는데 그건 대단히 영광스러운 일임이 분명했지만, 동시에 이것 때문에 적절한 탐색을 시작하기 전에 활용부터 해야 하는 상황이 되었다.

대학에서의 첫 3개월은 내 인생에서 가장 불행한 시기 중 하나였다. 난 수학 교수와 그가 가르치는 내용을 전혀 이해할 수 없었다. 입학한 첫 주에 교수님은 내가 고등학교 때 배운 모든 내용을 다 다루는데다, "쉬운 건 빨리 치워버리자"라며 특강 형식으로 강의를 진행했다. 난 고등학교 때는 의욕적인 학생이었지만 대학이 너무 무서워서 캠퍼스 냄새까지 싫어지기 시작했다.

몇 가지 이유 때문에 꼼짝 없이 갇힌 듯한 기분을 느꼈다. 내가 받은 장학금에는 수업료뿐만 아니라 격주로 지급되는 소액의 급여까지 포함되어 있었다. 그런 공짜 돈을 외면하는 건 배은망덕한 행동 같았다. 우리 가족은 부유하지 않았고 1980년대에 남아프리카에서 호주로 이주할 때 얼마 안 되는 자산도 다 남겨두고 와야 했다. 하지만 더 중요한 건 내게 대안이 없었다는 것이다. 다양한 학과를 탐색해본 적이 없기 때문에 어떤 대안이 있는지 알지 못했다.

학기가 끝나갈 무렵, 장학금 관리자가 이 프로그램에 계속 남아 있길 원하는지 일주일 안에 결정하라고 했다. 만약 계속 남기로 결정할 경우, 2가지 선택지가 생긴다. 학위를 끝까지 이수하거나 아니면 4년 과정이 끝나기 전에 그만둘 경우 지금까지 받은 급여를 전부 갚아야 하는 것이다. 나는 그날 오후에 당장 그만뒀다.

다음 학년이 시작되기 전까지 새로운 학위 과정을 선택할 수 있는 시간이 몇 달 주어졌는데, 무엇보다도 또 다른 끔찍한 결정을 내리는 걸 피하고 싶었다. 캠퍼스에서 보낸 몇 달 동안 친구들이 미술, 영어, 철학, 사회학, 법학, 심리학, 의학, 금융학, 컴퓨터 과학, 경영학, 공학, 기타 수십 가지 분야의 수업에 대해 이야기하는 걸 들었다. 난 그런 분야에서 어떤 학위를 받을 수 있는지 전혀 몰랐다(경력 전체에 대해서는 생각할 겨를도 없었다). 그래서 나처럼 보험계리학을 포기한 친구의 도움을 받아 그런 분야들을 탐색해보기로 했다.

우리는 3개월 동안 최대한 많은 학과의 강의를 찾아들었다. 중세 영국 시인 제프리 초서Geoffrey Chaucer 수업도 듣고, 플라톤 수업도 조금 들었다. 한 주는 컴퓨터 프로그래밍, 다른 한 주는 스태그플레이션, 한 달은 제1차 세계대전, 다른 한 달은 광고 산업에 대해 배웠다. 강의가 마음에 들면 두 번째와 세 번째 강의에도 들어갔고(탐색 이후에 잠깐 이어진 활용) 마음에 안 들면 다른 강의로 넘어갔다. 그 학기가 끝날 무렵, 마침내 심리학과 법학을 공부하고 싶다는 걸 알게 됐다. 그래서 대학에서 5년 동안 2가지 학위를 취득한 뒤 프린스턴대학에서 심리학 박사 학위를 받았다.

성공은 한곳에 모여 있다

탐색과 활용이 훌륭한 파트너인 이유를 이해하려면 수익성이 높은 트러플 사업을 이해하는 게 도움이 된다. 난 2004년 여름에 호주 시드니를 떠나 미국 뉴저지주 프린스턴으로 거처를 옮겼는데 미국에 도착한 첫날 오후를 동네 슈퍼마켓에서 쇼핑을 하며 보냈다. 슈퍼마켓 입구 근처의 테이블에는 작은 항아리가 쌓여 있었고 내 눈길을 사로잡는 표지판이 있었다.

원래 가격: 1999달러, 지금은 단돈 999달러

난 병에 담긴 음식 가격이 서너 자리나 되는 건 본 적이 없었는데, 그 병 라벨에는 이탈리아산 흰 송로버섯이라고 적혀 있었다. 흰 송로버섯은 인기가 많지만 찾기가 매우 힘들기 때문에 터무니없이 비싸다.[4] 전문가들의 다양한 표현에 따르면 송로버섯은 흙, 마늘, 견과류, 미네랄, 뿌리, 샬롯이 독특하게 조합된 맛이 나며 지구상에서 가장 희귀한 음식 중 하나다. 게다가 땅속의 특정한 나무 밑동에서 자라기 때문에 찾기가 거의 불가능하다. 인간은 수 세기 동안 송로버섯을 양식하려고 노력했지만 재배나 관리가 어려운 탓에 지금도 대부분 아주 협소한 지역에서 야생으로 자란다. 흰 송로버섯 분포는 한마디로 말해 특정 지역에 완전히 집약되어 있는데, 채취 가능성이 가장 높은 이탈리아 피에몬테 지역에서도 기후와 토양 조건이 딱 맞는 땅을 찾아야 한다. 먼저 탐색 과정을 통해 비옥하지 않은 토지 99.9999퍼센트를 제외한 뒤, 나머지 비옥한 땅을 잘 활용해야 한다.

고착 상태에서 벗어나는 방법도 흰 송로버섯 분포만큼이나 한 지점에 집약된 경우가 많다. 대부분의 분야에서는 한가운데에 빈 공간으로 둘러싸인 작은 표적이 있는 다트판을 향해 다트를 던지면서 많은 시간을 보내게 된다. 때때로 과녁 중심을 맞히게 되고 그러면 이전에 실패한 수십 발의 다트가 보상받을 것이다.

이런 과녁의 비유는 파레토Pareto 법칙이라고도 하는 80/20 법칙을 구체적으로 보여주는 사례다.[5] 80/20 법칙에 따르면 대부분의 기업은 전체 매출의 80퍼센트를 20퍼센트의 고객에게서 얻는다고 한다. 흰 송로버섯의 경우 극히 일부 지역에서 자라기 때문에 그 비율이 훨씬 극단적이다. 전체 영화의 1퍼센트가 박스오피스 수익의 80퍼센트(80/1 법칙)를 벌어들이는 등 다양한 수치가 있지만, 기본적으로 공유하고 있는 생각은 결과가 집약적이라는 것이다. 비즈니스 업계에서는 어떤 고객은 돈을 많이 쓰지만 그 소수를 제외한 대부분의 사람들은 별로 쓰지 않는다. 당신이 현명한 기업가라면 판도를 바꿀 20퍼센트를 찾아서 관계를 발전시켜야 한다. 1997년에 이 용어를 만들어낸 리처드 코치Richard Koch는 이런 집약 법칙이 적용되는 영역이 수십 개나 있다고 말했다. "전체 시간의 80퍼센트 동안은 700개 단어, 즉 전체 단어의 1퍼센트 미만만 사용합니다"라고 그는 말한다. "컴퓨터 사용 시간의 80퍼센트는 운영 코드의 약 20퍼센트를 실행하는 데 쓰이죠. 또 20퍼센트 미만의 공급업체가 전체 시장의 80퍼센트에 물건을 공급하는 경향이 있습니다."

　80/20 법칙은 2가지 사실을 알려준다. 첫째, 코치의 주장처럼 전체 이익의 80퍼센트를 제공하는 20퍼센트를 키우는 데 시간과 에너지, 노력을 쏟아야 한다. 둘째, 이 법칙을 거꾸로 뒤집으면 당신은 전체 이익의 20퍼센트만 안겨주는 80퍼센트에 많은 시간과 에너지, 노력을 들이게 된다. 그건 집약적 결과의 자연스러운 영향이다. 뛰어난 창작자나 과학자가 오랜 경력 동안 한두 번의 비교적 짧은 황금기를 보내고, 투자자들이 투자의 작은 부분에서 대부분의 이익을 얻는 것도 이때문이다. 제품을 개선하기 위해 수천 개의 크고 작은 실험을 실행하

는 대형 테크 기업도 상황은 마찬가지다. 이런 실험이 2013~2016년 사이에 마이크로소프트의 빙Bing 검색 엔진을 얼마나 개선했는지 조사한 한 연구팀은 마이크로소프트가 얻은 이득의 75퍼센트가 전체 수정 사항의 2퍼센트에서 나왔다는 걸 알아냈다(75/2 법칙). 도처에 존재하는 이런 집약성은 가능성의 초기 징후를 탐색하기 전에 섣부르게 활용에 나설 경우에 생기는 위험을 강조한다.

집약성 때문에 세상이 무작위적이고 통제하기 어려워 보이는 탓에 살짝 기가 꺾이기도 한다. 하지만 한편으로는 다음 모퉁이만 돌면 흰 송로버섯이나 훌륭한 아이디어가 가득한 금광을 발견하게 될지도 모른다는 걸 암시하면서 힘을 실어주기도 한다. 당신이 성공할 수 있을지 곤경에 처했을 때 스스로 헤쳐나갈 수 있을지를 판가름하는 건 계속 나아가겠다는 결정이다. 더 많이 시도할수록, 다트판에 다트를 더 많이 겨눌수록 목표를 이룰 가능성이 높아진다.

끊임없는 질문으로 행운의 기회를 잡아라

"그냥 계속 진행하라"라는 사고방식은 과학적 돌파구의 기원을 연구한 미국 사회학자 로버트 머튼Robert Merton이 얻은 통찰의 핵심이다.[6] 1930년대에 머튼은 하버드 대학원생이었다. 어느 날 동네를 거닐던 그는 가장 좋아하는 서점 창가에 13권짜리 《옥스포드 영어 사전The Oxford English Dictionary》이 진열되어 있는 걸 보았다. 그는 책을 보자마자 첫눈에 반했다. "눈부시게 빛나는 《옥스포드 영어 사전》을 발견한 것이죠." 그는 60년 뒤에 이렇게 회상했다. "분명히 손에 넣으려는 의도나 희망이 전혀 없었던 매우 값비싼 참고 자료였습니다." 머튼은 《옥스포드 영어 사전》을 당장 구입할 여유가 없었지만 서점은 그 책을 외상으로 주겠다고 했다. "그건 엄청난 투자였습니다." 머튼은 나중에 이렇게 말했다. "그때 가지고 있던 현금 자원의 거의 3분의 1을 우연히 발견한 《옥스포드 영어 사전》을 구입하는 데 사용한 것이죠."

머튼의 구매가 세렌디피티*였던 이유는 그 책을 통해 세렌디피티라는 개념을 알게 되었기 때문이다. 그는 "se로 시작하는 단어의 역사를 조사하다가 우연히 생김새는 이상하지만 발음이 듣기 좋은 serendipity라는 단어를 발견했어요." 머튼은 이후 60년간 세렌디피티와 그것이 정체 해결을 위해서 하는 역할을 연구했다.

머튼이 말했듯이 세렌디피티는 '우연히 유용한 발견을 할 수 있는 타고난 소질'이다. 세렌디피티는 기술을 필요로 하기 때문에 노력 없이 얻은 평범한 행운과는 차이가 있다. 머튼은 사람들이 적정한 조건에서 행운을 만들어낼 수 있다고 믿었는데 이때 말하는 적정한 조건은 주로 행동의 문제였다. 아이작 뉴턴Isaac Newton이 나무에서 사과가 떨어지는 걸 보고 중력을 발견한 건 단순한 우연이 아니다. 수백만 명의 사람들이 물체가 떨어지는 모습을 봤지만, 인류가 탄생한 뒤 200만 년이 지난 1666년이 되어서야 겨우 '사과가 나무에서 떨어질 수 있다면 왜 달은 지구 쪽으로 떨어지지 않는 걸까?'라는 의문을 품는 사람이 나

---

* 뜻밖의 기쁨, 우연을 통해 중대한 발견이나 발명이 이루어지는 것

타난 것이다. 뉴턴은 머튼이 '준비된 마음'이라고 부른 것을 가지고 있었다. 그는 우연한 발견을 위해서는 '관찰할 현상과 적절하고 지적인 관찰자가 모두' 필요하다고 말했다.

준비된 마음은 고착 상태에 빠지더라도 그런 상태가 오래 이어지지 않도록 도와주는 역할을 한다. 이를 위해 우리 마음은 유사점 찾기와 차이점 찾기라는 2가지 일을 할 준비가 되어 있어야 한다. 뉴턴에게 이것은 "사과가 땅에 떨어지는 것과 비슷한 현상이 또 뭐가 있을까? 그리고 떨어지는 사과는 내가 목격한 다른 현상과 어떻게 다를까?"라고 묻는 걸 의미했다. 뉴턴이 생각한 답은 달은 지구를 향해 떨어지는 거대한 사과와 비슷하기 때문에 둘은 동일한 보편적 힘을 겪고 있으리라는 것이었다. 하지만 사과와 다르게 달은 실제로 지구에 닿을 수 없다. 대신 일정한 거리에서 곡선 경로를 따라 지구 궤도를 돌고 있는데, 이는 달을 지구로 끌어당기는 힘은 달이 지구 궤도에서 완전히 벗어나는 걸 막을 정도로는 강하지만 사과가 땅에 떨어지는 것처럼 지구로 완전히 끌어들일 만큼 강하지는 않다는 걸 암시한다.

뉴턴은 세렌디피티의 혜택을 누린 수천 명의 과학자 중 한 명이다. 2002년 월터 그래처Walter Gratzer라는 영국 화학자가 과학계에서 세렌디피티가 한 역할을 정리한 책을 출판했는데, 거기에는 이렇게 쓰여 있었다.[7] "일반적으로 과학은 느리게 진행되고 매일매일 일어나는 드라마가 아니기 때문에 갑자기 놀라운 사실이 조명되는 순간이라든가 자연의 모든 선물 가운데 가장 희귀한 것, 우연히 드러난 사실 같은 게 기억에 남게 마련이다."

뉴트라스위트NutraSweet와 이퀄Equal부터 스위트앤로우Sweet'N Low 와 스플렌다Splenda에 이르기까지 시중에 판매되는 제로칼로리 감미료 는 과학자들이 다른 목적으로 만든 백색 분말을 우연히 맛보았을 때 발견되었다. 한 예로, 행실이 나쁜 어떤 연구 조교가 연구실에서 해열 제 성분을 미세하게 조정하다가 불법 담배에 불을 붙였다. 그때 미세 한 분말 형태의 약이 담배에 묻었고 조교는 곧 담배 끄트머리에서 매 우 달콤한 맛이 나는 걸 알아차렸다. 그 약은 해열제로는 실패했지만 시클라메이트라는 새로운 상업적 감미료로 탈바꿈하는 데 성공했다. 1965년에 궤양 치료법을 연구하던 화학자 제임스 슐래터James Schlatter 도 책 페이지를 넘기려고 손가락을 핥다가 달콤한 맛을 느꼈다. "손에 묻은 가루를 추적하다가 결정화된 아스파탐을 담아둔 용기까지 거슬 러 올라갔습니다"라고 슐래터는 회상했다. "독성은 없는 듯해서 조금 찍어 맛을 보니 내 손가락에 묻어 있던 물질이라는 걸 알게 됐습니다." 슐래터는 합성이 용이하고 일반 설탕보다 200배나 단 물질을 발견했 다. 이런 세렌디피티가 모두 합쳐져서 수십억 달러의 가치가 있는 인 공 감미료 산업을 낳았다.

그래처는 다른 수십 가지의 우연한 발견을 확인했다. 이들을 관통 하는 공통된 실마리는 '일관성'이었다. 놀라운 경험을 했을 때 끊임없 이 질문을 던지고 더 깊이 파고드는 연구자일수록 스스로 행운을 만드 는 경향이 있었다. 몇 년간 고착 상태에 머물러 있었더라도 행운과 기 술이 조합된 세렌디피티가 그들을 수렁에서 빠져나오게 도와주는 듯 했다. 여러 발견 중에서도 특히 색맹의 원인, 고기 보존에 있어 냉장의 역할, 뇌하수체의 기능, 백신 접종의 힘, 해양 잠수 후 너무 빨리 수면으로 올라오는 것의 위험성, 동물 건강에 있어 비타민의 중요성, 피임약, 안타부스Antabuse 알코올 중독 치료제, 고혈압부터 심장병에 이르기까지 수십 가지 질병에 대한 치료법은 다 이런 식으로 찾아낸 것이다. 이런 발견을 한 과학자들은 모두 심층적인 교육을 받았지만 많은 경우 그들의 주요 발견은 책에서 배운 지식과 지성보다는 끈기와 호기심에 의존했다. 그리고 대부분 예기치 못한 깨달음의 순간, 뜻밖에 벌어진 사건과 그 사건이 중요한 이유를 깨닫는 통찰력이 결합되면서 연구가 시작되었다.

획기적인 발견을 추구하는 과학자가 아니더라도 우리 일상 속에도 세렌디피티를 위한 교훈이 존재한다. 그중 가장 중요한 건 생산적인 질문을 할 때 어른이 아닌 아이처럼 행동하는 것이다. 모든 것에 의문을 품고 완전히 만족스러운 답을 얻을 때까지 질문을 멈추지 않는 것이다. 이건 매우 높은 수준이고 대부분의 어른은 이 정도 수준의 이해력에 도달하기 훨씬 전에 포기한다. 나처럼 어린 자녀를 둔 사람은 아이들이 완전히 만족할 때까지 계속 질문을 던진다는 걸 알 것이다. 다시 말해 질문을 멈추지 않는데, 이건 아이들이 어른보다 훨씬 빨리 배우는 이유를 어느 정도 설명해준다. 문제가 발생하면 이유를 물어보자. 문제가 발생한 이유를 정확히 이해할 때까지 파고들어야 앞으로 똑같은 결과가 생기는 걸 확실하게 피할 수 있다. 어떤 일이 성공적으로 마무리되었을 때도 그 이유를 확실히 파악해서 나중에 똑같이 재현할 수 있을 정도가 되어야 한다. 효과적이거나 효과적이지 못한 아이디어, 번창하는 관계와 실패한 관계, 바람직한 결과와 원치 않는 결과를 낳는 개인적 상호작용, 승리와 패배가 점철된 나날들도 마찬가지다. 세렌디피티는 우연한 발견을 뜻하지만, 장기적인 성공은 무엇이 자신에게 행운을 안겨주는지 확실히 판단한 후 필요한 순간에 똑같은 조건을 만들 수 있어야만 가능하다.

딴생각도 좋지만 그래도 적당히 하라

머튼이 세렌디피티를 조사한 결과에서도 알 수 있듯이 깨달음의 순간은 쉽게 찾아오지 않는다. 때로는 완전히 잊고 지내는 게 그걸 찾는 가장 좋은 방법일 수도 있다. 2019년에 심리학자 3명이 수백 명의 물리학자와 전업 작가들에게 1~2주 동안 매일매일 자신의 가장 좋은 아이디어를 기록해달라고 요청했다.[8] 연구진이 물리학자와 작가를 대상으로 선택한 이유는 그들은 매우 다른 창조적인 삶을 살기 때문이다. 작가와 물리학자가 비슷하게 깨달음의 순간을 맞이한다면, 다른 분야에서 고착 상태에 빠진 이들에게도 똑같은 원칙을 더 폭넓게 적용할 수 있다. 연구 참가자들은 날마다 그날 떠오른 최고의 아이디어와 그 아이디어가 떠올랐을 때 뭘 하고 있었는지, 그리고 아이디어가 난관을 해결했는지 아니면 순조롭게 진행 중인 프로젝트에 도움이 됐는지에 대해 적어나갔다.

일반적으로 좋은 아이디어를 끌어내는 방법은 2가지가 있다. 하나는 영감을 찾기 위해 노력하는 것, 즉 유망한 경로를 찾을 때까지 꾸준히 노력하는 것이다. 이것이 학교, 대학, 직장에서 추구하도록 배운 정통적인 길이다. 또 다른 접근법은 이런저런 딴생각을 하는 동안 영감이 떠오르기를 바라는 것이다. 뭔가를 꾸준히 계속하려면 규율과 근성이 필요한데 딴생각을 하고 있으면 집중력이 떨어지고 노력도 하지 않게 되기 때문에 좋지 않은 평가를 받는다. 만약 딴생각이 발전을 방해하고 진행 속도를 늦춘다면 이런 나쁜 평판이 타당할 것이다. 이를 뒷받침하기 위해 연구진은 순조롭게 진행 중인 과제에 대한 아이디어 가운데 딴생각을 하다가 떠오른 건 10퍼센트뿐이었다. 나머지 90퍼센트는 업무에 적극적으로 참여하던 중에 떠올랐다는 것을 알아냈다.

하지만 물리학자와 작가가 고착 상태에 빠졌을 때는 상황이 달랐다. 그들이 그런 상태에 처하는 이유는 지금까지 해온 방법이 효과를 발휘하지 못하기 때문이다. 오히려 연구 참가자들에게는 좋은 아이디어의 25퍼센트가 딴생각 중에 떠올랐다. "이 연구 결과는 창의적인 개인의 아이디어 중 상당 부분은 딴생각을 하던 중에 떠오른다는 직접적인 증거를 처음으로 제공한다"라고 연구진은 썼다. 몇 달 뒤, 연구진은 똑같은 물리학자와 작가들에게 자신의 아이디어를 다시 검토해달라고 부탁했다. 그들이 딴생각한 와중에 나온 아이디어는 집중되지 않은 생각의 산물이기 때문에 실제 적용할 가치가 있을지가 궁금했다. 하지만 연구 참가자들은 그 아이디어도 문제에 몰두하고 있을 때 떠오른 아이디어만큼이나 창의적이고 중요하다고 봤다.

수십 개의 연구를 통해 딴생각이 창의성을 고취시키기 때문에 고착 상태에서 벗어날 수 있다는 사실이 증명되었다. 한 소규모 연구에서는 재즈 음악가 9명이 12가지 이상의 코드 진행을 즉흥적으로 연주하는 동안 속으로 딴생각을 하는지 여부를 주기적으로 측정했다. 그들이 딴생각을 한 시간은 10퍼센트 정도였지만 생각이 자유롭게 흘러간 그 짧은 시간에 가장 창의적인 작업 대부분이 이루어졌다. 다른 연구에서는 사람들이 작업 중에 딴생각을 하도록 내버려두자 벽돌과 종이클립 같은 일상적인 물건에 대한 창의적인 사용법을 고안할 가능성이 높아졌다. 딴생각이 가치 있는 이유는 사람들이 나쁜 생각, 즉 애초에 그들의 발목을 잡은 생각에서 벗어나 새롭고 더 미묘한 생각을 할 수 있게 해주기 때문이다. 또 이미 머릿속에 존재하는 이질적인 아이디어들 사이에 새로운 연관성을 만들고 별 관련 없는 개념들을 연결해 참신한 해결책을 제시한다는 증거도 있다. 게다가 혼신의 노력을 기울이는 사이사이에 피곤한 정신이 휴식을 취할 수 있게 한다.

이런 이점에도 불구하고 날마다 하루 종일 딴생각을 하는 게 최선의 해결책은 아니다. 대개는 집중하지 않을 때보다 집중했을 때 더 좋은 아이디어가 나온다. 하지만 사람이 항상 집중할 수 있는 노릇도 아니고, 특히나 고착 상태에 빠졌을 때는 장애물에서 한걸음 물러나는 것이 결국 이득을 가져올 수 있다. 딴생각을 하는 동안 떠오르는 확실한 문제 해결 아이디어가 2주에 서너 개 정도 된다고 가정했을 때, 1년 동안 대략 수십 개 이상의 돌파구를 만들 수 있다. 딴생각은 활용에 앞선 탐색 과정과 매우 비슷하다. 딴생각 중에 가능성을 타진해볼 수는 있지만, 괜찮은 진전을 이루고 있거나 탐색한 내용을 다시 활용할 때가 되면 당면한 과제에 적극적으로 집중하는 편이 나을 것이다.

실용적인 방법 하나는 광범위한 사고와 협소한 사고에 해당되는 2가지 전략을 채택하는 것이다. 광범위한 사고를 위해서는 긴 안목이 필요하기 때문에, 3~6개월에 한 번씩 2시간 정도 시간을 내서 자신의 미래에 대해 폭넓은 질문을 던져보자. 이를테면 당신은 가정, 직장에서의 삶에 만족하는 편인가? 앞으로 1년, 3년, 5년, 10년 동안 삶이 어떻게 진행될지 감이 오는가? 잘못된 방향으로 가고 있다면 취할 수 있는 포괄적인 조치가 있는가? 새로운 직업, 관계, 생활 방식을 찾는 걸 고려해야 하는가? 같은 질문들 말이다.

그와 동시에 좁게 생각해볼 필요도 있다. 협소한 사고는 구체적인 변화를 이끌기 때문이다. 먼저 각 영역의 구체적인 문제 목록을 만든 다음 매달 한두 번씩 해당 목록을 다시 살펴보면서 진행 상황을 추적하자. 만약 지난 달과 마찬가지로 꼼짝 못 하는 상황에 처해 있다면 다음 달에 취할 수 있는 구체적인 조치를 생각해보자. 돌파구를 마련하는 열쇠는 제자리에 고정되어 있는 게 아니라 느리더라도 계속해서 올바른 방향으로 움직이는 것이다. 진보에 대한 이런 접근 방식은 점진적이지만 효과적이며, 적당하게 성공하는 것과 크게 성공하는 것의 차이를 보여준다. 당신이 난관을 겪는 영역이 집이든 직장이든 사랑이든 우정이든 광범위한 사고와 협소한 사고 사이를 수시로 오가는 게 중요하다.

아슬아슬한 실패가 더 값지다

능력에 관계없이 누구나 성장할 수 있다고 믿는다면, 광범위한 사고와 협소한 사고 사이를 오가는 식의 전략이 가장 적절할 것이다. 반면 재능과 결과가 유전자와 운에 의해 일정하게 정해져 있다고 믿는다면, 그 어떤 강력한 전략도 소용없다. 지금으로서는 시대에 뒤떨어진 사고방식이지만, 1930년대에 레프 란다우Lev Landau라는 러시아 물리학자는 성취도에 따라 동료 물리학자들의 순위를 매겼다.[9] 이 척도는 해당 분야에 대한 기여도뿐만 아니라 타고난 재능까지 파악할 수 있도록 고안되었다. 란다우가 볼 때 가장 위대한 물리학자는 그 분야의 다른 99.9퍼센트와 근본적으로 달랐다. 0에서 5까지 구분된 란다우의 척도에서 아이작 뉴턴만 0점을 받았고 대다수의 '평범한 물리학자들'은 5점을 받았다. 알버트 아인슈타인은 0.5점을 받았고 닐스 보어Niels Bohr, 베르너 하이젠베르크Werner Heisenberg, 에르빈 슈뢰딩거Erwin Schrödinger 같은 양자역학 창시자들과 리처드 파인만, 폴 디랙Paul Dirac 등은 1점을 받았다. 란다우는 처음에 자신에게 2.5점을 줬지만 1962년에 노벨상을 수상한 뒤 2점으로 수정했다. 란다우의 척도는 로그 척도다. 그러니까 1점을 받은 물리학자는 2점을 받은 물리학자보다 이 분야에 10배 더 많은 공헌을 했다는 이야기다. 란다우의 추정에 따르면, 뉴턴이 물리학계에 한 공헌에 필적하려면 란다우 100명과 평범한 물리학자 10만 명이 필요하다. 란다우는 자기 분야에 존재하는 10여 개의 가장 밝은 별이 다른 수천 개의 별보다 몇 광년 앞서 있다고 여겼다. 그는 이런 10여 명은 '슈퍼 리그'에 속한다고 간주하면서 그들은 동료보다 더 똑똑할 뿐만 아니라 완전히 다른 종이라고 생각했다.

란다우의 척도는 흥미롭고 물리학자들 사이에서도 끊임없는 대화 주제가 되고 있긴 하지만, 다양한 물리학자들의 상대적인 기여도를 너무 과장하는 경향이 있다. 사실 탁월한 재능이 없는 사람들의 경력도 노벨상 수상자들의 경력과 크게 다르지 않다. 2019년에 한 연구팀이 발표한 분석 자료에서는 물리학, 화학, 생리학 및 의학 분야에서 노벨상을 받은 이들의 경력을 란다우 척도에서 5점을 받았을 사람들의 경력과 비교했다. 그들은 "노벨상 특성에 따라 달라질 수 있는 수상작을 제외하면 과학 엘리트들의 경력을 지배하는 패턴과 란다우 척도에서 5점을 받은 이들의 경력 패턴 사이에 별다른 차이가 없다"라고 했다. 이 과학자들에게 노벨상을 안겨준 연구를 제외하면 그들의 경력도 란다우가 폄하한 다른 과학자 수천 명의 경력과 비슷해 보인다. 연구진은 낙관적인 어조로 다음과 같은 결론을 내렸다. "이 결과는 여전히 희망을 품을 수 있는 이유를 제공한다. 과학자들의 순위는 고정되어 있는 게 아니며 5점 위로 도약하기 위해 넘어야 하는 장벽은 생각했던 것만큼 높지 않다."

동일한 아이디어를 더 광범위하게 적용해도 마찬가지로 결과는 희망적이다. 대부분의 결과는 집약적이기 때문에 최고의 성과를 올리는 사람들과 나머지 사람들 사이의 격차도 생각만큼 크지 않다. 높은 성과를 올리는 사람들도 우연히 본인의 자질을 발견하기 전까지는 어려움을 겪었던 것처럼, 평균적인 성과를 올리는 사람도 살짝 방향을 전환하면 자신도 몰랐던 귀한 자질을 발견하게 될 것이다.

　한 연구팀에서는 성공과 계속되는 실패가 크게 다르지 않다는 이런 통찰을 바탕으로, 어떤 사람은 실패를 성공으로 전환시키는 반면 어떤 사람은 실패만 거듭하는 이유에 대해 의문을 제기했다.[10] 이 연구팀은 스타트업의 성과와 과학자의 보조금 유치 능력을 비롯해 다양한 영역의 성과를 조사했다. 그들의 연구는 일부분 놀라운 결과를 보였는데, 현재 성공한 사람들의 사전 실패 확률이 오히려 더 높았다는 것이다. 연구자들은 "성공하기 전에 예상보다 오래 실패를 거듭한 게 특징이다"라고 설명했는데 이는 장기간 실패할수록 성공할 가능성이 높아진다는 뜻이다. 계속 지더라도 포기하지 않으면 승리할 가능성이 높아진다. 이건 충분한 시도가 승리를 보장해주기 때문이 아니라 실패를 통해 교훈을 얻기까지 시간이 걸리기 때문이다. 연이은 실패는 점점 작은 실수로 변하고, 성공 직전에 겪는 실패는 대부분 목표 일보 직전까지 다다른 상태다. "끝에서 두 번째 시도는 첫 번째 시도보다 체계적으로 나은 성과를 보여준다"라는 사실을 연구진은 알아냈다. "우리는 성공한 그룹에서는 상당한 개선이 이루어진 걸 발견했는데, 성공하지 못한 그룹에는 이런 게 없었다." 결국 성공한 기업과 과학자는 성공과 가까워지는 게 어떤 느낌인지 충분히 인지하고 있었던 반면, 계속 목표를 놓친 사람은 성공까지 얼마나 남았는지 알아차리지 못했다. "에디슨은 '인생의 많은 실패자들은 자기가 포기했을 때 성공에 얼마나 가까워졌는지 깨닫지 못한 이들이다'라고 말한 적이 있다."

　목표에 아슬아슬하게 도달하지 못하는 수준의 성과를 올렸을 경우, 어떨 때는 알아차리기 어렵지만 일부러 확실하게 알려주는 경우도 있다. 예를 들어 과학자들이 정부 보조금을 신청할 때 담당 기관에서는 지원금을 받을 수 있는지 여부와 동시에 어느 정도 차이로 지원금을 놓쳤는지 알 수 있는 점수를 제공한다. 터무니없이 낮은 점수를 받아도 마음이 아프겠지만 때로는 자금 지원 한도에서 불과 몇 퍼센트 포인트 부족한 '경계선 점수'를 받는 게 더 타격이 크다.

2019년에 한 연구팀에서 과학자가 경력 초반에 아슬아슬한 실패를 경험할 경우, 근소한 차이로 승리한 것보다 장기적으로 더 도움이 되는지 아니면 해로운지를 조사했다. 연구 결과, 본인의 성향에 따라 다르긴 하지만 대략 10퍼센트의 과학자는 도중에 실패한다. 하지만 초기의 좌절을 이겨내면 장기적으로는 아쉬운 실패를 겪은 사람이 가까스로 성공한 이들보다 체계적으로 더 나은 결과를 얻는 것으로 나타났다. 전반적으로 이런 결과는 '날 죽이지 못한 것들은 날 더 강하게 만들 뿐이다'라는 개념과 일치한다. 실제로 지원금을 아쉽게 놓친 뒤 다시 신청해서 결국 상당한 점수 차이로 지원금을 받은 이들은 근소한 차이로 획득한 이들에 비해 히트 논문을 21퍼센트 자주 발표했다.

수치로 표현된 피드백이 있으면 자기가 얼마나 아슬아슬하게 실패했는지 쉽게 확인할 수 있지만 객관적인 피드백 없이도 실수의 크기를 파악할 수 있다. 정확하지는 않더라도 대개의 경우 반복적인 시도를 통해 자기가 목표에 가까워지고 있는지 아니면 멀어지고 있는지 쉽게 알 수 있다. 이 정보는 다음과 같은 3가지 출처에서 나온다. 해당 상황에 따른 피드백(예를 들어 목표가 물리적인 경우 시각적 피드백), 본인이 나아지고 있는지 아니면 그 반대 상황에 있는지에 대한 내면의 감각, 그리고 타인의 피드백이 그것이다. 이 3가지를 합치면 실수의 규모와 더불어 시간이 지나면서 목표에 접근하고 있는지 아니면 목표에서 멀어지고 있는지 충분히 파악할 수 있다.

◆ ◆ ◆

사람마다 아쉬운 실패가 의미하는 바가 다르다. 어떤 이는 이를 계속 전진하라는 신호, 즉 자기가 올바른 길을 걷고 있음을 알려주는 귀중한 이정표로 여긴다. 그런 이들에게 아쉬운 실패는 "거의 다 왔다, 한두 가지 작은 수정만 거치면 성공은 너의 것이다"라고 말해준다. 반면 아쉬운 실패 때문에 사기가 꺾인 사람은 그런 징후를 간과하거나 무시한다. 그래서 활용이 아닌 새로운 탐색을 시작하면서 성공 가까이까지 다가간 일에 금세 흥미를 잃고 다른 곳을 긁어보기 시작한다. 이게 바로 에디슨이 말한 상황이다. 포기했을 당시 자기가 성공에 얼마나 가까이 다가갔는지 모르는 것이 실패의 비극적인 원인이 되는 것이다. 한두 번만 더 시도하면 성공을 거둘 수 있는 상황에서 다시 탐색 과정으로 돌아가선 안 된다. 이 활용 단계의 핵심은 목적을 가지고 행동하는 것이다. 즉, 고착 상태에서 벗어나기 위한 전략을 개발하기 위해 많은 에너지를 쏟은 뒤 그냥 행동에 돌입하는 것이다. 좋은 아이디어와 진정한 돌파구 사이에 존재하는 마지막 요소는 이론을 현실로 이끄는 행동이다.

key point

- 먼저 탐색이 필요하다. 넓고 얕게 돌아다니자.

- 다음은 활용 단계다. 결실이 있을 만한 목초지를 파악한 뒤에는 범위를 좁히고 전문 지식을 총동원하자.

- 탐색 중인지 활용 중인지 확실하지 않은 경우에는 '예스/노' 감사를 수행하자. 대부분의 요청과 새로운 기회를 기꺼이 받아들인다면 당신은 지금 탐색 모드 중인 것이다. 거절한다면 활용 단계로 넘어왔거나 그 일에서 관심이 멀어진 것이다.

- 파레토 법칙은 이득이 집약적이라는 걸 보여준다. 어떤 결정과 행동이 이득이 되는지 식별이 불가능하거나 소소한 진전밖에 이루지 못하더라도 이는 신속한 발전을 이루기 위한 비용이다.

- 운과 기술의 조화인 세렌디피티의 기회를 만들자. 어떤 이들은 다른 사람보다 운이 좋아 보이지만 그 운의 대부분은 기술이 불러들인 것이다.

- 우수한 성과와 적당히 좋은 성과의 차이는 아쉬운 실패를 활용했는지 여부다. 아쉬운 실패가 발생할 가능성을 인식하고 활용하는 게 중요하다.

12장

중요한 것은 행동이다

행동함으로써 다른 사람이 될 수 있다

1970년대 초, 폴 사이먼Paul Simon은 한창 잘나가고 있었다. 1960년대에 아트 가펑클Art Garfunkel과 함께 여러 장의 앨범을 발표해 큰 성공을 거뒀고 사이먼의 솔로 활동도 많은 인기를 끌었다. 그 기간에 TV 진행자인 딕 카벳Dick Cavett이 사이먼을 자기 토크쇼에 여러 번 초대해서 음악과 창작에 대한 이야기를 나눴다. 인터뷰는 전부 같은 방식으로 시작된다.[1] 카벳의 맞은편에 어색하게 앉아 있는 사이먼은 시선을 어디에 둬야 할지 모른다는 듯이 어색하게 카메라를 봤다가 방청객과 진행자를 번갈아 보는 과정을 반복했다.

카벳이 처음 던진 몇 가지 질문에 대해 사이먼은 속삭이는 듯 작은 목소리로 남의 시선을 의식하면서 짤막하게 대답했다. 한 인터뷰 중에 사이먼은 자기 머리 바로 위에 있는 붐 마이크를 발견하고는 "내 목소리가 너무 작나요? 그래서 마이크를 여기 둔 거예요?"라고 물었다. 이렇듯 폴 사이먼의 뛰어난 음악적 기량과 토크쇼 게스트로 나왔을 때의 불편한 모습 사이에는 큰 간극이 있다.

하지만 중간에 인터뷰 흐름이 한 번씩 바뀌는 지점에 있는데, 이조차도 매번 같은 방식으로 이루어진다. 카벳이 적절한 순간에 사이먼의 음악에 대한 질문을 던지면 사이먼은 기타를 집어 든다. 마이크 니콜스Mike Nichols의 영화 〈졸업The Graduate〉과 영원히 결부된 노래 〈미세스 로빈슨Mrs. Robinson〉을 어떻게 작곡했는지, 또 그래미상을 5개나 받고 한 세대의 무신론자들을 위한 영적 찬송가가 된 〈브리지 오버 트러블드 워터Bridge over Troubled Water〉는 어떻게 작곡했는지 같은 질문들 말이다.

사이먼이 기타를 연주하기 시작하면 곧장 다른 게스트가 된다. 매력적이고 부드럽다. 대답을 더 길고 이해하기 쉽게 하며 얼굴 표정도 밝아진다. 인터뷰를 본 많은 사람들이 아마 똑같은 생각을 했을 거다. "기타를 드는 순간 혈색이 도네요." 데이비라는 사람이 단 댓글에 거의 500명 가까운 사람들이 좋아요 버튼을 눌렀다. 다른 동영상에 댓글을 단 jontgreene은 "노래를 부른 뒤에는 말하는 게 훨씬 편해 보이네요. 아주 멋집니다"라고 했고 400명이 이에 동의했다. 세 번째 댓글에서 Rhys는 이렇게 썼다. "기타를 손에 쥔 순간 부드러워졌어요. 마치 자신이 원래 있어야 할 곳으로 다시 돌아간 것처럼. 그런 모습이 반가웠어요." 여기에 니콜 마리가 답글을 달았다. "맞아요, 폴은 기타를 잡기 전까지는 수줍어하는 것 같더군요."

사이먼을 그 숨 막히는 상황에서 벗어나게 해준 건 다름 아닌 그의 행동이다. 그는 기타를 잡고 연주하자마자 긴장이 풀렸다. 말도 술술 나왔다. 아마 사이먼이 혈색이 도는 모습을 지켜보면서 가장 흥미로운 점은 본인도 그런 변화를 인식하고 있다는 것일 거다. 그는 행동이 자신의 문제 해결책이라는 걸 알고 있다. 사이먼은 카벳과 청중들에게 〈브리지 오버 트러블드 워터〉의 여러 구절을 소개하면서 자기가 어떻게 각 요소를 다음 요소와 연결시켰는지 설명한다. 이 영상을 본 사람들은 이 천상의 순간에 대해서, 그리고 천재가 자신의 작업 과정을 알려준 것이 얼마나 행운인지에 대해 이야기한다. 사이먼은 이 노래를 작곡하는 게 처음에는 수월했던 반면 중간에 와서 어려움을 겪었던 경험에 대해 말한다. 그리고 15초짜리 멜로디를 연주하면서 흥얼거리다가 갑자기 멈춘다. "바로 여기서 갇혀버렸어요. 떠오르는 멜로디는 이게 다였거든요." 카벳이 물었다. "무엇 때문에 막힌 겁니까?" 사이먼은 수도승 같은 태도로 대답했다. "글쎄요, 어디를 가든 거기에 있고 싶지 않았어요." 청중들은 웃고 카벳은 "지금껏 들어본 고착 상태에 대한 정의 중 가장 완벽하네요"라고 했다.

카벳이 그런 장애물을 만나면 어떻게 돌파하는지 물었고, 사이먼은 빠르게 진행되는 복음성가를 반복해서 듣다보면 기타를 들고 자리에 앉게 된다고 답했다. 그리고 나머지는 역사가 되었다. 그러나 이 대답은 충분치 못하다. 사이먼이 경솔해서라기보다 그의 대답이 과정을 명확하게 설명하지는 않는다. 사이먼이 말하고자 하는 핵심은 행동과 짝을 이룬 영감에 대한 것이었다. 여기서 가장 중요한 건 행동이다.

감정, 생각, 행동이 조합되어야 고착 상태에서 빠져나올 수 있다면 이 3가지 중에서 추진력을 발휘하는 건 행동이다. 감정과 생각도 물론 중요하지만 이 2가지는 주로 행동을 위해 존재한다. 폴 사이먼의 창조적인 과정, 그리고 기타를 들자마자 카메라 앞에서 긴장이 풀어지는 모습은 행동의 중요성을 여실히 보여준다. 기타를 들지 않았을 때 말없이 수줍어하던 그가 행동을 시작하는 순간, 오랫동안 기억에 남을 찬가가 탄생한다.

이건 폴 사이먼이나 음악 천재에게만 해당되는 게 아니다. 심리학자들은 오랫동안 감정, 생각, 행동 사이의 관계에 관심이 있었는데 그들이 알아낸 핵심적인 사실 중 하나는 행동이 가장 중요하다는 것이다. 일례로 행복해서 웃는 게 아니라 웃어서 행복해지고 행복한 생각을 하게 된다는 말을 들어봤을 것이다.[2] 웃는 행동 자체가 중요한 것이기 때문에 가짜 미소를 짓는 것만으로도 행복을 느끼게 된다는 것이다. 보다 광범위한 혁신을 이룰 때도 이와 동일한 기본 아이디어가 적용된다. 기타 곡을 쓰려고 할 때는 머릿속으로 아무리 멜로디를 흥얼거려도 소용이 없다. 직접 악기를 치면서 해야 일이 진행된다. 폴 사이먼은 복음성가의 곡조에서 영감을 얻었고 그 곡을 수백 번 다시 들었지만, 그가 기타를 집어 든 뒤에야 비로소 그 곡조가 한가로운 영감 이상으로 변했다. 영감과 행동이 결합되면서 비로소 마법 같은 일이 생긴 것이다.

행동은 그 순간의 고착 상태에서 빠져나오는 데도 중요하지만 고착 상태가 장기화될 가능성을 줄여주는 습관을 형성하는 데도 중요하다. 매일 같은 생각을 하거나 감정을 느끼는 것도 도움이 되지만 날마다 똑같은 행동을 하는 편이 훨씬 지속적인 영향을 미친다. 경제학자가 진행한 한 연구에서는 의료 종사자 1만 3000명이 5년 동안 200만 번 이상 교대 근무를 하면서 보여준 손씻기 행동을 추적했다. 실제로 병원은 이런 규정 준수에 어려움을 겪고 있으며 많은 사람들 또한 이걸 중요한 난제로 여긴다. 의료인들이 병실을 드나들 때마다 손을 소독하도록 '젤인, 젤아웃gel-in, gel-out' 같은 이름을 붙인 표어 중심의 정책을 도입하기도 했지만 결과는 미미했다. 일례로 이 연구에서도 대부분의 의료인들이 규정을 준수하는 비율이 50~60퍼센트 정도밖에 안 됐다. 다른 사람보다 더 착실하게 지킨 이들도 물론 있었지만, 의료 종사자들은 1억 번 이상의 손소독 기회 중 5200만 번을 놓쳤다. 특히 병원들은 항생제에 잘 반응하지 않는 슈퍼 박테리아와 씨름하고 있기 때문에 손소독을 하지 않는 것은 면역 체계가 약화된 환자들에게 잠재적인 재앙이다. 환자의 4퍼센트가 의료 기관에서 감염된 병을 앓고 있으며 이로 인해 미국 병원에서만 1년에 약 10만 명이 사망한다. 손소독이 1퍼센트 증가할 때마다 감염 위험이 2퍼센트 감소하기 때문에 이는 상당히 중요한 일이다.

의료 종사자들이 향후 손을 씻을지 여부를 예측하는 가장 좋은 방법은 그들의 과거 행동을 반영하는 것이다.[3] 작업자가 특정 공간에서 손을 씻을 기회가 많을수록 행동을 습관화하기 쉽고 자연히 규정 준수율이 높아진다. 특정 공간을 열 번째 방문할 때는 준수율이 초기보다 1.5퍼센트 증가하고, 삼십 번째 방문할 때는 2퍼센트, 오십 번째 방문할 때는 거의 3퍼센트 증가한다. 작업자가 손을 많이 소독할수록 피로에 대한 민감도도 낮아진다. 행동에 기반한 습관을 개발한 이들은 교대 시간이 8시간, 9시간 또는 10시간을 초과해도 손을 계속 소독하지만 이와 같은 습관을 들이지 않은 사람은 시간이 지날수록 손소독 횟수가 훨씬 줄어든다. 또 습관적으로 손을 소독하는 사람은 일주일 동안 일을 쉬고 난 뒤에도 계속 손소독을 하는 반면 그런 습관이 형성되지 않은 사람은 비교적 빨리 규정을 지키지 않게 된다. 아무리 손 씻기의 방법과 중요성을 교육하고 기억하기 쉽게끔 정책 이름을 바꾸는 것만으로는 규정 준수를 장려할 수 없다. 가장 중요한 것은 반복해서 씻는 행동이다.

행동이 중요한 또 하나의 이유는 자신을 바라보는 방식을 바꿔서 정체에서 벗어나게 해주기 때문이다.[4] 때때로 달리기를 하는 사람은 그냥 "종종 달린다"라고 말하지만 일주일에 네 번씩 습관적으로 달리는 사람은 "나는 러너runner다"라고 말할 수 있다. 그 차이는 미묘하지만 중요하다. "달린다"라는 말은 자기가 가끔씩 하는 행동에 초점을 맞추지만 "나는 러너다"라는 말은 자신의 본질에 초점을 맞춘 것이다. 당신이 특정한 순간에 달리고 있든 아니든 상관없이 러너가 되는 것이다. 이렇게 되면 달리기가 정체성의 중심이 되었기 때문에 규칙적인 달리기가 자신에 대해 생각하고 느끼는 방식을 바꾼다. 또한 자신을 가끔 달리는 사람이 아닌 러너로 여기면 고착 상태에서 벗어나는 데도 큰 힘이 된다. 오랜 투병 끝에 규칙적으로 운동을 하려고 애쓰는 사람의 경우, 스스로를 오랫동안 달리지 않은 사람이라고 생각하기보다 최근에 달리지 않은 러너로 여겨야 극복해야 할 장애물이 훨씬 적어진다. 달리기를 한동안 중단해도 러너로서의 지위가 손상되지는 않는 것이다.

심리학자들은 어떤 행동을 반복하는 것, 즉 동사(달리기)에서 명사(러너)로 전환하는 것이 갈등을 예방하고 많은 상황에서 행동을 장려한다는 걸 증명했다. "난 유권자다"라고 말하는 사람은 "투표한다"라고 말하는 사람보다 실제로 투표할 가능성이 높다. "난 물 절약가다"라고 말하는 사람은 "난 물을 절약한다"라고 말하는 사람보다 물을 절약할 가능성이 높다. 3~6세 사이의 아이들은 단순히 어른을 '돕는다'라고 생각하는 게 아니라 자신을 '조력자'라고 여길 때 어른을 도울 가능성이 높다.

'행동'은 상황에 따라 의미가 달라진다. 딕 카벳의 맞은편에 앉아 있던 폴 사이먼의 경우처럼 때로는 문제를 해결할 적절한 행동이 무엇인지가 명확하다.

하지만 때로는 행동하기가 쉽지 않고 적절한 행동을 찾는 것도 쉽지 않다. 행동하려면 동기 부여가 필요하거나 동기가 없는 상황을 극복해야 한다. 또 어떤 행동이 가장 효과적인지 명확히 알아야 한다. 여러분이 기타를 집어 든 훌륭한 작곡가가 아니라면 올바른 다음 단계가 뭔지 잘 모를 수도 있다. 하지만 불확실성에 휩싸여 있을 때는 그냥 뭐든지 시도하는 게 정답인 경우가 많다.

때로는 한계와 제약이 자유로움을 준다

행동의 가치는 타라 브랙의 '신성한 일시 정지'와 반대되는 개념이 아니다.[5] 일이 진행되는 방식이 불안하고 불확실하다면 잠시 멈추는 게 중요하다. 하지만 자기가 나아가고자 하는 방향을 알고 있다면 거기에 도달하는 최선의 방법은 행동이다. 고착 상태에 빠지는 것과 앞으로 나아가는 것 사이에 확실한 구분선이 있기 때문이다. 약간이라도 행동을 취한다면 더 이상 갇혀 있지 않게 된다. 이는 상황에 관계없이 사실이며 상황이 어떻든 간에 손쉽게 행동의 핵심에 도달할 수 있어야 한다.

글쓰기를 생각해보자. 어떤 사람은 거침없이 술술 글을 쓰지만 대부분의 사람들은 글을 쓰다보면 때때로 막히곤 한다. 이럴 때 작가들이 해야 하는 핵심적인 행동은 단어 또는 문장 하나를 쓰거나 60초 동안 키보드를 두드리는 것이다. 가끔 나도 글을 쓰다가 심하게 막힐 때는 이런 행동 중 하나를 목표로 삼는다. 예컨대 타이머를 60초로 맞춰놓고 타이머가 울릴 때까지 글을 쓰는 것이다. 많이 쓸 수 있을 거라고 기대하지는 않지만 잠깐이라도 글을 쓰면 고착 상태에서 벗어날 수 있다. 글을 쓰지 않는 상태에서 글을 쓰는 상태로 바뀌기 때문이다. 그 60초가 수월하게 지나가면(대개의 경우 그렇다) 타이머를 무시하고 계속 쓴다. 더 필요하다면 타이머를 2분이나 10분으로 재설정하는 과정을 반복하면 된다. 중요한 건 행동의 양이 아니라 그 행동을 한다는 사실이다.

특히나 사방이 막혔을 때 타이머를 사용하여 행동을 통제하는 것은 잘못된 접근법처럼 느껴질 수 있다. 이런 경직성보다 사람을 더 제약하는 게 뭐가 있겠는가? 하지만 꼼짝 못 하는 상황에서는 체계가 있어야 오히려 자유로워질 수 있다는 사실이 밝혀졌다.[6] 체계적으로 정해진 부분이 많을수록 내려야 하는 결정이 줄어들고 따라서 당면한 작업에 더 많은 인지 능력을 활용할 수 있다. 앞으로 60초 동안 글을 써야 한다는 사실을 인지하면 남은 건 머릿속의 아이디어를 페이지에 쏟아내는 것뿐이다. 60초 동안 할 수 있는 다른 일이 뭐가 있을까? 얼마나 오랫동안 이 일에 매달려 있어야 하는 거지? 같은 다른 질문이 뇌리를 사로잡지 않기 때문에 온전히 글쓰기에 집중할 수 있다. 일을 하다가 막히면 중요한 행동을 하나로 연결시키는 것도 방법이다. 몇 분 단위로 나눠서 몇 차례 글을 쓴 다음 그렇게 쓴 글을 몇 분 단위로 나눠서 쭉 읽어보는 것이다. 이렇게 잘게 쪼개진 행동을 연결하는 걸 마이크로 스케줄링(세부적인 일정 관리)이라고 한다.

마이크로 스케줄링을 위해서는 긴 시간을 10분이나 15분, 20분처럼 짧은 시간으로 쪼개야 한다. 그리고 전체적인 작업 시간이 시작되기 전에 잘게 쪼갠 시간을 어떻게 사용할 것인지 정한다. 15분 동안 글을 쓰고, 15분 동안 읽고, 15분 동안 쉬고, 15분 동안 산책을 하는 등의 계획을 세울 수 있다. 특정한 작업에 시간이 더 필요한 경우에는 두 단위를 연결해서 써도 된다.

마이크로 스케줄링에서 중요한 건 정해진 일정에 자신을 맡기는 것이다. 행동 자체에 집중할 수 있도록 할 일과 시기, 기간 등은 전부

정해진 일정대로 따르는 것이다. 고착 상태에 빠졌을 때 우리를 무력하게 하는 건 해야 할 행동이 아니라 호기심 많은 독수리처럼 그 위를 맴도는 질문이다. 이게 왜 이렇게 힘든 거지? 왜 나는 더 잘하지 못하는 걸까? 아무래도 다른 일을 해야 할까? 이 문제에 얼마나 더 투자해야 하는 거지? 같은 질문들 말이다. 마이크로 스케줄링을 시도하면 아무리 힘든 행동이라도 일정 시간을 할애하겠다고 다짐하기 때문에 이런 질문들 대부분이 순식간에 사라진다. 작업에 참여하지 않는다는 옵션을 아예 없애고 강제로 작업에 시간을 할애하도록 하면 그 일에 온전히 집중할 수 있다. 긴 시간이 아닌 짧은 시간 동안만 행동에 전념하면 위축되는 기분을 느낄 가능성도 낮아진다. 목표를 최대한 단순하고 좁은 범위로 제한하고 결과에 관계없이 미리 정해놓은 시간 동안만 특정 행동을 하면 머릿속에서 시끄럽게 질문하는 목소리가 잦아들 것이다.

마이크로 스케줄링은 일반적인 생활 방식에 적용하긴 쉽지 않다. 예컨대 여가 시간을 일일이 계획하다보면 즐거움은 반감되기 마련이며, 삶을 정확하게 구조화할수록 주어진 시간이 줄어드는 기분이 든다. 하지만 곤경에 처했을 때 빠져나갈 수 있는 확실한 방법이 보이지 않는다면 오히려 엄격한 체계를 통해 자유를 얻을 수 있다. 창의성과 차별화를 중시하는 것으로 유명한 업계, (7장에서 언급했지만) 그중에서도 심지어 소비자들에게 "다르게 생각하라"라고 간청하는 회사에서 일하는 스티브 잡스가 매일 검은색 터틀넥이라는 '획일적인' 옷을 고집한 것도 이런 정신적 부담에서 벗어나기 위해서였다. 잡스 본인은 창조적인 문제 해결에 전념하는 데 필요한 인지 자원을 빼앗아갈 수 있는 정신적 개입의 여지를 차단하거나 피하려고 노력했기 때문에 '다르게 생각할' 수 있는 것이라고 주장했다.

몸을 움직여라

작은 단위로 쪼갠 작업 일정을 세부적으로 조정한 뒤에는 고착 상태에서 벗어나는 데 더 효과적인 행동이 있는지 물어봐야 한다. 후보에 오른 행동 가운데 적어도 하나는 상당히 효과적일 확률이 높다. 몇 년 전에 건축가 2명이 수천 개의 미국 기업 위치를 파악한 데이터를 자세히 조사했다.[7] 그 데이터에는 각 지역(조사구)에 대한 수십 가지 정보와 해당 조사구에 위치한 기업들의 혁신 수준도 포함되어 있었다. 그중 연구진에게 특히 눈에 띄는 결과가 하나 있었다. 걸어다니기에 적합한 조사구에 위치한 기업은 자동차나 대중 교통이 필요한 조사구의 기업들보다 특허를 많이 신청했고 따라서 더 혁신적이었다. 이런 결과가 절대적인 건 아니지만, 걷기나 전반적으로 몸을 많이 움직이는 게 창의적인 문제 해결을 촉진할 수 있음을 시사한다.

다른 연구에서도 비슷한 결과가 나왔다. 한 지리학자는 초기 단계의 스타트업은 걸어다니기에 적합한 조사구에 많은 반면 어느 정도 자리를 잡은 기업들은 걸어다니기 힘든 지역에 밀집해 있는 경향이 있다는 걸 발견했다. 그는 "과학/기술 스타트업의 평균 보행 점수는 다른 테크 기업 그룹들보다 훨씬 높았고, 확실히 자리 잡은 테크 기업보다 20점 높았습니다"라고 말했다. 그는 초기 단계의 스타트업은 일반적으로 완강한 '초기 아이디어' 단계를 넘어선 기성 기업들보다 창의적인 문제 해결책에 훨씬 많이 의존한다고 주장했다. 물론 보행성과 혁신 사이의 관계를 설명할 수 있는 요인은 다양한데, 일부 혁신적인 기업들은 아이디어의 공유나 업무 효율성을 위해 가까이 있는 걸 선호하는 경우도 있다.

다른 연구팀에서는 이 아이디어를 좀 더 신중하게 테스트하기 위해 소규모 학생 집단에게 40분 동안 가만히 앉아 있거나 러닝머신 위를 걸으면서 책을 읽어보게 했다. 참가자들이 과제를 완료하자 연구진은 이들에게 뇌 활동을 측정하는 센서를 부착해서 기억력 테스트를 실시했다. 40분 동안 러닝머신 위를 걸은 이들은 35퍼센트 더 많은 정보를 기억했고, 작업에 더 집중했으며, 기억력 및 주의력과 관련된 뇌 영역의 활동이 증가한 것으로 나타났다.

이로써 몸을 움직이는 것이 정신적인 고착 상태를 해결하는 확실한 방법임이 수십 개의 연구를 통해 입증되었다. 몸을 움직이는 동안이나 그 이후의 얼마 동안은 판단력이 더 증진되고 일부러 함정에 빠뜨리기 위해 고안된 문제에 창의적인 해결책을 내놓을 가능성이 높으며 직장에서 창의성 문제를 해결하려고 애쓰는 팀이나 그룹과 잘 협력할 수 있다.

걷기가 고착 상태에서 벗어나게 해주는 이유는 여러 가지다. 걷기와 움직임은 변화와 차이를 가져오기 때문에 다양한 면에서 유익하다. 하루 종일 앉아서 일하는 경우, 걷기로의 행동 전환을 통해 굳어진 업무 패턴이 깨지기도 한다. 작가 힐러리 맨틀Hilary Mantel은 글이 막혔을 때 최고의 치료법은 뭐니 뭐니 해도 책상에서 벗어나는 것이라고 말했다. "산책도 좋고 운동도 좋습니다. 뭘 하든 간에 우거지상으로 문제를 노려보며 가만히 앉아 있어선 안 됩니다."

고착 상태에서 벗어나려고 할 때는 유동적인 움직임이 특히 중요하다. 연구 결과 자유롭게 흘러가는 춤, 리드미컬한 걷기, 심지어 들쭉날쭉하고 흐트러진 모양보다는 매끄러운 모양을 따라가는 게 창의력과 통찰력을 고취시킨다는 게 증명되었다. 움직임 덕에 수십 개의 간단한 수학 퍼즐을 정확하게 풀지는 못하겠지만 벽돌이나 종이 클립, 페인트 통을 창의적이고 특이하게 활용할 방법을 찾아낼 가능성은 높다. 이런 창의성 과제는 소위 말하는 '확산적 사고'를 측정하는데, 이건 어떤 주제에 대해 좁고 정확하게 생각하기보다 폭넓게 생각할 것을 요구한다. 이런 의미에서 확산적 사고는 고착 상태에서 벗어나는 데 매우 중요하다. 애초에 그런 상태에 처하게 된 이유가 당면한 과제에만 점점 제한적으로 집중하는 이른바 '수렴적 사고' 때문이기에 그렇다. 확산적 사고는 본능과 직관을 넘어서 숨겨져 있는 아이디어와 접근 방식으로 당신을 데려가 문제를 해결한다.

무기력할 때는 일단 하라

기준을 전략적으로 낮추는 것도 곤경에 처했을 때 앞으로 나아갈 수 있는 좋은 방법이다.[8] 윌코Wilco와 엉클 투펠로Uncle Tupelo라는 밴드에서 활동한 가수 겸 기타리스트 제프 트위디Jeff Tweedy도 그런 입장을 취했다.[9] 그는 좌절한 창작자를 위한 안내서를 쓰기도 했다. 트위디는 중독 및 정신 건강 문제와 계속 씨름하고 있다는 글도 썼기 때문에 그의 음악이 고통의 산물이라고 가정하는 건 당연한 일이다. 숭고한 예술과 음악, 글쓰기는 거의 언제나 고통의 구름을 에워싼 밝은 희망이라는 게 창의성에 관한 인기 있는 모델 중 하나다. 하지만 트위디는 그렇지 않다고 말한다. 그는 《뉴욕타임스》의 에즈라 클라인Ezra Klein과의 인터뷰에서 '사람들은 흔히 예술과 고통 사이의 관계를 오해하는데 예술은 고통을 달래주는 약'이라며 고통이 자신의 창의력을 자극한다는 주장을 일축했다. 트위디는 "그건 끔찍한 책임회피이며, 이런 근거없는 믿음이 사방에 만연해 있습니다. 그게 사실이라면 훨씬 훌륭한 예술이 존재할 것입니다"라고 말했다. 즉 고통이 위대한 예술작품을 만들어내는 게 아니라 고통을 겪는 사람들이 창조적인 추구로 눈을 돌리면서 자신을 치료하는 경향이 있다는 것이다.

고통은 트위디가 발휘하는 창의력의 열쇠가 아니다. 그는 '사라지는 방식'을 통해 창조적 장애물을 극복한다. 자의식을 모두 버리고 자신의 창의성을 무시한 채 머릿속을 차지하고 있는 것들이 그냥 쏟아져 나오도록 내버려두는 것이다. 그러면 일반적으로 새로운 아이디어에 대한 기대 수준을 낮추게 된다. 트위디는 클라인에게 자기 비판적인 태도를 취할 때 성공할 가능성이 가장 낮다고 말했다. "내게서 이끌어내고 싶은 것에 대해 정말 높은 기준을 세우거나, 악상이 떠오를 거라고 기대하면서 접근할 때면 잘못된 걸 목표로 삼고 있는 듯한 기분이 듭니다."

트위디의 방식은 일관성 있게 행동하되 자기비판이나 자기반성은 피하는 것이다. 그의 경우, 아침에 침대에서 일어나기 전이나 스마트폰을 켜서 뉴스를 읽고 이메일을 확인하기 전에 10~15분 정도 작사나 작곡에 시간을 쏟는 걸 말한다.

시인, 작가, 작곡가 등 모든 유형의 집필가들처럼 나도 일정량의 자유로운 글쓰기에 의존하고 매일 정기적으로 자신을 비웁니다. 이 일을 하고 싶은 사람이 있다면 거기서부터 시작하라고 권할 것입니다. 자아를 밀어내는 근육을 단련해야 해요. 나한테 그건 비판이나 지시 없이, 자신에 대해 만족하거나 자기가 똑똑하고 글을 잘 쓴다는 유혹에 빠지지 않고, 글을 점점 더 잘 쓰게 되는 것을 의미합니다.

이건 감정과 생각에 부담을 주지 않는 방식인데, 트위디는 이를 통해 수십 년 동안 수백 곡의 노래, 몇 권의 책, 수많은 좋은 아이디어 같은 창의적인 결과물을 만들어냈다. 이 모든 건 그가 정신 건강 문제나 중독 때문에 고생한 복잡한 역사에도 불구하고 이루어낸 것이지 그것 덕분만은 아니다.

하지만 트위디는 이 아이디어를 단순히 개인적 판단을 피하는 것 이상으로 발전시킨다. 그는 사방이 막혔을 때는 단순히 자신에게 통행증을 주는 것에서 끝내지 말고 매일 적극적으로 마음의 짐을 '비우라고' 추천한다. 클라인은 그림을 못 그리거나 시를 못 쓰는 등 어떤 일에 서툰 것이 싫다고 말한다. 트위디의 방식은 그와 완전히 달라서 일부러 서툰 작품을 만들려고 한다. 그는 이렇게 설명한다. "난 일을 하다가 막히는 걸 피하기 위해 마음에 안 드는 노래도 작곡합니다. 어떤 노래에 대한 아이디어가 떠오르면 마음에 들지 않을 것 같아도 그냥 진행해요. 그러면 다음 곡으로 넘어갈 수 있습니다."

'비우기'는 고착 상태에 빠졌을 때 하기 힘든 2가지 일을 달성하기 때문에 마법 같은 효과를 발휘한다. 감정적 또는 정신적 부담을 거의 느끼지 않은 채로 행동할 수 있게 해주고, 또 당신의 행동 때문에 생긴 결과물에 대해 아무런 요구도 하지 않는다.

형편없는 시 또는 노래를 만들거나 전반적인 성과가 나쁜 건 바람직한 결말이 아니다. 하지만 뭐라도 하다보면 무력해져 있던 사람도 활기를 되찾고 움직일 수 있게 된다. 그리고 일단 움직이면서 최악의 생각을 머릿속에서 털어내면 진정한 발전을 시작할 준비가 된다. 이 아이디어를 뒷받침하는 다른 의견도 있다. 좋지 못한 아이디어를 시도하다보면 뭐가 효과가 없는지 알게 되므로 적절한 때에 좋은 아이디어가 떠오를 가능성이 높아진다는 것이다. 예를 들어 어떤 실험에서는 특정 주제에 대해 강한 신념을 품고 있는 이들에게 그 신념에 대항하는 가장 강한 논거나 반대로 그걸 뒷받침하는 가장 약한 논거에 대해 생각해보라고 했다. 효과가 있는 것과 없는 것의 차이를 알면 발전할 수 있고, 성공에 별 효과가 없는 걸 억지로라도 시도해보면 그런 교훈을 빨리 얻게 된다. 이건 반대를 통한 예방 접종이다. 즉 성공을 위해 혼신의 노력을 기울이기 전에 나쁜 아이디어를 소진시키면 실패와 '잘못'으로부터 자신을 보호할 수 있다는 논리다.

행동의 질보다 양을 중요시하는 또 다른 이유는 양에서 질이 나오기 때문이다.[10] 다른 조건이 모두 동일할 경우, 창의적인 아이디어가 많은 사람일수록 더 좋은 아이디어를 내놓는 경향이 있다. 행동도 마찬가지다. 더 자주 행동할수록 그런 행동 가운데 하나가 당신을 전진시킬 가능성이 커지고 행동의 평균적인 질도 올라갈 것이다. 양과 질은 둘 다 필터와 억제를 낮추는 능력에 크게 의존하기 때문에 서로 관련이 있을 수 있다. 필터와 억제는 문제를 해결할 창의적이고 특이한 아이디어보다는 일반적인 규범과 표준에 맞는 아이디어를 생성하는 경향이 있다. 창의성에 대한 제프 트위디의 접근 방식은 비슷한 유형의 탈억제를 기반으로 한다. 아이디어를 떠올리는 동안에도 그것의 품질에 의문을 제기하는 비판적인 목소리를 끄는 게 중요하다. 트위디는 좋지 못한 아이디어는 좋은 아이디어가 나오기 위한 필수적인 토대라고 말한다. 이때 지켜야 하는 간단한 규칙은 자기가 '형편없고' '엉뚱하고' '부족한' 생각과 행동을 할 수 있도록 허락해야 한다는 것이다. 기준을 낮추면 그렇지 않았을 때보다 더 유창하고 안정적으로 생각하고 행동할 수 있다. 비록 그릇된 것이라 해도 옳은 것을 전제로 하기만 한다면 처음에는 좀 잘못돼도 괜찮다.

장벽은 없다

일반적으로 새로운 것을 배우기 위해서는 지식과 정보를 축적하고 이어서 실천 과정을 거쳐야 한다.[11] 물론 대부분 학교에서는 지식의 축적을 우선하지만 실제 세계에서는 실천을 통해 문제해결방법을 익히게 된다.

해밀턴 나키Hamilton Naki는 전 세계의 수많은 경험적 학습자들 중에서도 가장 성공한 축에 속한다. 나키는 1926년에 남아프리카공화국 이스턴케이프 주에 있는 작은 마을에서 태어났다. 그의 정규 교육은 아파르트헤이트*와 기회 부족으로 인해 제한되었다. 6년간의 학교 생활은 니키가 열네 살 때 일찍이 끝났고 그는 결국 서쪽으로 1000킬로미터 가까이 떨어진 케이프타운에서 정원사로 일했다.

아파르트헤이트가 시행되던 시기에 남아프리카공화국에 살았던 흑인 나키는 다양한 엘리트 직업을 추구하는 게 금지되었다. 법률이나 의학 분야에 종사하는 건 고사하고 관련 공부를 하는 것도 어려웠지만 나키는 어릴 때부터 의료계에 관심을 가졌다. 하지만 먼 곳에서 바라보는 것 외에는 할 수 있는 일이 없었기 때문에 젊은 시절의 그가 의료계에 가장 가까이 접근할 방법은 케이프타운대학의 부지를 돌보는 것 정도였다. 나키가 20대 후반이던 어느 날, 외과의사가 정원 관리 책임자를 찾아와 여러 가지 기본적인 연구실 업무를 도와달라고 요청했다. 그날 근무 중이었던 나키는 곧 그 대학의 연구실에서 동물들에게 먹이를 주고 청소하고 마취하는 일을 하게 됐다.

나키는 정원 가꾸기와 실험실 업무를 오가며 시간을 보냈지만 의료 실험실은 그의 상상력을 완전히 사로잡았다. 시간이 지나면서 연구

＊　남아프리카공화국의 극단적 인종차별정책

실에서 보내는 시간이 점점 길어졌고 일반적으로 우수한 학생이나 대학원생이 처리해야 할 기술적 절차까지 시도하면서 업무에 완전히 통달하게 됐다. 나키는 손재주가 유달리 뛰어났고 기술 연마에도 힘썼기 때문에 저명한 외과의사들이 그를 마취 조수로 쓸 정도였다. 결국 그는 연구실의 주요 수술 보조원이 되었다.

나키는 1960년대 중반에 크리스천 버나드Christiaan Barnard라는 심장 전문의와 일하기 시작했다. 버나드는 심장 이식 분야의 스타 의사였고 이 대학 실험 수술 책임자였다. 1967년에 버나드는 난치성 심장병을 앓는 55세 남자에게 세계 최초의 인간 대 인간 심장 이식을 시행했다(2005년에 나키가 사망했을 때 많은 보도자료와 부고에 그가 버나드의 수술 파트너 역할을 했다고 기재되어 있었는데 사실 이식 수술에는 참여하지 않았다). 그만큼 버나드의 말 한마디가 가진 권위가 높을 수밖에 없었는데, 그는 공개적으로 나키를 자주 칭찬했다. 버나드는 몇 년 뒤에 이렇게 말했다. "해밀턴 나키는 나보다 기술력이 뛰어납니다. 특히 봉합할 때 나보다 손재주가 좋아서 현장에서 큰 도움이 됩니다." 또 다른 인터뷰에서 이렇게 말했다. "나키는 심장 이식 분야에서 역대 최고의 연구원 중 한 명입니다. …… 그에게 공부할 기회가 있었다면 아마 훌륭한 외과 의사가 되었을 겁니다"라고 설명했다.

나키는 인간을 상대로 직접 수술을 한 적은 없지만 많은 수술 기술을 개척했고 수천 명의 의대생을 가르쳤다. 결국 그는 버나드의 연구실을 떠나 간 이식을 전문으로 하게 되었다. 그리고 이 대학 병원의 장기 이식 부서 책임자가 된 델 칸Del Khan을 가르쳤다. "미국에서 돼지에게 간을 이식할 때는 충분한 자격을 갖춘 외과의 두세 명으로 구성된 팀이 필요하지만 해밀턴은 이 모든 일을 혼자 할 수 있는 사람입니다." 칸은 한 인터뷰에서 이렇게 말했다. 병원의 간 연구 부서 책임자인 랄프 커쉬Ralph Kirsch는 나키가 '정말 어쩌다 한 번씩 나타나는 놀라운 인물 중 한 명'이라고 묘사했다. "그는 교육을 전혀 받지 못했는데도 최고 수준의 수술 기술을 익혀서 젊은 의사들에게 전수했습니다." 나키의 경력은 수동적인 학습을 넘어선 행동, 단순한 정보의 소비를 넘어선 실천의 결과물이었다. 피부색이 주요 난제였던 시대에 나키는 기회와 경험을 결합시켜서 어려움을 헤쳐나갈 수 있었다.

나키의 이야기는 개인적인 동시에 사회적이다. 그는 개인의 장벽을 극복하면서 동시에 남아공 의학 연구 분야의 정점에 접근한 최초의 흑인 중 한 명으로서 아파르트헤이트라는 거대한 벽에 도전했다. 생각과 감정만으로는 구조적인 장벽을 무너뜨리는 게 거의 불가능하다. 언론인들과 의학 저널이 나키의 이야기를 거부할 수 없게 된 것은 그가 이룬 불가능해 보이는 상승과 그를 케이프타운대학 정원에서 강의실과 연구실로 이끈 구체적인 행동 덕분이다.

나키가 보여준 것처럼 때로는 사람들에게 장벽을 극복할 수 있다는 걸 확신시킬 방법은 행동밖에 없다. 그렇기 때문에 개인에게 효과적인 행동은 다른 이들에게도 마찬가지로 효과적이다. 달리기 선수 로저 배니스터Roger Bannister와 산악인 에드먼드 힐러리Edmund Hillary의 경우에도 그랬다. 1950년대 중반에 활약한 이 선구자들은 12개월 사이에 전 세계가 이 두 스포츠를 바라보는 방식을 완전히 바꿔놓았다. 배니스터는 1954년 5월에 1마일을 3분 59초에 주파해 처음으로 4분 장벽을 깼다. 1850년대 이후로 1마일 기록은 수십 번 갱신됐지만 숫자 3으로 시작하는 기록을 세우는 건 불가능해 보였다. 1944년부터 1954년 사이에는 4분 1초대를 맴돌면서 10년간 거의 꿈쩍도 하지 않았다. 하지만 배니스터가 4분대 기록에 마법이 걸려 있는 게 아니라는 걸 증명하자마자 기록이 계속 갱신되기 시작했다. 배니스터가 3분 59초 기록을 세우고 불과 한 달 뒤에 호주인 존 랜디John Landy가 1마일을 3분 58초에 주파했다. 배니스터의 역사적인 경주로부터 10년이 지난 1964년까지 기록이 다섯 번 더 갱신되면서 3분 54초까지 줄었다.

1953년에 힐러리가 세르파 텐징 노르가이Sherpa Tenzing Norgay와 함께 에베레스트 산 정상에 오른 뒤에도 마찬가지였다. 이 성공 이후 다른 사람들도 똑같은 장벽을 깰 수 있게 되었다. 처음에는 소수의 등반가들만이 도전하더니 이내 수많은 등반가들이 똑같은 위업을 시도했고 오늘날에는 5000명 이상의 산악인이 에베레스트 정상에 올랐다. 성공적인 행동, 특히 눈에 띄는 경계를 뛰어넘는 대담한 행동은 자신의 능력을 시험해보고 싶지만 선구자보다는 2인자나 3인자가 되는 걸 선호하는 이들을 자극한다. 1950년대와 60년대에 나키, 배니스터, 힐러리, 노르가이가 극복한 한계는 그들처럼 특별하고 보기 드문 이들만 뛰어넘을 수 있는 것이지만, 일단 그 장벽이 사라지고 나자 다른 사람들도 시도할 수 있게 되었다. 처음은 늘 어렵다. 하지만 계속 하다보면 그 일이 분명히 가능하다는 걸 알게 되고, 이어지는 시도에서는 많은 사람이 성공하는 모습을 보면서 자신감을 얻게 된다.

행동에는 원래 추진력이 있기 때문에 막힌 상황을 해결하는 데 가장 효과적이다. 행동하면서 비활성 상태를 유지할 수는 없으므로 제프 트위디의 말처럼 일부러 형편없는 시를 쓰거나 광범위한 실패를 자초할 경우 느리더라도 일은 진행된다. 좋지 못한 아이디어와 미숙한 행동에서 벗어나면 그와 반대되는 생산적인 것을 인식하는 법을 깨우치게 되며, 고착 상태에서 벗어나 해결책을 향해 나아갈 때 비판적인 태도를 누그러뜨리는 법도 배우게 될 것이다. 하지만 행동을 뒷받침하는 가장 강력한 논거는 행동만큼 좋은 학습 방법이 없으며 아울러 최고의 문제 해결사라는 것이다. 효과가 있는 것과 없는 것의 차이를 인식하는 법을 배우면 더 뛰어난 사상가, 파트너, 부모, 친구, 기업가, 예술가, 작가, 음악가가 될 수 있다.

- 고착 상태에 빠지면 행동을 취하자. 이럴 때일수록 당신이 편안한 마음으로 실력을 발휘할 수 있도록 하는 게 좋다.

- 역설적이지만 똑같은 일을 반복하거나 엄격한 체제를 고수하는 경직성이 정체를 깨고 자유를 안겨준다. 어떤 것에 엄격해지면 다른 부분에서는 더 유연해질 수 있기 때문이다.

- 양질의 제품을 얻기 위해 노력하다가 막다른 골목에 몰렸다면 최악의 것을 치우는 것부터 시작하자. 나쁜 것은 '비워내고' 좋은 것을 해방시키는 것이다.

- 창의력이나 참신함을 위해 노력할 때는 처음부터 질과 양의 문제로 고민에 빠지지 말자. 아이디어는 많을수록 품질이 향상된다.

- 배움과 교육도 중요하지만 자기가 배운 걸 실행에 옮기는 게 무엇보다 중요하다. 정보를 소비하는 수준에서 행동으로 전환할수록 더 빨리 배울 수 있다.

- 1마일 주파에 걸리는 4분 장벽 같은 인위적인 장벽이 고착점 역할을 하는데, 처음으로 장벽이 깨지고 난 뒤 연이어 그 장벽을 깬 사람들의 숫자가 이를 증명한다. 인위적인 장벽에 발목 잡히지 말자.

감사의 말

글쓰기는 정체와 돌파가 균형을 이루는 작업이다. 가족, 친구, 동료, 그리고 도와준 모든 분들 덕분에 《언스틱》이 장애물보다는 돌파구 역할을 주로 하게 되어 기쁘다.

사이먼앤슈스터와 잉크웰 매니지먼트의 팀에게 깊은 감사를 전한다. 사이먼앤슈스터팀 중에서 특히 내가 곤경에 처했을 때 올바른 방향으로 이끌어주고, 내 부족한 아이디어를 다듬도록 힌트를 준 관대하면서도 예리한 편집자 에몬 돌란에게 감사한다. 또 사이먼앤슈스터의 조너선 카프, 치포라 베이치, 레베카 로젠버그, 알리사 디 피에로, 사라 키친, 재키 서우, 아이린 케라디, 아만다 멀홀랜드, 맥스 스미스에게도 감사드린다. 친구이자 든든한 서포터, 이디시어 선생님이면서 훌륭한 조언과 변함없는 좋은 취향으로 도움을 준 잉크웰팀의 현명하고 관대한 에이전트 리처드 파인에게도 많은 신세를 졌다. 잉크웰의 알렉시스 헐리, 엘리자 로스슈타인, 로라 힐, 한나 렘쿨, 티좀 포프, 제시 토르스테드에게 감사드린다.

초안을 읽은 뒤 아이디어를 나눠주고 내 질문에 인내심 있게 대답해준 니콜 에어리, 딘 알터, 제니 알터, 이안 알터, 사라 알터, 데이비드 버코프, 안드레아 보네치, 벤 카운트, 샤이 다비다이, 맥스 도이치, 데이비드 엡스타인, 브루스 페일러, 존 핑거, 스콧 갤러웨이, 말콤 글래드웰, 할 허쉬필드, 브라이언 루카스, 스티브 매그니스, 톰 메이비스, 칼 뉴포트, 마이크 올레스크, 수지 올레스크, 에샤 샤르마, 찰스 야오에게 감사한다. 또 뉴욕대학교의 많은 친구들과 동료들, 특히 이 책의 많은 아이디어에 영감을 준 스턴경영대학원 마케팅과에 감사드린다.

그리고 사랑하는 아내 사라, 아들 샘, 딸 이지, 부모님 이안과 제니, 수지와 마이크, 내 동생 딘 등 내 인생에 가능한 모든 돌파구를 마련해준 위대한 문제 해결자들에게 항상 감사할 따름이다.

미주

서문: 누구나 인생이 꽉 막힐 때가 있다

1   브리 라슨의 어린 시절과 연기 경력에 관한 자세한 정보는 다음 자료 참조. A. Radloff, "Meet Brie Larson, the Rising Star You Need to Know About in 2014," *Glamour,* January 14, 2014, https://www.glamour.com/story/the-rising-star-you-need-to-kn; L. Sandell, "Brie Larson's 20-Year Climb to Overnight Stardom: 'I'm Totally out of My Comfort Zone,'" *Hollywood Reporter,* January 20, 2016, https://www.hollywoodreporter.com/features/brie-larsons-20-year-climb-857011; T. Lewis, "Brie Larson Interview: 'I Just Wanted to Do Weird Stuff,'" *Guardian,* October 19, 2013, https://www.theguardian.com/film/2013/oct/20/brie-larson-short-term-12-interview.

2   B. Larson, "Audition Storytime! (pt. 1)," YouTube, August 13, 2020, https://www.youtube.com/watch?v=zE3t0gjm2tw.

3   B. Larson, "Audition Storytime! (pt. 2)," YouTube, September 3, 2020, https://www.youtube.com/watch?v=t9CcjI0SOcU.

4   S. Davidai and T. Gilovich, "The Headwinds/Tailwinds Asymmetry: An Availability Bias in Assessments of Barriers and Blessings," *Journal of Personality and Social Psychology* 111 (2016): 835-51; K. Hansson et al., "Losing Sense of Fairness: How Information about a Level Playing Field Reduces Selfish Behavior," *Journal of Economic Behavior & Organization* 190 (2021): 66-75;

C. Sanchez and T. Gilovich, "The Perceived Impact of Tax and Regulatory Changes," *Journal of Applied Social Psychology* 50 (2020): 104–14.

5 C. McCann, "Scaling Airbnb with Brian Chesky," Medium, November 20, 2015, https://medium.com/cs183c-blitzscaling-class-collection/scaling-airbnb-with-brian-chesky-class-18-notes-of-stanford-university-s-cs183c-3fcf75778358.

6 B. Chesky, "Seven Rejections," Medium, July 12, 2015, https://medium.com/@bchesky/7-rejections-7d894cbaa084.

7 이 트윗 스레드가 시작된 지점 - @DanRose999, Twitter, September 12, 2020, https://twitter.com/DanRose999/status/1304896586086928384?s=20&t=j-nuKEFcoCdIZ4s2QnX9-Iw.

8 "Keynote: Fireside with Jeff Wilke," Amazon Seller University, YouTube, September 30, 2020, https://www.youtube.com/watch?v=bLMWu90O45U.

9 아마존 초창기에 이 회사를 비판한 언론 기사를 요약한 내용은 다음 자료 참조. M. Novak, "Here's What People Thought of Amazon When It First Launched in the 1990s," Gizmodo, July 3, 2019, https://paleofuture.gizmodo.com/heres-what-people-thought-of-amazon-when-it-first-launc-1836008229.

10 A. Tate, "Celebs Who Went from Failures to Success Stories," CBS News, July 12, 2019, https://www.cbsnews.com/pictures/celebs-who-went-from-failures-to-success-stories/2/; "33 Famous People Who Failed Before They Succeeded," *Business Insider India*, October 27, 2016, https://www.businessinsider.in/careers/33-famous-people-who-failed-before-they-succeeded/slidelist/55102204.cms.

11 A. Henry, "Chuck Close's Advice on Inspiration and Getting Things Done," Lifehacker, August 2, 2016, https://lifehacker.com/chuck-closes-advice-on-inspiration-and-getting-things-d-1784527805.

12 S. Marche, "Harper Lee's Last Year Was the Most Interesting of Her Career," *Esquire*, February 19, 2016, https://www.esquire.com/entertainment/books/news/a42282/harper-lee-death-marche/.

13 J. Hibberd, "George RR Martin Gets Candid about New Book," *Entertainment Weekly*, November 19, 2018, https://ew.com/author-interviews/2018/11/19/george-rr-martin-interview/; J. Pantozzi, "George RR Martin Is Just Like All of Us," Mary Sue, July 25, 2013, https://www.themarysue.com/grrm-writing-trou-

bles/.

14   J. Acocella, "Blocked: Why Do Writers Stop Writing?," *New Yorker,* June 14, 2004, https://www.newyorker.com/magazine/2004/06/14/blocked; M.Castillo,"Writer's Block," *American Journal of Neuroradiology* 35 (2014): 1043-44; R. Winston, "How Great Artists Have Fought Creative Block," BBC News, July 27, 2010, https://www.bbc.com/news/magazine-10766308; M. Kantor, *Understanding Writer's Block: A Therapist's Guide to Diagnosis and Treatment* (Westport, CT: Praeger, 1995); R. Sharp, "How Pollock, Picasso, and Seven Other Iconic Artists Overcame Creative Block," Artsy, June 30, 2015, https://www.artsy.net/article/artsy-editorial-how-pollock-picasso-and-6-other-iconic-artists.

15   H. Furness, "The Nation's Favorite Paintings Revealed," *Telegraph,* February 22, 2015, https://www.telegraph.co.uk/news/newstopics/howaboutthat/11427972/The-nations-favourite-paintings-revealed.html.

16   D. A. Prentice and D. T. Miller, "Pluralistic Ignorance and Alcohol Use on Campus: Some Consequences of Misperceiving the Social Norm," *Journal of Personality and Social Psychology* 64 (1993): 243-56.

1장 정체는 당연히 일어난다

1   헐의 연구 내용은 다음 자료 참조. C. L. Hull, "The Goal-Gradient Hypothesis Applied to Some 'Field-Force' Problems in the Behavior of Young Children," *Psychological Review* 45 (1938): 271-99; C. L. Hull, "The Conflicting Psychologies of Learning: A Way Out," *Psychological Review* 42 (1935): 491-516; C. L. Hull, "The Concept of the Habit-Family Hierarchy and Maze Learning: Part II," *Psychological Review* 41 (1934): 134-52. 헐의 청소년기와 성장 과정은 다음 자료 참조. C. L. Hull, "Clark L. Hull: A History of Psychology in Autobiography," *Psychological Review* 57 (1950): 173-80; C. I. Hovland, "Clark Leonard Hull, 1884-1952," *Psychological Review* 59 (1952): 347-50.

2   R. Kivetz, O. Urminsky, and Y. Zheng, "The Goal-Gradient Hypothesis Resurrected: Purchase Acceleration, Illusionary Goal Progress, and Customer Retention," *Journal of Marketing Research* 43, no. 1 2006: 39-58.

3   A. Bonezzi, C. M. Brendl, and M. De Angelis, "Stuck in the Middle: The Psychophysics of Goal Pursuit," *Psychological Science* 22 (2011): 607-12.

4   C. E. Cryder, G. Loewenstein, and S. Seltman, "Goal Gradient in Helping Behavior," *Journal of Experimental Social Psychology* 49 (2013): 1078-83; J. D. Jensen, A. J. King, and N. Carcioppolo, "Driving toward a Goal and the Goal-Gradient Hypothesis: The Impact of Goal Proximity on Compliance Rate, Donation Size, and Fatigue," *Journal of Applied Social Psychology* 43 (2013): 1881-95; M. R. vanDellen, J. Rajbhandari-Thapa, and J. Sevilla, "Does Serving Vegetables in Partitioned Portions Promote Vegetable Consumption?," *Food Quality and Preference* 78 (2019): 103750; A. Emanuel, "Perceived Impact as the Underpinning Mechanism of the End-Spurt and U-shape Pacing Patterns," *Frontiers in Psychology* 10 (2019): 1082; Z. Meng, Y. Yang, and C. K. Hsee, "The Mere Urgency Effect," *Journal of Consumer Research* 45 (2018): 673-90; M. Lukas, "The Goal Gradient Effect and Repayments in Consumer Credit," *Economics Letters* 171 (2018): 208-10; A. Anderson and E. A. Green, "Personal Bests as Reference Points," *Proceedings of the National Academy of Sciences of the U.S.A.* 115 (2018): 1772-75; M. Toure-Tillery and A. Fishbach, "Too Far to Help: The Effect of Perceived Distance on the Expected Impact and Likelihood of Charitable Action," *Journal of Personality and Social Psychology* 112 (2017): 860-76; C. Teng, "Strengthening Loyalty of Online Gamers: Goal Gradient Perspective," *International Journal of Electronic Commerce* 21 (2017): 132-51; V. Kuppuswamy and B. L. Bayus, "Does My Contribution to Your Crowdfunding Project Matter?," *Journal of Business Venturing* 32 (2017): 72-89; T. H. Song, S. Y. Kim, and W. L. Ko, "Developing an Effective Loyalty Program Using Goal-Gradient Behavior in Tourism Industry," *Journal of Tourism Marketing* 34 (2017): 70-81; B. Van den Berg et al., "Altering Speeding of Locomotion," *Journal of Consumer Research* 43 (2016): 407-28; E. Shalev and V. G. Morwitz, "Does Time Fly When You're Counting Down? The Effect of Counting Direction on Subjective Time Judgment," *Journal of Consumer Psychology* 23 (2013): 220-27; M. Toure-Tillery and A. Fishbach, "The End Justifies the Means, but Only in the Middle," *Journal of Experimental Psychology: General* 141 (2012): 570-83; D. Gal and B. McShane, "Can Small Victories Help Win the War? Evidence from Consumer Debt Management," *Journal of Marketing Research* 49 (2012): 487-501; H. Mishra, A. Mishra, and B. Shiv,

"In Praise of Vagueness: Malleability of Vague Information as a Performance Booster," *Psychological Science* 6 (2011): 733–38; M. Amar et al., "Winning the Battle but Losing the War: The Psychology of Debt Management," *Journal of Marketing Research* 48 (2011): S38–S50.

5   D. Read, G. Loewenstein, and M. Rabin, "Choice Bracketing," *Journal of Risk and Uncertainty* 19 (1999): 171–97.

6   H. Ebbinghaus, Memory: A Contribution to Experimental Psychology, trans. H. A. Ruger and C. E. Bussenius (New York: Teachers College Press, 1913). 관련 연구는 다음 자료 참조. E. C. Tolman, "Cognitive Maps in Rats and Men," *Psychological Review* 55 (1948): 189–208.

7   B. Sullivan and H. H. Thompson, *The Plateau Effect: From Stuck to Success* (New York: Penguin, 2013).

8   A. Hutchinson, "The Data behind a Once-a-Week Stength Routine," *Outside*, February 2, 2021, https://www.outsideonline.com/2420657/ultra-minimal-ist-strength-workout-research. See also J. Steele et al., "Long-Term Time-Course of Strength Adaptation to Minimal Dose Resistance Training: Retro-spective Longitudinal Growth Modelling of a Large Cohort through Training Records," *SportRxiv Preprints*, January 27, 2021, https://doi.org/10.31236/osf.io/eq485.

9   E. Jaques, "Death and the Mid-life Crisis," *International Journal of Psychoanal-ysis* 46 (1965): 502–14.

10 A. L. Alter and H. E. Hershfield, "People Search for Meaning When They Approach a New Decade in Chronological Age," *Proceedings of the National Academy of Sciences of the U.S.A.* 111 (2014): 17066–70.

11 B. Feiler, *Life Is in the Transitions* (New York: Penguin Press, 2020).

12 C. Self, "Chandler Self's Dallas Marathon," *Dashing Whippets* (blog), December 18, 2017, https://www.dashingwhippets.org/2017/12/18/chan-dler-selfs-dallas-marathon-recap/; "Stranger Carries Woman to Marathon Finish Line" (video of Self stumbling before the finish line, viewed over 4.5 million times), *Inside Edition*, YouTube, December 11, 2017, https://www.you-tube.com/watch?v=-z9NqVYP0XI.

13 H.-V. Ulmer, "Concept of an Extracellular Regulation of Muscular Metabolic Rate during Heavy Exercise in Humans by Psychophysiological Feedback,"

Experientia 52 (1996): 416-20; A. Hutchinson, "COVID-19 Is like Running a Marathon with No Finish Line. What Does Sports Science Say about How We Can Win It?," *Globe and Mail*, November 21, 2020, https://www.theglobe-andmail.com/opinion/article-covid-19-is-like-running-a-marathon-with-no-finish-line-what-does/; G. Wingfield, F. Marino, and M. Skein, "The Influence of Knowledge of Performance Endpoint on Pacing Strategies, Perception of Effort, and Neural Activity during 30-km Cycling Time Trials," *Physiological Reports* 6 (2018): e13892; M. Katzir, E. Aviv, and N. Liber man, "Cognitive Performance Is Enhanced If One Knows When the Task Will End," *Cognition* 197 (2020), article 104189.

2장 끈기 있게 계속 밀고 나가라

1 푸루홀멘과 아하의 배경 정보는 다음 자료 참조. T. Gulbrandsen, "Morten Har-ket Threatened to Quit Due to the 'Take On Me' Riff" (translated from the original Norwegian), *Underholdning*, September 26, 2014, https://www.tv2.no/a/6051904; D. Kreps, "The Secret History of a-ha's Smash 'Take on Me,'" *Rolling Stone*, May 14, 2010, https://www.rollingstone.com/music/music-news/the-secret-history-of-a-has-smash-take-on-me-95480/; a-ha, "Take On Me" (1984 version), YouTube, 1984, https://www.youtube.com/watch?v=liq-seNV-vrM; M. Millar, "Interview: a-ha Cofounder Magne Furuholmen on Third Solo Album, *White Xmas Lies*," XSNOIZE.com, October 23, 2019, https://www.xsnoize.com/interview-a-ha-co-founder-magne-furuholmen-on-third-solo-album-white-xmas-lies/; Official Community of a-ha, *The Story So Far*, "Chapter 3."

2 B. J. Lucas and L. F. Nordgren, "The Creative Cliff Illusion," *Proceedings of the National Academy of Sciences of the U.S.A.* 117 (2020): 19830-36; B. J. Lucas and L. F. Nordgren, "People Underestimate the Value of Persistence for Creative Performance," *Journal of Personality and Social Psychology* 109 (2015): 232-43. 시간이 지날수록 높아지는 창의성에 관한 자세한 내용은 다음 자료 참조. R. E. Beaty and P. J. Silvia, "Why Do Ideas Get More Creative across Time? An Executive Interpretation of the Serial Order Effect in Divergent Thinking Tasks," *Psychology of Aesthetics, Creativity, and the Arts* 6 (2012):

309-19. 통찰력과 깨달음의 순간에 관해서는 다음 자료 참조. J. Kounios and M. Beeman, "The Aha! Moment: The Cognitive Neuroscience of Insight," *Current Directions in Psychological Science* 18 (2009), 210-16; J. W. Schooler and J. Melcher, "The Ineffability of Insight," in *The Creative Cognition Approach*, ed. S. M. Smith, T. B. Ward, and R. A. Finke (Cambridge, MA: MIT Press, 1995), 97-133; T. M. Amabile, *Creativity in Context* (Boulder, CO: Westview Press, 1996); A. Newell, J. C. Shaw, and H. A. Simon, "The Processes of Creative Thinking" (paper presented at sympo sium at University of Colorado, 1958), in *Contemporary Approaches to Creative Thinking* (New York: Atherton Press, 1962).

3   수십 년에 걸친 연구 결과, 조숙함과 젊음을 찬양하는 많은 영역에서도 나이 든 사람이 젊은이들보다 뛰어난 성과를 올리는 것으로 나타났다. M. Gladwell, "Late Bloomers: Why Do We Equate Genius with Precocity?," *New Yorker*, October 20, 2008, https://www.newyorker.com/magazine/2008/10/20/late-bloom-ers-malcolm-gladwell; J. Hamilton, "Study Makes Case for Late Bloomers," *All Things Considered*, NPR, March 29, 2006, https://www.npr.org/templates/sto-ry/story.php?storyId=5310107; K. Evers, "The Art of Blooming Late," *Harvard Business Review*, May–June 2019, https://hbr.org/2019/05/the-art-of-bloom-ing-late; B. Jones, E. J. Reedy, and B. Weinberg, "Age and Scientific Genius," NBER Working Paper Series no. 19866, 2014, http://www.nber.org/papers/w19866; J. M. Berg, "OneHit Wonders versus Hit Makers: Sustaining Success in Creative Industries," *Administrative Science Quarterly*, 2022; P. Azoulay et al., "Age and High-Growth Entrepreneurship," *American Economic Review: Insights* 2 (2020): 65-82; H. Zhao et al., "Age and Entrepreneurial Career Success: A Review and a Meta-Analysis," *Journal of Business Venturing* 36 (2021): 106007; "Science Says This Is How Many Dates You Have to Go On Before You Find 'the One,'" Her, n.d., https://www.her.ie/life/whats-your-num-ber-study-finds-the-average-number-of-dates-and-relationships-before-we-find-the-one-90330; U. N. Sio and T. C. Ormerod, "Does Incubation Enhance Problem Solving? A Meta-Analytic Review," *Psychological Bulletin* 135 (2009): 94-120; H. C. Lehman, *Age and Achievement* (Princeton, NJ: Princeton Uni-versity Press, 1953); D. T. Campbell, "Blind Variation and Selective Retentions in Creative Thought as in Other Knowledge Processes," *Psychological Review*

67 (1960): 380-400; D. K. Simonton, "Creative Productivity and Age: A Mathematical Model Based on a Two-Step Cognitive Process," *Development Review* 4 (1984): 77-111; D. K. Simonton, "Age and Outstanding Achievement: What Do We Know after a Century of Research?," *Psychological Bulletin* 104 (1988): 251-67; A. Spitz and E. Horvát, "Measuring Long-Term Impact Based on Network Centrality: Unraveling Cinematic Citations," *PLoS ONE* 9 (2014): e108857; B. Yucesoy et al., "Success in Books: A Big Data Approach to Bestsellers," *EPJ Data Science* 7 (2018): 7; O. E. Williams, L. Lacasa, and V. Latora, "Quantifying and Predicting Success in Show Business," *Nature Communications* 10 (2019): 1-8; R. Sinatra et al., "Quantifying the Evolution of Individual Scientific Impact," *Science* 354 (2016): aaf5239.

4   M. Janosov, F. Battison, and R. Sinatra, "Success and Luck in Creative Careers," *EPJ Data Science* 9 (2020): 1-12.

5   D. W. Weinberger, S. Ute, and J. Weggem, "Having a Creative Day: Understanding Entrepreneurs' Daily Idea Generation through a Recovery Lens," *Journal of Business Venturing* 33 (2018): 1-19.

6   A. Smith, *Totally Wired: The Rise and Fall of Josh Harris and the Great Dotcom Swindle* (New York: Grove Press, 2012). 해리스와 그의 회사에 관한 영화도 참조. Pseudo: O. Timoner (director), *We Live in Public*, Interloper Films, 2009.

3장 나는 다르다는 함정에서 벗어나라

1   이름이 진화하는 방식과 서로 비슷해지는 이유는 다음 자료 참조. J. Berger et al., "From Karen to Katie: Using Baby Names to Understand Cultural Evolution," *Psychological Science* 23 (2012): 1067-73; J. Berger and G. Le Mens, "How Adoption Speed Affects the Abandonment of Cultural Tastes," *Proceedings of the National Academy of Sciences of the U.S.A.* 106 (2009): 8146-50.

2   T. Campbell, "The Monochrome: A History of Simplicity in Painting," *Artland Magazine*, n.d., https://magazine.artland.com/the-monochrome-a-history-of-simplicity-in-painting/.

3   https://www.instagram.com/insta_repeat/.

4   S. K. Watson, "Why Everything Eventually Becomes a Crab," *Popular Science*,

December 14, 2020, https://www.popsci.com/story/animals/why-every-thing-becomes-crab-meme-carcinization/; J. Keiler, C. S. Wirkner, and S. Richter, "One Hundred Years of Carcinization: The Evolution of the Crab-Like Habitus in Anomura (Arthropoda: Crustacea)," *Biological Journal of the Linnaean Society* 121 (2017): 200–222.

5   S. Fussell, "Hollywood Keeps Using These Same Thirteen Movie Poster Clichés Over and Over Again," *Business Insider*, May 19, 2016, https://www.businessinsider.com/movie-poster-cliches-2016-5.

6   J. Harkins, *Bridging Two Worlds: Aboriginal English and Crosscultural Understanding* (Brisbane: University of Queensland Press, 1994); D. Eades, "Communicative Strategies in Aboriginal English," in *Language in Australia*, ed. S. Romaine (Cambridge, UK: Cambridge University Press, 1991), 84–93; A. L. Alter, "Aborigines and Courtroom Communication: Problems and Solutions," Australian Human Rights Centre Working Paper 2004/2, 2004; *Rahman v. Minister for Immigration and Multicultural Affairs*, unreported, High Court of Australia, McHugh and Callinan JJ, March 10, 2000, S136/1999. 가짜 이해도는 이메일이나 서면으로 이루어지는 다른 의사소통도 방해한다. 우리는 미묘한 감정적 신호가 실제보다 더 명확하게 독자들에게 전달된다고 생각한다. J. Kruger et al., "Egocentrism over Email: Can We Communicate as Well as We Think?," *Journal of Personality and Social Psychology* 89 (2005): 925–36.

7   M. Fray, *This Is How Your Marriage Ends* (New York: Harper One, 2022); M. Fray, "The Marriage Lesson I Learned Too Late," *Atlantic*, April 11, 2022, https://www.theatlantic.com/family/archive/2022/04/marriage-prob-lems-fight-dishes/629526/.

8   정신적으로든 육체적으로든 가벼운 부상은 곪아터지게 놔두는 경향이 있는 반면 큰 부상에는 거의 즉각적으로 대처한다. D. T. Gilbert et al., "The Peculiar Longevity of Things Not So Bad," *Psychological Science* 15 (2004): 14–19.

9   "The A, C, and D of Aircraft Maintenance," Qantas.com.au, July 18, 2016, https://www.qantasnewsroom.com .au/roo-tales/the-a-c-and-d-of-aircraft-maintenance/; H. Kinnison and T. Siddiqui, *Aviation Maintenance Management*, 2nd ed. (New York: McGraw-Hill, 2011). For more on the basics of preventive maintenance in engineering, see D. Stangier and R. Smith, *Preventive Maintenance Made Simple* (Reliabilityweb.com, 2016).

10 Y2K, 베머르의 예측, 대규모 재난 발생을 막은 조기 개입의 역할에 대해서는 다음 자료 참조. M. Stroh, "Programmer Saw Y2K Bug Coming," *Baltimore Sun*, April 25, 1999, https://www.baltimoresun.com/news/bs-xpm-1999-04-25-9904250201-story.html; F. Uenuma, "Twenty Years Later the Y2K Bug Seems like a Joke—Because Those behind the Scenes Took It Seriously," *Time*, December 30, 2019, https://time.com/5752129/y2k-bug-history/; N. Oren, "If You Think the Millennium Bug Was a Hoax, Here Comes a History Lesson," Conversation, December 30, 2019, https://theconversation.com/if-you-think-the-millennium-bug-was-a-hoax-here-comes-a-history-lesson-129042; Z. Loeb, "The Lessons of Y2K, 20 Years Later: Y2K Became a Punchline, but Twenty Years Ago We Averted Disaster," *Washington Post*, December 30, 2019, https://www.washingtonpost.com/outlook/2019/12/30/lessons-yk-years-later/; P. Sullivan, "Computer Pioneer Bob Bemer; 84," *Washington Post*, June 25, 2004, https://www.washingtonpost.com/archive/local/2004/06/25/computer-pioneer-bob-bemer-84/d7a31166-b00f-48b5-b7cc-d53bf106f194/; "Bob Bemer, 84; Helped Code Computer Language," *Los Angeles Times*, June 27, 2004, https://www.latimes.com/archives/la-xpm-2004-jun-27-me-bemer27-story.html; D. Williamson, "Y2K: Nightmare or Inconvenience?," *Kitsap Sun* (Washington State), June 29, 1999, https://products.kitsapsun.com/archive/1999/06-29/0039_y2k_nightmare_or_inconvenience_.html.

11 "Prudential: Your Brain Is to Blame; Episode One: Your Future Self," video, https://www.dailymotion.com/video/x1121u1. 시간 할인, 즉 사람들이 미래의 자신보다 현재의 자신을 우선시하는 경향에 대해서는 다음 자료 참조. H. E. Hershfield et al., "Increasing Saving Behavior through Age-Progressed Renderings of the Future Self," *Journal of Marketing Research* 48 (2011): S23-S27; K. Keidel et al., "Individual Differences in Intertemporal Choice," *Frontiers in Psychology* 12 (2021): 643670; G. W. Harrison, M. I. Lau, and M. B. Williams, "Estimating Individual Discount Rates in Denmark: A Field Experiment," *American Economic Review* 92 (2002): 1606-17.

4장 강박에서 벗어나라

1 J. Hill, "Green with Anger," *Guardian*, July 17, 2003, https://www.theguardian.

com/film/2003/jul/17/comment.features; A. Liptak, "The Incredible Hulk Was Inspired by a Woman Saving Her Baby," Gizmodo, August 30, 2015, https://gizmodo.com/the-incredible-hulk-was-inspired-by-a-woman-saving-her-1727562968.

2   J. Pareles, "Miles Davis, Trumpeter, Dies; Jazz Genius, 65, Defined Cool," *New York Times*, September 29, 1991, https://www.nytimes.com/1991/09/29/nyregion/miles-davis-trumpeter-dies-jazz-genius-65-defined-cool.html.

3   "Miles Davis Angry at Herbie Hancock," Urban Sense, March 31, 2017, https://www.youtube.com/watch?v=sUG0P7tcCto&t.

4   행콕은 다음 동영상에서 이때 일을 설명한다. "Herbie Hancock Highlights Early Moments Working with Miles Davis," SiriusXM, November 4, 2014, https://www.youtube.com/watch?v=hUYS2av5zdM.

5   L. Applebaum, "Interview with John McLaughlin (Conclusion)," Let's Cool One: Musings about Music, April 12, 2013, https://larryappelbaum.wordpress.com/2013/04 /12 /interview-with-john-mclaughlin-conclusion/.

6   L. A. Dugatkin, "Tendency to Inspect Predators Predicts Mortality Risk in the Guppy (*Poecilia reticulata*)," *Behavioral Ecology* 3 (1992): 124-27.

7   A. L. Alter et al., "Rising to the Threat: Reducing Stereotype Threat by Reframing the Threat as a Challenge," *Journal of Experimental Social Psychology* 46 (2010): 166-71.

8   T. Brach, *Radical Acceptance: Embracing Your Life with the Heart of a Buddha* (New York: Random House, 2004).

9   H. A. Simon, "Rational Choice and the Structure of the Environment," *Psychological Review* 63 (1956): 129-38. H. A. Simon, "A Behavioral Model of Rational Choice," *Quarterly Journal of Economics* 59 (1955): 99-118.

10   B. Schwartz et al., "Maximizing versus Satisficing: Happiness Is a Matter of Choice," *Journal of Personality and Social Psychology* 83 (2002): 1178-97; B. Schwartz and A. Ward, "Doing Better but Feeling Worse: The Paradox of Choice," in *Positive Psychology in Practice*, ed. P. A. Linley and S. Joseph (Hoboken, NJ: John Wiley and Sons, 2004), 86-104.

11   M. Burgess, M. E. Enzle, and R. Schmalz, "Defeating the Potentially Deleterious Effects of Externally Imposed Deadlines: Practitioners' Rules-of-Thumb," *Personality and Social Psychology Bulletin* 30 (2004): 868-77.

12 C. Aschwanden, "Perfectionism Is Killing Us," Vox, December 5, 2019, https://www.vox.com/the-highlight/2019/11/27/20975989/perfect-mental-health-perfectionism; P. L. Hewitt, G. L. Flett, and S. F. Mikail, *Perfectionism: A Relational Approach to Conceptualization, Assessment, and Treatment* (New York: Guilford Press, 2017); K. Limburg et al., "The Relationship between Perfectionism and Psychopathology: A Meta-Analysis," *Journal of Clinical Psychology* 73 (2017): 1301-26; T. Curran and A. P. Hill, "Perfectionism Is Increasing over Time: A Meta-Analysis of Birth Cohort Differences from 1989 to 2016," *Psychological Bulletin* 145 (2019): 410-29.

13 L. Feldman-Barrett, "Buddhists in Love: Lovers Crave Intensity, Buddhists Say Craving Causes Suffering. Is It Possible to Be Deeply in Love Yet Truly Detached?," Aeon, June 4, 2018, https://aeon.co/essays/does-buddhist-detachment-allow-for-a-healthier-togetherness; T. Brach, *Radical Acceptance: Embracing Your Life with the Heart of a Buddha* (New York: Bantam, 2003); T. Brach, "Radical Acceptance Revisited," YouTube, 2015, https://www.youtube.com/watch?v=vFr_zQCUMD4; T. N. Hanh, *How to Relax* (Berkeley, CA: Parallax Press, 2015).이를 서구식 정신의학이나 심리학에 적용하는 방법은 다음 자료 참조. Georg H. Eifert and John P. Forsyth, *Acceptance & Commitment Therapy for Anxiety Disorders: A Practitioner's Treatment Guide to Using Mindfulness, Acceptance, and Values-Based Behavior Change Strategies* (Oakland, CA: New Harbinger, 2005); R. Whitehead, G. Bates, and B. Elphinstone, "Growing by Letting Go: Nonattachment and Mindfulness as Qualities of Advanced Psychological Development," *Journal of Adult Development* 27 (2020): 12-22. A. L. Alter, "Do the Poor Have More Meaningful Lives?," *New Yorker*, January 24, 2014, https://www.newyorker.com/business/currency/do-the-poor-have-more-meaningful-lives.

14 J. Safran Foer, *Eating Animals* (New York: Hachette, 2009).

5장 준비하고 뛰어들어라

1 E. Bretland, "Lionel Messi's Habit of Being Sick during Matches Is Down to Nerves, Claims Argentina Coach Alejandro Sabella," *Daily Mail*, June 11, 2014, https://www.dailymail.co.uk/sport/worldcup2014/article-2655113/Lionel-Messis-habit-sick-matches-nerves-claims-Argentina-coach-Alejandro-Sabella. html; S. Pisani, "Messi: Argentina Struggled with Nervousness in First Game Back," Goal, October 9, 2020, https://www.goal.com/en-kw/news/messi-argentina-struggled-with-nervousness-in-first-game/1p341lyf5uap31nijrhi1azq3d; "Diego Maradona: Lionel Messi Is No Leader, He Goes to Toilet 20 Times before a Game," ESPN, October 13, 2018, https://www.espn.com/soccer/argentina/story/3668443/diego-maradona-lionel-messi-is-no-leader-he-goes-to-toilet-20-times-before-a-game; C. Pellatt, "Lionel Messi Has Visited a Specialist Doctor to Stop Him from Vomiting on the Pitch," Complex UK, April 24, 2015, https://www.complex.com/sports/2015/04/lionel-messi-vomit; N. Elliott, "Lionel Messi Deliberately Does Nothing for the First Five Minutes of Every Game ⋯⋯ and It Works," Dream Team FC, May 2, 2019, https://www. dreamteamfc.com/c/news-gossip/446751/lionel-messi-five-minutes-barcelona/; "Why Messi Doesn't Touch the Ball in the First Five Minutes," Goalside!, August 27, 2019, https://www.youtube.com/watch?v=HP3r4SUvyFY.

2   "The Andre Agassi Interview: Beat Boris Becker by Observing His Tongue," Tomorrow Beckons, April 14, 2017, https://www.youtube.com/watch?v=ja-6HeLB3kwY.

3   T. Brach, "The Sacred Pause," *Psychology Today*, December 4, 2014, https:// www.psychologytoday.com/us/blog/finding-true-refuge/201412/the-sacred-pause; T. Brach, *Radical Acceptance: Embracing Your Life with the Heart of a Buddha* (New York: Random House, 2004). 침묵과 숙고의 가치에 관한 자세한 내용은 다음 자료 참조. J. R. Curhan et al., "Silence Is Golden: Extended Silence, Deliberative Mindset, and Value Creation in Negotiation," *Journal of Applied Psychology* 107 (2022): 78–94.

4   T. Wolfe, *The Right Stuff* (New York: Farrar, Straus and Giroux, 1979).

5   P. Simon, "Isn't It Rich?," *New York Times Book Review*, October 31, 2010, https://www.nytimes.com/2010/10/31/books/review/Simon-t.html. 일시 정지와 속도를 늦추는 것의 가치에 대해서는 다음 자료 참조. F. Partnoy, Wait: *The Art and Science of Delay* (New York: Public Affairs, 2012).

6   "Blazing Saddles ⋯⋯ You Know, Morons," 099tuber1, July 26, 2009, https:// www.youtube.com/watch?v=KHJbSvidohg.

7   J. A. Brewer, *The Craving Mind: From Cigarettes to Smartphones to Love—*

Why We Get Hooked and How We Can Break Bad Habits (New Haven, CT: Yale University Press, 2017); A. L. Alter, "Review: On Mindfulness as an Alternative to Mindless Modern Consumption," *American Journal of Psychology* 131 (2018): 510-13.

8 널리 논의되었지만 정식으로 발표된 적은 없는 해당 실험의 내용 요약은 다음 자료 참조. M. Luo, "Excuse Me, May I Have Your Seat?," *New York Times*, September 14, 2004, https://www.nytimes.com/2004/09/14/nyregion/excuse-me-may-i-have-your-seat.html.

9 G. Raz, "Alex Honnold: How Much Can Preparation Mitigate Risk?," *TED Radio Hour*, NPR, November 8, 2019, https://www.npr.org/transcripts/774089221. See also J. Chin and E. C. Vasarhelyi, directors, *Free Solo*, National Geographic Films, 2018.

6장 제대로 실패하라

1 C. Peterson-Withorn, "Birth of the Forbes 400: The Story behind Forbes' First Rich List," *Forbes*, September 19, 2017, https://www.forbes.com/sites/chase-withorn/2017/09/19/birth-of-the-forbes-400-the-story-behind-forbes-first-rich-list.

2 S. Johnson, "The '85% Rule.' Why a Dose of Failure Optimizes Learning," Big Think, January 8, 2020, https://bigthink.com/personal-growth/learning-failure; M. Housel, "Casualties of Perfection," Collaborative Fund, June 30, 2021, https://www.collaborativefund.com/blog/inefficient/; L. Babauta, "The Number One Habit of Highly Creative People," *Zen Habits* (blog), n.d., https://zenhabits.net/creative-habit/; T. Dufu, *Drop the Ball: Achieving More by Doing Less* (New York: Flatiron Books, 2017); M. Cassotti et al., "What Have We Learned about the Processes Involved in the Iowa Gambling Task from Developmental Studies?," *Frontiers of Psychology* 5 (2014): 915.

3 R. C. Wilson et al., "The EightyFive Percent Rule for Optimal Learning," *Nature Communications* 10 (2019): 4646.

4 J. Gertner, "The Fall and Rise of Iridium," *Wall Street Journal*, June 3, 2016, https://www.wsj.com/articles/the-fall-and-rise-of-iridium-1464980784.

5 J. Gilbert, *Refusing Heaven* (New York: Alfred A. Knopf, 2005).

6 인간은 이익보다 손실과 위협에 집중하는 경향이 있다. 예를 들면, 다음 참조. A. Dijksterhuis and H. Aarts, "On Wildebeests and Humans: The Preferential Detection of Negative Stimuli," *Psychological Science* 14 (2003): 14-18; G. S. Blum, "An Experimental Reunion of Psychoanalytic Theory with Perceptual Vigilance and Defense," *Journal of Abnormal and Social Psychology* 49 (1954): 94-98; F. Pratto and O. P. John, "Automatic Vigilance: The Attention-Grabbing Power of Negative Social Information," *Journal of Personality and Social Psychology* 61 (1991): 380-91; D. Wentura, K. Rothermund, and P. Bak, "Automatic Vigilance: The Attention-Grabbing Power of Approach-and Avoidance-Related Social Information," *Journal of Personality and Social Psychology* 78 (2000): 1024-37.

7 Z. Melton, "This Is the Clever Mental Trick Phil Mickelson Uses to Keep His Mind Sharp," Golf, May 21, 2021, https://golf.com/instruction/clever-mental-trick-phil-mickelson-pga-championship/.

8 H. B. Kappes et al. "Difficult Training Improves Team Performance: An Empirical Case Study of US College Basketball," *Behavioural Public Policy* 3 (2019): 1-24.

9 S. Choi et al., "How Does AI Improve Human Decision-Making? Evidence from the AI-Powered Go Program," working paper, April 2022, https://hyokang.com/assets/pdf/CKKK-AI-Go.pdf.

10 M. Poler, *Hello, Fears: Crush Your Comfort Zone and Become Who You're Meant to Be* (New York: Sourcebooks, 2020). 폴러가 두려워한 것들의 목록과 거기에 첨부된 동영상: http://100dayswithoutfear.com/list.

11 A. L. Alter, D. M. Oppenheimer, and J. C. Zemla, "Missing the Trees for the Forest: A Construal Level Account of the Illusion of Explanatory Depth," *Journal of Personality and Social Psychology* 99 (2010): 436-51; L. Rozenblit and F. Keil, "The Misunderstood Limits of Folk Science: An Illusion of Explanatory Depth," *Cognitive Science* 26 (2002): 521-62.

12 K. M. Myers and M. Davis, "Mechanisms of Fear Extinction," *Molecular Psychiatry* 12 (2007): 120-50; I. Marks, "Exposure Therapy for Phobias and Obsessive-Compulsive Disorders," *Hospital Practice* 14 (1979): 101-8; T. D. Parsons and A. A. Rizzo, "Affective Outcomes of Virtual Reality Exposure Therapy for Anxiety and Specific Phobias: A Meta-Analysis," *Journal of Behavior Therapy* *and Experimental Psychiatry* 39 (2008): 250-61.

13 P. Caldarella et al., "Effects of Teachers' Praise-to-Reprimand Ratios on Elementary Students' On-Task Behaviour," *Educational Psychology* 40 (2020): 1306-22.

14 E. L. Carleton et al., "Scarred for the Rest of My Career? Career-Long Effects of Abusive Leadership on Professional Athlete Aggression and Task Performance," *Journal of Sports and Exercise Psychology* 38 (2016): 409-22. 다른 영역의 사례는 다음 자료 참조. M. A. Yukhymenko-Lescroart, M. E. Brown, and T. S. Paskus, "The Relationship between Ethical and Abusive Coaching Behaviors and Student-Athlete Well-Being," *Sport, Exercise, and Performance Psychology* 4 (2015): 36-49; E. N. Smith, M. D. Young, and A. J. Crum, "Stress, Mindsets, and Success in Navy SEALs Special Warfare Training," *Frontiers in Psychology* 10 (2020): 29-62; J. P. Jamieson et al., "Optimizing Stress Responses with Reappraisal and Mindset Interventions: An Integrated Model," *Anxiety, Stress and Coping* 31 (2018): 245-61; A. J. Crum et al., "The Role of Stress Mindset in Shaping Cognitive, Emotional, and Physiological Responses to Challenging and Threatening Stress," *Anxiety, Stress and Coping* 30 (2017): 379-95; A. J. Crum, P. Salovey, and S. Achor, "Rethinking Stress: The Role of Mindsets in Determining the Stress Response," *Journal of Personality and Social Psychology* 104 (2013): 716-33.

15 UBI 연구에 대한 훌륭한 개요는 다음 자료 참조. S. Samuel, "Everywhere Basic Income Has Been Tried, in One Map," Vox, October 20, 2020, https://www.vox.com/future-perfect/2020/2/19/21112570/universal-basic-income-ubi-map; E. Hayden, "J. K. Rowling Chats with Jon Stewart about Welfare and Why America Needs 'a Monarch,'" *Hollywood Reporter*, October 16, 2012, https://www.hollywoodreporter.com/tv/tv-news/jk-rowling-chats-jon-stewart-casual-vacancy-379302/; D. McKenzie, "Identifying and Spurring High-Growth Entrepreneurship: Experimental Evidence from a Business Plan Competition," *American Economic Review* 107 (2017): 2278-307; B. Watson, "A B.C. Research Project Gave Homeless People $7,500 Each—the Results Were 'Beautifully Surprising,'" CBC, October 7, 2020, https://www.cbc.ca/news/canada/british -columbia/new-leaf-project-results-1.5752714; S. Sigal, "Finland Gave People Free Money. It Didn't Help Them Get Jobs—but

Does That Matter?," Vox, February 9, 2019, https://www.vox.com/future-per-fect/2019/2/9/18217566/finland-basic-income.

7장 문제를 단순화하라

1   R. Dalton and N. Dalton, "How to Escape a Maze—According to Science," Conversation, January 26, 2017, https://theconversation.com/how-to-escape-a-maze-according-to-maths-71582; N. Geiling, "The Winding History of the Maze," *Smithsonian Magazine*, July 31, 2014, https://www.smithsonianmag.com/travel/winding-history-maze-180951998/.

2   R. Eveleth, "There Are 37.2 Trillion Cells in Your Body," *Smithsonian Magazine*, October 24, 2013, https:// www .smithsonianmag.com/smart-news/there-are-372-trillion-cells-in-your-body-4941473/.

3   Discover staff, "The Real Dr. House," *Discover*, July 19, 2007, https://www.dis-covermagazine.com/environment/the-real-dr-house. 단순화와 사고력 학습에 관한 내용은 다음 자료 참조. A. L. Alter, "Popular Science," Point, June 12, 2014, https://thepointmag.com/criticism/popular-science/; D. Ponka and M. Kirlew, "Top 10 Differential Diagnoses in Family Medicine: Cough," *Canadian Family Physician* 53 (2007): 690-91.

4   C. Lamar, "The 22 Rules of Storytelling, According to Pixar," Gizmodo, June 8, 2012, https://gizmodo.com/the-22-rules-of-storytelling-according-to-pix-ar-5916970; K. Miyamoto, "10 Screenplay Structures That Screenwriters Can Use," Screencraft, January 16, 2018, https://screencraft.org/2018/01/16/10-screenplay-structures-that-screenwriters-can-use/.

5   H. Hale, "But ⋯⋯ Therefore ⋯⋯," YouTube, March 2, 2018, https://www.youtube.com/watch?v=j9jEg9uiLOU.

6   L. Klotz, Subtract: *The Untapped Science of Less* (New York: Flatiron Books, 2021). L. Klotz, "Subtract: Why Getting to Less Can Mean Thinking More," *Behavioral Scientist*, April 12, 2021, https://behavioralscientist.org/subtract-why-getting-to-less-can-mean-thinking-more/; G. S. Adams et al., "People Systematically Overlook Subtractive Changes," *Nature* 592 (2021): 258-61.

7   https://twitter.com/lawnrocket.

8   P. Hansen, "Embrace the Shake," TED, n.d., https://www.ted.com/talks/phil_

hansen_embrace_the_shake. Also see Hansen's website: https://www.philinthe-circle.com/.

9 J. S. Chen and P. Garg, "Dancing with the Stars: Benefits of a Star Employee's Temporary Absence for Organizational Performance," *Strategic Management Journal* 39 (2018): 1239-67.

10 T. Vanderbilt, "The Pandemic Gives Us a Chance to Change How We Get Around," *Wired*, December 2, 2020, https://www.wired.com/story/cities-mi-cro-mobility/; S. Larcom, F. Rauch, and T. Willems, "The Benefits of Forced Experimentation: Striking Evidence from the London Underground Network," *Quarterly Journal of Economics* 132 (2017): 1969-2018.

11 T. Popomaronis, "Warren Buffett Loves Teaching This '20-Slot' Rule at Business Schools—and It's Not Just about Getting Rich," CNBC, May 28, 2020, https://www.cnbc.com/2020/05/28/billionaire-warren-buffett-teaches-this-20-slot-rule-to-getting-rich-at-business-schools.html; E. Kaplan, "Why Warren Buffett's '20-Slot Rule' Will Make You Insanely Successful and Wealthy," *Inc.*, July 22, 2016, https://www.inc.com/elle-kaplan/why-warren-buffett-s-20-slot-rule-will-makeyou-insanely-wealthy-and-successful.html; P. W. Kunhardt, director, *Becoming Warren Buffett* (online video), HBO, 2017; M. Housel, *The Psychology of Money* (London: Harriman House, 2021).

12 N. Siegal, "Black Is Still the Only Color for Pierre Soulages," *New York Times*, November 29, 2019, https://www.nytimes.com/2019/11/29/arts/design/pierre-soulages-louvre.html. 제약이 있을 때 혁신이 촉진되는 이유에 관한 다양한 사례 연구는 다음 자료 참조. O. A. Acar, M. Tarakci, and D. van Knippenberg, "Why Constraints Are Good for Innovation," *Harvard Business Review*, November 22, 2019, https://hbr.org/2019/11/why-constraints-are-good-for-innovation.

8장 직진하지 말고 우회하라

1 밥 딜런에 관한 본 섹션 내용은 다음 자료를 많이 참조했다. "Remember Odetta, Whose Powerful Voice Met a Powerful Moment," *New York Times*, August 24, 2020, https://www.nytimes.com/2020/08/24/books/review-odetta-biography-ian-zack-one-grain-of-sand-matthew-frye-jacobson.html; and K. Ferguson,

"Everything Is a Remix, Part 1 (2021)," YouTube, September 7, 2021, https:// www.youtube.com/watch?v=MZ2GuvUWaP8. 2010년부터 업로드되기 시작된 퍼거슨의 유튜브 영상은 현대 문화, 특히 현대 음악이 과거의 작품을 얼마나 많이 차용하는지 보여준다. C. Heylin, *Bob Dylan: Behind the Shades, the Biography—Take Two* (London: Penguin, 2001); S. P. Farrell, "Last Word: Odetta," *New York Times*, December 2, 2008, https://www.nytimes.com/video/arts/music/1194832844841/last-word-odetta.html; A. Billet, "Charleston, Juneteenth and 'No More Auction Block for Me,'" *Red Wedge*, June 19, 2015, http://www.redwedgemagazine.com/atonal-notes/charleston-juneteenth-and-no-more-auction-block-for-me; M. Haddon, "Matrices of 'Love and Theft': Joan Baez Imitates Bob Dylan," *Twentieth Century Music* 18 (2021): 249-79.

2   A. S. Brown and D. R. Murphy, "Cryptomnesia: Delineating Inadvertent Plagiarism," *Journal of Experimental Psychology: Learning, Memory, and Cognition* 15 (1989): 432-42; J. Preston and D. M. Wegner, "The Eureka Error: Inadvertent Plagiarism by Misattributions of Effort," *Journal of Personality and Social Psychology* 92 (2007): 575-84.

3   D. Grohl, director, *From Cradle to Stage* (documentary), Live Nation Productions, 2021.

4   D. Pogue, "Brilliant Ideas That Found a Welcome," *New York Times*, December 28, 2006, https://www.nytimes.com/2006/12/28/technology/28pogue.html; K. Terrell, "AARP Study: Americans 50 and Older Would Be World's Third-Largest Economy," AARP, December 19, 2019, http://aarp.org/politics-society/advocacy/info-2019/older-americans-economic-impact-growth.html; R. Booth, "Young Adults Have Less to Spend on Non-essentials, Study Says," *Guardian*, June 19, 2019, https://www.theguardian.com/inequality/2019/jun/20/young-adults-have-less-to-spend-on-non-essentials-study-says; L. Gardiner, "Life as a Millennial Is Far Less Extravagant Than You Might Think," Resolution Foundation, June 20, 2019, https://www.resolutionfoundation.org/comment/life-as-a-millennial-is-far-less-extravagant-than-you-might-think/; L. Judge, "Young People Are No Longer Footloose and Fancy Free—and Rent Rises Are to Blame," Resolution Foundation, June 6, 2019, https://www.resolutionfoundation.org/comment/young-people-are-no-longer-footloose-and-fancy-free-and-rent-rises-are-to-blame/; C. Ford, "Arlene Harris," YouTube, October 10,

2011, https://www.youtube.com/watch?v=tKyYLfKGxI4.

5   Ruggie, https://ruggie.co/.

6   Tech Crunch's description of postplay: R. Lawler, "Netflix Launches Post-Play, So You Never Have to Interrupt TV or Movie Marathons," TechCrunch, August 15, 2012, https://techcrunch.com/2012/08/15/netflix-post-play/.

7   A. L. Alter, *Irresistible: The Rise of Addictive Technology and the Business of Keeping Us Hooked* (New York: Penguin, 2017).

8   비즈니스 업계에서 발생한 이런 혁신적인 전환에 관해서는 다음 자료 참조. P. K. Chintagunta, "Let Your Customers Tell You When to Pivot," *Chicago Booth Review*, January 20, 2020, https://www.chicagobooth.edu/review/let-your-customers-tell-you-when-pivot; S. J. Anderson, P. K. Chintagunta, and N. Vilcassim, "Connections across Markets: Stimulating Business Model Innovation and Examining the Impact on Firm Sales in Uganda," working paper, 2021.

9   Golf.com staff, "How to Hold a Golf Club: The Proper Grip," Golf, April 25, 2019, https://golf.com/instruction/how-to-hold-a-golf-club-the-proper-golf-grip/.

10   M. Reynolds, "Viagra Can Teach Us a Lot about Treating Rare Diseases," *Wired UK*, October 7, 2021, https://www.wired.co.uk/article/healx-rare-diseases. 비아그라 탄생의 기원 같은 일은 의약계에서 드물지 않게 일어난다. 다른 사례를 살펴보면, 최근 임상 실험에서 일라리스(Ilaris)라는 관절염 약이 효과적인 심장병 치료제인 것으로 밝혀졌다. 2008년에는 높은 안압을 치료하는 녹내장 약이 사용자들의 속눈썹을 두꺼워지게 한다는 것을 알아냈다. 결국 동일한 화합물이 2가지 매우 다른 용도로 승인을 받아 라티세(Latisse)라는 이름으로 판매되고 있다. 탈모 치료제 프로페시아(Propecia)도 비슷한 유래를 갖고 있다. 이 약은 한때 전립선 이상 치료에 사용되었는데 환자들은 이 약을 사용한 뒤 모발이 두꺼워지고 튼튼해지는 것을 느꼈다. 어느 경우에든 브라운 같은 사람이 그 약에 더 좋은 용도가 있을지도 모른다는 사실을 깨닫고 실행에 옮겨야 좋은 결과를 얻을 수 있다. K. E. Foley, "Viagra's Famously Surprising Origin Story Is Actually a Pretty Common Way to Find New Drugs," Quartz, September 10, 2017, https://qz.com/1070732/viagras-famously-surprising-origin-story-is-actually-a-pretty-common-way-to-find-new-drugs/.

11   "William Wrigley Dies at 70," *New York Times*, January 27, 1932, https://www.nytimes.com/1932/01/27/archives/william-wrigley-dies-at-age-of-70-chica-

goan-who-made-millions-from.html.

12   B. Bracken, "TV, or Not TV: The Story of Our Bike Box," *Inside VanMoof* (blog), August 5, 2019, https://www.vanmoof.com/blog/en/tv-bike-box; J. Prisco, "This Box Protects Your $3,000 Bike during Shipping," CNN Business, October 3, 2017, https://money.cnn.com/2017/10/03/smallbusiness/vanmoof-bike-box-tv/index.html.

13   이 아이디어에 관한 자세한 내용은 다음 자료 참조. Adam Grant's excellent *Think Again* (New York: Viking, 2021).

14   Y. J. Kim and C.-B Zhong, "Ideas Rise from Chaos: Information Structure and Creativity," *Organizational Behavior and Human Decision Processes* 138 (2017): 15-27. H. A. Simon, *The Architecture of Complexity* (Cambridge, MA: MIT Press, 1962).

15   R. Beato, "What Makes This Song Great?, Ep. 105 SEAL," YouTube, June 8, 2021, https://www.youtube.com/watch?v=Hhgoli8klLA.

9장 외부의 목소리를 들어라

1   G. Soda, P. V. Mannucci, and R. S. Burt, "Networks, Creativity, and Time: Staying Creative through Brokerage and Network Rejuvenation," *Academy of Management Journal* 64 (2021): 1164-90; J. Surowiecki, *Wisdom of Crowds* (New York: Anchor Books, (2004); R. S. Burt, "Structural Holes and Good Ideas," *American Journal of Sociology* 110 2004: 349-99.

2   H. Rao, R. Sutton, and A. Webb, "Innovation Lessons from Pixar: An Interview with Oscar-Winning Director Brad Bird," *McKinsey Quarterly*, April 1, 2008, https://www.mckinsey.com/business-functions/strategy-and-corporate-finance/our-insights/innovation-lessons-from-pixar-an-interview-with-oscar-winning-director-brad-bird. 음악가들에게 초점을 맞춘 사례 연구는 다음 자료 참조. M. Hill, B. Hill, and R. Walsh, "Conflict in Collaborative Musical Composition: A Case Study," *Psychology of Music* 46 (2018): 192-207.

3   D. E. Levari, D. T. Gilbert, and T. D. Wilson, "Tips from the Top: Do the Best Performers Really Give the Best Advice?," *Psychological Science* 29 (2022): 504-20.

4   H. Shirado and N. A. Christakis, "Locally Noisy Autonomous Agents Improve

Global Human Coordination in Network Experiments," *Nature* 545 (2017): 370-74.

5   G. Jackson, "The Female Problem: How Male Bias in Medical Trials Ruined Women's Health," *Guardian*, November 13, 2019, https://www.theguardian.com/lifeandstyle/2019/nov/13/the-female-problem-male-bias-in-medical-trials; N. Dusenbery, *Doing Harm* (New York: HarperOne, 2017); H. Etzkowitz, C. Kemelgor, and B. Uzzi, *Athena Unbound: The Advancement of Women in Science and Technology* (Cambridge, UK: Cambridge University Press, 2000); Y. Ma et al., "Women Who Win Prizes Get Less Money and Prestige," *Nature* 565 (2019): 287-88; A. W. Woolley et al., "Evidence for a Collective Intelligence Factor in the Performance of Groups," *Science* 330 (2010): 686-88; A. W. Woolley et al., "The Effects of Team Strategic Orientation on Team Process and Information Search," *Organizational Behavior and Human Decision Processes* 122 (2013): 114-26; L. M. Ataman et al., "Quantifying the Growth of Oncofertility," *Biology of Reproduction* 99 (2018): 263-65; Y. Yang et al., "Gender Diverse Teams Produce More Innovative and Influential Ideas in Medical Research," working paper, 2022.

6   S. Turban, D. Wu, and L. Zhang, "Research: When Gender Diversity Makes Firms More Productive," *Harvard Business Review*, February 11, 2019, https://hbr.org/2019/02/research-when-gender-diversity-makes-firms-more-productive; L. Zhang, "An Institutional Approach to Gender Diversity and Firm Performance," *Organization Science* 31 (2020): 439-57; S. Hoogendoorn, H. Oosterbeek, and M. van Praag, "The Impact of Gender Diversity on the Performance of Business Teams: Evidence from a Field Experiment," *Management Science* 59 (2013): 1514-28.

7   J. Flack and C. Massey, "All Stars: Is a Great Team More Than the Sum of Its Players?," Aeon, November 27, 2020, https://aeon.co/essays/what-complexity-science-says-about-what-makes-a-winning-team; M. Lewis, "The No-Stats All-Star," *New York Times Magazine*, February 13, 2009, https://www.nytimes.com/2009/02/15/magazine/15Battier-t.html; D. Myers, "About Box Plus/Minus," Basketball Reference, February 2020, https://www.basketball-reference.com/about/bpm2.html.

8   J. Sulik, B. Bahrami, and O. Deroy, "The Diversity Gap: When Diversity Mat-

ters for Knowledge," *Perspectives on Psychological Science* 17 (2022): 752-67; M. Basadur and M. Head, "Team Performance and Satisfaction: A Link to Cognitive Style within a Process Framework," *Journal of Creative Behavior* 35 (2001): 227-48; S. T. Bell et al., "Getting Specific about Demographic Diversity Variable and Team Performance Relationships: A Meta-Analysis," *Journal of Management* 37 (2011): 709-43; C. A. Bowers, J. A. Pharmer, and E. Salas, "When Member Homogeneity Is Needed in Work Teams: A Meta-Analysis," *Small Group Research* 31 (2000): 305-27; A. Cooke and T. Kemeny, "Cities, Immigrant Diversity, and Complex Problem Solving," *Research Policy* 46 (2017): 1175-85; A. D. Galinsky et al., "Maximizing the Gains and Minimizing the Pains of Diversity: A Policy Perspective," *Perspectives on Psychological Science* 10 (2015): 742-48; I. J. Hoever et al., "Fostering Team Creativity: Perspective Taking as Key to Unlocking Diversity's Potential," *Journal of Applied Psychology* 97 (2012): 982-96; A. K.-Y. Leung and C. Chiu, "Multicultural Experience, Idea Receptiveness, and Creativity," *Journal of Cross-Cultural Psychology* 41 (2010): 723-41; E. Mannix and M. A. Neale, "What Differences Make a Difference? The Promise and Reality of Diverse Teams in Organizations," *Psychological Science in the Public Interest* 6 (2005): 31-55; A. L. Mello and J. R. Rentsch, "Cognitive Diversity in Teams: A Multidisciplinary Review," *Small Group Research* 46 (2015): 623-58; S. E. Page, "Where Diversity Comes From and Why It Matters?," *European Journal of Social Psychology* 44 (2014): 267-79; P. Parrotta, D. Pozzoli, and M. Pytlikova, "The Nexus between Labor Diversity and Firm's Innovation," *Journal of Population Economics* 27 (2014): 303-64; P. B. Paulus, K. I. van der Zee, and J. Kenworthy, "Cultural Diversity and Team Creativity," in *The Palgrave Handbook of Creativity and Culture Research*, ed. V. P. Glaveanu (London: Springer, 2016), 57-76; J. T. Polzer, L. P. Milton, and W. B. Swarm, "Capitalizing on Diversity: Interpersonal Congruence in Small Work Groups," *Administrative Science Quarterly* 47 (2002): 296-324; G. K. Stahl et al., "Unraveling the Effects of Cultural Diversity in Teams: A Meta-Analysis of Research on Multicultural Work Groups," *Journal of International Business Studies* 41 (2010): 690-709; H. Van Dijk, M. L. Van Engen, and D. Van Knippenberg, "Defying Conventional Wisdom: A Meta-Analytical Examination of the Differences between Demographic and Job-Related Diversity Relationships with Performance," *Organizational Behavior and Human Decision Processes* 119 (2012): 38-53; J. Wang et al., "Team Creativity/Innovation in Culturally Diverse Teams: A Meta-Analysis," *Journal of Organizational Behavior* 40 (2019): 693-708; K. Y. Williams and C. A. O'Reilly, "Demography and Diversity in Organizations: A Review of 40 Years of Research," *Research in Organizational Behavior* 20 (1998): 77-140. 또 미국에는 이민자 출신 기업가들이 매우 많다는 사실에 유의해야 한다. 이민자 비율은 미국 인구의 15퍼센트에 불과하지만 미국 전체 창업자의 25퍼센트가 이민자다. 즉, 미국의 이민자 인구를 기준으로 예상한 것보다 창업자 수가 66퍼센트나 많은 것이다(전체 창업팀의 약 40퍼센트에 이민자가 포함되어 있다). From S. P. Kerr and W. R. Kerr, "Immigrant Entrepreneurship," Harvard Business School Working Paper 17-011, June 2016, https://www.hbs.edu/ris/Publication%20Files/17-011_da2c1cf4-a999-4159-ab95-457c783e3fff.pdf. 두 번째 논문에서는 1974년 이후 미국에서 이루어진 혁신의 최소 30퍼센트가 이민자에게서 비롯되었다고 말한다(인구 비중의 2배). 미국으로 이주한 이민자를 모두 본토박이로 대체한다면 미국의 혁신 성과가 13퍼센트 감소할 것이다. S. Bernstein et al., "The Contribution of High-Skilled Immigrants to Innovation in the United States," Stanford Graduate School of Business Working Paper, July 11, 2019, https://web.stanford.edu/~diamondr/BDMP_2019_0709.pdf.

9   J. Kerber, "In the Wild West of Online Medicine, Crowd Sourcing Is the Next Frontier," *Peninsula Press*, January 6, 2020, https://peninsulapress.com/2020/01/06/in-the-wild-west-of-online-medicine-crowdsourcing-is-the-next-frontier/; A. N. Meyer, C. A. Longhurst, and H. Singh, "Crowdsourcing Diagnosis for Patients with Undiagnosed Illnesses: An Evaluation of Crowd-Med," *Journal of Medical Internet Research* 18 (2016): e12. 이 섹션 내용은 《뉴욕타임스》에 실린 〈리사 샌더스의 진단〉이라는 칼럼과 넷플릭스 오리지널 프로그램인 〈닥터 샌더스의 위대한 진단〉에서 영감을 얻었다.

10 K. Sanchez, "Parkinson's Meds Are Hard to Grab, So TikTok Users Crowdsource a Solution," Verge, January 23, 2021, https:/www.theverge.com/2021/1/23/22244673/parkinsons-tiktok-crowdsourced-pill-bottle. J. Choi, @jcfoxninja, "Hey Pharma Companies," TikTok, December 27, 2020, https://www.tiktok.com/@jcfoxninja /video/6911148251982925061?is_from_webapp=1&sender_device=pc&web_id7051421448719713798.

11 M. Slater et al., "An Experimental Study of a Virtual Reality Counselling Paradigm Using Embodied Self-Dialogue," *Scientific Reports* 9 (2019): 10903; M. Slater, "An Experimental Study of a Virtual Reality Counselling Paradigm Using Embodied Self-Dialogue," YouTube, August 9, 2021, https://www.youtube.com/watch?v=GJ6cAVxQOwo.

12 E. Vul and H. Pashler, "Measuring the Crowd Within: Probabilistic Representations within Individuals," *Psychological Science* 19 (2008): 645–47. S. M. Herzog and R. Hertwig, "The Wisdom of Many in One Mind: Improving Individual Judgments with Dialectical Bootstrapping," *Psychological Science* 20 (2009): 231–37; S. M. Herzog and R. Hertwig, "Think Twice and Then: Combining or Choosing in Dialectical Bootstrapping?," *Journal of Experimental Psychology*: Learning, Memory, and Cognition 40 (2014): 218–32; S. M. Herzog and R. Hertwig, "Harnessing the Wisdom of the Inner Crowd," *Trends in Cognitive Sciences* 18 (2014): 504–6; P. Van de Calseyde and E. Efendić, "Taking a Disagreeing Perspective Improves the Accuracy of People's Quantitative Estimates," *Psychological Science* 33 (2022): 971–83; R. P. Larrick and J. B. Soll, "Intuitions about Combining Opinions: Misappreciation of the Averaging Principle," *Management Science* 52 (2006): 111–27; J. M. Berg, "When Silver Is Gold: Forecasting the Potential Creativity of Initial Ideas," *Organizational Behavior and Human Decision Processes* 154 (2019): 96–117.

10장 새로움을 추구하라

1 스포츠 분야의 타고난 재능에 관한 흥미로운 책은 다음 자료 참조. D. Epstein, *The Sports Gene: Inside the Science of Extraordinary Athletic Talent* (New York: Portfolio, 2013). C. Bellefonds, "Why Michael Phelps Has the Perfect Body for Swimming," Biography.com, May 14, 2020, https://www.biography.com/news/michael-phelp-perfect-body-swimming.

2 데이브 버코프에 관한 정보는 대부분 우리가 2021년 초에 나눈 대화에서 얻은 것이다. S. Eschenbach, "David Berkoff," A for Athlete, undated, https://aforathlete.fandom.com/wiki/David_Berkoff; "FINA Swimming Rules," FINA, September 21, 2017, https://www.fina.org/swimming/rules; R. Hughes, "1987 NCAA Swimming Championships, 100 Yard Backstroke (Austin, TX), Berkoff Blast-

off," YouTube, November 9, 2015, https://www.youtube.com/watch?v=F-OPR_yoOEM; F. Litsky, "Swimming; Fastest Backstroker Loses a Revolution," *New York Times*, March 31, 1989, https://www.nytimes.com/1989/03/31/sports/swimming-fastest-backstroker-loses-a-revolution.html; WestNyackTwins, "1988 Olympic Games—Swimming—Men's 100 Meter Backstroke—Daichi Suzuki JPN," YouTube, July 8, 2016, https://www.youtube.com/watch?v=R-DS-rQQaggQ.

3   L. Lawrence, "Champions Come in All Shapes and Sizes—David Berkoff," Laurie Lawrence, *Stuff the Silver, We Are Going for Gold*, February 11, 2020, https://laurielawrence.com.au/podcasts/champions-come-in-all-shapes-and-sizes-david-berkoff/.

4   C. Coram, *Boyd: The Fighter Pilot Who Changed the Art of War* (New York: Little, Brown, 2003).

5   E. Asimov, "Steven Spurrier, Who Upended Wine World with a Tasting, Dies at 79," *New York Times*, March 31, 2021, https://www.nytimes.com/2021/03/16/dining/steven-spurrier-dead.html; M. Godoy, "The Judgment of Paris: The Blind Taste Test That Decanted the Wine World," *All Things Considered*, NPR, May 24, 2016, https://www.npr.org/sections/thesalt/2016/05/24/479163882/the-judgment-of-paris-the-blind-taste-test-that-decanted-the-wine-world.

6   K. Sawyer, "200 Years Ago—the 12-Hour Day, the 6-Day Week," *Washington Post*, December 25, 1977, https://www.washingtonpost.com/archive/politics/1977/12/25/200-years-ago-the-12-hour-day-the-6-day-week/8a0f3c78-b7a0-4db4-ac33-00649519d1eb/; E. A. Roy, "Work Four Days, Get Paid for Five: New Zealand Company's New Shorter Week," *Guardian*, February 8, 2018, https://www.theguardian.com/world/2018/feb/09/work-four-days-get-paid-for-five-new-zealand-companys-new-shorter-week; R. Stock, "Perpetual Guardian's Four Day Work Week Trail Going Well," Stuff, March 31, 2018, https://www.stuff.co.nz/business/102741507/perpetual-guardians-four-day-working-week-trial-going-well; J. Yeung, "A New Zealand Company Tried a Four-Day Work Week. It Was a 'Resounding Success,'" CNN Money, July 19, 2018, https://money.cnn .com/2018/07/19/news/economy/new-zealand-four-day-work-week-perpetual-guardian/index.html; E. A. Roy, "Work Less, Get More: New Zealand Firm's Four-Day Week an 'Unmitigated Success,'" *Guard-

ian, July 18, 2018, https://www .theguardian.com/world/2018/jul/19/work-less-get-more-new-zealand-firms-four-day-week-an-unmitigated-success; C. Graham-McLay, "A Four-Day Workweek? A Test Run Shows a Surprising Result," *New York Times*, July 19, 2018, https://www.nytimes.com/2018/07/19/world/asia/four-day-workweek-new-zealand.html; 4 Day Week Global, https:// www .4dayweek.com/; N. Kobie, "What Really Happened in Iceland's Four-Day Week Trial?," *Wired UK*, December 7, 2021, https://www.wired.co.uk/article/iceland-four-day-work-week.

7 호기심에 관해서는 다음 자료 참조. L. P. Hagtvedt et al., "Curiosity Made the Cat More Creative: Specific Curiosity as a Driver of Creativity," *Organizational Behavior and Human Decision Processes* 150 (2019): 1-13; G. Loewenstein, "The Psychology of Curiosity: A Review and Reinterpretation," *Psychological Bulletin* 116 (1994): 75-98; C. D. Speilberger and L. M. Starr, "Curiosity and Exploratory Behavior," in *Motivation: Theory and Research*, ed. H. F. O. Neil Jr. and M. Drillings (Hillsdale, NJ: Lawrence Erlbaum, 1994), 221-43. 내 책 《멈추지 못하는 사람들》 9장에서는 예측 불허의 상황과 호기심 격차에 대해 이야기하면서 인간의 호기심 본능을 논한다.

8 이 섹션의 정보는 대부분 도이치와의 인터뷰를 통해 얻은 것이다. 그의 〈미디엄〉 블로그와 새로운 기술 습득에 관한 게시물도 참조. https://medium.com/@maxdeutsch/m2m-day-1-completing-12-ridiculously-hard-challenges-in-12-months-9843700c741f.

9 NBA 경기 기록 데이터 시각화: API via data.world @sportsvizsunday, design by Ryan Soares; K. Goldsberry, "How Mapping Shots in the NBA Changed It Forever," FiveThirtyEight, May 2, 2019, https://fivethirtyeight.com/features/how-mapping-shots-in-the-nba-changed-it-forever/.

11장 운과 재능을 넘어서라

1 L. Liu et al., "Hot Streaks in Artistic, Cultural, and Scientific Careers," *Nature* 559 (2018): 396-99.

2 Y. Yin et al., "Quantifying the Dynamics of Failure across Science, Startups, and Security," *Nature* 575 (2019): 190-97. 관련 연구는 다음 자료 참조. R. Sinatra et al., "Quantifying the Evolution of Individual Scientific Impact," *Science*

354 (2016): 596-604.

3 L. Liu et al., "Understanding the Onset of Hot Streaks across Artistic, Cultural, and Scientific Careers," *Nature Communications* 12 (2021): 1-10. Z.-L. He and P.-K. Wong, "Exploration vs. Exploitation: An Empirical Test of the Ambidexterity Hypothesis," *Organization Science* 15 (2004): 481-94; C. Bidmon, S. Boe-Lillegraven, and R. Koch, "Now, Switch! Individuals' Responses to Imposed Switches between Exploration and Exploitation," *Long Range Planning* 53 (2001): 1019-28.

4 D. Farley, "The Truth about Italy's White Truffles," BBC, January 9, 2018, https://www.bbc.com/travel/article/20180108-the-truth-about-italys-white-truffles; B. Wilson, "The Best Truffle Hunters in Italy," *Forbes*, January 9, 2017, https://www.forbes.com/sites/breannawilson/2017/01/19/the-best-truffle-hunters-in-italy-a-morning-hunt-with-the-family-who-found-a-330000-white-truffle/.

5 R. Koch, *The 80/20 Principle: The Secret to Achieving More with Less* (Sydney, Australia: Currency, 1999).

6 L. Crampton, "Serendipity: The Role of Chance in Scientific Discoveries," Owlcation, April 23, 2021, https://owlcation.com/stem/Serendipity-The-Role-of-Chance-in-Making-Scientific-Discoveries; L. McKay-Peet and E. G. Toms, "Investigating Serendipity: How It Unfolds and What May Influence It," *Journal of the Association of Information Science and Technology* 66 (2015): 1463-76; W. B. Cannon, "The Role of Chance in Discovery," *Scientific Monthly* 50 (1940): 304-9.

7 W. Gratzer, *Eurekas and Euphorias: The Oxford Book of Scientific Anecdotes* (Oxford, UK: Oxford University Press, 2004).

8 S. L. Gable, E. A. Hopper, and J. W. Schooler, "When the Muses Strike: Creative Ideas of Physicists and Writers Routinely Occur during Mind Wandering," *Psychological Science* 30 (2019): 396-404. K. Christoff et al., "Mind-Wandering as Spontaneous Thought: A Dynamic Framework," *Nature Reviews Neuroscience* 17 (2016): 718-31; J. E. Davidson, "The Suddenness of Insight," in *The Nature of Insight*, ed. R. J. Sternberg and J. E. Davidson (Cambridge, MA: MIT Press, 1995), 125-55. 딴생각의 이점과 그로 인한 대가는 다음 자료 참조. M. A. Killingsworth and D. T. Gilbert, "A Wandering Mind Is an Unhappy Mind,"

Science 330 (2010): 932; E. J. Masicampo and R. F. Baumeister, "Consider It Done! Plan Making Can Eliminate the Cognitive Effects of Unfulfilled Goals," *Journal of Personality and Social Psychology* 101 (2011): 667-83; J. Smallwood and J. W. Schooler, "The Science of Mind Wandering: Empirically Navigating the Stream of Consciousness," *Annual Review of Psychology* 66 (2015): 487-518; B. Baird et al., "Inspired by Distraction: Mind Wandering Facilitates Creative Incubation," *Psychological Science* 23 (2012): 1117-22; C. M. Zedelius and J. W. Schooler, "Mind Wandering 'Ahas' versus Mindful Reasoning: Alternative Routes to Creative Solutions," *Frontiers in Psychology* 6 (2015): 834; C. M. Zedelius and J. W. Schooler, "The Richness of Inner Experience: Relating Styles of Daydreaming to Creative Processes," *Frontiers in Psychology* 6 (2016): 2063; P. T. Palhares, D. Branco, and O. F. Goncalves, "Mind Wandering and Musical Creativity in Jazz Improvisation," *Psychology of Music* 50 (2022): 1212-24; D. Breslin, "Off-Task Social Breaks and Group Creativity," *Journal of Creative Behavior* 53 (2019): 496-507; M. S. Franklin et al., "The Silver Lining of a Mind in the Clouds: Interesting Musings Are Associated with Positive Mood While Mind-Wandering," *Frontiers in Psychology* 4 (2013): 583; J. Rummel et al., "The Role of Attention for Insight Problem Solving: Effects of Mindless and Mindful Incubation Periods," *Journal of Cognitive Psychology* 33 (2021): 757-69.

9   A. Livanova, *Landau: A Great Physicist and Teacher* (New York: Pergamon Press, 1980); P. Ratner, "Landau Genius Scale Ranking of the Smartest Physicists Ever," Big Think, September 28, 2020, https://bigthink.com/hard-science/landau–genius-scale-ranking-of-the-smartest-physicists-ever/.

10   Y. Wang, B. F. Jones, and D. Wang, "Early-Career Setbacks and Future Career Impact," *Nature Communications* 10 (2019): 1-10; J. Li et al., "Nobel Laureates Are Almost the Same as Us," *Nature Reviews: Physics* 1 (2019): 301-3. 이해도를 평가하기 위해 적절한 질문을 던지는 방식에 대해서는 다음 자료 참조. A. L. Alter, D. M. Oppenheimer, and J. C. Zemla, "Missing the Trees for the Forest: A Construal Level Account of the Illusion of Explanatory Depth," *Journal of Personality and Social Psychology* 99 (2010): 436-51; W. J. McGuire, "Inducing Resistance to Persuasion: Some Contemporary Approaches," in *Advances in Experimental Social Psychology*, vol. 1, ed. L. Berkowitz (New York: Academic

Press, 1964), 191-229; G. Bush, P. Luu, and M. I. Posner, "Cognitive and Emotional Influences in Anterior Cingulate Cortex," *Trends in Cognitive Sciences* 4 (2000): 215-22.

12장 중요한 것은 행동이다 ────────────

1   "Paul Simon on His Writing Process for 'Bridge over Troubled Water,'" *The Dick Cavett Show*, YouTube, January 27, 2020, https://www.youtube.com/watch?v=qFt0cP-klQI; "Paul Simon Deconstructs 'Mrs. Robinson,'" *The Dick Cavett Show*, YouTube, February 3, 2020, https://www.youtube.com/watch?v=sDqIsuIpVy4.

2   체화된 인지라고 하는 이 현상은 과학계에서 논란의 여지가 있다. 체화된 인지 논문에서 입증된 효과 가운데 일부는 재현이 어렵고 일부는 완전히 조작된 것처럼 보인다. 하지만 우리 행동과 자세가 생각하고 느끼는 방식을 형성하는 힘이 있다는 주장을 뒷받침하는 증거가 꽤 많다. 관련 사례는 다음 자료 참조. P. M. Niedenthal, "Embodying Emotion," *Science* 316 (2007): 1002-5; N. A. Coles et al., "Fact or Artifact? Demand Characteristics and Participants' Beliefs Can Moderate, but Do Not Fully Account for, the Effects of Facial Feedback on Emotional Experience," *Journal of Personality and Social Psychology*, 2022, forthcoming; E. W. Carr, A. Kever, and P. Winkielman, "Embodiment of Emotion and Its Situated Nature," in *The Oxford Handbook of 4E Cognition*, 4th ed., ed. A. Newen, L. De Bruin, and S. Gallagher (Oxford, UK: Oxford University Press, 2018), 528-52; P. Winkielman, P. M. Niedenthal, and L. Oberman, "The Embodied Emotional Mind," in *Embodied Grounding*, ed. G. R. Semin and E. R. Smith (Cambridge, UK: Cambridge University Press, 2008), 263-88; G. K. Wells and R. E. Petty, "The Effects of Head Movements on Persuasion: Compatibility and Incompatibility of Responses," *Basic and Applied Social Psychology* 1 (1980): 219-30; S. E. Duclos et al., "Emotion-Specific Effects of Facial Expressions and Postures on Emotional Experience," *Journal of Personality and Social Psychology* 57 (1989): 100-108.

3   A. S. Wellsjo, "Simple Actions, Complex Habits: Lessons from Hospital Hand Hygiene," working paper (Berkeley: University of California, 2022), https://www.alexwellsjo.com/.

4   C. J. Bryan et al., "Motivating Voter Turnout by Invoking the Self," *Proceedings of the National Academy of Sciences* 108 (2011): 12653-56; C. J. Bryan, A. Master, and G. M. Walton, "'Helping' versus 'Being a Helper': Invoking the Self to Increase Helping in Young Children," *Child Development* 85 (2014): 1836-42; R. K. Mallett and K. J. Melchiori, "Creating a Water-Saver Self-Identity Reduces Water Use in Residence Halls," *Journal of Environmental Psychology* 47 (2016): 223-29; S. Franssens et al., "Nudging Commuters to Increase Public Transport Use: A Field Experiment in Rotterdam," *Frontiers in Psychology* 12 (2021): 633865, https://doi.org/10.3389/fpsyg.2021.633865.

5   T. Brach, "The Sacred Pause," *Psychology Today*, December 4, 2014, https://www.psychologytoday.com/us/blog/finding-true-refuge/201412/the-sacred-pause; T. Brach, *Radical Acceptance: Embracing Your Life with the Heart of a Buddha* (New York: Random House, 2004). 이 주제는 5장에서 심도 있게 논의했다.

6   일정 관리의 장단점과 우리 삶을 전반적으로 측정하는 방법에 대해서는 다음 자료 참조. G. N. Tonietto and S. A. Malkoc, "The Calendar Mindset: Scheduling Takes the Fun Out and Puts the Work In," *Journal of Marketing Research* 53 (2016): 922-36; S. Devoe and J. Pfeffer, "Time Is Tight: How Higher Economic Value of Time Increases Feelings of Time Pressure," *Journal of Applied Psychology* 96 (2011): 665-76; S. Bellezza, N. Paharia, and A. Keinan, "Conspicuous Consumption of Time: When Busyness and Lack of Leisure Time Become a Status Symbol," *Journal of Consumer Research* 44 (2016): 118-38; J. Etkin, "The Hidden Cost of Personal Quantification," *Journal of Consumer Research* 42 (2016): 967-84.

7   몸을 움직이는 것이 유동적이고 창의적인 사고에 미치는 이점, 그리고 걷기에 적합한 지역과 기업가 정신의 관계를 설명한 연구는 다음 자료 참조. L. Zimmerman and A. Chakravarti, "Not Just for Your Health Alone: Regular Exercisers' Decision- Making in Unrelated Domains," *Journal of Experimental Psychology: Applied*, 2022, forthcoming; C. Chen et al., "Regular Vigorous-Intensity Physical Activity and Walking Are Associated with Divergent but Not Convergent Thinking in Japanese Young Adults," *Brain Sciences* 11 (2021): 1046; K. Aga et al., "The Effect of Acute Aerobic Exercise on Divergent and Convergent Thinking and Its Influence by Mood," *Brain Sciences* 11 (2021): 546; A. Bollimbala, P. S. James, and S. Ganguli, "Impact of Physical Activity on an Individual's Creativity: A Day-Level Analysis," *American Journal of Psychology* 134 (2021): 93-105; S. Imaizumi, U. Tagami, and Y. Yang, "Fluid Movements Enhance Creative Fluency: A Replication of Slepian and Ambady (2012)," *PLOS One* 15 (2020): e0236825; M. L. Slepian and N. Am bady, "Fluid Movement and Creativity," *Journal of Experimental Psychology*: General 141 (2012): 625-29; K. J. Main et al., "Change It Up: Inactivity and Repetitive Activity Reduce Creative Thinking," *Journal of Creative Behavior* 54 (2020): 395-406; B. Bereitschaft, "Are Walkable Places Tech Incubators? Evidence from Nebraska's 'Silicon Prairie,'" *Regional Studies, Regional Science* 6 (2019): 339-56; E. Labonte-LeMoyne et al., "The Delayed Effect of Treadmill Desk Usage on Recall and Attention," *Computers in Human Behavior* 46 (2015): 1-5; A. P. Knight and M. Baer, "Get Up, Stand Up: The Effects of a Non-sedentary Workspace on Information Elaboration and Group Performance," *Social Psychological and Personality Science* 5 (2014): 910-17; S. Hamidi and A. Zandiatashbar, "Does Urban Form Matter for Innovation Productivity? A National Multi-level Study of the Association between Neighborhood Innovation Capacity and Urban Sprawl," *Urban Studies* 56 (2018): 1-19.

8 J.-C. Goulet-Pelletier, P. Gaudreau, and D. Cousineau, "Is Perfectionism a Killer of Creative Thinking? A Test of the Model of Excellencism and Perfectionism," *British Journal of Psychology* 113 (2022): 176-207.

9 E. Klein, "Wilco's Jeff Tweedy Wants You to Be Bad at Something. For Your Own Good," *New York Times*, July 2, 2021, https://www.nytimes.com/2021/07/02/opinion/ezra-klein-podcast-jeff-tweedy.html; J. Tweedy, *How to Write One Song* (New York: Dutton, 2020).

10 R. E. Jung et al., "Quantity Yields Quality When It Comes to Creativity: A Brain and Behavioral Test of the Equal-Odds Rule," *Frontiers in Psychology* 6 (2015): 864.

11 실천을 통한 학습의 이점과 해밀턴 나키의 경험은 다음 자료 참조. J. Clark and G. White, "Experiential Learning: A Definitive Edge in the Job Market," *American Journal of Business Education* 3 (2010): 115-18; R. Loo, "A Meta-Analytic Examination of Kolb's Learning Style Preferences among Business Majors," *Journal of Education for Business* 77 (2002): 252-56; R. DuFour et al., *Learn-*

ing by Doing: A Handbook for Professional Learning Communities at Work, 3rd ed. (Bloomington, IN: Solution Tree, 2016); M. Wines, "Accounts of South African's Career Now Seen as Overstated," *New York Times,* August 27, 2005, https://www.nytimes.com/2005/08/27/world/africa/accounts-of-south-africans-career-now-seen-as-overstated.html; J. Abrahams, "Special Assignment: The Hamilton Naki Story," SABC News, June 2, 2009, https://web.archive.org/web/20110723010408/http://www.sabcnews.co.za/SABCnews.com/Documents/SpecialAssignment/HEART-SCRIPT.pdf; C. Logan, *Celebrity Surgeon: Christiaan Barnard, a Life* (Johannesburg, South Africa: Jonathan Ball, 2003).